Kunst- und Bauwerke verstehen

Kunstwerke wie Bilder und Statuen, aber auch Bauwerke wie Kirchen, Schlösser oder Rathäuser können geschichtliche Quellen sein. Denn die Wahl eines Themas und die Art der Gestaltung sind nicht nur Ausdruck individueller künstlerischer Vorstellungen, sie enthalten immer auch Hinweise auf die Zeit (Epoche), in der ein Kunst- oder Bauwerk entstand.
Antworten auf folgende Fragen helfen, sie zu verstehen:
1. Welche Informationen gibt uns der Titel oder der Name des Kunst- bzw. Bauwerkes?
2. Werden Personen dargestellt? Wenn ja: Wer sind sie? Wie stehen sie zueinander?
3. Welche Gegenstände sind zu erkennen? Haben sie eine bestimmte Bedeutung?
4. Welche Materialien und Farben wurden verwendet?
5. Fallen weitere Besonderheiten auf?
6. Wer war der Künstler?
7. War das Kunst- oder Bauwerk eine Auftragsarbeit? Wer gab den Auftrag?
8. Gab es einen bestimmten Anlass zur Entstehung des Kunstwerkes? Diente es einem bestimmten Zweck?
9. Wo wurde es wann gemacht, gezeigt bzw. errichtet?

Berücksichtige bei der Untersuchung eines Kunst- oder Bauwerkes deine Kenntnisse aus dem Kunstunterricht, oder informiere dich über Kennzeichen der künstlerischen Epoche, aus der es stammt.
Oft wirst du nicht auf alle Fragen Antworten finden können. Aber auch einzelne Hinweise tragen zum besseren Verständnis dieser Quellen bei.

Siehe hier die Beispiele auf den Seiten 18, 131 und 172 f.

Schaubilder erklären

In einem Schaubild lässt sich übersichtlich darstellen, wie ein Staat oder eine Gesellschaft aufgebaut waren und vieles mehr. Es kann gut Zusammenhänge und Beziehungen zwischen Teilen eines Ganzen darstellen.
Beispiel Verfassung: Sie legt fest, wer regiert, also die Macht im Staat hat, wie der Staat aufgebaut ist, welche Rechte und Pflichten die Bürger haben.
Überlege zunächst, an welcher Stelle des Schaubildes du am besten mit der Beschreibung beginnst. Halte auch danach eine sinnvolle Reihenfolge ein. Wichtig sind die Beziehungen zwischen den Bestandteilen eines Schaubildes. Beachte die verwendeten Zeichen. Manchmal ist die Form des Schaubildes wichtig für die Deutung. Prüfe, welche Begriffe du erklären solltest.
Mögliche Arbeitsfragen:
1. Welche Ämter und Einrichtungen werden erwähnt? Wer hat Zugang zu ihnen, wer nicht?
2. Welche Teile der Bevölkerung werden genannt, welche nicht?
3. Wer arbeitet mit wem zusammen? Wobei?
4. Wer hat welche Aufgaben, Rechte oder Pflichten?
5. Wer hat wie viel Macht? Ist jemand von der Macht ausgeschlossen?

Schreibe die Antworten jeweils auf, ordne sie auf einem Stichwortzettel und präge sie dir ein. Trage die Ergebnisse möglichst frei vor.

Karten auswerten

Geschichtskarten behandeln in der Regel ein besonderes Thema und beziehen sich dabei auf eine bestimmte Zeit und einen ausgewählten Raum (z. B. Land).
Mögliche Leitfragen:
1. Worüber informiert die Karte? Was zeigt sie nicht?
2. Auf welche Zeit(en) und Region(en) bezieht sie sich? Zeigt sie einen Zustand oder eine Entwicklung?
3. Welche Bedeutung haben die Zeichen der Legende (Zeichenerklärung)?
4. Was war wann wo in welchem Ausmaß vorhanden?

Wenn du alle Informationen verknüpft und im Zusammenhang betrachtet hast, kannst du das Ergebnis aufschreiben oder vortragen.

Siehe hier das Beispiel auf Seite 74 f.

→ *Dieses Logo zeigt dir auf den Seiten dieses Buches weitere Lerntipps oder erinnert dich an die Informationen auf diesen Vorsatzblättern.*

Weitere Tipps findest du hinten im Buch.

LERNTIPPS: Internet für Einsteiger

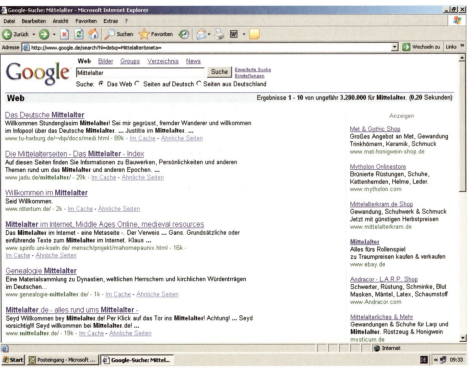

Trefferliste bei Google.

Was ist das Netz?
Das Internet ist ein internationales (weltweites) Netz, das Millionen von Computern verbindet. Wer dieses *World Wide Web* nutzen will, muss seinen Computer zunächst über ein **Modem** mit der Telefonleitung verbinden. Dann braucht man einen **Browser**: ein (Software-)Programm, das Texte, Grafiken, Bilder, Filme aus dem Internet auf den Bildschirm und Töne in die Lautsprecher bringt.

Informationen per Mausklick
Das Internet enthält Daten aller Art. Für den Geschichtsunterricht können Informationen aus Wörterbüchern und Nachschlagewerken ebenso wichtig sein wie Mitteilungen von Museen, Universitäten, Bibliotheken und Schulen. In diesem Buch findest du einige Adressen interessanter Homepages, die dir geschichtliche Informationen bieten. Die genannten Einrichtungen stellen auf den **Startseiten** ihr Web-Angebot vor. Angegebene Links (Querverweise) führen dann zu weiteren **Websites**. Wenn man sich per Mausklick von einer Seite zur nächsten hangelt, nennt man das „surfen".

Finden, was man sucht
Fehlt einem die Adresse für eine gewünschte Information, braucht man eine **Suchmaschine** wie *www.google.de*. In dieses spezielle Programm tippt man möglichst genaue **Stichwörter** ein. Sonst brechen zu allgemeine Informationen über einen herein. Ein Suchprogramm durchkämmt nur einen Teil des Internets. Findet es nicht das Gewünschte, können andere Suchmaschinen beauftragt werden.

Downloading mit Lesezeichen
Inhalte einer Website können auf den eigenen Computer kopiert werden. Das nennt man **Downloading** (*Herunterladen*). Webadressen, die regelmäßig abgefragt werden sollen, können als „Lesezeichen" oder „Favoriten" abgespeichert werden. Sie sind damit leicht wiederzufinden.

Vorsicht ist Pflicht
Da weltweit jeder seine Angebote unkontrolliert ins Internet stellen kann, sind sie stets kritisch zu prüfen, beispielsweise mithilfe neuerer Nachschlagewerke (Lexika). Alle Mitteilungen aus dem Internet müssen wie Zitate aus Büchern nachgewiesen werden, damit andere sie auch nachlesen können. Abgesehen davon: Surfen ist nicht kostenlos! Außerdem: Informationen allein bringen nicht viel. Erst der gekonnte Umgang mit ihnen ermöglicht Erkenntnisse.

Selbst im Internet aktiv
Auch eigene Arbeitsergebnisse können auf einer Website präsentiert werden. Über **E-Mail** (elektronische Post) kann man auf dem Computer geschriebene Briefe und andere Texte weltweit an bestimmte Empfänger verschicken. Per Mausklick geht das blitzschnell.

Internettipps findest du an vielen Stellen des Buches. Beachte, dass sich die Angaben im World Wide Web häufig ändern!

Das waren Zeiten

2 Mittelalter – Renaissance – Absolutismus

herausgegeben von
Dieter Brückner
und
Harald Focke

C.C. BUCHNER

Das waren Zeiten – Ausgabe Baden-Württemberg

Unterrichtswerk für Geschichte an Gymnasien, Sekundarstufe I

Band 2 für die Jahrgangsstufe 7

Herausgeber: Dieter Brückner und Harald Focke

Bearbeiter: Dieter Brückner, Harald Focke, Hannelore Lachner und Eberhard Sieber

Berater: Dorothea Burkhardt-Heitmann, Birgitta Landwehr und Joachim Leuschen

Lektorat: Klaus Dieter Hein-Mooren

Gestaltung: Peter Lowin

Dieses Werk folgt der reformierten Rechtschreibung und Zeichensetzung.
Ausnahmen bilden Texte, bei denen künstlerische, philologische und lizenzrechtliche Gründe einer Änderung entgegenstehen.

2. Auflage ^{321} 2008 2007 2006
Die letzte Zahl bedeutet das Jahr dieses Druckes.
Alle Drucke dieser Auflage sind, weil untereinander unverändert, nebeneinander benutzbar.

© 2005 C. C. Buchners Verlag, Bamberg.
Das Werk und seine Teile sind urheberrechtlich geschützt. Jede Nutzung in anderen als den gesetzlich zugelassenen Fällen bedarf der vorherigen schriftlichen Einwilligung des Verlages. Das gilt insbesondere auch für Übersetzungen und Mikroverfilmungen. Hinweis zu § 52 a UrhG: Weder das Werk noch seine Teile dürfen ohne eine solche Einwilligung eingescannt und in ein Netzwerk eingestellt werden. Dies gilt auch für Intranets von Schulen und sonstigen Bildungseinrichtungen.

www.ccbuchner.de

Einband: Artbox Grafik & Satz GmbH, Bremen
(unter Verwendung eines Teils des Freskos „Die Folgen des guten Stadtregiments"
von Ambrogio Lorenzetti, Sala della Pace, Siena, Palazzo Pubblico, um 1337-40)

Herstellung, Grafik und Karten: Artbox Grafik & Satz GmbH, Bremen

Druck- und Bindearbeiten: Pustet, Regensburg

ISBN   3-7661-**4752**-8
ISBN 978-3-7661-**4752**-3

Inhalt

Das waren Zeiten oder: Wie sich die Zeiten ändern 5

Leben und Herrschen im Mittelalter

Aus einem kleinen Königtum wird ein großes Reich 8
Karl der Große: König, Kaiser und Erbe Roms 12
Wie regieren die Könige? 16
Herrschaft im Namen Gottes 18
Herrschaft über Land und Leute 22
Das Leben der Bauern 26
Was macht der Adel? 31
Auf der Burg 34
Leben im Kloster 36
Die Stadt im Mittelalter 41
Leben und Arbeiten hinter Stadtmauern 45
Lerntipp: Eine mittelalterliche Stadt erkunden 50
Kontore und Koggen: die Hanse 51
Romanik und Gotik: Beispiele europäischer Kultur* 54
Projekt: So bauten sie die Kathedralen 58
Juden in Europa* 60
Geistliche gegen weltliche Macht 63
Kaiser „Rotbart" erreicht nicht alles* 67
Friedrich II. gegen den Papst* 69
Projekt: Auf den Spuren der Staufer* 73
Lerntipp: Karte und Weltbild 74
Neue Regeln für die Wahl der Könige* 76
Die Landesherrschaft in Baden und Württemberg entsteht* 78
Was war wichtig? 80

Neues Denken – neue Welt

Der Schwarze Tod* 84
Italienische Verhältnisse 86
Ein neues Menschenbild 88
Die Antike als Vorbild 91
Die Kunst der Renaissance* 93
Drucken, lesen, wissen 97
Projekt: Die schwarze Kunst 100
Und sie bewegt sich doch! 102
Die Europäer entdecken die Welt 104
Auf zu neuen Ufern! 106
Die indianischen Kulturen werden zerstört 109
Lerntipp: Perspektiven wechseln: Spanier oder Indios 111
Geld und Macht 113
Was war wichtig? 116

Kampf um den Glauben?

Die Unzufriedenheit wächst 120
Bruder Martin fordert die Kirche heraus 123
Die neue Lehre setzt sich durch 127
Projekt: Legenden um Luther 130
Lerntipp: Bild als Waffe 131
Nicht nur die Bauern erheben sich 132
Uneinig im Reich und im Glauben 136
Die katholische Kirche reagiert* 140
Konfessionelle Vielfalt* 143
Hexenwahn* 146
Christen grenzen Juden aus* 149
Projekt: Der „Fettmilch-Aufstand" 150
30 Jahre Mord und Totschlag? 151
Ein Krieg wie keiner vorher 155
Der Westfälische Frieden 158
Was war wichtig? 160

Das Zeitalter des Absolutismus

Der „Sonnenkönig" 164
Herrschen mit Hof und Etikette 168
Lerntipp: Herrscherbild 172
Die Außen- und Wirtschaftspolitik Ludwigs XIV. 174
Projekt: Barock prägt die Epoche 178
Lerntipp: Erkundungen planen und durchführen 180
Aufklärung: die Herrschaft der Vernunft* 181
Preußen wird Großmacht* 186
Preußen und Österreich messen ihre Macht* 189
Der aufgeklärte Absolutismus in Preußen* 192
Was war wichtig? 194

Standards

Daten, Begriffe und Inhalte der Jahrgangsstufe 6 196
Daten und Begriffe der Jahrgangsstufe 7 201

Wo steht was? 204
Wer steht wo? 208
Lesetipps 210
Abkürzungen 212

*Die mit * gekennzeichneten Kapitel dienen zur Vertiefung und Erweiterung des Kerncurriculums.*

Das waren Zeiten oder: Wie sich die Zeiten ändern

Liebe Schülerinnen und Schüler,

erinnert ihr euch? Ihr habt gelernt, wie mühsam in der Antike der Weg der Athener zur Demokratie war, wie die alten Griechen und Römer gelebt haben und wie sie die Grundlagen der europäischen Kultur legten.
Ihr wisst, wie die Römer rund ums Mittelmeer ein Weltreich schufen, wie sie darin lebten und herrschten und warum ihr Weltreich schließlich zerfiel.
Ihr habt euch aber nicht nur Wissen angeeignet, sondern auch erste Erfahrungen im Umgang mit historischen Quellen, Bildern und Karten gesammelt.
Jetzt liegt der zweite Band eures Geschichtsbuches vor euch, der euch durch die 7. Klasse begleiten wird.
Auf eurem Weg durch die Geschichte von der mittelalterlichen Herrschaft bis zur Aufklärung könnt ihr den darstellenden Texten folgen.
In der Darstellung findet ihr gelb unterlegte Wörter: Diese Begriffe gehören zum Grundwissen (**Standards**) und sind zu lernen.

Auf den am Rand gelbgefärbten Seiten haben wir wieder Materialien zusammengestellt. Damit könnt ihr euch zu wichtigen Themen ein eigenes Bild machen.
Unsere **Arbeitsvorschläge** helfen euch, bestimmte Methoden für den Umgang mit der Geschichte zu üben. Welche Erwartungen hinter den Arbeitsvorschlägen stecken, könnt ihr auf den inneren Umschlagseiten vorne und hinten im Buch nachlesen. Zu diesen Lerntipps gehören auch Anregungen für den Umgang mit Texten, Bildern, Karten, Grafiken, Statistiken und dem Internet. Dazu findet ihr Tipps für interessante Arbeitsformen. Weitere Lerntipps auf den Seiten mit den grünen Randstreifen führen euch am Beispiel in bestimmte Arbeitsmethoden ein. Ein grüner Button kennzeichnet zusätzliche Hinweise und Übungen.

Die Projekte in jedem Kapitel stellen Themen vor, die ihr nicht nur in der Schule behandeln könnt. Sie geben ebenso wie die Internet- und CD-ROM-Tipps Anregungen, eigene Wege im Umgang mit der Geschichte zu finden. Damit ihr nicht den Überblick verliert, findet ihr nach jedem großen Kapitel zwei „Was war wichtig?"-Seiten, auf denen die wichtigsten Daten und Begriffe wiederholt werden und der Inhalt zusammengefasst wird. Vielfältige Anregungen runden diese Seiten ab.
Alle wichtigen Daten und Begriffe (**Standards**) der Jahrgangsstufe 6 und 7 werden am Schluss des Buches nochmals aufgeführt.
Das **Stichwort**- und das **Namensregister** (siehe „Wo steht was?" und „Wer steht wo?") helfen euch bei der Suche nach Informationen.
Die **Lesetipps** zum Schluss des Buches bieten eine Auswahl unterhaltsamer, spannender und informativer Jugendbücher.

Leben und Herrschen im Mittelalter

Das festlich geschmückte Gotteshaus war erfüllt vom gleichmäßigen Murmeln der Priester, die Bittpsalmen beteten, und dem Flüstern der Gefolgschaft des Königs. Weihrauchwolken und duftende Kerzen verbreiteten ihren Wohlgeruch. Bischof Remigius sprach mit lauter Stimme: „Wir preisen den Namen des allmächtigen Gottes! Wir loben ihn, da es ihm gefallen hat, unseren König Chlodwig zu erleuchten und aus der Dunkelheit des Unglaubens in das Licht des wahren Glaubens zu führen. O Herr, Du hast ihm Deine Allmacht geoffenbart. Im Augenblick der höchsten Bedrängnis hast Du ihn und sein Heer vor dem sicheren Untergang gerettet, als er zu Dir flehte und Dich um Hilfe bat …"

Es war still geworden, als die Taufhandlung begann. Und als dann der König in das Taufbecken trat, sagte Remigius leise, aber bestimmt: „Beuge still deinen Nacken und verehre nun, was du bisher verachtet hast, und ächte jetzt, was du bisher verehrt hast!" Königin Chrotechilde sah zu ihrem Gemahl hinüber. Mit unbewegter Miene ließ er die Worte des Bischofs, die Salbung mit Öl und das dreimalige Untertauchen im Taufbecken über sich ergehen. Ob Chlodwig sich die Worte Remigius' zu Herzen nehmen würde? Sie kannte ihn gut genug, um zu wissen, dass er nicht der Mann war, der etwas ohne Vorteil unternahm. Die Königin erinnerte sich nur allzu genau an ihre vielen vergeblichen Versuche, ihren Mann zum christlichen Glauben zu bekehren. Sie dachte an seine oft schroffen Ablehnungen. Sie wusste, dass er sich erst zum Christentum hatte bekennen wollen, als er sicher war, dass auch sein Gefolge diesen Schritt tun würde. Ihr Drängen hatte ja nun mit Gottes Hilfe endlich zum Erfolg geführt.

Laute Stimmen rissen die Königin aus ihren Gedanken. Der Bischof hatte seine Ansprache soeben mit dem Ausruf „Heil dem neuen Konstantin!" beendet, in den die Priester und das ganze Gefolge Chlodwigs einstimmten.

Dieter Brückner

Taufe.
Bild aus einer Handschrift, die im 9. Jh. entstand.
Im frühen Mittelalter fanden Taufen oft in besonderen Kirchen mit großen Taufbecken statt. Meist wurde der Täufling dreimal untergetaucht. Seit dem 13. Jh. ging die Kirche in Westeuropa zur heutigen Form der Taufe über.

Aus einem kleinen Königtum wird ein großes Reich

1 **Der Frankenkönig Childerich.**
Rekonstruktionszeichnung der Kleidung und Waffen nach Patrick Périn, um 1998. Childerich gehörte zu den angesehensten Persönlichkeiten im römischen Gallien. Er starb 482. Seine Ausrüstung stammte aus römischen Beständen. Die goldene Gewandfibel erhielt Childerich als hoher römischer Beamter. Der goldene Siegelring weist ihn als anerkannten König verbündeter Truppen aus. Übrigens: Bei den germanischen Völkern durften nur die Vornehmen lange Haare tragen. Sie galten als Ausdruck von Lebenskraft und Macht.

Fränkische Könige im römischen Gallien

Die Franken waren ursprünglich ein „Schwarm" mehrerer Völker. Sie hatten sich seit dem 3./4. Jh. vom Mittel- und Niederrhein nach Südwesten ausgebreitet. An ihrer Spitze standen Könige. Sie wollten selbstständig sein und verbanden sich mit ihren Gefolgschaften nur zu gemeinsamen Verteidigungs- oder Angriffsunternehmungen.

Das Wort *„franci"* bedeutete wohl ursprünglich „die Wilden" und „die Kühnen". Später bekam es die Bedeutung „die Freien". In Wirklichkeit lebten die frühen Franken im 4./5. Jh. entweder als unterworfene, von Rom abhängige Völker oder dienten den Römern als Verbündete im Kampf gegen andere Völker.

481/82 folgte *Chlodwig* im Alter von 16 Jahren seinem Vater *Childerich* auf den Thron. Beide stammten aus dem Königsgeschlecht der *Merowinger*. Chlodwig besiegte den letzten römischen Statthalter in Gallien (486) und unterwarf die Alamannen. Aus dem fränkischen Kleinkönigtum war ein großes Reich geworden.

Bündnis mit dem Papst

Chlodwig ließ sich und sein Gefolge Weihnachten 496, 498 oder auch erst 506 in Reims taufen. Weder das Datum noch die Umstände der Taufe sind verlässlich überliefert.

2 **Die Taufe König Chlodwigs.**
Elfenbeinschnitzerei (etwa 4 x 9 cm) von einem Buchdeckel, 10. Jh.

3 **Die Eroberungen Chlodwigs I.**

Mit seinem Bekenntnis zum Christentum beseitigte Chlodwig den Glaubensgegensatz zwischen den Franken und der unterworfenen christlichen Bevölkerung der ehemaligen römischen Provinz. Zugleich fand Chlodwig dadurch die volle Unterstützung der alten christlichen Führungsschicht bei der Verwaltung des eroberten Landes. So konnte er das römische Erbe in Gallien rasch antreten.

Da 476 das Weströmische Reich erloschen war, fand die christliche Kirche nun in dem fränkischen König und seinen Nachfolgern ihre neuen Schutzherren. Der Papst erklärte die Franken zu „Gottes eigenem Volk". Mit ihren weiteren Kriegszügen dehnten die Franken nicht nur ihre Macht aus, sondern verbreiteten auch den christlichen Glauben.

Mission, nicht nur wegen der Heiden

Das Leben und Denken der germanischen Völker jenseits der alten römischen Grenze wurde vom neuen Glauben zunächst nur wenig beeinflusst. Die Menschen verehrten weiter ihre heidnischen Götter. Dies änderte sich erst allmählich. Im 7. und 8. Jh. sorgten irische und angelsächsische Mönche im Auftrag des Oberhauptes der katholischen Kirche, des Papstes, und mit dem Einverständnis der fränkischen Herrscher für den Aufbau einer funktionierenden Kirchenorganisation. Überall entstanden neue Bistümer und Klöster. Die Missionare, unter ihnen der Ire *Columban* (gest. 615) und der Angelsachse *Bonifatius* (siehe Abb. 4), zogen vor allem in die von den Franken neuerschlossenen Gebiete. Der Mönch und Wanderprediger *Pirmin* (gest. 753) gründete z. B. mit Genehmigung *Karl Martells* auf der Insel Reichenau um 724 ein Kloster.

5 **Angelsächsische Mission auf dem Kontinent um 650-820.**

Die Mönche verkündeten den neuen Glauben und machten Sumpf- und Waldgebiete zu Ackerland. Ihre Niederlassungen sollten die Randgebiete des Reiches schützen. Außerdem wurden sie zu wichtigen Mittelpunkten des kulturellen und wirtschaftlichen Lebens.*
Die neuen Bistümer und Klöster nützten den fränkischen Königen. Mit ihnen setzten sie ihre Herrschaft in dem immer größer werdenden Reich durch.
Missionare lebten aber gefährlich: Einige von ihnen wurden von den „Heiden" erschlagen oder hingerichtet.

*Mehr über Klöster erfährst du auf den Seiten 36 ff.

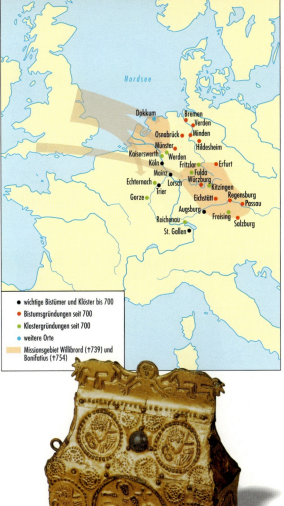

6 **Bursenreliquiar, um 650.**
Diese Tasche für eine Reliquie ist 8,9 cm hoch, 8,6 cm breit und 5,6 cm tief. Sie besteht aus Lindenholz und ist mit vergoldetem Kupferblech verziert. Der kleine Ring auf der linken Seite zeigt an, dass die Burse ursprünglich einmal von Missionaren an einer Kette um den Hals getragen wurde. Sie gehörte zum Altar der Kirche von Ennabeuren und befindet sich heute im Diözesanmuseum in Rottenburg am Neckar.*

4 **Aus dem Leben des Heiligen Bonifatius.**
Buchmalerei (15,8 x 7,2 cm) aus einem Sakramentar, einem kostbaren Buch für Kirchenfeiern, das um 975 in Fulda entstand.
Noch unter dem Namen Winfrid begann der aus einer vornehmen angelsächsischen Familie stammende Bonifatius (um 672/675-754), die germanischen Völker zu missionieren. Den Namen Bonifatius (dt. Wohltäter) erhielt er wohl vom Papst, der ihn zum Erzbischof von Mainz ernannte. Bonifatius missionierte und gründete Klöster (z.B. Fritzlar und Fulda in Hessen). Dazu beeinflusste er die Gründung und Neuorganisation von Bistümern (u.a. von Erfurt, Salzburg, Freising, Regensburg und Passau). Im Jahre 754, damals war er etwa 80 Jahre alt, zog er nochmals nach Friesland. Dort sollen Räuber ihn erschlagen haben. Der Leichnam des „Apostels der Deutschen" wurde in Fulda bestattet.
Auf dem Bild findest du zwei Szenen aus dem Leben des Bischofs. Beschreibe und erkläre sie.

*Reliquien sind Überreste von Christus oder den Heiligen, meist Knochen, Haare oder Kleidungsstücke. Sie galten als wundertätig und dienten der Abwehr schädlicher oder teuflischer Einwirkungen. Außerdem waren sie ein Zeichen für die Verbindung mit der Gemeinschaft der Heiligen. Sie wurden in Kirchen und Altären aufbewahrt, als Amulette getragen oder in „Bursen" auf Missionsreisen mitgenommen, um bei der Bekehrung der Ungläubigen zu helfen.

7 Thron des Merowingerkönigs Dagobert.
Der aus Bronze gegossene Klappstuhl (Höhe 1,15 m) stammt aus dem 6. Jh. Armlehnen und Rückenlehne wurden später ergänzt. Wahrscheinlich handelt es sich um den Amtssessel eines hohen römischen Beamten. Gefunden wurde er in der Abtei Saint Denis. Dort war er seit dem 12. Jh. als Thron des Merowingerkönigs Dagobert (629-639) aufbewahrt worden.

Wer soll König sein?

Gemäß dem fränkischen Erbrecht erhielten nach dem Tod des Königs alle seine Söhne einen Teil der Herrschaft. Chlodwig setzte sich mit Gewalt gegen seine Brüder über diesen Brauch hinweg. Nach seinem Tod zerfiel sein Reich wieder.

Die Schwäche der Merowinger nutzte ein anderes Geschlecht: die *Karolinger*. Seit dem Ende des 7. Jh. waren sie als **Hausmeier** (*Verwalter der Königsgüter*) die „ungekrönten Könige" der Franken. Um selbst zu Königen erhoben zu werden, fehlte den Karolingern das königliche Blut, an dessen heilbringende Kraft die Franken glaubten. Diesen Mangel machten sie wett, indem sie die Zustimmung des Papstes einholten, die Merowinger abzusetzen.

Im Jahre 751 ließ sich der Karolinger Pippin von den Mächtigen des Reiches „nach der Sitte der Franken" zum König wählen. Anschließend salbten die fränkischen Bischöfe ihn mit heiligem Öl. Das fehlende „Königsheil" war durch das „göttliche Heil" ersetzt worden.*

**Bis ins 11. Jh. beanspruchte vor allem die Söhne eines Herrschers, bei der Thronfolge berücksichtigt zu werden. Sie beriefen sich dabei auf eine göttliche Kraft („Heil"), die ihnen von den Vorfahren vererbt worden ist.*

Als Gegenleistung für die päpstliche Unterstützung erklärte sich Pippin zum „Schutzherrn" der christlichen Kirche. Er besiegte die *Langobarden*, die dem Papst in Italien schwer zusetzten. 756 schenkte er dem „heiligen Petrus" Rom und das Gebiet um Ravenna. Diese **Pippin'sche Schenkung** wurde die Grundlage des späteren Kirchenstaates.

Eroberer und Missionar

Pippins Nachfolger wurde im Jahr 768 sein 20-jähriger Sohn *Karl*. Schon seine Zeitgenossen nannten ihn „den Großen". Karl setzte sich über die Erbansprüche seines Bruders und dessen Nachfahren hinweg und errichtete eine Alleinherrschaft in einem ungeteilten Reich. Mit seinem Heer zerstörte er das Königreich der Langobarden endgültig: 774 wurde Karl auch König der Langobarden. Vier Jahre später rückten seine Soldaten über die Pyrenäen nach Spanien ein, wo die *Araber* herrschten. Weitere Kriege folgten.**

Über 30 Jahre kämpften fränkische Heere gegen die *Sachsen*, um sie zu unterwerfen und zum christlichen Glauben zu bekehren. Dabei schreckten die Franken nicht vor Umsiedlungen und Zwangstaufen zurück. Karl der Große verkündete harte Gesetze: Männern und Frauen drohte die Todesstrafe, wenn sie während der Fastenzeit Fleisch aßen oder einen Toten nach den überlieferten Sitten verbrannten.

Aus der Überlieferung ragt aber ein Ereignis besonders heraus: Karl der Große – so wird berichtet – habe auf die Zerstörung neugegründeter Kirchen und die Ermordung einiger fränkischer Gefolgsleute im Herbst 782 mit einem blutigen Strafgericht reagiert. In Verden an der Aller sollen auf seinen Befehl hin 4 500 Soldaten hingerichtet worden sein.

Auch als der Sachsenherzog *Widukind* sich 785 geschlagen gab und taufen ließ, war der Krieg noch nicht vorbei. Bis 804 wehrten sich die Nordsachsen gegen die Eingliederung in das Frankenreich.

***Zur Ausdehnung seines Reiches siehe die Karte M 2, Seite 17.*

8 Vergoldete Silberfibel aus einem fränkischen Grab.
Die Fibel wurde Anfang des 7. Jh. aus vergoldetem Silber gefertigt und ist 3,4 cm lang. Der Reiter trägt eine Tunika und hat auf dem Kopf einen eisernen Helm mit Nasenschutz. Nebenbei: Fibeln wurden wie Sicherheitsnadeln zum Zusammenhalten der Kleidung benutzt.

M 1 Pippin wird fränkischer König

In den sogenannten Fränkischen Reichsannalen, das sind Jahrbücher, die nach 788 am Königshof entstanden, steht für das Jahr 749:

Bischof Burkhard von Würzburg und der Kaplan* Folrad wurden zu Papst Zacharias gesandt, um wegen der Könige in Franken zu fragen, die damals keine Macht als Könige hatten, ob das gut sei oder nicht.
Und Papst Zacharias gab Pippin den Bescheid, es sei besser, den als König zu bezeichnen, der die Macht habe, als den, der ohne königliche Macht blieb. Um die Ordnung nicht zu stören, ließ er kraft seiner apostolischen Autorität** den Pippin zum König machen.

Für das Jahr 750 heißt es in der Quelle:
Pippin wurde nach der Sitte der Franken zum König gewählt und gesalbt und von der Hand des Erzbischofs und von den Franken zum König erhoben.

Wilfried Hartmann (Hrsg.), Deutsche Geschichte in Quellen und Darstellung, Bd. 1: Frühes und hohes Mittelalter 750 - 1250, Stuttgart 1995, S. 31 f. (vereinfacht)

* katholischer Geistlicher; der Begriff **Kaplan** leitet sich übrigens von „cappa" (dt. Kapuzenmantel) ab. Die „cappa" des Heiligen Martin von Tours gehörte zu den königlichen Reliquien.

**apostolische Autorität: päpstliche Macht; der Papst verstand sich als Nachfolger des Apostel Petrus, einem der zwölf Jünger Jesu.

M 2 Papst und König treffen sich

Eine zeitgenössische Quelle, die am Hof Karls entstand, schildert die Vereinbarung zwischen Papst Stephan und König Pippin vom Januar 754 so:

In demselben Jahre ertrug Papst Stephan den Druck der Langobarden und den Übermut des Königs Aistulf nicht mehr und kam, um persönlich die Hilfe des Königs Pippin anzurufen.
Als Pippin davon hörte, befahl er erfreut seinem erstgeborenen Sohn Karl, ihm entgegenzureisen und ihn ehrenvoll zu sich in die Pfalz von Ponthion* zu führen. Dort wurde der Papst vom König Pippin ehrenvoll empfangen. Viele Geschenke spendete er dem König und auch seinen Großen.
Am folgenden Tage warf er sich zusammen mit seinem Gefolge in Sack und Asche auf die Erde und beschwor den König Pippin bei der Gnade des allmächtigen Gottes und der Macht der seligen Apostel Petrus und Paulus, dass er ihn selbst und das römische Volk aus der Hand der Langobarden und der Knechtschaft des anmaßenden Königs Aistulf befreie. Und nicht eher wollte er sich von der Erde erheben, als bis ihm König Pippin mit seinen Söhnen und den Großen der Franken die Hand reichte und ihn selbst zum Zeichen des künftigen Bündnisses und der Befreiung von der Erde aufhob.

Wilfried Hartmann (Hrsg.), a.a.O., S. 35 (vereinfacht)

* **Ponthion** liegt im Marnetal in Frankreich; **Pfalz**: Königssitz, siehe M 5, Seite 15

M 3 Dasselbe Ereignis – ein anderer Bericht

Ein im Auftrag der Kirche verfasstes zeitgenössisches Werk berichtet vom Januar 754:

Wie aber Pippin die Ankunft des heiligen Vaters vernahm, zog er ihm eilig entgegen mit seiner Gemahlin, seinen Kindern und den Großen des Reiches. […]
Am 6. Januar, dem Tage des Erscheinungsfestes, betraten sie den Palast von Ponthion. Da bat nun Papst Stephan alsbald flehentlich den allerchristlichsten König, dass er sich den Schutz des Friedens und die Sache des heiligen Petrus angelegen sein lasse, und der König versprach dem heiligen Vater eidlich, allen seinen Befehlen und Wünschen mit ganzer Kraft nachzukommen und die Rückgabe des Verwaltungsgebietes von Ravenna und des übrigen Rom zugehörigen Gebietes zu erwirken.

Wilfried Hartmann (Hrsg.), a.a.O., S. 34 (vereinfacht)

M 4 Der Kirchenstaat entsteht.

1. Historiker nannten die Abmachungen zwischen Pippin und der Kirche ein „Zweckbündnis". Zeige mithilfe von M 1 bis M 3, welche „Zwecke" beide Seiten verfolgten.
2. Vergleiche die beiden Berichte über dasselbe Ereignis (M 2 und M 3). Wodurch unterscheiden sie sich?
3. Weshalb mag Karl der Große veranlasst haben, die Ereignisse der Jahre 749/50 und 754 in „Geschichtsbücher" aufzunehmen?

1 „Torhalle" der karolingischen Reichsabtei Lorsch.
Foto, um 1980.
Das Bauwerk entstand um 800. Die drei Torbögen greifen auf antike Vorbilder zurück. Historiker nehmen daher an, dass sie den Gedanken der Erneuerung des Römischen Reiches (lat. renovatio imperii) ausdrücken. Wahrscheinlich diente das sorgfältig ausgemalte Obergeschoss als Königshalle, in der der Herrscher Besuch empfangen, Urkunden ausgestellt und Urteile verkündet hat.

2 Bildnismünze Karls des Großen.
Die Silbermünze (Denar) wurde wahrscheinlich nach 800 in Mainz geprägt.
Die Umschrift lautet: KAROLVS IMP (erator) AVG(ustus).
Der Buchstabe M unter dem Kopf weist auf die Münzstätte hin: Mainz (Moguntia).

Karl der Große: König, Kaiser und Erbe Roms

Karl erneuert das weströmische Kaisertum

Das Herrschaftsgebiet der Franken war durch die Eroberungen Karls des Großen zum größten Reich Westeuropas geworden. Es bestand zum größten Teil aus dem untergegangenen Weströmischen Reich. Während an der Spitze des griechisch-orientalisch geprägten Oströmischen Reiches (Byzanz) ein Kaiser* stand, gab es im katholischen Westen keinen vergleichbaren Herrscher. Da Karl der Große aber nicht hinter dem oströmischen Kaiser zurückstehen wollte und der Papst in Rom einen Verbündeten suchte, kam es 800 zur Kaiserkrönung Karls des Großen. Er führte danach einen komplizierten Titel: *Karl, der allergnädigste, erhabene, von Gott gekrönte, große und friedebringende Kaiser, der das Römische Reich regiert und der auch durch das Erbarmen Gottes König der Franken und Langobarden ist.*

*Die unterlegten Begriffe gehören zum Grundwissen (Standards). Sie werden im Anhang ab Seite 202 noch einmal erklärt.

Der byzantinische Kaiser erkannte Karl den Großen nach langen Verhandlungen im Jahre 812 als (zweiten) Kaiser an. Sein Amt sollte aber nur für den Westen gelten, das sogenannte **Abendland** (lat. *occidens*: die Länder im Westen). Im Januar 814 starb Karl der Große in Aachen.

Die antike Kultur lebt wieder auf

Karl der Große nahm sich auch der Bildung und Wissenschaft an. An seinen Hof holte er Gelehrte aus allen Teilen seines Reiches. Zu ihnen gehörten Iren, Angelsachsen, Langobarden und Westgoten. Erst allmählich kamen Franken dazu, allen voran *Einhard* (gest. 840). Diese Männer machten das antike Wissen zum Maßstab ihrer Werke und der Bildung allgemein. Sie beeinflussten die Gründung von Kloster- und Domschulen, an denen besonders die lateinische Sprache gepflegt wurde. Das geschah aus praktischen Gründen: Mit ihrer Hilfe konnte die bestehende Sprachenvielfalt im Reich überwunden werden. So ließen sich der christliche Glauben und eine einheitliche Rechtsprechung verbreiten.

3 Vorbild: Bildnismünze von Augustus.
Die Silbermünze wurde um 12 v. Chr. in Rom geprägt.
Vergleiche die beiden Münzen. Welche Absicht verfolgte Karl der Große mit der Gestaltung seiner Münze?

Unter Karl dem Großen richteten sich die Baumeister bei der Errichtung von Kirchen und Herrschersitzen nach römischen Vorbildern, ohne sich davon aber vollständig beeinflussen zu lassen. Für seine Kapelle in Aachen ließ Karl z. B. Säulen, Mosaiken und Bildwerke aus Italien herbeischaffen.
Diese erste Wiederbelebung (lat.-franz.: *renaissance*) der Antike wurde später *Karolingische Renaissance* genannt.
Karl bemühte sich auch um die Erhaltung der germanischen Dichtung. Er ließ die Heldenlieder und Sagen der Völkerwanderungszeit sammeln und regte eine germanische Grammatik an.

4 **Ludwig I., der Fromme.**
Buchmalerei (36,5 x 29,5 cm) aus der nach 831 entstandenen Handschrift „Das Lob des Heiligen Kreuzes" von Hrabanus Maurus (783-856). Der Verfasser stammte aus Mainz, war Lehrer, Leiter der Fuldaer Klosterschule und Abt.

Karls Reich zerfällt

Das Reich Karls des Großen zerfiel bald. Im Januar 814 starb Karl der Große in Aachen. Im 9. Jh. bedrohten es die Araber von Spanien aus. Von Norden kamen die *Wikinger (Normannen),* die bald alle Flussmündungen beherrschten. Im frühen 10. Jh. drangen die *Ungarn* von Osten in das Reich ein. Karls Nachkommen kämpften gegeneinander um die Macht. Einzelne Herzöge versuchten, ihr Gebiet vom Reich abzutrennen. Dies alles schwächte das Reich.
Ludwig der Fromme, der 814 als einziger überlebender Sohn Karls Reich geerbt hatte, starb 840. Seine drei Söhne einigten sich erst nach langen Verhandlungen im **Vertrag von Verdun** (843) über das Erbe. Das Reich blieb bestehen, wurde aber in drei „Zuständigkeitsbereiche" aufgeteilt.
Der älteste Sohn, *Lothar I.,* übernahm den Kaisertitel und das Mittelreich (*Lotharingien*). Sein Bruder *Ludwig,* der später den Beinamen *„der Deutsche"* bekam, erhielt das germanisch geprägte Ostreich mit den Bischofssitzen Mainz, Worms und Speyer. Das westliche, stark romanisch beeinflusste Reich wurde Karl *„dem Kahlen"* zugesprochen.
Das Mittelreich bestand nicht lange. Lothars Familie starb bald aus. Karl beanspruchte das Erbe. Als Ludwig daraufhin mit Krieg drohte, einigten sich die beiden im **Vertrag von Mersen** (870) auf eine Teilung. Diese Regelung bestand nur zehn Jahre: Erst der **Vertrag von Ribemont** (880) zog die Grenzen, in denen später Frankreich, das Deutsche Reich und Italien entstanden.

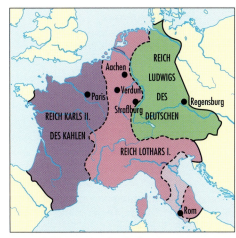
nach 843 (Vertrag von Verdun)

nach 870 (Vertrag von Mersen)

nach 880 (Vertrag von Ribemont)

5 **Die fränkischen Reichsteilungen.**

1 Die Krönung

In einem zeitgenössischen Jahrbuch, den Lorscher Annalen, wird berichtet:

Und weil schon damals das Kaisertum bei den Griechen nicht mehr bestand und sie eine weibliche Herrschaft hatten, erschien es dem Apostelnachfolger
5 Leo* selbst und allen heiligen Vätern […] und dem übrigen christlichen Volk, dass sie Karl, den König der Franken, zum Kaiser erheben müssten. Denn er hielt Rom in Besitz, wo immer Kaiser
10 zu herrschen pflegten, und er hatte auch die übrigen Städte in Italien, Gallien und Germanien inne, weil der allmächtige Gott ihm alle diese Sitze in seine Macht gegeben hatte. Daher er-
15 schien es ihnen gerecht, dass er mit Gottes Hilfe und auf Bitten des gesamten Christenvolkes diesen Titel erhielt. Ihre Bitte konnte König Karl nicht abschlagen, sondern er unterwarf sich mit
20 aller Demut Gott und nahm auf Bitten der Bischöfe und des gesamten Christenvolkes am Fest der Geburt unseres Herrn Jesu Christi den Kaisertitel mit der Segnung durch den Herrn Papst
25 Leo an.

Wilfried Hartmann (Hrsg.), a.a.O., S. 56

*Leo III.: *Papst von 795 bis 816*

2 Karl der Große wird zum Kaiser geweiht.

Buchmalerei (5,6 x 8,5 cm) aus der Gothaer Weltchronik, um 1270.

3 Wie Karl Kaiser wurde

Einhard, der Sohn einer vornehmen ostfränkischen Familie aus der Maingegend, kam 790 als Lehrer an den Hof Karls des Großen. Er wurde zum Vertrauten des Kaisers. In seiner Biografie des Herrschers schreibt er:

Karls letzte Reise nach Rom hatte mehrere Gründe. Die Römer hatten Papst Leo schwer misshandelt, ihm die Augen ausgestochen und die
5 Zunge ausgerissen, sodass er sich gezwungen sah, den König um Schutz zu bitten. Daher begab sich Karl nach Rom, um die verworrenen Zustände der Kirche zu ordnen.
10 Das dauerte den ganzen Winter. Bei dieser Gelegenheit erhielt er den Kaiser- und Augustus-Titel, der ihm anfangs so zuwider war, dass er erklärte, er würde die Kirche selbst an
15 jenem hohen Feiertag nicht freiwillig betreten haben, wenn er die Absicht des Papstes geahnt hätte. Die Eifersucht der oströmischen Kaiser, die ihm die Annahme der Titel
20 schwer verübelten, ertrug er dann allerdings mit erstaunlicher Gelassenheit. Er überwand ihren Widerstand durch seinen Großmut – denn in dieser Beziehung stand er weit über ih-
25 nen – und indem er ihnen zahlreiche Botschaften sandte und sie in den Briefen immer als Brüder anredete.

Einhard, Das Leben Karls des Großen, übers. v. Evelyn Firchow, Stuttgart 1968, S. 59 (vereinfacht)

4 Karl der Große wird zum Kaiser erhoben.

Buchmalerei (etwa 3,8 x 4 cm) aus der Gothaer Weltchronik, um 1270 (Ausschnitt).

1. Vergleiche die Vorgeschichte der Krönung Karls des Großen (M 1 und M 3) mit der Pippins (M 1 und M 2, Seite 11).
2. Einhard schreibt, dass Karl die Verleihung des Kaisertitels „zuwider" gewesen sei (M 3). Suche nach einer Erklärung.
3. Überlege, warum in einer fast 500 Jahre nach der Kaisererhebung Karls des Großen entstandenen Handschrift dieses Ereignis beschrieben und mit mehreren kostbaren Abbildungen (M 2 und M 4) gewürdigt wurde.

M 5 Die Hauptgebäude der Königspfalz in Aachen. Modell.
Karl der Große beschloss 794, sich in Aachen niederzulassen, das für seine Heilquellen bekannt war. Er baute eine bestehende Anlage aus römischer Zeit zur bedeutendsten Pfalz seines Reichs um. Der Begriff **Pfalz** wurde vom Palastbezirk auf dem Palatin in Rom abgeleitet. Das geistliche Zentrum der Anlage war die Pfalzkapelle, der weltliche Mittelpunkt war die Königshalle.
Aachen blieb auch nach dem Tode Karls des Großen ein wichtiges Zentrum des Reichs. Von 936 bis 1531 wurden in der Pfalzkapelle 30 deutsche Könige gekrönt.

■ **CD-ROM-Tipp** → Eine Reise durch Räume, Zeit und Geschichte. Karl der Große. Der Aachener Dom/Domschatz, München: Deutscher Kunstverlag

M 6 Lob und Tadel
Über die Bildungsvorstellungen Karls des Großen berichtet der St. Gallener Mönch Notker der Stammler (840-912):

Als Karl nach langer Abwesenheit heimkehrte, ließ er Schüler vor sich kommen. Er bat sie, ihre Briefe und Gedichte vorzuzeigen. Da legten ihm die Knaben von niedriger Herkunft zu seiner Überraschung mit Weisheit gesüßte Arbeiten vor, die von vornehmer Herkunft aber brachten ganz nichtige und unnütze Werke.
Karl versammelte die guten Schüler zu seiner Rechten und sagte: „Habt vielen Dank, meine Söhne, dass ihr meinen Befehl zu euerm Nutzen nach Kräften auszuführen bemüht gewesen seid. Jetzt also strebt danach, die Vollendung zu erreichen, dann werde ich euch gar herrliche Bistümer und Klöster geben,

M 7 In der Aachener Pfalzkapelle.
In dem achteckigen Obergeschoss des um 798 vollendeten Baues steht der Thron Karls des Großen dem Hauptaltar direkt gegenüber. Vorbild für die Kapelle, in der Karl auch begraben wurde, war die Kirche San Vitale in Ravenna (Italien).

und ihr werdet immer hochgeehrt in meinen Augen sein."
Danach wandte er sich mit großem Unwillen zu den links Stehenden und stieß mit furchtbarem Hohn folgende Worte gegen sie aus: „Ihr Hochgeborenen, ihr Fürstensöhne, ihr zierlichen und hübschen Leutchen, die ihr vertraut auf eure Abkunft und euren Reichtum, ihr habt die Wissenschaften vernachlässigt und die Zeit mit Spiel, Nichtstun und leerem Treiben verbracht. Wenn ihr nicht eiligst eure bisherige Einstellung durch Anstrengung wiedergutmacht, so habt ihr von mir nie etwas Gutes zu erwarten."

Hagen Schulze/Ina Ulrike Paul (Hrsg.), Europäische Geschichte, Quellen und Materialien, München 1994, S. 640 (vereinfacht)

1. Pfalz und Pfalzkapelle sind Ausdruck der „karolingischen Renaissance". Belege diese Behauptung (M 5 und M 7).
2. Für wen und warum hat Notker die Geschichte wohl erzählt (M 6)?
3. Was veranlasste Karl, das römisch-antike Erbe wiederzubeleben und gleichzeitig das fränkisch-germanische Erbe zu pflegen?

Wie regieren die Könige?

Was macht ein König?
Die wichtigsten Aufgaben des Herrschers waren, das Reich zu vergrößern, die Grenzen zu sichern und im Innern für Recht und Frieden zu sorgen.
Der König war Heerführer und Richter. Er übertrug Männern seines Vertrauens die Verwaltung seiner Güter und behielt sich das Recht vor, Pfalzen, Burgen, Märkte und Zollstellen zu errichten und Münzen prägen zu lassen. Zusätzlich schützte der König im Auftrag des Papstes die Kirche und unterstützte die Verbreitung des christlichen Glaubens.

Immer im Sattel
Eine Hauptstadt oder einen ständigen Regierungssitz gab es im Deutschen Reich während des ganzen Mittelalters nicht. Es fehlte auch eine Verwaltung wie im Römischen Reich. Dazu kam, dass die Menschen damals fest daran glaubten, dass die Könige heilbringende Kräfte hätten, die nur durch ihre Anwesenheit wirksam werden konnten. Auch die unzureichende Übermittlung von Nachrichten machte es unmöglich, von einem Ort aus ein großes Reich zu regieren. Die Könige und Kaiser mussten von Ort zu Ort ziehen, um ihre Aufgaben zu erfüllen. Sie regierten „vom Sattel aus" (Reisekönigtum).

Mit Gefolge unterwegs
Der König und die Königin reisten nie allein, sondern mit einem Gefolge, das oft über 100 Personen zählte. Mehr als 25 bis 30 km waren am Tag kaum zu schaffen.
Meldete der Herrscher sich bei einem seiner Königssitze an, wurden aus den umliegenden Gütern des Königs Nahrungsmittel herangeschafft. In Gegenden, in denen er keinen Grundbesitz hatte, machte er bei Bischöfen oder in Klöstern Station.

1 **Reiterstatuette eines Herrschers.**
Die Bronzefigur ist 24 cm hoch, stammt aus dem 9. Jh. und soll an Karl den Großen erinnern. Darauf weisen u. a. Schnurrbart und Reitermantel hin. Suche noch weitere Herrschaftszeichen.

Hoftage und Reichsversammlungen
Wenn Entscheidungen getroffen werden mussten, die das Reich betrafen, berief der König **Hoftage** oder **Reichsversammlungen** ein. Dann versammelten sich die wichtigsten Männer von nah und fern am Aufenthaltsort des Königs, um ihn zu beraten.
Hoftage nutzte der Herrscher nicht nur, um mit den Vornehmen des Reiches Maßnahmen zu erörtern und Recht zu sprechen, sondern auch, um mit ihnen hohe kirchliche Festtage zu feiern oder zu jagen.

Kein König regiert allein
Im Gefolge des Königs gab es einige Männer, die seine Reisen organisierten und sich um die Verwaltung des königlichen Grundbesitzes kümmerten. Die wichtigsten vier **Hofämter** waren: der *Marschall* (für die Ausrüstung des Heeres), der *Kämmerer* (für die Kasse), der *Mundschenk* (für die Getränke) und der *Truchsess* (für die königliche Tafel).

Besonders wichtig für die geistliche Betreuung des Herrschers und die Verwaltung des Reiches war die **Hofkapelle**. Die Mitglieder waren schriftkundige Geistliche. Sie hatten unter Aufsicht eines *Kanzlers* Urkunden auszustellen. Zugleich waren sie wichtige Berater des Herrschers.
Der König durfte jeden Rechtsfall entscheiden, konnte aber nicht überall persönlich für Recht und Ordnung sorgen. Deshalb ließ er sich durch den *Pfalzgrafen* oder andere *Grafen* vertreten. Diese Ämter vertraute er mächtigen Adligen an. Zur Zeit Karls des Großen gab es etwa 300 Grafen. Sie sprachen Recht, verfolgten Straftäter, zogen Abgaben für den König ein und führten die beschlossenen Maßnahmen durch. Die Kontrolle über die Grafen übten lange Zeit *Königsboten* aus.
Für die Grenzgebiete wurden *Markgrafen* ernannt. Sie waren für die Sicherheit des Reiches verantwortlich.

M 1 Wie die Krongüter verwaltet werden sollen

Zwischen 770 und 800 erlässt Karl der Große folgende Vorschriften:

1. Wir befehlen: Unsere Krongüter, die wir eingerichtet haben, unseren Hofhalt zu beliefern, sollen allein unserem Bedarf dienen und niemandem sonst. [...]
8. Unsere Amtmänner sollen die Weinberge in ihrem Amtsbezirk [...] gut bearbeiten [...].
14. Die Amtmänner haben unsere Stuten gut zu pflegen und die Hengstfohlen beizeiten abzusondern [...].
18. Bei unseren Mehlmühlen halte man der Größe der Mühle entsprechend Hühner und Gänse, je mehr, desto besser [...].
21. Auf unseren Gütern soll jeder Amtmann die Fischteiche, soweit vorhanden, erhalten und wenn möglich erweitern, wo sie fehlen, soll man sie neu anlegen. [...]
23. Auf jedem unserer Krongüter sollen die Amtmänner einen möglichst großen Bestand an Kühen, Schweinen, Schafen, Ziegen und Böcken halten; fehlen darf dies Vieh niemals. [...]
24. [...] Mit ganz besonderer Sorgfalt ist darauf zu achten, dass alles, was mit den Händen verarbeitet und zubereitet wird – wie Speck, Rauchfleisch, Sülze, Pökelfleisch, Wein, Essig, Brombeerwein, Senf, Käse, Butter, Malz, Malzbier, Met*, Honig, Wachs, Mehl –, dass dies alles mit der größten Sauberkeit hergestellt wird. [...]
32. Jeder Amtmann sehe zu, wie er stets gutes, ja bestes Saatgut durch Kauf oder sonstwoher erhält. [...]
42. Jedes Krongut soll in seinem Lagerraum vorrätig haben: Bettdecken, Matratzen, Federkissen, Bettlinnen, Tischtücher, Bankpolster, Gefäße aus Kupfer, Blei, Eisen und Holz [...].

Wolfgang Lautemann und Manfred Schlenke (Bearb.), Geschichte in Quellen, Bd. 2: Mittelalter, München ²1978, S. 95 ff.

*****Met**: weinähnliches Getränk aus Honig und Wasser

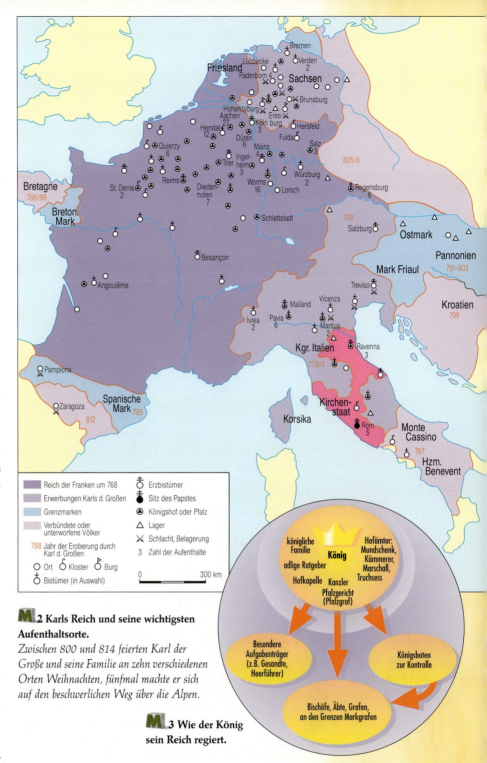

M 2 Karls Reich und seine wichtigsten Aufenthaltsorte.

Zwischen 800 und 814 feierten Karl der Große und seine Familie an zehn verschiedenen Orten Weihnachten, fünfmal machte er sich auf den beschwerlichen Weg über die Alpen.

M 3 Wie der König sein Reich regiert.

1. Nenne Gründe, weshalb die frühmittelalterlichen Herrscher mit ihrem Gefolge ständig unterwegs waren.
2. Bestimme die Aufgabe der Krongüter und nenne die Produkte, die auf den Königsgütern hergestellt wurden (M 1).
3. Bestimme die Schwerpunkte von Karls Herrschaft (M 2).
4. Erkläre anhand des Schaubildes M 3 wie der König sein Reich regierte.

Herrschaft im Namen Gottes

1 Ein Krönungsbild?
Buchmalerei (29,5 x 21,5 cm) aus einem Evangeliar, das um 990 auf der Insel Reichenau im Bodensee entstand. Mittelalterliche Evangeliare sind meist prächtige Handschriften, die Könige und Fürsten ihren Kirchen stifteten. Sie enthalten den Text der vier **Evangelien** (Heilsbotschaften) und manchmal auch Darstellungen der Auftraggeber. Während der Messe wurde aus den Evangeliaren vorgelesen.
Zum Bild: Dargestellt ist wahrscheinlich Otto III. Er wurde 983 mit drei Jahren zum König gekrönt und übte das Amt bis 994 unter der Vormundschaft seiner Mutter Theophanu und seiner Großmutter Adelheid aus; 996 wurde er in Rom zum Kaiser gekrönt.
Diese Buchmalerei steckt voller Symbole (Sinnbilder). Erst wenn wir sie erkennen, können wir sie angemessen deuten. Bei der Interpretation solcher Bilder können uns auch Vergleiche helfen.
In der Mitte des Bildes sehen wir eine hockende Figur, die den Thron des Herrschers trägt. Es handelt sich um Gea, nach antiker Überlieferung die Erde.
Der König wurde wie Christus dargestellt – als Weltenherrscher und -richter.
Sein Bild ist umgeben von Symbolen der Evangelisten. Der Engel steht für Matthäus, der Löwe für Markus, der Stier für Lukas und der Adler für Johannes.
Etwas unterhalb von Otto sieht man links und rechts Herrscher mit Fahnen, vielleicht die Könige von Ungarn und Polen, mit denen Otto in Verbindung stand; darunter zwei adlige Krieger und zwei Erzbischöfe.

1. Der König wurde mit einer „Mandorla" versehen (Abb. 1). Kläre den Fachbegriff.
2. Erkläre mit eigenen Worten, welche Vorstellung von der Herkunft und Bedeutung der Herrscherwürde diese Buchmalerei ausdrückt.

Wer behält die Macht?

Im ostfränkischen Reich musste sich der König die Macht mit den Herzögen, Grafen, Bischöfen und Äbten im Reich teilen. Vor allem die Herrscher der vier sogenannten **Stammesherzogtümer** bestimmten die Politik: die Herzöge von Sachsen, Franken, Schwaben und Bayern. Kein deutscher König konnte seine Macht behaupten, wenn er nicht aus einer Herzogsfamilie stammte und durch Lehen und Heirat andere mächtige Familien an sich band. Dies gelang zwischen 936 und 1254 nur den sächsischen *Liudolfingern (Ottonen)* und *Welfen*, den fränkischen *Saliern* und den schwäbischen *Staufern*.

Die deutsche Geschichte beginnt

Anfang des 10. Jh. ging die Königswürde von den Franken auf die Sachsen über. Der ehemalige Sachsenherzog *Heinrich I.* regierte von 919 bis 936 als König. Er gewann im Westen Lothringen und führte Feldzüge gegen die Ungarn und die Slawen im Osten.

Noch während seiner Regierungszeit erreichte er von den anderen mächtigen Männern des Reiches die Zustimmung, dass sein Sohn das Königsamt von ihm übernehmen könne. Damit sicherte Heinrich seiner Familie die Macht. Zugleich setzte er die Unteilbarkeit des Reiches durch.

Heinrichs I. Herrschaft steht am Übergang von der fränkischen zur deutschen Geschichte. Quellen sprechen aber erst seit dem 11. Jh. von einem *regnum teutonicorum*, einem *Reich der Deutschen*.

Das Reich wird gestärkt

Nach Heinrichs Tod wurde sein Sohn *Otto I.* im Jahre 936 König. Otto baute sein Herrschaftsgebiet aus.

An der Ostgrenze des Reiches richtete er weitere Marken (Verteidigungs- und Verwaltungsbezirke) ein und gründete neue **Reichsbistümer** (948: Havelberg bei Brandenburg, das 968 zusammen mit Merseburg, Meißen und Zeitz dem Erzbistum Magdeburg unterstellt wurde). Sie wurden Ausgangspunkte der Christianisierung zwischen Elbe und Oder und der Missionierung Polens

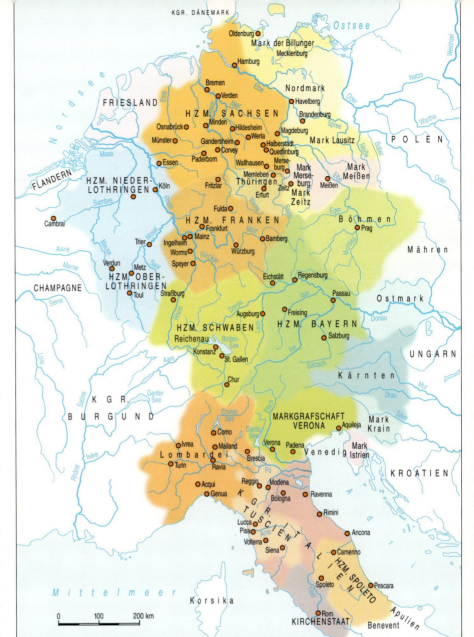

2 Das Reich Ottos des Großen um 973.

und Ungarns. Unter Ottos Führung besiegten die deutschen Heere im Jahre 955 die Ungarn in der **Schlacht auf dem Lechfeld** bei Augsburg. Von nun an blieb das Reich von ungarischen Reitern weitgehend verschont.

In den Fußstapfen Karls des Großen

Schon durch die Wahl des Krönungsortes Aachen hatte Otto I. im Jahre 936 gezeigt, dass er sich als Nachfolger der fränkischen Herrscher betrachtete. Von ihnen übernahm er die Idee, die Kaiserherrschaft mit dem Papst zu erneuern. Als in Rom Kämpfe des Stadtadels die Macht des Papstes schwächten, nutzte Otto die Chance, in die Fußstapfen Karls des Großen zu treten. Er marschierte mit seinen Truppen nach Italien und stand dem Papst bei. 962 übertrug der ihm dafür die Kaiserwürde, die seit rund acht Jahrzehnten niemand mehr innegehabt hatte. Seit Otto war damit das römische Kaisertum mit dem deutschen Königtum verknüpft. Otto I. garantierte dem Papsttum den weltlichen Schutz und erhielt dafür eine wichtige Zusage: Alle künftigen Päpste würden vor ihrer Weihe dem Kaiser die Treue versprechen.

③ Ein Herrscher als Kirchengründer.
Die Elfenbeinschnitzerei misst 12,9 x 11,3 cm und entstand um 970 in Mailand.
Zum Bild (von links nach rechts):
Ein Engel und der hl. Mauritius führen einen gekrönten Herrscher (wahrscheinlich Kaiser Otto I.) vor Christus. Der Kaiser reicht Christus ein Kirchenmodell (gemeint ist die Domkirche von Magdeburg). Von den rechts stehenden Heiligen ist nur Petrus zu erkennen.

Die Kirche dient dem Reich

Schon die Merowinger und Karolinger richteten neben den Kaiserpfalzen zahlreiche Reichsbistümer und -klöster ein. Sie hatten die Aufgaben,
- den umherziehenden König samt Gefolge zu versorgen,
- bei der Verwaltung des Reiches zu helfen,
- als Bildungszentrum zu dienen und
- „wohlbewaffnete und -ausgerüstete Leute" für das königliche Heer zu stellen.

Als Gegenleistung schenkten die Könige den Bistümern und Klöstern Land oder überließen ihnen die Einkünfte aus Zöllen, Münzprägungen und Marktrechten. Ihre Interessen sicherten sich die Herrscher dadurch, dass sie Einfluss auf die Besetzung der Bischofs- und Abtsposten, die **Investitur** (von lat. *investire*: bekleiden) der hohen Geistlichen, nahmen.

Otto I. und seine Nachfolger setzten diese Politik fort. Sie statteten die Bistümer des Reiches und bedeutende Klöster mit reichem Grundbesitz und Einkünften aus, befreiten sie von der Aufsicht durch die Grafen und gewährten ihnen eigene Gerichte. Damit bauten sie im Reich ein politisches Gegengewicht zu den mächtigen Herzögen auf, denn die überlassenen Güter, Rechte und Funktionen fielen beim Tode eines Bischofs, Abts oder einer Äbtissin an den Herrscher zurück.

Da die Könige seit Otto I. dafür sorgten, dass nur noch Personen ihres Vertrauens Bischöfe, Äbte oder Äbtissinnen wurden, sprechen Historiker für diese Zeit vom **Reichskirchensystem**. Darüber hinaus beeinflussten Otto I. und seine Nachfolger die Wahl der Päpste, die damals noch vom römischen Stadtadel gewählt wurden. Von zwölf Päpsten, die zwischen 963 und 1003 und von 1046 bis 1057 amtierten, wurden elf unter Mitwirkung der deutschen Könige und Kaiser ausgewählt und eingesetzt.

M 1 Die Reichskrone.

Die Krone (Ø ca. 25 cm) wurde bei Königskrönungen in Aachen und verschiedentlich auch bei Kaiserkrönungen in Rom verwendet. Angefertigt hat man sie wohl für die Kaiserkrönung Ottos I. im Jahre 962. Das Kreuz (9,9 cm) wurde zwischen 1002 und 1024, der Bügel um 1030 (?) hinzugefügt.

Die Krone besteht aus acht durch Scharniere verbundene Goldplatten. Ihre Inschriften zeigen Christus als König der Könige und alttestamentarische Könige wie Salomon. Zur Zahlensymbolik so viel: Die Acht gilt als Zahl Christi und der Auferstehung, denn zum einen überlebten in der Arche acht Menschen die Sintflut und zum anderen dauerte die Leidenswoche Christi acht Tage.

Zu den Reichsinsignien *(von lat. insigne: Ehrenzeichen) gehören neben der Reichskrone u. a. noch Reichsschwert, -kreuz, -zepter und -apfel. Sie befinden sich heute in der Wiener Hofburg. 1424 waren sie nach Nürnberg gebracht worden, wo sie in der Kirche des Heilig-Geist-Spitals aufbewahrt wurden. 1796 wurden die Reichsinsignien von Nürnberg nach Wien überführt, um sie vor den anrückenden französischen Truppen in Sicherheit zu bringen. Die hier zu erkennende Inschrift* PER ME REGES REGNANT *lautet übersetzt „Durch mich regieren die Könige". Erläutere die Bedeutung des Satzes.*

M 2 Hoch lebe der neue König!

Der Mönch Widukind schildert die Königserhebung Ottos I. von 936 in seiner „Sachsengeschichte" so:

Als Ort der allgemeinen Wahl nannte und bestimmte man die Pfalz Aachen [...]. Und als man dorthin gekommen war, versammelten sich die Herzöge und obersten Grafen mit der übrigen Schar vornehmster Ritter in dem Säulenhof, der mit der Basilika Karls des Großen verbunden ist, setzten den neuen Herrscher auf einen dort aufgestellten Thron, huldigten ihm, gelobten ihm Treue, versprachen ihm Unterstützung gegen alle seine Feinde und machten ihn nach ihrem Brauch zum König.

Währenddessen erwartete der Erzbischof von Mainz mit der gesamten Priesterschaft und den mitgereisten Gefolgsleuten im Innern der Basilika den Auftritt des neuen Königs. Als dieser erschien, ging ihm der Erzbischof entgegen [...]. Er wandte sich ans Volk und sagte: „Seht, ich bringe euch den von Gott erwählten und einst von dem mächtigen König Heinrich vorgesehenen, jetzt aber von allen Fürsten zum König gemachten Otto. Wenn euch diese Wahl gefällt, zeigt dies an, indem ihr die rechte Hand zum Himmel emporhebt." Da streckte das ganze Volk die Rechte in die Höhe und wünschte unter lautem Rufen dem neuen Herrscher viel Glück. Dann schritt der Erzbischof mit dem König hinter den Altar, auf dem die königlichen Herrschaftszeichen lagen [...]. Er nahm von dort das Schwert mit dem Wehrgehänge auf, wandte sich an den König und sprach: „Nimm dieses Schwert, auf dass du alle Feinde Christi verjagst, die Heiden und schlechten Christen, da durch Gottes Willen dir alle Macht im Frankenreich übertragen ist, zum unerschütterlichen Frieden für alle Christen."

Dann nahm er die Spangen, legte ihm den Mantel um und sagte: „Durch die bis auf den Boden herabreichenden Zipfel deines Gewandes seist du daran erinnert, mit welchem Eifer du im Glauben entbrennen und bis zum Tod für die Sicherung des Friedens eintreten sollst." Darauf nahm er Zepter und Stab und sprach: „Durch diese Abzeichen bist du aufgefordert, mit väterlicher Zucht deine Untertanen zu leiten und in erster Linie den Dienern Gottes, den Witwen und Waisen die Hand des Erbarmens zu reichen; und niemals möge dein Haupt ohne das Öl der Barmherzigkeit sein, auf dass du jetzt und in Zukunft mit ewigem Lohn gekrönt werdest." Auf der Stelle wurde er mit dem heiligen Öl gesalbt und mit dem goldenen Diadem gekrönt [...].

Nachdem man dann das Lob Gottes gesungen und das Messopfer feierlich begangen hatte, ging der König hinunter zur Pfalz, trat an die marmorne, mit königlicher Pracht geschmückte Tafel und nahm mit den Bischöfen und dem ganzen Adel Platz.

Widukind von Corvey, Res gestae Saxonicae/Die Sachsengeschichte, übers. und hrsg. von Ekkehart Rotter und Bernd Schneidmüller, Stuttgart 1981, S. 105 ff.

■ **Internettipp** → *Informationen über die Reichsinsignien findest du auf der Homepage des Kunsthistorischen Museums in Wien unter www.khm.at/system2.html?/static/page71.html*

1. Aus dem Bericht (M 2) wird deutlich, wer im Reich Einfluss hatte. Nenne die Träger der Macht.
2. Der Erzbischof von Mainz überreicht Otto die Herrschaftszeichen (M 2). Nenne ihre Bedeutung.
3. Erarbeitet die einzelnen Schritte der Königserhebung und stellt sie in einem Rollenspiel dar.
4. Widukind war zum Zeitpunkt der Krönung etwa 12 Jahre alt und wahrscheinlich in Aachen nicht dabei. Überlege, woher er sein Wissen haben könnte.

Herrschaft über Land und Leute

„Finsteres Mittelalter?"
Wenn uns heute etwas veraltet vorkommt, sprechen wir oft von „Zuständen wie im Mittelalter". Und was uns besonders rückständig erscheint, bezeichnen wir sogar als „finsteres Mittelalter". Wenn wir aber das Mittelalter als geschichtliche Epoche betrachten, müssen wir zuerst feststellen, dass es *das* Mittelalter nicht gab. Denn in den tausend Jahren von etwa 500 bis 1500 veränderten sich die Lebensumstände der Menschen und ihr Zusammenleben tiefgreifend und stetig.

Nicht alle Menschen sind gleich
Vieles aus dem Mittelalter kommt uns heute fremd vor. So war es für die Menschen jener Zeit selbstverständlich, dass sie nicht alle von Natur aus als gleich galten und gleiche Rechte hatten. Männer hatten mehr Rechte als Frauen, Geistliche hatten Vorrechte gegenüber Nichtgeistlichen, Adlige herrschten über Nichtadlige. Vornehme und Mächtige konnten nicht nur Abgaben und Dienste von ihren Bauern verlangen, sondern auch Gehorsam. Wer seinen Besitz verlor, büßte seine Freiheit ein. Er musste sich einem Herrn unterwerfen. Der schützte ihn zwar und sorgte für ihn. Dafür konnte er aber über ihn verfügen.

① Christus teilt den drei Ständen ihre Aufgaben zu.
Holzschnitt (20 x 14,5 cm) von Hans Hesse, Heidelberg 1488.
Die Beschriftungen lauten übersetzt:
Du bete demütig! Du schütze! Und du arbeite!

Nenne die dargestellten Personengruppen und ihre Aufgaben. Was drückt die Haltung der Christusfigur aus?

Die Dreiständeordnung
Über allen Bewohnern eines Landes stand der König. Als von Gott eingesetzter Herrscher forderte er Gehorsam und Verehrung. Als im 10./11. Jh. ständige Streitigkeiten zwischen Adligen und Nichtadligen die königliche Macht und das Auskommen der Bauern schwächten, versuchte die Geistlichkeit zu schlichten: Sie verwies auf die von Gott geschaffene – und damit unantastbare – **Dreiständeordnung** und forderte, Geistlichkeit und Bauern sollten zusammenarbeiten. Dies hat Anfang des 11. Jh. der Bischof *Adalbero von Laon* in einem Brief an den französischen König so ausgedrückt:
Das Haus Gottes ist dreigeteilt: Die einen beten, die anderen kämpfen, die Dritten endlich arbeiten. Diese drei miteinander lebenden Stände können nicht getrennt werden. Die Dienste des einen sind die Bedingung für die Werke der beiden anderen. Jeder trachtet danach, das Ganze zu unterstützen.

2 Belehnung geistlicher und weltlicher Fürsten.
Bilder aus der Heidelberger Handschrift des Sachsenspiegels, die um 1330 in Sachsen entstanden sind. Der Sachsenspiegel wurde von Eike von Repgow um 1224/35 im Elbe-Saale-Raum verfasst und gehört zu den ältesten Rechtsbüchern in deutscher Sprache. Er beeinflusste die Rechtsprechung in Sachsen, Brandenburg, Thüringen und anderen deutschen Ländern zum Teil bis ins 19. Jh.
Linke Abbildung (7,7 x 11,5 cm): Der König verleiht Lehen an einen Bischof und an eine Leiterin eines Klosters (Äbtissin) sowie an weltliche Fürsten.
Rechte Abbildung (7,0 x 11,5 cm): Zwei Fürsten bieten einem Vasallen die Belehnung an. Der Vasall legt seine Hände zwischen die seines Lehnsherrn. Dabei wird er etwa folgenden Schwur geleistet haben: „Deine Feinde sind meine Feinde, deine Freunde sind meine Freunde. Ich will dir immer treu und gegenwärtig sein, wenn du mich brauchst."
Nebenbei: Der Vasall nimmt hier das Lehen von dem Lehnsherrn entgegen, der selber ein Lehen hat (die Fahne lässt darauf schließen). Ihr könnt eine solche Szene mit verteilten Rollen spielen.

Land bringt Macht
Die wirtschaftliche Grundlage der Menschen im Mittelalter war der Landbesitz. Er war die wichtigste Bedingung für Macht. Die größten Landbesitzer waren zunächst die Könige. Sie bestimmten über den meist umfangreichen **Eigenbesitz** ihrer Familie und durften über **Kron-** oder **Reichsgut** verfügen, solange sie herrschten. Neben dem König besaßen die Herzöge, Grafen, der übrige Adel und die Kirche viel Land.

Herrscher brauchen Helfer
Wer herrschen wollte, brauchte Helfer. Diese wollten belohnt werden. Da die Geldeinnahmen der Könige und des Adels im frühen Mittelalter noch zu gering waren, blieb ihnen nur die Möglichkeit, ihren Helfern ein Stück Land zu leihen oder zu schenken, einschließlich der darauf lebenden Menschen und Tiere.

Land gegen Kriegsdienst
Den „verliehenen" Grundbesitz nannte man **Lehen**; der Empfänger hieß **Vasall**. Die Belehnung wurde in feierlicher Form abgeschlossen. Beide Seiten versprachen sich gegenseitig Treue und Schutz. Kam der Vasall seinen Diensten nicht nach, durfte der **Lehnsherr** das Lehen einziehen. Verletzte der Herr seine Pflichten, brauchte der Vasall ihm keine Gefolgschaft mehr zu leisten.
Im 8. Jh. setzte sich eine neue Kampfweise durch. Trainierte Reiter mit eisernen Panzerhemden waren den zu Fuß kämpfenden Bauernheeren überlegen.*
Die Herrscher bemühten sich deshalb, ihr bäuerliches Aufgebot mit vielen bewaffneten Reitern zu ergänzen. Doch Reiterkrieger waren teuer: Pferd und Rüstung kosteten im 8. Jh. etwa so viel wie 45 Kühe. Da dies ein wehrpflichtiger Bauer nicht aufbringen konnte, verliehen die Herrscher Grundbesitz einschließlich der darauf lebenden Menschen und Vieh an ihre besonders wichtigen Gefolgsleute. Über die Erträge der Güter durften die Gefolgsleute frei bestimmen. Als Gegenleistung mussten sie sich verpflichten, Reiter auszurüsten oder selbst zum Kriegsdienst zu erscheinen. Deshalb erhielten Frauen anfangs keine Lehen.

Nur Bindungen zählen
Um ein schlagkräftiges Heer aufstellen zu können, waren die Mächtigen auf ein dichtes Netz von persönlichen Treueverpflichtungen angewiesen. Die Vergabe von Lehen an Adlige und unfreie Dienstmannen (**Ministeriale**) war dabei das wichtigste Mittel. Ein Lehen durfte noch an weitere Lehnsnehmer (*Untervasallen*) weitergegeben werden. Mit der Zeit durften auch Frauen Lehen erhalten und weitergeben.
Das Lehnsverhältnis erlosch bald nicht mehr nach dem Tod des Lehnsherrn oder Vasallen. Die Lehnsnehmer betrachteten das Lehen als ihr Eigentum und gaben es an ihre Erben weiter.

*Über die Ritter erfährst du auf Seite 31 ff. mehr.

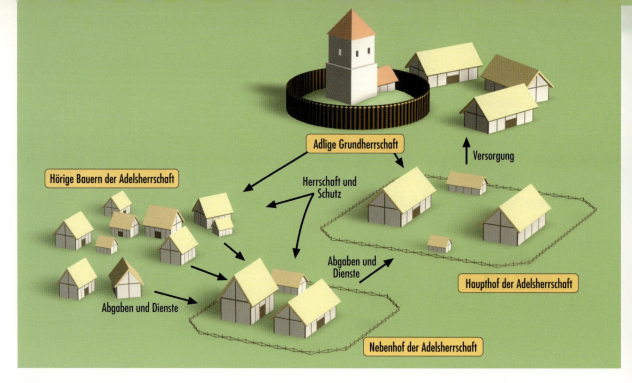

3 Die Grundherrschaft.

Die Grundherrschaft bestand normalerweise aus einem Haupthof und zahlreichen, oft verstreut liegenden Nebenhöfen. Der Haupthof diente der direkten Versorgung des Grundherrn. In der Regel war er Sitz eines Dienstmannes. Mit Unterstützung weiterer Verwalter (Meier) kümmerte sich der Dienstmann um die übrigen Hofstellen, die von hörigen (abhängigen) Bauern bewirtschaftet wurden. Im Auftrag des Grundherrn sorgten sich die Verwalter der Haupthöfe um die Abgaben und Dienste sowie den Schutz der abhängigen Bauern. Im Krieg stellten sie Reiterkrieger, Waffen und Proviant. Mächtige Grundherren konnten mehrere tausend Nebenhöfe ihr Eigen nennen.

Grundherrschaft

Immer mehr freie Bauern mussten sich seit dem 8. Jh. unter den Schutz eines Grundherrn begeben. Der Landbesitz reichte nicht aus, um die Familie zu ernähren und die hohen Kosten für die Rüstung aufzubringen. Aus freien Bauern wurden **Grundholde** (*Hörige*). Vom Grundherrn wurde ihnen Land gegen **Frondienste** überlassen, d. h. sie mussten einen Teil ihrer erwirtschafteten Güter abgeben und zu bestimmten Zeiten für ihn arbeiten.

Die hörigen Bauern durften das Land nur mit Einverständnis ihrer Grundherren verlassen. Sie benötigten sogar deren Einwilligung, wenn sie heiraten wollten. Wenn das Land verkauft oder vererbt wurde, gehörten sie mit ihren Familien dem neuen Besitzer. Schließlich waren die Grundherren oft noch Richter über ihre unfreien Bauern.

Als Gegenleistung gewährten sie ihren Leuten Schutz und Hilfe. Ein wichtiger Vorteil für die unfreien Bauern war, dass sie für ihre Grundherren nicht in den Krieg ziehen mussten.

Diese Verfügungsgewalt über Land und Leute nennen wir **Grundherrschaft**. Davon waren mehr als 90 Prozent der Bevölkerung betroffen.

Die Zeit, in der Lehnswesen und Grundherrschaft die Grundlagen für wirtschaftliche und politische Macht bildeten, wird als Epoche des **Feudalismus** (lat. *feudum*: Lehen) bezeichnet. Sie dauerte in den europäischen Staaten bis ins 19. Jh. hinein.

Über die Lebensbedingungen der bäuerlichen Bevölkerung siehe die Seiten 26 ff.

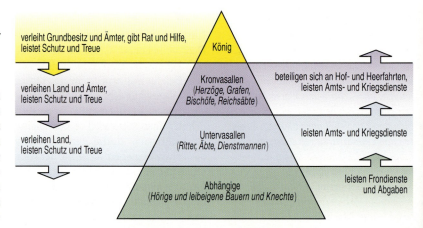

4 Lehnswesen und Aufbau der mittelalterlichen Gesellschaft.

Für den Gesellschaftsaufbau wurde das Bild von der Lehnspyramide benutzt. Es stellt die Verhältnisse vereinfacht dar. Lehen wurden nämlich nicht nur von oben nach unten vergeben, sondern beispielsweise auch von Kronvasallen zu Kronvasallen oder von Untervasallen an Kronvasallen.

M 1 Befehl an die Vasallen

Im folgenden Brief, der nach 804 geschrieben wurde, fordert Karl der Große den Leiter des Klosters von Altaich (Bayern) auf, seinen Vasallenpflichten nachzukommen:

Im Namen des Vaters und des Sohnes und des Heiligen Geistes […]. Wir teilen dir mit, dass wir in diesem Jahre den großen Reichstag nach Ostsachsen zusammengerufen haben […]. Deshalb befehlen wir dir, am 17. Juni mit allen deinen wohlbewaffneten und -ausgerüsteten Leuten an dem genannten Platze dich einzustellen, also sieben Tage vor der Messe des heiligen Johannes des Täufers. Du wirst also wohlvorbereitet mit deinen Leuten an dem genannten Platze erscheinen, um von hier aus […] eine militärische Expedition durchzuführen; das heißt mit Waffen und Gerät und aller anderen kriegerischen Ausrüstung, mit Proviant und Bekleidung.

Jeder Berittene soll Schild, Lanze, Schwert und Hirschfänger haben, dazu Bogen, Köcher mit Pfeilen, und eure Packwagen sollen Vorräte aller Art mitführen, Spitzhacken und Äxte, Bohrer, Beile, Spaten, eiserne Grabscheite und alle anderen Werkzeuge, die man bei einem Feldzug braucht. Die Lebensmittel müssen vom Reichstag an gerechnet drei Monate reichen, Waffen und Bekleidung ein halbes Jahr […].

Die Geschenke, die du uns auf unserem Reichstag abzuliefern hast, übersende Mitte Mai dahin, wo wir uns dann aufhalten werden […]. Lasse dir dabei keinerlei Nachlässigkeit zuschulden kommen, wenn dir an unserer Gnade gelegen ist.

Wolfgang Lautemann (Bearb.), Mittelalter. Reich und Kirche. Geschichte in Quellen, München ²1978, S. 76 f.

M 2 Ein Markgraf reitet aus.

Buchmalerei (9,5 x 16,9 cm), um 1320.

1. Was ist ein Lehen?
2. Was erfährst du aus M 1 über das Verhältnis zwischen Lehnsherr und Vasall?
3. Erstelle eine Liste aller geforderten Gegenstände (M 1).
4. Versetze dich in die Lage des Abts und beantworte den Brief (M 1).

1 „De temporibus" (dt. Von den Zeiten).
Kopie einer Buchmalerei (18 x 26 cm) aus dem Kloster Montecassino (Italien), die 1023 für die Bebilderung des Werkes „De rerum naturis" (dt. „Über die Natur der Dinge") von Hrabanus Maurus (siehe Abb. 4, Seite 13) entstand.
Das Bild zeigt vier Figuren. Sie stehen für die Jahreszeiten.

Das Leben der Bauern

Geringe Lebenserwartung

Mitteleuropa war im frühen Mittelalter eine dünnbesiedelte Region mit riesigen Laubwäldern, ausgedehnten Sümpfen und Mooren. In dieser Wildnis lagen einzelne Bauernhöfe, Gutshöfe, Klöster, Dörfer und wenige Städte. Holz, Lehm und Zweige dienten als Baumaterial für Hütten, Häuser und Brücken. Nur Kirchen, Klöster und Königshöfe waren zum Teil aus Stein.

Auf dem gestampften Boden der Bauernhütten lag Stroh als Unterlage zum Schlafen. Die Mehrheit der Bevölkerung starb durch Krankheit, Hunger und Krieg bereits nach durchschnittlich dreißig Jahren. Die Lebenserwartung der kleinen Oberschicht lag bei fünfzig Jahren.

Mehr Acker – mehr Menschen

Das Interesse der Grundherren an größeren Einnahmen förderte seit dem 10. Jh. den ständigen **Landesausbau**: Wälder wurden gerodet, Moore und Sümpfe trockengelegt, Deiche und Marschen an den Küsten angelegt sowie Dörfer planmäßig errichtet.

Um für diese Arbeit genügend Menschen zu finden, stellten die Grundherren ihren Hörigen dafür niedrigere Abgaben und weniger Frondienste in Aussicht, als sonst üblich. Zahlreiche abhängige Bauern erhielten mehr Freiheiten: Sie durften heiraten und mit ihren Familien in die noch unfruchtbaren Gebiete ziehen. Die Folgen des Landesausbaus: Es wurden mehr Familien gegründet und die Bevölkerung nahm zu.

2 **Ein Bauer bestellt sein Feld.**
Buchmalerei (4,5 x 12,5 cm) aus dem Stuttgarter Psalter*, um 820/830. Hinter dem pflügenden Bauern steht die Saat in einem Korb bereit.

*Psalter: Ein Buch für den Gottesdienst, in dem die Psalmen des Alten Testaments stehen.

Höhere Erträge durch neue Techniken

Nicht allein der Landesausbau förderte das Wachstum der Bevölkerung. Auch viele technische Neuerungen trugen dazu bei, dass die landwirtschaftlichen Erträge im 11./12. Jh. gesteigert und mehr Menschen ernährt werden konnten.

- Der hölzerne Hakenpflug wich dem Räderpflug mit eiserner Pflugschar und Streichbrett. Der Boden wurde nicht mehr nur aufgerissen, sondern gewendet.
- Die Zugkraft der Tiere wurde durch das *Kummet** auf das Drei- bis Vierfache erhöht. Es verteilte die Zuglast auf Brust und Schulter.

*Kummet: Ein gepolsterter Leder- oder Stoffbügel, der um den Hals eines Zugtieres gelegt wird.

- Anstelle von Kühen und Ochsen wurden immer häufiger Pferde vor Pflug und Wagen gespannt. Sie waren von Natur aus schnell und ausdauernd.
- Hufeisen schützten die Pferde vor Verletzungen und machten sie trittsicherer.
- Die **Dreifelderwirtschaft** aus römischer Zeit wurde weiterentwickelt: Auf einem Feld wurde in einem Jahr Wintergetreide (z.B. Roggen und Weizen), im nächsten Jahr Sommergetreide (z.B. Hafer) angebaut, anschließend lag das Feld ein Jahr zur Erholung brach. Zuvor hatten Anbau und Brache jährlich gewechselt.
- Durch das Unterpflügen der bei der Ernte stehen gebliebenen Getreidehalme, durch Mist- und Laubstreuung oder durch Mergel (ein kalkhaltiges Gestein) konnten die Bodenerträge verbessert werden.
- Dazu kam ab dem 12. Jh. der Einsatz von Eggen, Sensen und Dreschflegeln.
- Wo immer möglich, wurden Wassermühlen gebaut, wo nicht, errichtete man Windmühlen.

Durch diese Veränderungen konnten die Ernteerträge vom 8. bis zum 13. Jh. verdoppelt, später sogar verdreifacht werden.

> *In einer Grundherrschaft gibt es eine Wassermühle. Der Meier des Dorfes schlägt dem Grundherrn vor, eine der neuartigen Windmühlen zu errichten. Der Grundherr will die alte Mühle behalten. Formuliere einen Dialog zwischen dem Meier und dem Grundherrn über die beste Mühle für das Dorf.*

3 **Bockwindmühle.**
Buchmalerei aus der Werkstatt des flämischen Künstlers Jean de Grise, 1338-1345. Erst im 12. Jh. begann man in Mitteleuropa, die Windkraft zu nutzen: Die Anlage von Mühlen geht auf ältere arabische und römische Vorbilder zurück. Der kastenförmige Aufbau saß auf einem dicken Eichenstamm (Bock) und konnte mit der abstehenden Stange in den Wind gedreht werden.

4 **Bauernpaar auf dem Weg zum Markt.**
Zeichnung (13 x 16 cm) aus dem Volkacher Salbuch*, um 1504.
Welche Waren bringt das Bauernpaar in die Stadt? Woran wird deutlich, dass es gefährlich war, über Land zu ziehen?
Der Schriftzug über der Abbildung lautet: „Zollt nichts, was man trägt." Erkläre!
In dem Bild oben links befindet sich der Eintrag „Hans Hemp" mit „Gretelars, seine Hausfrau", rechts neben dem Stadtturm steht die Jahreszahl 1504. Unten rechts befindet sich eine Marktszene, darüber steht „Halpfotzs". Dieser Name bezieht sich wohl auf die Frau mit den Tonkrügen.
Vor ihr steht ein Kunde, hinter ihr ein Stadtknecht, der über das Geschehen auf dem Markt wacht.

***Salbuch**: Verzeichnis über Eigentum, Einkünfte und Rechte einer Stadt

Wandel mit Folgen

Der Alltag der Bauern blieb mühsam und arbeitsreich, dennoch hatte sich ihr Leben grundsätzlich gewandelt:
- Bei günstiger Witterung konnten die Bauern mehr erwirtschaften, als sie selbst verbrauchten und an den Herrn abliefern mussten. Den Überschuss verkauften sie auf Märkten.
- Mit den Einnahmen gewöhnte sich die ländliche Bevölkerung an Münzgeld.
- Von den Erträgen kauften die Bauern auch Produkte der Handwerker: Geräte, Kleidung, Haushaltswaren. In den größeren Dorfgemeinschaften ließen sich neben den Müllern auch Schmiede und andere Handwerker nieder.
- Die Grundherren gestanden der Dorfgemeinschaft seit dem 12./13. Jh. eine Selbstverwaltung zu: Sie bestimmte den Zeitplan für die Bewirtschaftung der Felder, sorgte für die Wege und Brücken, achtete auf die Einhaltung des Dorffriedens, nahm Verbrecher fest und lieferte sie dem Gericht aus. Vor allem verwaltete die Dorfgemeinschaft die **Allmende** (mittelhochdeutsch: *das Allgemeine*). Das war gemeinsames Eigentum an Wald, Weide, Ackerland und Weiher. Dort durfte nach gemeinsam festgelegten Regeln das Vieh der Dorfbewohner weiden. Hier konnten sie Bau- und Brennholz schlagen, Eicheln und Bucheckern für die Schweinemast sammeln oder fischen.
- Die Grundherren begannen allmählich auch, Teile ihres Landes gegen eine jährliche Geldzahlung (*Rente*) an Bauern zu verpachten.

Auf nach Osten!

Weil der innere Landesausbau begrenzt war, begann bald die Erschließung der meist bewaldeten Grenzräume.

Im 12. Jh. leiteten die weltlichen und geistlichen Fürsten an Elbe, Saale und Donau die Errichtung von bäuerlichen Siedlungsstellen im Osten ein. Dieser **Kolonisation** gingen anfangs keine kriegerischen Eroberungszüge voraus; das änderte sich erst im 13. Jh. Danach verlief die Kolonisation sowohl mit friedlichen als auch militärischen Mitteln.

Die bäuerliche **Ostsiedlung** vollzog sich schrittweise in zahlreichen Einzelunternehmungen. Sie ging einher mit der Missionierung der slawischen Bevölkerung.

6 Bauern, die ein Dorf auf Neuland anlegen.
Bild aus der Heidelberger Handschrift des Sachsenspiegels, Anfang des 14. Jh. Ein Grundherr überreicht dem Lokator eine Urkunde. Das Dreieck unterhalb der Urkunde könnte ein Siegel oder ein Gegenstand zur Landvermessung sein.

5 Die deutsche Ostsiedlung.
Ausgangslage um 1100 (oben) sowie Ausdehnung bis 1300.

Wer war zuständig?

Für alle mit der Kolonisation zusammenhängenden Aufgaben waren **Lokatoren** (*Siedlungsmeister*) zuständig. Sie arbeiteten im Auftrag der weltlichen und geistlichen Herren, warben die Siedler an, brachten sie zu den Siedlungsgebieten, verteilten die Grundstücke und halfen bei der Anlage von Höfen und Dörfern. Dazu übernahmen die Lokatoren in der Regel die Aufgabe des **Schulzen**, einer Art Dorfrichter und Bürgermeister.

Wer zog mit?

Vor allem ehrgeizige Bauernsöhne, die auf dem heimischen Hof kein Erbe erwarten konnten, zogen in die Fremde. Sie folgten den Angeboten der Fürsten, die den Siedlern Land, Befreiung von Abgaben und mehr Rechte versprachen. An dieser Kolonisation beteiligten sich nicht nur Bauern, sondern es zogen auch Handwerker, Bergleute, Kaufleute und Adlige nach Osten.

Die ersten Siedler in Mecklenburg, Brandenburg und der Lausitz stammten aus Flandern, den Niederlanden und dem Rheinland. Andere zogen später weiter nach Pommern, Schlesien und Polen.

Neue „Volksstämme"

Die Siedler rodeten Wälder und gründeten Dörfer und Städte (z.B. Schwerin, Rostock, Wismar, Stettin und Breslau). Im Erzgebirge, in der Slowakei und in Siebenbürgen erschlossen eingewanderte Bergleute die Bodenschätze wie Gold, Silber und Kupfer.

Schätzungen gehen davon aus, dass im 12. und 13. Jh. etwa 600 000 Menschen (damals hatte das Deutsche Reich rund elf Millionen Einwohner) in den Osten zogen.

Die Einwanderer prägten Recht, Wirtschaft, Religion und Sprache. Nur in abgelegenen Landesteilen konnten sich die ursprüngliche Sprache und Kultur erhalten, zum Beispiel bei den *Sorben-Wenden* in der Lausitz.

Langfristig vermischten sich die Siedler aus dem Westen mit der slawischen Bevölkerung, sodass neue „Volksstämme" wie *Brandenburger, Mecklenburger, Pommern* und *Schlesier* entstanden.

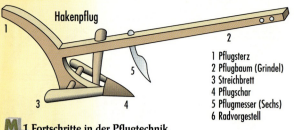
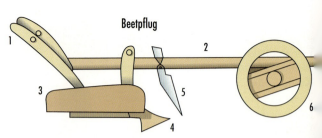

1 Pflugsterz
2 Pflugbaum (Grindel)
3 Streichbrett
4 Pflugschar
5 Pflugmesser (Sechs)
6 Radvorgestell

M 1 Fortschritte in der Pflugtechnik.
Anders als der frühmittelalterliche Hakenpflug mit Ochsengespann sorgt der schollenwendende Räderpflug (Beetpflug), der seit dem 11. Jahrhundert weiter verbreitet ist, für eine bessere Lockerung und Durchlüftung der schweren Böden.

M 2 Bevölkerungsentwicklung in Europa.
Die Zahlen beruhen teilweise nur auf Vermutungen.

im Jahre 300:	16,8 Mio.
im Jahre 600:	11,9 Mio.
im Jahre 1000:	23,7 Mio.
im Jahre 1340:	53,9 Mio.

Josiah C. Russel, Artikel „Bevölkerung", in: Lexikon des Mittelalters, Bd. 2, München – Zürich 1983, Sp. 14

M 3 Die Gewannflur der Dreifelderwirtschaft.
In den Gewannen (mittelhochdeutsch: Grenzen) besaß jeder Bauer einen oder mehrere Streifen. Sie lagen im „Gemenge" und konnten nur in Zusammenarbeit mit den Nachbarn bebaut werden. Daraus ergab sich ein Flurzwang: Alle Bauern eines Gewannes mussten die gleiche Frucht anbauen.

Sommerfrucht – Allmendeweide
Winterfrucht – Allmendewald
Brache

M 4 Siedlungsräume im 6./7. Jh.

1. Suche Gründe für das Bevölkerungswachstum (siehe Seite 26 f. und M 2).
2. Zeichne mit den Angaben aus M 2 ein Säulendiagramm.
3. Erkläre die Dreifelderwirtschaft (Seite 27 und M 3). Nenne Vor- und Nachteile.
4. Nenne eine Gemeinsamkeit aller in M 4 eingezeichneten Städte.
5. Der Landesausbau spiegelt sich in den Namen mancher Dörfer und Städte, die auf -berg und -bach enden. Dazu kommen solche auf -au, -bronn, -feld, -stein, -wald und -holz. Ehemals feuchtes Land zeigen -ried und -moos an, auf Rodungen verweisen -brand, -reut(h), -roth und -rod.
Suche in deiner Heimat nach Ortsnamen, die auf mittelalterlichen Landesausbau hinweisen.

Was macht der Adel?

Mit Pferd und Rüstung

„Ritter" bedeutete im 11. Jh. zunächst „bewaffneter Reiter". Zu diesem Kreis gehörten alle, die vom König oder dem hohen Adel zum Kriegsdienst mit Pferd und Rüstung herangezogen wurden. Das waren Adlige und die mit Lehen versehenen Dienstleute. Letztere konnten im Laufe der Zeit so hohes Ansehen erwerben, dass sie in den niederen Adel aufstiegen.

Ein Ideal anstreben

Im 12. und 13. Jh. erhielt „Ritter" eine zusätzliche Bedeutung, die in den Wörtern „ritterlich" und „höflich" und **Kavalier** (franz. chevalier: Ritter) bis heute fortlebt. Diese Entwicklung ging von den französischen Höfen aus. Ziel war es, sich wie ein „wahrer" Ritter bei Hofe zu verhalten. Darum sollte sich jeder Dienstmann und Adlige bemühen. Ritterlich war ein Mann, der ein christliches Leben führte, sich tadellos kleidete und gut benahm. Vernunft und Mäßigung sollten das Verhalten eines Ritters im Kampf, in der Liebe oder beim Essen und Trinken bestimmen.
Ein Ritter zu sein hieß also auch, ein Ideal anzustreben. Durch ihre höfischen Lebens- und Umgangsformen grenzten sich die Ritter von den Bauern und Geistlichen ab.

Vom Knappen zum Ritter

Mit zehn bis zwölf Jahren wurden die Söhne der Vasallen an den Hof des Herrn geschickt. Sie dienten als **Junker** („Jungherr"), kümmerten sich um die Waffen und die Pferde ihres Herrn und halfen ihm beim Anlegen der Rüstung. Mit 14 Jahren wurden sie einem Ritter als Knappen zugeteilt. Die jungen Männer lernten Reiten und Jagen, darüber hinaus Regeln, die bei Tisch und beim Tanz sowie bei anderen Gelegenheiten zu beachten waren. Sie trainierten mit Schwert, Lanze, Speer und Schild sowie mit Pfeil und Bogen; ihre „Lehrherren" brachten ihnen bei, wie eine Burg verteidigt oder belagert wurde. Nur an den Höfen der mächtigen Fürsten standen auch Lesen und Schreiben, Harfenspiel und Gesang auf dem Stundenplan.

1 Ein König zieht mit seinen Rittern in den Krieg.
Buchmalerei (etwa 9 x 19 cm) aus Bamberg, um 1170.
Das Bild zeigt die im 12. Jh. übliche Form der Ritterrüstung.

Der Ritterschlag

Mit etwa 20 Jahren folgte die feierliche Ritterweihe. Am Tag davor hatte der künftige Ritter zu fasten. Den Festtag begann der in weiße Gewänder gekleidete Knappe mit einem Gottesdienst. Ein Geistlicher segnete ihn und sein Schwert. Danach wurde ihm die Rüstung angelegt. Höhepunkt des Festes waren **Ritterschlag** und **Schwertleite**: Der Lehnsherr berührte mit der flachen Klinge die linke Schulter des neuen Ritters und legte ihm feierlich das Schwert um. Dann begann das festliche Treiben mit vielen Gästen, teuren Geschenken und Turnieren.

2 Zwei Musikanten.
Spanische Buchmalerei aus dem 13. Jh. Das Bild illustriert das Zusammenleben verschiedener Kulturen. Erläutere!

Mann gegen Mann

Seit dem 12. Jh. veranstalteten die Fürsten große Turniere. Das waren Einzel- und Gruppenwettkämpfe zu Pferde mit scharfen Waffen. Beim **Buhurt** versuchten nur mit Schilden bewaffnete Reitermannschaften, die Gegner aus dem Sattel zu werfen. **Tjoste** waren Zweikämpfe mit stumpfen Lanzen.

Die Aussicht auf den Sieg und die Belohnung (Rüstung und Pferd des besiegten Gegners plus Preisgeld) war – zumindest für die ärmeren Ritter – Anreiz genug, Gesundheit und Leben zu riskieren. Obwohl die Kirche gegen diese blutigen Veranstaltungen mit zahlreichen Verboten vorging, blieben sie beliebt. Neben den lebensbedrohlichen Kämpfen wurden aber auch unblutige Reiterparaden und Rittergesellschaften abgehalten.

Damen sind nicht dämlich

Für ein junges Mädchen aus dem niederen Adel kam der Dienst an einem fremden Hof kaum infrage. Sie lernte Hauswirtschaft und den Umgang mit dem Spinnrad zuhause. Aber an den großen Höfen lernten die Mädchen lesen und erhielten Einblicke in die lateinische oder französische Literatur. Einige Töchter aus vornehmen Häusern wurden im Reiten sowie in der Falkenzucht und -jagd unterrichtet. Manche dieser jungen Frauen waren gebildeter als ihre männlichen Altersgenossen und erreichten als Dichterinnen und einflussreiche Hofdamen hohes Ansehen wie die französische Schriftstellerin *Christine de Pisan*, die um 1431 starb.

„Wes Brot ich ess', des Lied ich sing'"

Künstler und Dichter zog es an die großen Höfe der Könige, Herzöge, Grafen und Bischöfe. Die **Troubadoure** in Frankreich verherrlichten in ihren Liedern das Heldentum und die ritterlichen Tugenden. Dabei musizierten sie und sangen in ihrer Volkssprache. Diese Dichter waren zuvor oft Geistliche gewesen. Meist kamen sie aus dem Adel. Viele zogen von Hof zu Hof in der Hoffnung, einen Förderer zu finden. Dabei erwiesen sich die Poeten für manchen Herrscher als nützlich: In ihren Werken priesen sie dessen Fähigkeiten und Taten und förderten damit sein Ansehen.

In **Minneliedern** (*Minne*: tugendhafter Liebes-Dienst eines Ritters) und den höfischen Romanen setzten die Minnesänger dem idealen Ritter und seinem Verhalten in der Liebe, im Kampf und im Dienst für Gott literarische Denkmäler. Aber sie schilderten auch, wie ihre „Helden" versagten, ihren Schwächen nachgaben, treulos oder unmenschlich handelten. Denn ihnen war bewusst, dass man das Ideal der Ritterlichkeit nur anstreben, aber kaum erreichen konnte.

Ritter werden überflüssig

Im späten Mittelalter, als die Städte Mittelpunkte des gesellschaftlichen und künstlerischen Lebens waren, verlor die höfische Kultur an Bedeutung. Der Ritter war als Kämpfer nicht mehr zeitgemäß. Gegen die Geschosse der Armbrüste und Handfeuerwaffen bot selbst die stärkste Rüstung keinen Schutz. Nicht einmal die Mauern der Burgen hielten den Kugeln der kanonenähnlichen Geschütze noch stand. Nach wirtschaftlichen Krisen im 14. und 15. Jh. verarmten viele Ritter. Manche machten ihre Umgebung als Raubritter unsicher.

3 Ritterdienst – Minnedienst.
Buchmalerei aus der Manessischen Handschrift, um 1314.
Das Bild gehört zu einer Sammlung von illustrierten Liederbüchern, die der reiche Züricher Bürger Rüdiger Manesse anlegen ließ. Sie wird in der Heidelberger Universitätsbibliothek aufbewahrt.

M 1 Segensgebet für ein Schwert

Text eines weitverbreiteten Segensgebetes für ein Schwert aus der 2. Hälfte des 10. Jh.:

Erhöre, so bitten wir dich, Herr, unsere Gebete und mache dieses Schwert deiner wert, womit dein Diener (es folgt der Name) sich zu umgürten wünscht, indem du es [...] segnest, damit es zur Verteidigung und zum Schutz von Kirchen, Witwen, Waisen und allen, die Gott dienen, gegen die Wildheit der Heiden gereichen kann, und damit es anderen Feinden Angst, Schrecken und Entsetzen einflößt.

Otto Borst, Alltagsleben im Mittelalter, Frankfurt a. M. 1983, S. 103 f.

M 2 Ritterliche Pflichten

In dem um 1200 entstandenen Versroman „Tristan" von Gottfried von Straßburg wird der zum Ritter geschlagene Tristan von seinem königlichen Onkel über seine Pflichten belehrt.

„Sieh, Tristan, mein Neffe", sagte er, „jetzt, da dein Schwert gesegnet ist und du Ritter geworden bist, denke nach über ritterliche Werte und über dich und wer du bist. Deine Abkunft und Würde halte dir vor Augen. Sei bescheiden und aufrichtig, wahrhaftig und wohlerzogen. Sei gütig zu den Elenden und stolz zu den Mächtigen. Pflege und verbessere deine äußere Erscheinung. Ehre und liebe alle Frauen. Sei freigebig und verlässlich, und arbeite immer daran."

Gottfried von Straßburg, Tristan, nach dem Text von Friedrich Ranke neu herausgegeben und übersetzt von Rüdiger Krohn, Stuttgart ²1981, S. 307 f.

M 3 „Die Ritter kennen keine Treue mehr"

Von einem unbekannten Dichter stammen folgende Zeilen über die Lebensweise mancher Ritter; sie sind etwa um 1330/1340 in oder um Bamberg geschrieben worden.

Die Ritter kennen keine Treue mehr, darauf kann man sich verlassen. Was sie heute fest versprechen, das brechen sie morgen sogleich. Sie sind Richter
5 über arme Bauern, die sie schützen und schirmen sollten.
Vor langer Zeit gab es wirklich gute Ritter. Die konnten im Kampf und Spiel so handeln, wie es gut und ange-
10 messen war. Große Tapferkeit ließen sie erkennen [...].
Sie waren tugendhaft und freimütig; Gott schenkte ihnen Ehre und Besitz, weil sie ernsthaft nach ritterlicher Tu-
15 gend strebten [...].
Um ritterliche Tugend kümmern sie sich heute wenig. Sie sitzen mit ihren Weibern zusammen und verschleudern wertvollen Besitz. Sie sollten sich wirk-
20 lich schämen, dass sie Wucherzinsen für ihr Geld nehmen, auf zehn Mark eine. Das alles ist unter ihnen so weit verbreitet, dass sie es niemals für Sünde halten. Die jungen und die alten
25 gleichermaßen so. Wenn man von Raub und Wucher absieht, könnten sie vielleicht noch gute Ritter sein.

Wolfgang Bührer, Der Kleine Renner ..., in: Historischer Verein Bamberg, 105. Bericht, Bamberg 1969, S. 171

M 4 Steigbügel aus Eisen, 9. Jh.

Im Kampf gegen die Araber hatten die Franken im 8. Jh. die Überlegenheit der Reiterheere kennengelernt. Mit Steigbügeln und Sätteln mit Halteknöpfen konnten die Reiter in schwerer Rüstung schneller und sicherer gegen die Feinde anstürmen.

M 5 „Hundeschnauze".

Helm mit Visier, 14. Jh.

M 6 Ritterschwert, um 1300.

Die Schwerter des 13./14. Jh. hatten zum Teil Klingen von über einem Meter Länge.
Nebenbei: Schwerter waren nicht nur Waffen, sondern auch Zeichen für die Personen, die herrschen und richten durften.

■ CD-ROM-Tipp →

Rittertum und Mittelalter. Streifzüge durch eine faszinierende Zeit, Stuttgart: Theiss

---

1. Auf dieser Seite siehst du die Gegenstände, die Ritter benutzten: Schwert, Helm (Rüstung) und Steigbügel. Erkläre anhand dieser Dinge die Stellung eines Ritters gegenüber Bauern und Geistlichen.
2. Stelle aus M 1 und M 2 Pflichten und Tugenden der Ritter zusammen.
3. In M 3 erfährst du, dass sich nicht alle Ritter ritterlich verhielten. Überlege, welche Auswirkungen diese Missstände hatten.

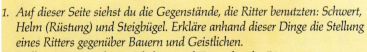

① Burg Hohenbaden.
Die Rekonstruktionszeichnung zeigt den Zustand der Burg um 1450.
① Zugbrücke
② Burgfried
③ Palas der Oberburg
④ Palas der Unterburg
⑤ Kapellenturm
⑥ Schildmauer
Beschreibe die einzelnen Teile der Burg und nenne ihre Funktionen.

Auf der Burg

Fernab vom Volk
Im frühen Mittelalter lebten die Ritter auf dem Land häufig in einfachen, aus Holz oder Stein errichteten Türmen. Als im 9. und 10. Jh. Normannen, Ungarn und Slawen plündernd in die Reichsgebiete einfielen, mussten Stützpunkte geschaffen werden, von denen aus das Land verteidigt werden konnte. Auf Hügeln oder Bergen, manchmal auch auf Inseln, in Flüssen oder Seen, die natürlichen Schutz boten, entstanden Burgen.
Zunächst durften nur der König selbst oder seine Amtsträger Wehranlagen errichten. Später baute sich der Adel eigene Burgen, die dann von Ministerialen verwaltet wurden. Seit dem 13. Jh. gehörte es zum guten Ton, dass jeder Ritter eine Burg besaß. So entstanden zwischen dem 12. und dem 15. Jh. allein im Deutschen Reich etwa 19 000 Burgen.
Auf der Burg fanden Dienstleute und die Landbevölkerung Zuflucht. Von ihr aus wurde für Ruhe und Ordnung auf dem Lande gesorgt. In ihrem Innern herrschte der Burgfrieden, der keinen Streit innerhalb der Mauern erlaubte. Die Burg war auch Mittelpunkt der Wirtschaft und Verwaltung: Hierher mussten die Bauern kommen, um ihre Abgaben zu entrichten, hier wurden die Zolleinnahmen von Straßen und Brücken abgeliefert.

Ungemütlich, aber sicher
Eine Burganlage war sicher, wenn sie von wenigen Menschen zu verteidigen war. Tiefe Gräben und dicke Mauern mit Schießscharten und Pechrinnen schützten die Gebäude. Mehrere Funktionen hatte der **Burgfried** (*Bergfried*), dessen Eingang meist nur über eine einziehbare Leiter zu erreichen war. Er diente weniger als letzter Zufluchtsort für die Bewohner, sondern als Beobachtungsturm, Aufbewahrungsort für Wertgegenstände und gelegentlich auch als Gefängnis. Darüber hinaus stellte er vor allem ein weit sichtbares Zeichen adliger und herrschaftlicher Macht dar. Die Burgen der einfachen Ritter waren dunkel und feucht. Im Winter zog die Kälte durch Ritzen und Fensteröffnungen; Kachelöfen gab es erst seit der Mitte des 13. Jh., verglaste Fenster waren selten.
Im Zentrum der Burg lag das Wohnhaus, der **Palas**. Hier befanden sich Küche und **Kemenaten** (nach lat. *caminus*: Feuerstelle, Kamin), die wenigen beheizbaren Räume, sowie gelegentlich ein Festsaal. Für Gottesdienste gab es eine **Kapelle**. Im Burghof befanden sich ein Brunnen und häufig auch eine Zisterne, ein Sammelbecken für Regenwasser. Die Wohnungen der Knechte, Scheunen und Stallungen lagen um den Burghof herum.

② Wasserburg Lahr (Ortenaukreis).
Nachträglich kolorierte Rekonstruktionszeichnung von E. List.

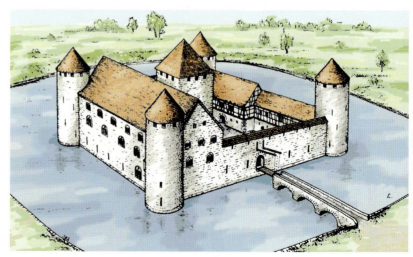

1 Alltag eines Burgherrn

Was der fränkische Reichsritter Ulrich von Hutten 1518 einem Freund über sein Leben auf der Burg Steckelberg bei Fulda schreibt, dürfte – sieht man von Schwefel und Schießpulver ab – 300 Jahre früher nicht anders gewesen sein.

Man lebt auf dem Feld, im Wald und in den bekannten Burgen auf dem Berg. Die uns ernähren, sind bettelarme Bauern, denen wir unsere Äcker, Weinberge, Wiesen und Wälder verpachten. Der einkommende Ertrag ist, gemessen an der aufgewandten Mühe, geringfügig […]. […]
Sodann müssen wir uns in den Dienst eines Fürsten stellen, von dem wir Schutz erhoffen. Wenn ich das nicht tue, glaubt jeder, er könne sich alles gegen mich erlauben. Aber auch wenn ich es tue, ist diese Hoffnung täglich mit Gefahr und Furcht verbunden. Gehe ich nämlich von zuhause fort, so muss ich fürchten, auf Leute zu stoßen, mit denen der Fürst […] Krieg führt und die mich seinetwegen anfallen und wegschleppen. Wenn es dann mein Unglück will, geht leicht mein halbes Vermögen als Lösegeld darauf […]. Deswegen halten wir uns Pferde und Waffen und umgeben uns mit zahlreichem Gefolge, alles unter großen und spürbaren Kosten. […]
Die Burg selbst, ob sie auf dem Berg oder in der Ebene liegt, ist nicht als angenehmer Aufenthalt, sondern als Festung gebaut. Sie ist von Mauern und Gräben umgeben, innen ist sie eng und durch Stallungen für Vieh und Pferde zusammengedrängt. Daneben liegen dunkle Kammern, vollgepfropft mit Geschützen, Pech, Schwefel und sonstigem Zubehör für Waffen und Kriegsgerät. Überall stinkt es nach Schießpulver; und dann die Hunde und ihr Dreck, auch das – ich muss es schon sagen – ein lieblicher Duft!
Reiter kommen und gehen, darunter Räuber, Diebe und Wegelagerer. Denn fast für alle stehen unsere Häuser offen, weil wir nicht wissen, was das für Leute sind, oder uns nicht groß danach erkundigen.
Man hört das Blöken der Schafe, das Brüllen der Rinder, das Bellen der Hunde, das Rufen der auf dem Feld Arbeitenden, das Knarren und Rattern der Fuhrwerke und Karren; ja sogar das Heulen der Wölfe hört man in unserem Haus, weil es nahe am Wald liegt.

Arno Borst, Lebensformen im Mittelalter, Frankfurt a. M. 1979, S. 173 f.

■ **CD-ROM-Tipps →**
Das Geheimnis der Burg, Hamburg: Hamburger Medien Haus
Burgen. Spurensuche in Ruinen und alten Gemäuern, Stuttgart: Theiss

■ **Internettipp →** *Hinweise über Burgen in Baden-Württemberg findest du unter www.schloesser-magazin.de/de/objekte/index.php*

2 Burgruine Hohenbaden.
Foto, um 1990.
Burgfried und Mauer stammen aus dem frühen 12. Jh. Die Burg wurde um 1600 durch einen Brand zerstört. Die Begründer der Burg nannten sich Markgrafen von Baden nach dem Ort zu Füßen der Burg, in dem schon die Römer ein Bad eingerichtet hatten.

1. Liste auf, worüber sich Ulrich von Hutten beklagt (M 1).
2. Zeichne das Schaubild eines Ritterlebens. Zeige, wovon er lebt, wem er verpflichtet ist, welche Aufgaben er hat. Als Vorbild kann dir das Schaubild auf Seite 24 dienen.
4. Stellt fest, ob es in eurem Heimatraum erhaltene oder verfallene Burgen gibt. Plant eine Besichtigung.

Leben im Kloster

Ein Leben für Gott
Im Mittelalter lebten zahlreiche Männer und Frauen in Klöstern (lat. *claustrum*: Verschluss, abgeschlossener Bereich). Diese Mönche und Nonnen hatten sich bestimmten Regeln eines **Ordens** unterworfen und dem Leiter oder der Leiterin ihres Klosters, dem **Abt** oder der **Äbtissin**, nach einer Probezeit versprochen, arm, ehelos und gehorsam zu leben sowie dem Kloster für immer treu zu bleiben.

Mönche und Nonnen waren sehr angesehen. Sie weihten ihr Leben dem Dienst an Gott, dem Gebet und der Verehrung der Heiligen. Sie taten das nicht nur für sich, sondern auch für ihre Mitmenschen. Allen Christen, ob König oder Bettler, galten die Mitglieder der Orden als wichtige Helfer zur Erreichung des „Ewigen Lebens".

Die Klöster der Orden standen untereinander in regem Kontakt. Alle Mönche und Nonnen verband das gleiche Ziel, ein gottgeweihtes Leben zu führen. So gab es schon vor Jahrhunderten eine „europäische Gemeinschaft": die Gemeinschaft der Klöster.

1 Mönche beten.
*Buchmalerei aus Frankreich, um 1460.
Du kannst auf dem Bild erkennen, was einen Mönch neben seiner Ordenstracht kennzeichnet.*

Anfänge des Klosterlebens
In Ägypten, Palästina und Syrien zogen schon im 3. Jh. einzelne Christen in die Wüste. Sie wollten allein den Versuchungen des Teufels widerstehen, um so vollkommen wie Christus zu werden. Solche Einsiedler (*Eremiten*) schlossen sich allmählich zusammen, um Gottesdienste zu feiern und zu arbeiten. Daraus entstanden klösterliche Gemeinschaften. Ihre Mitglieder gaben sich Regeln, die den Tagesablauf und die Tätigkeiten im Kloster festlegten. Diese Lebensweise griff Ende des 4. Jh. auf Spanien, Italien, Gallien und Irland über.

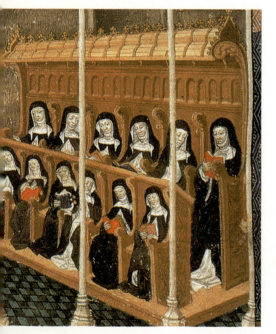

2 Nonnen beten.
*Buchmalerei aus Frankreich, spätes 13. Jh.
Weißt du, in welchem Teil der Kirche die Nonnen sitzen? Du findest die Bezeichnung in M 1 auf Seite 39.*

Zum Vater des abendländischen Mönchtums wurde *Benedikt von Nursia*, der um 529 auf dem Monte Cassino in Süditalien ein Kloster gründete. Die von ihm zusammengestellte Regel legte Leitsätze für jedes Mitglied der klösterlichen Gemeinschaft und die Ordnung des Zusammenlebens fest. Sie wurde Anfang des 9. Jh. für alle Klöster des Abendlandes verbindlich. Neben dem *Benediktiner-Orden* entstanden im Laufe des Mittelalters zahlreiche Ordensgemeinschaften, die meist einen weiblichen und einen männlichen Zweig besaßen. Ihre Mitglieder unterwarfen sich den Regeln, kleideten sich einheitlich und übernahmen Pflichten wie Mission und Seelsorge.

Weltliche Herren reden mit

Viele Klöster wurden von Königen, Herzögen und Grafen gegründet. Ihre wirtschaftliche Grundlage beruhte auf Schenkungen, meist Ländereien, einschließlich der darauf lebenden unfreien Bevölkerung. Als Grundherren übernahmen die Äbte oder Äbtissinnen der Klöster weltliche Verpflichtungen: Sie sprachen Recht über die hörigen Bauern und mussten im Kriegsfall Krieger und Ausrüstung stellen.

Die Klosterstifter erwarben sich durch die Schenkungen einen Anspruch auf Gebete der Mönche oder Nonnen. Sie sorgten damit für das eigene Seelenheil und das ihrer lebenden und verstorbenen Familienmitglieder. Ihre Klöster betrachteten die Stifter als Eigentum und nutzten sie, um ihre Macht und ihren Einfluss zu sichern. Sie redeten daher bei der Ernennung des Abtes oder der Äbtissin mit und beanspruchten Teile aus den Erträgen des klösterlichen Besitzes. Um eine Zersplitterung ihres Erbes zu verhindern, brachten die Stifter hier auch ihre nachgeborenen Söhne oder unverheiratet gebliebenen Töchter unter. Schließlich schufen sie sich mit einem Kloster einen Platz für ihren Lebensabend und das Familiengrab.

Bewahren und Erneuern

Mönche und Nonnen waren Teil der Gesellschaft und konnten nicht so weltabgewandt leben, wie es ihr Ideal vorsah. So kam es immer wieder vor, dass die Klosterregeln missachtet wurden. Häuften sich die Probleme, bemühten sich einzelne Klöster um Reformen. Die Reformer erinnerten an die Ideale der Armut, der Keuschheit und des Gehorsams und versuchten zugleich, das klösterliche Leben an die veränderten gesellschaftlichen Verhältnisse anzupassen.

3 **Eine Ordensschwester gibt ihre Erfahrungen an eine Novizin* weiter.**
Foto von 1998 aus der Benediktinerabtei St. Hildegard, Eibingen.
__Novizin__: Nonne während der Probezeit

Die Glocke gliedert den Tag

Die Regel Benedikts schrieb vor, dass gemeinsam gebetet, gegessen und geschlafen wurde. Bereits zwei Stunden nach Mitternacht – im Winter etwas später – und dann sieben Mal am Tag riefen die Klosterglocken die Gemeinschaft zu Gebet, Psalmengesang und Andacht.

Da Müßiggang als Feind der Seele betrachtet wurde, mussten sich die Mönche und Nonnen tagsüber zwischen den Gottesdiensten der Arbeit für das Kloster und der Lesung geistlicher Schriften widmen. Im Sommer versammelten sie sich täglich bis zu dreimal zum Essen. Im Winter und während der Fastenzeiten gab es oft nur eine Mahlzeit. Während des Essens wurde aus der Bibel vorgelesen, sonst herrschte Schweigen. Wollte man um etwas bitten oder etwas Wichtiges mitteilen, benutzte man eine Zeichensprache.

Fast eine Stadt für sich

Der Lebensraum der Mönche und Nonnen war die **Klausur** (von lat. *claudere*: ab-[ver-]schließen). Sie bestand aus der Kirche, dem Schlafsaal (*Dormitorium*), dem Speisesaal (*Refektorium*) und dem Versammlungsraum (*Kapitelsaal*) und war für Fremde nicht zugänglich.

Innerhalb der Klostermauern befanden sich in der Regel alle notwendigen Einrichtungen: eine Mühle, Gärten mit Heilkräutern, Gemüse und Obst, Werkstätten, Viehstallungen und vieles mehr. Oft gehörten eine Brauerei, eine Bäckerei und ein Badehaus zur Anlage. Fischteiche versorgten das Kloster in der Fastenzeit. Außerdem verfügten die meisten Klöster über eine Bibliothek.

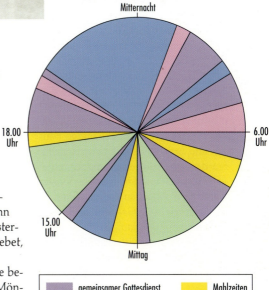

4 **Tagesablauf im Kloster.**
Der Tagesablauf richtete sich nach Sommer- und Winterzeit. Er sollte Demut, Gehorsam und Disziplin fördern. Erkläre!

Für das Kloster ackern

Bei den frühen Klostergründungen lag das geschenkte Land oft in unerschlossenen Gebieten und musste erst nutzbar gemacht werden. Neben den Mönchen und Nonnen arbeiteten auf den oft weitverstreut liegenden Ländereien der Klöster zahlreiche abhängige Bauern und Leibeigene. Sie bewirtschafteten den klösterlichen Grundbesitz gegen Abgaben und Dienste. Die Klöster waren von Abgaben befreit. Dies sicherte ihnen hohe Gewinne und stetig wachsenden Reichtum.

Mönche schufen wirtschaftliche Musterbetriebe, in denen neue Anbaumethoden und -techniken erprobt wurden.

Nonnen und Mönche helfen

Mönche und Nonnen halfen aus christlicher Nächstenliebe den Alten, Schwachen und Kranken. An bestimmten Tagen bekamen Arme Essen und Kleidung. Größere Klöster hatten Armen- und Siechenhäuser. Dazu nahm man anfangs regelmäßig Pilger und Reisende auf.

■ **Internettipp** → Hinweise über Klöster in Baden-Württemberg findest du unter www.schloesser-magazin.de/de/objekte/index.php

5 Die Klosterkirche Maulbronn wird gebaut.
Gemälde (65 x 69 cm) auf einem Flügelaltar, um 1450.
Das Kloster Maulbronn (Enzkreis) wurde in der Mitte des 12. Jh. gegründet.

Ohne Klöster keine Kultur

Fast alle Klöster besaßen *Schulen*. In den „inneren" Klosterschulen wurden die späteren Mönche bzw. Nonnen ausgebildet. In den „äußeren" Schulen lernten die Söhne und Töchter adliger Familien Lesen, Schreiben, Rechnen und die lateinische Sprache.

Mönche und Nonnen schufen zahlreiche religiöse, wissenschaftliche, literarische und historische Werke.

In den **Schreibstuben** (*Skriptorien*) fertigten sie einfache Schriftstücke und kostbare Handschriften an – für den eigenen Bedarf oder im Auftrag weltlicher Herren.

Durch die mühevolle Arbeit in den mittelalterlichen Skriptorien wurden uns zahlreiche Werke griechischer und römischer Schriftsteller überliefert.

6 Die Arbeiten der Schreiber und Maler.
Initialen (Anfangsbuchstaben) aus einer Bibel, die vermutlich um 1255 in Hamburg entstanden ist.
Im Mittelalter wurden Bücher in Klöstern durch Abschreiben vervielfältigt.
Die Miniaturen* zeigen: Oben überprüft ein Mönch die Pergamente (enthaarte, geglättete und zum Beschreiben zubereitete Tierhaut). Darunter markiert ein Mönch die Seitenaufteilung mit Lineal und Messer; das Messer diente auch als „Radiergummi". In der Initiale „P" wird ein Schreiber mit hoher Stirn und Vollbart gezeigt, sein Gehilfe hat volles Haupthaar und ist bartlos; der Ältere überprüft das Schreibgerät, die Feder, der Jüngere bearbeitet das Pergament.
Was geschieht auf der unteren Miniatur?

* **Miniaturen**: Bilder, die z.B. den ersten Buchstaben eines neuen Abschnittes kennzeichnen. Weil für diese Illustrationen viel Mennige (lat. minium), eine rote Farbe, verwendet wurde, nennt man diese Bilder Miniaturen.

● **Exkursionstipp** → *Kloster Maulbronn (Enzkreis). Die Anlage gilt als das am besten erhaltene Kloster aus dem Mittelalter in Deutschland.*

1 Plan eines Benediktiner-Klosters.

Die Zeichnung ist eine stark vereinfachte und unvollständige Wiedergabe eines berühmten Klosterplans, der um 820 angefertigt wurde. Das Original ist ein aus fünf Stücken zusammengesetztes Pergament und misst 112 x 77 cm. Auf dem alten Plan sind rund 50 Gebäude mit roter Tusche eingezeichnet und etwa 350 Einträge in lateinischer Sprache verweisen auf die Funktion der einzelnen dargestellten Teile.

2 Begleitschreiben

Heito, der Abt des Benediktinerklosters Reichenau, schreibt um 820 Abt Gozbert:

Ich habe dir, liebster Sohn Gozbert, diese Darstellung der Gebäudeanordnung gesandt, mit einigen Dingen, an denen du deine Sachkenntnis üben und meine Verehrung in jeder Weise erkennen mögest. Denn ich hoffe, nicht für lässig befunden zu werden, deinem guten Willen Genüge zu leisten. Denke aber auch nicht, ich hätte dies ausgearbeitet, weil wir dächten, ihr hättet von uns Belehrungen nötig, sondern glaube vielmehr, dass ich dies aus Liebe zu Gott allein dir zum Studium gezeichnet habe, in Achtung der freundschaftlichen Ordensbruderschaft. Lebe wohl in Christus und bleibe unser eingedenk. Amen.

₅

Werner Vogler, Die Kultur der Abtei Sankt Gallen, St. Gallen 1998, S. 186

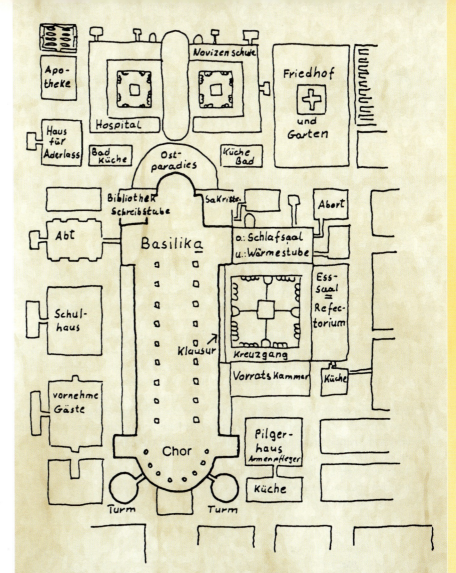

1. Sobald ihr die Lösung des Rätsels kennt, könnt ihr den vollständigen Klosterplan in einem Geschichtsatlas finden. Vergleicht die Vorlagen und haltet fest, was auf M 1 fehlt.
2. Überlege, welche Aufgabe der Plan erfüllen sollte (M 2).
3. Stellt fest, ob es an eurem Schul- oder Wohnort ein Kloster gibt. Plant eine Besichtigung und informiert euch über das heutige Leben „hinter Klostermauern".

Sieh dir den Plan genau an und übertrage die gesuchten Wörter auf ein Blatt. Die Anfangsbuchstaben der ersten fünf und die Endbuchstaben der letzten sechs Wörter verraten dir den Ort, in dem das Original dieses Planes heute aufbewahrt wird.

1. Kein Wunder, dass sie in der Nähe der Bibliothek lag.
2. Diese Heilmethode wendet man im Haus neben der Apotheke an.
3. So nennt man Männer, die sich um Aufnahme ins Kloster bewerben. Ihre Kirche und Schule lagen zwischen Hospital und Friedhof.
4. Zu diesem Bereich, der den Kreuzgang umschloss, hatten nur Mönche Zutritt.
5. Rechts und links vom Chor stand je einer.
6. In diesem überwölbten Gang um einen Innenhof herum konnten die Mönche in aller Stille nachdenken. Für die werdenden Mönche gab es einen zweiten.
7. So nennt man auch die Klosterkirche.
8. Unten war die Wärmestube und oben?
9. Was ist ein Refektorium?
10. Wenn sich der Arme an den Armenpfleger wandte, fand er vielleicht für die Nacht nebenan in ihr einen Platz.
11. Dazu diente der Friedhof auch.

Aus: Freya Stephan-Kühn, Viel Spaß im Mittelalter! Spiel- und Lesebuch zur mittelalterlichen Geschichte, Würzburg: Arena ²1986, S. 64

M 3 Werkzeuge der guten Werke
Auszüge aus der von Benedikt von Nursia nach 529 verfassten Klosterregel:

Vor allem Gott den Herrn lieben aus ganzem Herzen, aus ganzer Seele und mit aller Kraft. Sodann den Nächsten wie sich selbst. Weiter: nicht töten, nicht ehebrechen, nicht stehlen, nicht sündhaften Begierden nachgeben, kein falsches Zeugnis geben, alle Menschen ehren. Auch keinem andern antun, was man nicht selbst erdulden möchte.
Sich selbst verleugnen, um Christus nachzufolgen. Den Leib züchtigen, der Sinneslust nicht nachgeben, das Fasten lieben.
Arme erquicken, Nackte bekleiden, Kranke besuchen, Tote begraben, in der Trübsal zu Hilfe eilen, Trauernde trösten. Mit dem Treiben der Welt brechen [...].
Böses nicht mit Bösem vergelten. Kein Unrecht tun, das zugefügte Unrecht aber mit Geduld ertragen. Die Feinde lieben [...].
Nicht stolz sein, nicht der Trunksucht ergeben sein, nicht ein Vielfresser sein, nicht schlafsüchtig sein, nicht träge sein [...].
Vor dem Tage des Gerichtes in Furcht sein. Vor der Hölle zittern. Nach dem ewigen Leben mit der ganzen Hingabe seines Herzens sich sehnen [...]. Seinen Mund vor böser und verderblicher Rede bewahren. Vieles Reden nicht lieben [...].
Den Eigenwillen hassen. Den Befehlen des Abtes in allem gehorchen [...]. Die Älteren ehren, die Jüngeren lieben [...]. Gehorsam ohne Zögern ist der vorzüglichste Grad der Demut.
Müßiggang ist ein Feind der Seele. Deshalb müssen sich die Brüder zu bestimmten Zeiten der Handarbeit und zu bestimmten Zeiten wiederum der Lesung göttlicher Dinge widmen. [...] Wenn immer möglich, soll das Kloster so angelegt sein, dass alles Notwendige, das heißt Wasser, Mühle, Garten und Werkstätten [...] innerhalb der Klostermauern sich befinden. So brauchen die Mönche nicht draußen umherzugehen, was für ihre Seelen durchaus nicht zuträglich ist.

Hans Urs von Balthasar, Die großen Ordensregeln, Einsiedeln ⁷1994, S. 197 ff.

M 5 Kritik aus den eigenen Reihen
Der Mönch Lambert von Hersfeld schreibt im 11. Jh.:

Einige Mönche hatten keinen Eifer für göttliche Dinge und lebten nur für Geld und Erwerb. Um Abteien und Bistümer zu erhalten, lagen sie in unverschämtester Weise den Fürsten in den Ohren, und zu kirchlichen Ehrenstellen suchten sie nicht wie unsere Väter auf dem Wege der Tugenden, sondern auf dem abschüssigen Pfad der Schmeichelei [...] zu gelangen. Für ein armseliges Ämtlein versprachen sie täglich ganze Goldberge [...]. Die Welt wunderte sich über die Quellen solcher Geldströme und konnte es nicht fassen, wie sich die Schätze [...] bei einfachen Leuten anhäufen konnten, die [...] der Menschheit vorlogen, dass sie außer einer bescheidenen Verpflegung und Kleidung nichts besäßen.

Johannes Bühler, Klosterleben im Mittelalter, Frankfurt a. M. 1989, S. 179 f.

■ **CD-ROM-Tipp** → *Ora et labora, Klösterliches Leben im Mittelalter, Braunschweig: Westermann*

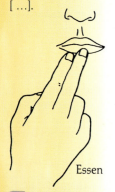
Essen

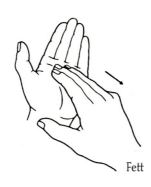
Fett

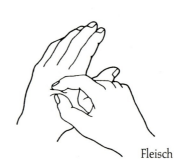
Fleisch

Schwein

M 4 Aus der Zeichensprache der Mönche.
Die Benediktiner-Regel schrieb vor, dass in der Kirche, im Schlafraum und im Speisesaal geschwiegen wurde.
Wollte man sich dennoch verständigen, so geschah das mithilfe der Zeichensprache. Bilde aus den Zeichen einen Satz. Er beginnt mit den Worten „Wir essen …"

■ **Internettipp** →
Informationen zu Orden in Deutschland findest du unter www.orden.de

1. Die Regel des Benedikt hat man mit dem Leitspruch „Ora et labora!" (deutsch: Bete und arbeite!) zusammengefasst. Erkläre dies anhand M 5 und des Klosterplans (M 2, Seite 39).
2. In welchen Bereichen leisteten die Nonnen und Mönche Beiträge zu unserer Kultur?
3. Welche Regeln Benedikts (M 3) sollten nicht nur für Nonnen und Mönche gelten?
4. Was kritisiert Lambert (M 5)? Führt über die Regeln (M 3) ein Streitgespräch zwischen ihm und einem Benediktinermönch.

Die Stadt im Mittelalter

Die Stadt wird wieder entdeckt
Während die **Städte** in Oberitalien an die antike Tradition des städtischen Lebens anknüpfen konnten, sah es nördlich der Alpen nach der Völkerwanderungszeit anders aus. Hier waren die römischen Städte zum Teil verlassen und verfallen. Die wirtschaftliche und politische Bedeutung des Städtewesens musste neu- oder wiederentdeckt werden. Dies geschah unter anderem
• in Städten wie Augsburg, Passau, Regensburg, Köln, Mainz und Trier, die auf römische Gründungen zurückgingen und Bischofssitze geworden waren,
• in Marktorten wie Paris und St. Denis an den alten römischen Heer- und Handelsstraßen sowie an Messeplätzen, wo sich Fernhandelskaufleute seit dem 10. Jh. trafen, um Waren auszutauschen, und
• in Kaufmannssiedlungen an den Fernstraßen, Flüssen und Küsten wie Haithabu bei Schleswig.
Die meisten Städte, die seit dem 10. Jh. nördlich der Alpen entstanden, gingen aus befestigten Plätzen hervor: um Kirchen, Klöster, Burgen und Pfalzen.
Das Wachsen der Bevölkerung, die verbesserte Versorgung der Menschen mit landwirtschaftlichen und handwerklichen Gütern und der zunehmende Handel trugen zur mittelalterlichen Stadtentwicklung bei.

1 Stadt und Umland.
Wandbild (ca. 305 x 198 cm) für den Monat Dezember aus dem Adlerturm zu Trient, um 1400 (Ausschnitt). Was sagt das Bild über die Bedeutung des Umlands für die Stadt aus?

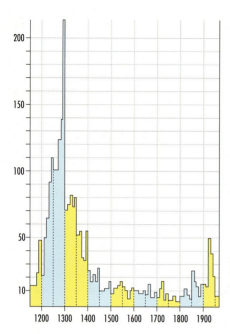

② Phasen der Neugründung von Städten in Mitteleuropa.

Vom Markt zur Stadt

Im ostfränkischen Reich konnten nur die Könige einen Markt genehmigen. Als Marktherren schützten sie die Kaufleute bei der An- und Abreise sowie während des Marktes. Sie richteten Marktplätze ein, übten das Marktgericht aus und ließen Maße und Gewichte kontrollieren. Außerdem machten sie viele Marktorte zu Münzstätten. Für diese Leistungen erhoben sie Zölle, Marktabgaben und Standgelder. Später vergaben die Könige diese sogenannten **Regalien** als Lehen an Fürsten, Grafen, Bischöfe und Klöster. Und da diese die Vorteile der Handelsplätze erkannten, begannen sie auch, auf ihrem eigenen Grund Siedlungen auszubauen und Märkte zu gründen.

Um den Handel in ihren Städten zu fördern, gingen die Stadtgründer oft auf Wünsche der Kaufleute nach **Privilegien** (*Sonderrechte*) ein, oder sie lockten sie sogar damit. Die Stadtherren befreiten sie von bestimmten Diensten oder verzichteten – anders als auf dem Lande – auf einen Anteil am Erbe.

Aus diesen Sonderrechten und Freiheiten entstand das **Stadtrecht**. Es regelte das Verhältnis der Stadtbewohner zu ihren Stadtherren, das Zusammenleben der Bewohner untereinander sowie die Verwaltung der Stadt. Stadt und Land entwickelten sich zu zwei unterschiedlichen Rechtsbereichen auseinander. Trennungslinie waren die Stadtmauern.

③ **Marktkreuz in Trier.**
Foto, um 1990.
Zeichen für Marktrecht und Marktfrieden aus dem 10. Jh.

④ **Romanisches Haus in Gelnhausen.**
Foto, um 2000.
Das Gebäude wurde um 1180 errichtet und diente als Sitz des kaiserlichen Vogtes in der Stadt. Es gilt als das älteste Amtshaus Deutschlands.

Städtelandschaften entstehen

Die überall aufblühenden Städte verteilten sich nicht gleichmäßig über das Land, sondern es entwickelten sich „Städtelandschaften". Dazu zählten die Handels- und Gewerberegionen in Oberitalien und in Flandern im heutigen Belgien.

Im Deutschen Reich gab es zu Beginn des 12. Jh. vielleicht 50 Städte, Ende des 15. Jh. waren es etwa 3000. Rund 90 Prozent dieser Städte zählten weniger als 2000 Bewohner. Über 10000 Einwohner hatten im 15. Jh. Lübeck, Hamburg, Bremen, Braunschweig, Soest, Münster, Frankfurt a. M., Regensburg, Würzburg, Augsburg und Ulm. Großstädte mit 25000 oder gar 40000 Einwohnern waren nur Köln und Nürnberg. Dagegen lebten in Mailand, Florenz oder London bereits im 14. Jh. über 100000 Menschen. Insgesamt lag der Anteil der Stadtbewohner in Europa bei etwa zehn Prozent der Gesamtbevölkerung.

Das Stadtbild

Mit ihren Mauern und Toren war die mittelalterliche Stadt eine erweiterte Burg. Deshalb nannte man ihre Bewohner **Bürger**. Mittelpunkt der Stadt war der Marktplatz. Hier standen das Rathaus, die Kirche und die Häuser der reichen Bürger.

Da der Raum innerhalb der Stadtmauern begrenzt war, wuchsen die Häuser angesichts der ständig zunehmenden Bevölkerung in die Höhe. Sie waren zunächst Holz- oder Fachwerkbauten, deren Dächer mit Holzschindeln oder Stroh gedeckt waren. Die Brandgefahr war somit groß. Es gab kaum eine Stadt, die nicht mehrfach durch Feuer zerstört wurde. Erst seit dem 13. Jh. ersetzten immer mehr Steingebäude die alten Holzbauten.

Der Kampf um Bürgerrechte

Mit den anfangs gewährten Rechten gaben sich die Stadtbürger bald nicht mehr zufrieden. Nach italienischem Vorbild setzten sie im Laufe des 13. und 14. Jh. ihre eigene Gerichtsbarkeit und vollständige Selbstverwaltung durch. Diese Rechte und Freiheiten erhielten die Bürger von den Stadtherren nicht immer freiwillig und ohne Gegenleistungen. In der Regel kauften die in Gemeinschaften zusammengeschlossenen Kaufleute den Fürsten die erweiterten Privilegien ab. Manchmal erkämpften sie sich die größere Unabhängigkeit auch in blutigen Auseinandersetzungen.

Im 14. Jh. war es das Ziel vieler Orte, **Freie Reichsstadt** zu werden. Diese Städte unterstanden dem direkten Rechtsschutz des Kaisers. Dafür zahlten sie ihm eine Reichssteuer. In ihren Mauern waren die Freien Reichsstädte weitgehend unabhängig.

Wer regiert in der Stadt?

Sobald sie ihre Stadt selbst verwalten durften, gaben sich die Bürger eine **Ratsverfassung**. Nur die Angehörigen der alteingesessenen und reichen Kaufmannsfamilien, die Patrizier, galten zunächst als ratsfähig: Aus ihrer Mitte bestimmten sie einen Stadtrat mit einem oder zwei Bürgermeistern an der Spitze. Rat und Bürgermeister wurden für ihre Tätigkeit nicht bezahlt.

5 Das Martinstor in Freiburg.
Foto, um 1980.
Das älteste erhaltene Freiburger Stadttor, um 1238 erstmals erwähnt.

6 Das alte Rathaus von Esslingen.
Bleistiftzeichnung mit Tusche von Johannes Braungart, um 1840.
Seit dem frühen 13. Jh. entstanden zahlreiche Rathäuser. Sie wurden zum Kennzeichen bürgerlichen Stolzes, trugen das Stadtwappen und waren neben den Kirchen oft die prächtigsten Bauten in der Stadt.
Das alte Rathaus in Esslingen entstand um 1422. Im 16. Jh. wurde die sogenannte Marktseite (rechts) umgebaut. Es enthielt im Erdgeschoss Brot- und Fleischlauben sowie das Amtslokal des Steuereinnehmers. Darüber war der Raum des Steuerbeamten.
Im Mittelalter waren die Rathäuser oft auch Gerichtsstätten. In ihnen gab es Gefängnisse, und davor standen zur öffentlichen Schaustellung von Straftätern oft Schandpfähle bzw. Pranger.

Städtische Selbstverwaltung

Die Stadträte übernahmen die ursprünglich allein dem Stadtherrn zustehenden Rechte: Sie setzten Steuern, Abgaben und Zölle fest, führten die Aufsicht über Maße, Gewichte und Preise, beaufsichtigten den Handel ebenso wie die Handwerksbetriebe, vereinbarten Zollfreiheiten mit anderen Städten, sorgten für Bau und Unterhalt der Stadtmauer, kümmerten sich um Schulen, Kirchen und Krankenhäuser und bestraften Verstöße gegen die Markt- und Stadtordnung.

M 1 Der Kaiser schützt die Kaufleute

Ludwig der Fromme teilt seinen Bischöfen, Äbten, Herzögen, Grafen und allen sonstigen Amtsleuten im Jahre 828 mit:

Wir haben die Kaufleute unter unseren Schutz sehr gern aufgenommen und wünschen, so Gott will, dass sie hinfort in jedem Jahre oder nach erfülltem Ablauf zweier Jahre in der Mitte des Monats Mai zu unserer Pfalz kommen […]. Ferner aber bestimmen und befehlen wir durch die vorliegende Anordnung, dass weder ihr noch eure Dienstleute oder Nachfolger noch unsere reisenden Boten unsere getreuen Kaufleute belästigen oder schikanieren, noch etwas von ihren Sachen gegen das Recht wegnehmen oder mindern sollen. Sondern es sei den Kaufleuten erlaubt, wie den Juden, den Interessen unseres Palastes getreulich zu dienen, und wenn sie Fahrzeuge, mit Christi Gunst, in unsere Reiche zu ihrem und unserem Nutzen handelshalber bringen wollen, so sollen sie die Erlaubnis dazu haben. Zoll aber soll – bis auf wenige Ausnahmen – nirgendwo von ihnen gefordert werden.

Ernst Pitz (Hrsg.), Leben im Mittelalter. Ein Lesebuch, München 1990, S. 101 f. (stark vereinfacht)

M 2 Konrad gründet einen Markt

Herzog Konrad von Zähringen gewährt ohne Absprache mit dem König im Jahre 1120 – die Zeitangabe ist umstritten – einer Gruppe von Kaufleuten folgende Rechte:

Aller Nachwelt und Mitwelt sei kundgemacht, dass ich, Konrad, an dem Platz, der mir als Eigengut gehört, nämlich Freiburg, einen Marktort gegründet habe, im Jahr des Herrn 1120. Nachdem angesehene Geschäftsleute von überall her zusammengerufen worden waren, habe ich angeordnet, diesen Marktort […] auszubauen. Daher habe ich jedem Kaufmann für den Hausbau ein Grundstück zugeteilt und angeordnet, dass mir und meinen Nachkommen von jedem Grundstück ein Schilling* gängiger Währung als Zins jährlich am Fest des heiligen Martin zu zahlen ist. […]

Ich verspreche also allen, die meinen Marktort aufsuchen, im Bereich meiner Macht und Herrschaft Frieden und sichere Reise. Wenn einer von ihnen in diesem Raum ausgeplündert wird und mir den Räuber namhaft macht, werde ich das Entwendete zurückgeben lassen oder den Schaden selbst bezahlen. […] Alle, die Besitz am Marktort haben, sollen ohne Verbot Wiesen, Flüsse, Weiden und Wälder nutzen dürfen. – Allen Geschäftsleuten erlasse ich den Marktzoll. – Ich werde meinen Bürgern niemals ohne Wahl einen anderen Vertreter des Stadtherrn und einen anderen Priester vorsetzen, sondern wen immer sie dazu wählen, werden sie von mir bestätigt bekommen. […] – Wenn der Mangel am Notwendigsten jemanden dazu zwingt, darf er seinen Besitz verkaufen, an wen er will. Der Käufer soll aber für die Hofstätte den festgesetzten Zins zahlen.

[…] Jede Frau soll dem Mann in der Erbfolge gleichgestellt sein und umgekehrt. – Auch darf jeder, der an diesen Ort kommt, hier frei wohnen, wenn er nicht jemandes Knecht ist und den Namen seines Herrn zugibt. Dann kann der Herr den Knecht in der Stadt belassen oder nach Wunsch wegführen. Wenn aber der Knecht den Herrn verleugnet, soll der Herr mit sieben Nächstverwandten vor dem Herzog beschwören, dass es sein Knecht ist; dann kann er ihn haben. Wenn einer aber über Jahr und Tag ohne solche Hemmung geblieben ist, soll er sich fortan sicherer Freiheit erfreuen.

Arno Borst, Lebensformen im Mittelalter, Frankfurt – Berlin 1973, S. 396 f. (vereinfacht)

*Schilling: *Währung; ein Schilling war kein hoher Betrag, sondern mehr eine symbolische Zahlung

M 3 Das älteste Siegel* von Freiburg im Breisgau, vor 1218.

*Siegel: *Abdruck eines Stempels in ein zunächst weiches, dann erhärtetes Material, wie Wachs. Siegel konnten als eine Art Ausweis (Erkennungszeichen) benutzt werden, mit ihnen wurden auch Urkunden beglaubigt oder wichtige Schriftstücke zum Schutz vor unerlaubter Einsichtnahme oder Verfälschung verschlossen.

1. Nenne die Gründe, weshalb der Kaiser die Kaufleute beschützen will (M 1).
2. Konrad von Zähringen wollte Kaufleute anlocken (M 2): Zeige, welche Vorteile die Kaufleute und welchen Gewinn der Herzog hatten.
3. Nenne den Kalendertag, an dem der jährliche Zins zu leisten war (M 2).
4. Erkläre anhand von M 2 den Ausspruch „Stadtluft macht frei".
5. Beschreibe die Abbildung auf dem Siegel (M 3) und erkläre sie.
6. Informiert euch über die Gründung eures Wohn- oder Schulortes und berichtet.

Leben und Arbeiten hinter Stadtmauern

Macht Stadtluft frei?
Wohlstand und Selbstverwaltung der Städte lockten auch die unfreie Landbevölkerung an. Immerhin konnte ein Grundherr seine Ansprüche an einen in die Stadt gezogenen Hörigen „binnen Jahr und Tag" verlieren. Die Bürgerrechte und -freiheiten erhielten aber nur die Männer, die einen eigenen Hausstand, einen Handwerksbetrieb oder ein Geschäft nachweisen konnten und in der Lage waren, ein Bürgeraufnahmegeld zu zahlen.

Das im 19. Jh. entstandene Sprichwort „Stadtluft macht frei" fasst dies vereinfachend zusammen. Tatsächlich löste die „Stadtluft" nicht jeden neuen Stadtbewohner aus seinen Abhängigkeiten. Stadtbewohner mit besonderen Rechten blieben die Adligen. Ebenso fielen die Geistlichen und Ordensmitglieder nicht unter das Stadtrecht. Sie unterstanden weiterhin ihrem Bischof oder Abt. Eine Sonderstellung nahmen auch die Juden ein.*

*Über die Juden im Mittelalter erfährst du mehr auf den Seiten 60 ff.

■ **CD-ROM-Tipps** → *Freies Historiker Büro (Hrsg.), Die Stadt im Mittelalter, Köln: MicroMediaArts GmbH 1995, und Freies Historiker Büro (Hrsg.), Von Städten und Bürgern, Stuttgart: Theiss 2004*

1 Blick in eine Stadt des 13. Jh.
Rekonstruktionszeichnung von Jörg Müller. Das Bild zeigt verschiedene Aufgaben, die eine Stadt erfüllte. Benenne sie! Bestimme die Materialien, die beim Bau der Stadtbefestigung und der Häuser verwendet wurden.

Von Schicht zu Schicht

Die Kaufleute bildeten mit den Ministerialen, die als Dienstmannen der Stadtherren in die Städte gekommen waren, die Oberschicht der Städte. In Anlehnung an den römischen Adel wurden ihre Mitglieder später Patrizier genannt. Sie allein bestimmten anfangs die Politik der Stadt. In Regensburg waren das Mitte des 13. Jh. Männer aus nur etwa 60 Familien.

Nicht mehr zum Patriziat, aber noch zur Oberschicht gehörten die übrigen reichen Stadtbewohner. Die städtische Mittelschicht stellten vor allem Handwerker und Gewerbetreibende, die ihre Waren meist selbst verkauften. An dem Wachstum und Aufschwung der Städte hatten sie in einigen Gegenden großen Anteil.

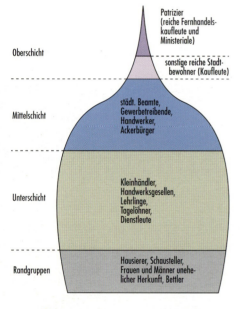

 Händlerin.
Ausschnitt aus einem Gemälde, um 1475/85.

Dazu kamen die Ackerbürger. Sie lebten in der Stadt, bearbeiteten aber vor ihren Toren ein Stück Land.
Besitz und Einkommen der Bürger, die nicht zum Patriziat zählten, waren unterschiedlich. Obwohl es einige zu großem Wohlstand brachten, blieb ihnen fast immer die Mitgliedschaft im Stadtrat verwehrt. Erst als im 14./15. Jh. die alte Ratsverfassung zunehmend auf den Widerspruch der reich gewordenen Kaufleute und Handwerker stieß, die von der Stadtregierung ausgeschlossen blieben, änderte sich das – oft erst nach Bürgerkriegen.*

*Über eine solche bewaffnete Auseinandersetzung erfährst du in M 1 auf Seite 53 mehr.

Ohne Bürgerrechte

Zwischen 40 und 60 Prozent der Stadtbewohner besaßen keine Bürgerrechte. Dazu gehörten die Angehörigen der Unterschichten: Kleinhändler, Handwerksgesellen, Kaufmannsgehilfen und Lehrlinge, Tagelöhner sowie Knechte, Mägde und Dienstboten.

Alle Stadtbewohner, selbst die Angehörigen der Unterschicht, grenzten sich von den **Randgruppen** ab. Zu diesen gehörten die sogenannten „unehrlichen Leute", die „unehrenhaften" Tätigkeiten nachgingen: Bettler, Gaukler, Schausteller, Hausierer, Dirnen, Henker und Totengräber. Auch Frauen und Männer unehelicher Herkunft und Zigeuner wurden dazu gezählt. Sie alle besaßen einen eingeschränkten Rechtsschutz, erhielten kein christliches Begräbnis und konnten jederzeit aus der Stadt gewiesen werden.

 Zusammensetzung der städtischen Bevölkerung.
Was ein Schaubild leisten kann, zeigt dieses Beispiel. Es informiert auf einen Blick darüber, wer in der mittelalterlichen Stadt lebte und welche Anteile die jeweiligen Gruppen/Schichten an der Bevölkerung insgesamt hatten. Aber es ist ungenau. So blieben in dieser Grafik z. B. die Juden, die Geistlichen und Ordensmitglieder unberücksichtigt. In einigen Städten wie Bamberg, Hildesheim oder Worms war aber im 15. Jh. etwa jeder zehnte Bewohner Geistlicher. Zu den Lebensbedingungen der Juden siehe Seite 60 ff.

Gemeinsam sind wir stark

Die Kaufleute einzelner Handelszweige schlossen sich vielfach zu *Gilden* zusammen. Diese gingen zum Teil aus den Schwurgemeinschaften hervor, die die Fernkaufleute zu ihrem Schutz in der Fremde gegründet hatten. Gemeinsam vertraten die Angehörigen einer Gilde ihre Interessen gegenüber dem Rat ihrer Stadt und legten fest, wer wo was zu welchen Bedingungen verkaufen durfte. Darüber hinaus leisteten die Gildenmitglieder Wehrdienst an der Stadtmauer sowie Brandschutz, feierten Gottesdienste und Feste und halfen sich in Notfällen.

Im Handwerk ging es zünftig zu

Der Handel hatte das Handwerk in die Städte gezogen. In größeren Städten vereinigten sich die Handwerker seit dem 12. Jh. ähnlich wie die Kaufleute zu Berufsgruppen, den späteren Zünften. Bald durften in einer Stadt nur noch Zunftmitglieder ihr Handwerk ausüben. Der *Zunftzwang* begrenzte die Zahl der Betriebe und verhinderte ortsfremde Konkurrenz. Außerdem kontrollierten die Zünfte Qualität und Preise der Waren, bestimmten die Arbeitszeit und sorgten für die Ausbildung der Lehrlinge. Die Lehre begann oft im Kindesalter und dauerte – je nach Handwerk – zwischen vier und zwölf Jahren. Die Zünfte schrieben vor, wie lange man Geselle sein musste, bevor man Meister werden durfte.

Die Zünfte waren wie die Gilden nicht nur Berufsverbände. Sie sorgten auch für den Schutz der Stadt, errichteten in der Stadtkirche ihren eigenen Altar und nahmen an feierlichen kirchlichen Prozessionen (*Umzügen*) teil. Dazu unterstützten sie erkrankte und verarmte Mitglieder, Witwen und Waisen. So sorgten sie nicht nur für sich selbst, sondern dienten auch dem „gemeinen Nutzen".

■ **Internettipps** → *Informationen über Fachwerkbauten und die Deutsche Fachwerkstraße finden sich unter www.fachwerk.de (mit zahlreichen Links) und www.deutsche-fachwerkstrasse.de*

4 Das „Bäckerfenster".
Buntglasfenster im Freiburger Münster, um 1320.
Das Geld für die teuren Buntglasfenster in den Kirchen stifteten nicht nur reiche Patrizierfamilien, sondern oft auch die Gilden und Zünfte.

5 Amtshaus des Heiliggeist-Spitals in Schwäbisch-Gmünd.
Foto, um 1994.
Das Spital wurde vermutlich um 1250 von der Bruderschaft des Heiligen Geistes* gegründet. Im 14. Jh. nahm der bürgerliche Einfluss auf die Einrichtung zu, da die Fürsorge für Arme und Kranke eine städtische Aufgabe war.
Der Hauptbau des Spitals wurde im 19. Jh. abgerissen. Das Amtshaus am Markt wurde im Jahre 1434 errichtet und zwischen 1989 und 1994 restauriert.

*Diese Bruderschaft war eine Verbindung von Laien unter Aufsicht des zuständigen Bischofs.

 Teilansicht einer Stadt des 13. Jh.
Rekonstruktionszeichnung von Jörg Müller.

Stadtkanal in Tübingen.
*Foto, um 1990.
Der den unteren Teil von Tübingen durchfließende Ammerkanal diente zur Abfallbeseitigung und zur Straßenreinigung einiger Gassen.*

Schmutz, Lärm und Gestank

In den engen Gassen der dichtbesiedelten Städte mussten die Menschen ihren Weg zwischen Unrat, Kot und Abwässern suchen. Nach Regenfällen blieben Wagen im Morast stecken. Auch vor den Häusern reicher Bürger lagen oft Mist- und Abfallhaufen. Dazu tummelten sich Schweine, Gänse, Enten und Hühner auf den Gassen, denn in fast allen Haushalten wurde Vieh gehalten. Für weiteren Schmutz, Gestank und Lärm sorgten zahlreiche Handwerksbetriebe. Handwerker nutzten die Straßen häufig als Arbeitsplatz und die Gewässer als Abfallgruben. Die Folgen: verschmutzte Straßen, häufige Ratten- und Mäuseplagen sowie verunreinigtes Wasser.

Die Bürger versuchten, die Verhältnisse zu ändern. In Goslar und Konstanz ließen sie erstmals im 12. Jh. zur Entsorgung der Abwässer einzelne offene oder verdeckte Abzugsrinnen und Sickergruben anlegen. Mithilfe von Röhren aus Holz, Blei oder Ton wurden seit dem 13. Jh. die Wasserläufe kanalisiert, erstmals in London 1236, in Lübeck ab 1294. Vom Ende des 14. Jh. an begann man in den großen Städten, die ersten Straßen mit Steinen zu pflastern. Diese kostspieligen Baumaßnahmen konnten sich die Städte erst nach und nach leisten.

Die Stadtverwaltungen bemühten sich, die Missstände durch Verordnungen zu beseitigen. Den Kölner Metzgern wurde 1336 bei Strafe verboten, ihre Schlachtabfälle auf die Straße zu werfen. Gerber und Färber siedelte man flussabwärts und außerhalb der Stadtmauern an. Die offene Schweinehaltung wurde den Bürgern der angesehenen Messe- und Handelsstadt Frankfurt am Main erst 1481 verboten.

Gegen Ende des 15. Jh. machte man die Abfallentsorgung in den Großstädten zur städtischen Angelegenheit. Bis dahin war sie Sache der Anlieger. In den Mittel- und Kleinstädten änderten sich die Verhältnisse oft erst im 18. Jh.

Schreibe den Antrag eines Ratsmitgliedes, der eine Änderung der Umweltbelastungen im Stadtrat durchsetzen will.

M 1 Aus der Nürnberger Handwerkermeister-Liste von 1363

Der Rat der Stadt Nürnberg ließ seit 1363 „Meisterbücher" führen. Das hier wiedergegebene Verzeichnis ist nicht ganz vollständig, es fehlen Berufsgruppen, die sicher auch in der rund 20 000 Einwohner zählenden Stadt ansässig waren, z.B.: Brauer, Seidennäher, Pergamenthersteller, Drechsler, Leinenweber, Maurer, Verputzer und Anstreicher.

Beruf	Anzahl	Beruf	Anzahl	Beruf	Anzahl
Schneider	76	Kesselschmiede	8	Seildreher	10
Mantelschneider	30	Schuster	81	Steinmetzen	9
Plattner (Harnischmacher)	12	Flickschuster	37	Zimmerleute	16
Eisenhandschuhmacher	21	Goldschmiede	16	Hafner (Steingutmacher)	11
Kettenhemdmacher	4	Geldwechsler, Münzmeister	17	Spiegel- und Glasmacher und Rosenkranzhersteller	23
Nadelmacher und Drahtzieher	22	Messermacher	17		
Messingschmiede, Zinngießer	33	Klingenschmiede	8	Weißgerber	35
Fassmacher (Büttner, Böttcher)	34	Kannengießer	14	Ledergerber	60
Wagenmacher	20	Taschenmacher	22	Metzger	71
Schreiner	10	Handschuhmacher	12	Färber	57
Spengler (Flaschner)	15	Müller	12		
Helmschmiede	6	Bäcker	75		
Schlosser	24	Schwertfeger (Waffenbearbeiter)	7		
Zaumzeug- und Sporenmacher	19	Kürschner	57		
Verfertiger eiserner Bänder	12	Glaser	11		
Nagelschmiede	6	Maler	6		
Pfeil- und Bolzenschmiede	17	Tuchwalker	28		
Zirkelschmiede, Werkzeugmacher, Schleifer	9	Hut- und Putzmacher	20		
		Tuchweber	10		
Hufschmiede	22	Sattelmacher	17		
Pfannenschmiede	5	Fischer	20		

Die Chroniken der fränkischen Städte. Nürnberg 2, Leipzig 1864, S. 507 (vereinfacht)

M 2 Lehrjahre sind keine Herrenjahre

Von 1494-1496 machte Johannes Butzbach aus Miltenberg am Main eine Schneiderlehre in Aschaffenburg; in seinem „Wanderbüchlein" berichtet er:

Was ich bei dem Meister während der zwei Jahre meiner Lehrzeit ausgestanden habe, will ich berichten. Ich musste von drei oder vier Uhr morgens bis abends neun oder zehn, bisweilen auch bis elf oder zwölf Uhr in einem fort arbeiten. Ich wurde geplagt mit Wassertragen, mit Hausauskehren, Heizen, mit Besorgungen in der Stadt und außerhalb, mit Schuldeneintreiben an Festtagen und, was mir am meisten verhasst war, mit dem Sammeln, oder besser gesagt, dem Stehlen des Wachses von den Leuchtern in den Kirchen zur weiteren Verwendung im Geschäft. Ferner erhielt ich von dem Meister und der Meisterin sowie von den Dienstboten herbe Worte und mitunter auch Schläge. Dazu hatte ich Kälte und Hitze, Hunger und Durst bis zum Äußersten zu ertragen.

Wanderbüchlein des Johannes Butzbach genannt Piemontanus, hrsg. von Leonhard Hoffmann, Graz 1985, S. 143 f. (stark gerafft und vereinfacht)

M 3 Hafnerin* an der Töpferscheibe.
Bild auf einer Spielkarte, um 1425.

*Hafner: siehe M 1, 3. Spalte

M 4 Weber am Trittwebstuhl.
Zeichnung (29 x 20 cm) aus dem Hausbuch der Mendel'schen Zwölfbrüderstiftung, Nürnberg, um 1425.

1. Welche Berufe arbeiteten für den örtlichen Bedarf, welche für den Fernhandel (M 1)?
2. Stelle die Rohstoffe, die die Handwerker verarbeiteten, zusammen und überlege, woher sie stammten (M 1).
3. Schreibe einen Bericht an den Zunftmeister über die Zustände in Johannes' Ausbildungsbetrieb (M 2). Mache Vorschläge für Regeln, die solche Verhältnisse verhindern könnten.

LERNTIPP

Eine mittelalterliche Stadt erkunden

Wenn wir in eine für uns unbekannte Stadt reisen, können wir uns vorher über das städtische Verkehrsamt oder über das Internet einen aktuellen Stadtplan beschaffen, um uns zu orientieren. Der hier abgedruckte Plan von Esslingen verfolgt den Zweck, dich auf den mittelalterlichen Ursprung und auf Sehenswürdigkeiten aufmerksam zu machen.

M 1 Mittelalterliche Sehenswürdigkeiten in Esslingen.
Der Ort erhält um 800 das Marktrecht und wird 1298 in einer Urkunde als eine unter „des riches steten" genannt.

1. Stadtkirche St. Dionys
2. Frauenkirche
3. Münster St. Paul
4. Hintere Kirche; ehemalige Kirche des Franziskanerklosters
5. Nikolauskapelle
6. Salemer Pfleghof*
7. Speyrer Zehnthof
8. Altes Rathaus
9. Lateinschule
10. Schwörhaus
11. Gelbes Haus
12. Burg
13. Pliensauturm
14. Schelztor
15. Wolfstor

Pfleghöfe: Stadthäuser von auswärtigen Klöstern oder Stiften; sie dienten als Wohnungen für Äbte und Mönche, vorrangig aber als Stapel- und Umschlagplatz für die in den Klöstern produzierten Handelsgüter (Korn, Wein etc.).

Internettipp → Informationen über Esslingen findest du unter www.esslingen.de/esslingen/index.jsp

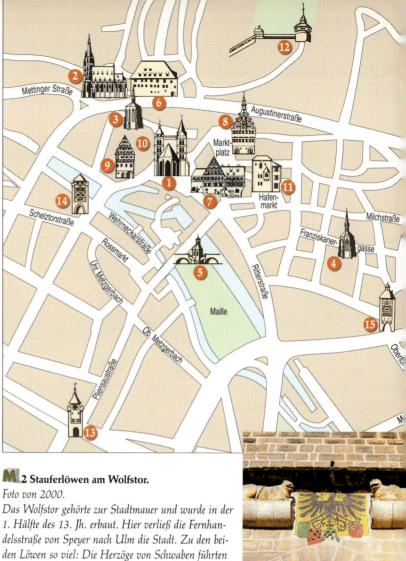

M 2 Stauferlöwen am Wolfstor.
Foto von 2000.
Das Wolfstor gehörte zur Stadtmauer und wurde in der 1. Hälfte des 13. Jh. erbaut. Hier verließ die Fernhandelsstraße von Speyer nach Ulm die Stadt. Zu den beiden Löwen so viel: Die Herzöge von Schwaben führten Löwen in ihrem Wappen, darüber hinaus galten sie symbolisch als Wächter gegen das Böse. Der Reichsadler zwischen den Löwen wurde erst im 18. Jh. eingefügt.

1. Welche Gebäude weisen auf die Selbstverwaltung der Stadt hin?
2. Findet heraus, in welchen Jahrhunderten die in M 1 genannten Gebäude gebaut wurden. Tipp: Informationen bieten das Amt für Touristik und das Internet.
3. Zeigt, dass Esslingen von Kirche, Handel und Handwerk geprägt war (M 1). Tipp: Straßennamen und Ortsbezeichnungen geben darüber oft Auskünfte. Informiert euch über die Aufgaben von Zehnthöfen und Schwörhäusern.
4. Der „Hafenmarkt" (siehe M 1) hat nichts mit der Schifffahrt zu tun, sondern mit getöpferten Waren. Nenne das Handwerk, das dem „Hafenmarkt" den Namen gab. Siehe dazu nochmals M 1 und M 3 auf Seite 49.
5. Falls es in eurem Wohn- oder Schulort Bauten aus der Zeit zwischen 1000 und 1500 gibt,
   - markiert sie in einem kopierten Stadtplan,
   - macht eine Stadtführung unter fachkundiger Leitung und
   - bereitet mit Bildern und Fotos ein Poster mit dem Titel „Unsere Stadt im Mittelalter" vor.
6. Lasst euch Prospekte von den Touristenbüros verschiedener Städte schicken, die wie Ulm, Freiburg, Tübingen, Ravensburg, Gengenbach, Reutlingen, Villingen, Kirchheim (Teck), Bad Wimpfen oder Bad Urach noch heute ein weitgehend mittelalterliches Erscheinungsbild haben. Gestaltet aus dem Material eine Ausstellung.

Kontore und Koggen: die Hanse

Einträglich, aber gefährlich

Pech und Pelze aus Russland, Getreide, Wachs und Honig aus Polen und dem Baltikum, Heringe aus der Ost- und Nordsee, Wolle, Tuche und Leinen aus Flandern, England oder Frankreich waren begehrte Güter. Fernhändler sorgten dafür, dass diese und noch viele andere Waren auf den Märkten angeboten wurden. Aber der Transport mit Pferd und Wagen auf den meist unbefestigten Handelsstraßen war aufwändig und gefährlich. Mehr als 40 km am Tag legten die Fuhrwerke mit höchstens zwei Tonnen Ladung in der Regel nicht zurück. Massengüter wie Getreide, Holz und Metallwaren wurden daher hauptsächlich mit Fluss- und Seeschiffen transportiert.

Überschwemmungen, Stürme sowie Wegelagerer oder Seeräuber machten den Fernkaufleuten so manchen Strich durch die Rechnung. Dazu verlangten Stadt- und Grundherren Zölle, Wege- und Brückengelder und ließen sich die Genehmigung bezahlen, Waren zu verkaufen.

Clevere Kaufleute

Um den Gefahren des Fernhandels begegnen zu können, schlossen sich Kaufleute in der Fremde zu *Hansen* zusammen. Das Wort Hanse bedeutet *Schar* oder *Gemeinschaft*. Gemeinsam bemühten sich die Kaufleute um Schutz, Rechtssicherheit sowie Befreiung von Zöllen und um andere Handelsvorteile. Aus einer Gemeinschaft, die zunächst im Ost- und dann auch im Nordseeraum tätig war, entstand Mitte des 13. Jh. die deutsche Hanse.

■ **Internettipp** → *Informationen über die Hanse findest du unter www.hanse.org*

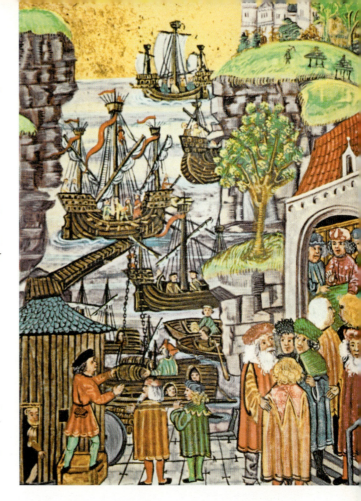

① Hafenszene.
Miniatur (32,5 x 24 cm) aus dem Hamburger Stadtrecht von 1497; sie entstand zwischen 1503 und 1511.
Der Originaluntertitel lautet: "Van schiprechte" (dt. "Vom Schiffsrecht").
Am Kai liegen Boote und kleine Schiffe.
Sie bringen Fracht zu den weiter draußen vor Anker liegenden Seeschiffen.
Auf der rechten Bildseite stehen Reeder, Seeleute und Kaufleute. Die drei Personen, die in dem Haus hinter dem Tisch sitzen, bilden vermutlich ein Gericht, vor dem ein Streit verhandelt wird. Worüber unterhalten sich die vier vornehm gekleideten Personen, die im Bildvordergrund rechts zu erkennen sind? Erfinde einen kleinen Dialog.

② Die Tuchhallen in Ypern (Flandern; heute Belgien).
Foto, um 1990.
Die Anfang des 14. Jh. erbauten Hallen wurden nicht nur als Warenlager und Umschlagplatz benutzt, sondern sollten auch Macht und Reichtum der Kaufleute zeigen.

3 Wirtschaftsräume der Hanse.
*Dargestellt sind die Seewege, nicht die Fahrtrouten der Schiffe.
Unten: Nachbau einer Hanse-Kogge von 1380 auf der Ostsee. Foto um 1990.*

Handel „über See und Sand"

In Lübeck hatten sich seefahrende Händler aus Schleswig mit Kaufleuten aus Westfalen zusammengefunden. Gemeinsam fuhren sie mit ihren Schiffen, den **Koggen**, zu den Ostseehäfen. Dort kauften sie Rohstoffe und verkauften Fertigprodukte.

Die Kaufleute erhielten Unterstützung der Herrscher im Ost- und Nordseeraum. Sie vereinbarten Zollbefreiungen und gewährten der Hanse Handelsvorteile. Um bereits beim Einkauf der Rohstoffe den Absatz in den eigenen Städten einschätzen zu können, schlossen die Kaufleute mit den Abnehmern im Binnenland Handelsverträge. Dieser Handel „über See und Sand", wie Zeitgenossen ihn nannten, erwies sich als außerordentlich erfolgreich. In kurzer Zeit verdrängte die Hanse die Skandinavier aus dem Nord- und Ostseehandel und unterhielt bald Niederlassungen in allen bedeutenden Handelsstädten. Kontore, Speicher und Kaianlagen mit Kränen hatte sie in Bergen, London, Brügge und Nowgorod.

Kaufleute machen Politik

Da die Kaufleute meist Ratsmitglieder waren, setzten sie sich dafür ein, dass ihre Städte untereinander Vereinbarungen über Zoll- und Handelsfreiheiten schlossen. Seit 1356 trafen sich die durch Absprachen zusammengeschlossenen Städte auf **Hansetagen**, um über Probleme zu entscheiden. In der Regel führte Lübeck den Vorsitz. Um 1450 zählten etwa 70 Städte zum Kern der Hanse, etwa weitere 130 Orte beteiligten sich zeitweise an ihr.

Die Hanse förderte nicht nur den Ost-West-Handel. Angekurbelt vom wirtschaftlichen Aufschwung wurden aus kleinen Kaufmannssiedlungen an der Ostsee angesehene Städte, wie Rostock, Wismar und Stralsund. Gemeinsam bekämpfte man Seeräuber, wehrte Konkurrenten ab oder blockierte den Handel mit Ländern, die nicht bereit waren, Vorteile zu gewähren. Die Hanse wehrte sich gegen Fürsten, die ihre Unabhängigkeit schmälerten. Sie führte sogar Kriege, um eigene Handelsinteressen durchzusetzen. Gelegentlich griff sie in innerstädtische Unruhen ihrer Mitglieder ein. Notfalls beschloss der Hansetag den Ausschluss einer Stadt aus der Gemeinschaft.

Ende des 15. Jh. verlor die Hanse ihre beherrschende Stellung im nordeuropäischen Handel. Immer mehr Landesherren hoben die Sonderrechte der hansischen Kaufleute auf, um sie eigenen Landsleuten zu gewähren. Zugleich nahm die Konkurrenz aus England, Holland und Süddeutschland ständig zu. 1669 fand der letzte Hansetag statt.

1 Unruhige Zünfte

1374 drängten in der Hansestadt Braunschweig, die damals etwa 15 000 Einwohner zählte, die Zünfte auf eine Mitbestimmung im Rat der Stadt. Als die Ratsherren, die aus der wohlhabenden Fernhändlerschicht stammten, diese Forderungen zurückwiesen, brach ein Aufstand aus. In einer zeitgenössischen Aufzeichnung aus Lübeck steht:

Im Jahre 1374 war in der Stadt Braunschweig der Teufel los und hetzte das Volk gegen den Rat. Ein Teil der Ratsherren wurde totgeschlagen, ein Teil gefangengenommen und geköpft, ein Teil aus der Stadt vertrieben [...]. Das führerlose Volk lief in die Weinkeller, zerschlug die Fässer und ließ den Wein auf die Erde laufen. Sie führten den Bürgermeister Tile von dem Damme unter schmählicher Misshandlung vor die Stadt, liefen dann in sein Haus und nahmen, was sie fanden, sie legten Feuer an das Haus, dass es bis auf den Erdboden niederbrannte, dann schlugen sie Herrn Tile den Kopf ab. Zu all diesen lästerlichen Missetaten setzten sie aus allen Zünften einen neuen Rat ein, so wie es ihnen behagte. Das Allerschlimmste war, dass sie an die Zünfte aller Städte Briefe sandten, in denen sie ihr Recht dartun wollten und klagten, dass sie zu hart behandelt und besteuert worden wären, was sie nicht mehr hätten ertragen können.

Auf dem Lübecker Hansetag von 1375 beschließen die Abordnungen der Städte:

Fürsten, Herren, Städten, Rittern und Knechten, Ländern und Leuten ist wohl offenbar und kund, dass die Braunschweiger übel an den ehrbaren Leuten in ihrem Rat gehandelt haben [...]. Da sie nun immer noch in ihrer Verstocktheit beharren, an ihrer Untat festhalten und nicht die Absicht haben, Sühne zu geben, so haben die Städte der deutschen Hanse mit Einwilligung der anderen Städte, die zu ihrem Rechte gehören, einträchtig beschlossen, dass sie die Braunschweiger aus der Hanse und den Rechten und Freiheiten des Kaufmanns stoßen wollen, also dass kein Kaufmann in England, Flandern, Dänemark, Norwegen, Nowgorod oder sonst irgendeiner Stadt, die im Recht des Kaufmanns steht, Gemeinschaft oder irgendwelchen Handel mit den Braunschweigern haben soll, weder zu Lande noch zu Wasser, weder im Zuführen noch im Fortbringen bei Verlust von Ehre und Gut. Auch soll man niemandem gestatten, ihnen Waren zu bringen oder fortzuführen, wenn man es hindern kann. Ferner sollen weder die Braunschweiger noch ihre Waren in irgendeiner Stadt, die im Rechte des Kaufmanns steht, Geleit oder Sicherheit haben. In welcher solcher Stadt die Verwandten der Toten oder wen dies sonst angeht, leben, da soll man die, die mit Rat und Tat bei dem Mord geholfen haben, nach der Höchststrafe richten.

All diese geschriebenen Bestimmungen sollen so lange gelten, bis die Braunschweiger für ihre Missetaten so viel Sühne getan haben, als redlich und möglich ist.

Wolfgang Lautemann (Bearb.), Mittelalter. Reich und Kirche, München² 1978, S. 747 f.

2 Die „Kölner Weberschlacht" von 1371.

Nachträglich kolorierter Holzschnitt von 1499. Der Protest der Zünfte gegen die Ratsherrschaft der Patrizier löste im 13./14. Jh. auch in Augsburg, Braunschweig, Bremen, Hamburg, Lübeck und Magdeburg Bürgerkämpfe aus. Die Hanse griff nur in wenigen Fällen ein.

1. Fasse zusammen, was 1374 in Braunschweig und 1375 in Lübeck geschah (M 1).
2. Der Lübecker Chronist berichtet nicht unparteiisch (M 1). Zeige am Text, auf wessen Seite er stand.
3. Ihr könnt aus M 1 ein Rollenspiel erarbeiten. Folgende Themen sind möglich: Die Vertreter der Zünfte stellen ihre Forderungen und begründen sie. Die Ratsherren diskutieren sie und teilen ihre Entscheidung den Zünften mit. Die Vertreter des Lübecker Hansetages begründen ihre Entscheidung gegenüber den Ratsherren. Beachtet: 1380 wurde der alte Rat wieder ins Amt gesetzt und die Stadt erneut Mitglied der Hanse. 1386 ließ man in Braunschweig Zunftmitglieder zum Rat zu.

1 Dom zu Speyer.
*Foto, um 1990.
Ansicht von Osten.
Baubeginn um 1030. Das 1061 geweihte Gotteshaus ist 133 Meter lang und der größte romanische Kirchenbau in Deutschland. Die zu sehende Ostseite wurde während einer „Modernisierung" um 1100 gebaut. Im Dom sind viele mittelalterliche Könige begraben.*

■Internettipp →
Ein „Spaziergang" durch den Speyerer Dom befindet sich unter www.denkmalpflege-online.de

2 Das Ulmer Münster.
*Foto, um 1980.
Mit dem Bau wurde 1377 begonnen, der Turm aber erst 1890 fertiggestellt. Er ist mit seinen 161 Metern der höchste Kirchturm der Welt.
Die großen Kirchen am Sitz eines Bischofs werden in Norddeutschland, Italien und Österreich **Dome**, in Frankreich, Spanien und England **Kathedralen** genannt. In Süddeutschland und in der Schweiz werden größere Kirchen auch **Münster** genannt.*

Romanik und Gotik: Beispiele europäischer Kultur

Bilder des Himmels

Großartige Zeugnisse der mittelalterlichen Baukunst sind die Kirchen. Mit ihren gewaltigen Steinmassen und hohen Türmen ragten sie über die Häuser und Hütten der Menschen weit hinaus. Sie sollten dem Volk die Größe Gottes vor Augen führen und das göttliche Reich – das *Himmlische Jerusalem* – schon auf Erden sichtbar machen. Insofern dienten die Kirchen vor allem
• zum Lob und Preis des Schöpfers,
• zur Darstellung der christlichen Botschaft sowie
• als Zeichen der Macht und des Stolzes derer, die sie errichten ließen.

Zwei Stile – zwei Epochen

Die Bezeichnung **Romanik** stammt aus dem Anfang des 19. Jh. Sie wird heute für die europäische Kunst und Kultur etwa vom Jahre 1000 bis zum Beginn der Gotik (in Frankreich um 1140, im Deutschen Reich erst um 1230) benutzt und betont deren Nähe zur römischen Kunst.

Die Bezeichnung **Gotik** wurde im 16. Jh. in Italien geprägt. Sie ist ursprünglich abwertend von den „barbarischen" Goten hergeleitet, denen die Zerstörung des Römischen Reiches während der Völkerwanderungszeit vorgeworfen wurde.

Bis ins 14. Jh. verschmolzen bei ein- und demselben Bauwerk häufig gotische Stilelemente mit älteren romanischen Vorgaben. Beide Stile beeinflussten nicht nur Bauwerke, sondern die Kunst ihrer Epoche – vom Altargemälde bis zum Goldschmuck.

3 Die Walterichskapelle in Murrhardt. Foto, um 1990.
Die kleine spätromanische Klosterkirche wurde um 1220 errichtet.

Starke Wände, kleine Fenster

Die romanische Kirche ist eine Weiterentwicklung der römischen **Basilika***. Auf starken und großen Wänden, deren kleine rundbogige Fenster nur wenig Licht in das Innere lassen, ruhten zuerst flache Holzdecken, später dann wuchtige Tonnen- bzw. Kreuzgewölbe. Säulen und Pfeilerreihen trennen das Mittelschiff von zwei, vier oder mehr Seitenschiffen, die im Querschiff enden.
Die Westseite der Kirchen, das Westwerk, ist oft festungsartig der Seite der untergehenden Sonne, des Dunkels bzw. des andrängenden Bösen zugewendet. Der Altar sowie die Stühle des Bischofs oder der Kirchenältesten befinden sich meist erhöht in dem halbrunden Raum an der östlichen Schmalseite der Kirchen, der **Apsis**. Der Grund: Von Osten her, aus Jerusalem, erwarteten die Gläubigen die Erlösung durch Christus. Unter dem Chor, in der **Krypta**, befinden sich häufig die Gräber von Heiligen, Märtyrern und Geistlichen. Im Raum zwischen Westwerk und Ostchor, im Hauptschiff, steht die Gemeinde, geleitet und beschützt von der Kirche (im Osten) und dem weltlichen Herrscher (im Westen).
Im Innern der „Gottesburgen" waren die großen Wandflächen meist mit **Fresken** (von ital. *fresco*: frisch) bedeckt, das sind farbenfreudige Bilder, die auf frischen Putz gemalt wurden.
Höhepunkte des romanischen Kirchenbaus im Deutschen Reich sind die Kaiserdome in Speyer, Mainz und Worms.

***Basilika**: *die bevorzugte Kirchenbauform der ersten Gotteshäuser; die Basiliken sind eine Weiterentwicklung der altrömischen Markt- und Gerichtshallen.*

4 Lesepult aus Lindenholz, um 1150.
Das Pult stammt aus dem Kloster Alpirsbach im Schwarzwald, ist 120 cm hoch und steht seit 1680 in der Kirche in Freudenstadt. Dargestellt sind die vier Evangelisten Matthäus (hier im Vordergrund), Markus, Johannes und Lukas.

„Gott ist Licht"

Von der Klosterkirche Saint Denis nördlich von Paris aus begann sich in der Mitte des 12. Jh. der gotische Baustil über Europa auszubreiten. Die Gotik war mehr als eine Weiterentwicklung der bis dahin bestehenden Baukunst. Sie war vor allem Ausdruck der Vorstellung: *Gott ist Licht*.
Von Gott, so verkündeten die Theologen, gehe Licht aus, und die ganze Schöpfung sei eine Erleuchtung Gottes. Die Baumeister wollten daher mehr Licht in die Kirchenräume einlassen. Sie reduzierten ihre Konstruktionen auf Baugerippe: Die Wände verloren ihre Aufgabe als tragende Elemente. Schlanke, aber gewaltige Pfeilerbündel halten die Kreuzrippengewölbe. Durch die Spitzbogen wird der Eindruck verstärkt, als strebe die Kirche zum Himmel.
Buntes Glas, das erst seit dem 12. und 13. Jh. in größerem Umfang hergestellt wurde, bekam eine besondere Rolle in der gotischen Architektur: Die durch die farbigen Glasfenster fallenden Sonnenstrahlen tauchten den Kirchenraum in einen vielfältigen Lichterglanz.

„Wozu … all dieses Gold im Heiligtum?"

Die Vertreter der unterschiedlichen Orden stritten sich bald darüber, ob es richtig sei, die Kirchen immer größer und prächtiger zu gestalten. Wortführer der gegen Schmuck und Zierrat predigenden Mönche wurde im 12. Jh. *Bernhard von Clairvaux*, der fragte: „Wozu … all dieses Gold im Heiligtum?" Die Folge dieser Kritik war, dass auch einfache und schmucklose Kirchen gebaut wurden. Sie konnten aber den Siegeszug der prächtigen städtischen Bischofskirchen nicht aufhalten. Denn die reichen Städte wetteiferten um die Errichtung der größten, höchsten und schönsten Kirchen, deren Bau oft die Mittel mehrerer Generationen beanspruchte. So erhielt *Notre Dame* in Paris beispielsweise ein Gewölbe von 35 m Höhe, Chartres überbot dies mit 37 m. In Reims baute man noch einen halben Meter höher, bevor Amiens auf 42 m steigerte. Die höchsten gotischen Gewölbe, die je gebaut wurden, sind die des Kölner Doms. Sie haben eine Höhe von 43,5 m.

Treffpunkt der Gemeinde

Die Kirchen wurden gebaut, um allen Gesellschaftsschichten ein gemeinsames Gotteshaus zu schaffen. Vor allem an den hohen Festtagen versammelten sich alle Stadtbewohner in der Kirche, wobei jeder Stand seinen Platz besaß. Damals gab es in der Kirche noch keine Stühle und Bänke. Die Gläubigen standen oder knieten auf dem Boden. Die Gotteshäuser waren nicht nur ein Ort der Andacht, sondern in den Mauern spazierte und plauderte man und gelegentlich trafen sich hier auch Liebespaare.

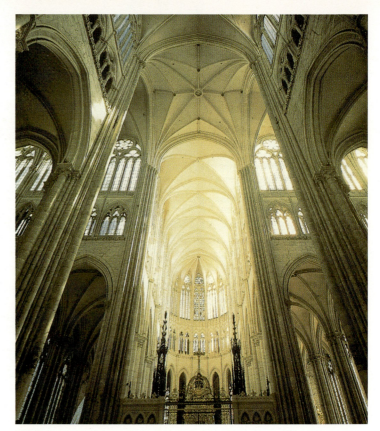

5 Gotisches Kreuzrippengewölbe. *Kathedrale von Amiens, 13. Jh.*

6 Gotische Strebebögen. *Kathedrale von Chartres, 13. Jh. Die Strebebögen stützen die Wände des Hauptgebäudes.*

1 Kostbarkeiten

Die Abtei Saint Denis war seit dem 7. Jh. Grablege fränkischer und später französischer Könige. Unter dem Benediktinermönch Suger wurde die Abteikirche Mitte des 12. Jh. erneuert:

Möge ein jeder seiner eigenen Meinung folgen. Ich für meinen Teil erkläre, dass es mir besonders gerecht erschien, die größten Kostbarkeiten vor allem in den Dienst der Feier des Heiligen Abendmahles zu stellen. Wenn goldene Schalen, goldene Behälter und kleine Goldmörser nach den Worten Gottes und der Weisung der Propheten dafür verwendet werden sollten, das Blut der Böcke und der Kälber aufzufangen, um wie vieles herrlicher muss dann die Pracht der Goldkelche, der Edelsteine und all der Dinge dieser Schöpfung, die als besonders kostbar gelten, bereitet werden, um das Blut Christi zu empfangen.

Georges Duby, Die Zeit der Kathedralen. Kunst und Gesellschaft 980-1420, Frankfurt a. M. ²1984, S. 171 f. (leicht verändert)

3 Fensterrosette.
Kathedrale von Chartres, um 1230.

2 Gegen die Verschwendungssucht der Kirchen

Der aus Burgund stammende Bernhard von Clairvaux war im 12. Jahrhundert der Wortführer der auf Schmuck und Zierrat verzichtenden Zisterziensermönche; er urteilte über Saint Denis:

Wozu […] all dies Gold, das in euren Heiligtümern glänzt? Da stellt man die Statue eines Heiligen oder einer Heiligen aus und glaubt sie umso heiliger, je mehr man sie mit Farben überhäuft. Und dann strömt man zuhauf, um sie zu küssen, und beeilt sich bei derselben Gelegenheit, eine Gabe dazulassen; all diese Huldigungen gelten eher der Schönheit des Objekts als seiner Heiligkeit. In den Kirchen werden Dinge aufgehängt, die eher Glücksrädern gleichen als Kronen, die über und über mit Perlen beladen, von Leuchten umgeben sind, ausgelegt mit Edelsteinen, die die Leuchten in ihrem Glanz noch übertreffen. Anstelle schlichter Kandelaber* sieht man regelrechte Bronzebäume, die mit bewundernswerter kunstvoller Geschicklichkeit gestaltet sind und ebenso in der Pracht der Edelsteine erstrahlen, wie im Schein der Kerzen, mit denen sie beladen sind […]. Die Kirche glitzert von allen Seiten, doch die Armen sind völlig entblößt; ihre Steine sind mit Goldstücken bedeckt, doch ihre Kinder entbehren der Kleider; die Liebhaber finden in der Kirche alles, ihre Neugier zu befriedigen, doch die Armen finden nichts, ihr Elend zu lindern.

Georges Duby, Die Zeit der Kathedralen, a.a.O., S. 212 f.

* **Kandelaber**: mehrarmiger Kerzenleuchter

1. Stellt die Argumente von Suger (M 1) und Bernhard (M 2) einander gegenüber. Wem stimmt ihr zu? Begründet.
2. Besorgt euch Bilder von weiteren bedeutenden romanischen und gotischen Kirchenbauten, z.B. von der Benediktinerabtei Maria Laach, der Elisabethkirche in Marburg, dem Dom in Limburg sowie den Kathedralen von Reims und von Notre Dame in Paris. Bestimmt die Baustile und gestaltet ein Poster.

PROJEKT

So bauten sie die Kathedralen

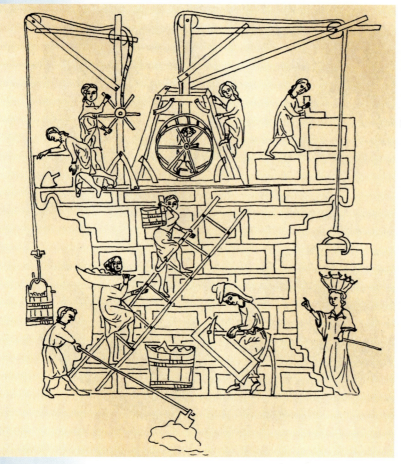

M 1 Bauarbeiten.
Nachzeichnung aus der Weltchronik des Rudolf von Ems, um 1340.

M 2 Die Heinzelmännchen
Der Journalist Wolf Schneider beschrieb 1991 den Bau des Kölner Doms. Von ihm stammen auch M 4, M 6 bis M 7.

Und so schleppten sie und werkelten sie für ihren Dom: Hunderte von Steinmetzen, Maurern und Zimmerleuten; Dutzende von Knechten in Trettrádern und an Seilwinden, um die tonnenschweren Werkstücke bis in die schwindelnde Höhe der Gewölbe zu befördern; dazu Schmiede und Glasbläser, Bleigießer und Dachdecker, Seiler, Maler und Vergolder.
Und dann im Steinbruch die Steinbrecher und wieder Steinmetzen, Zimmerleute und Schmiede; im Wald die Holzknechte, denn die Schalungen der Gewölbe, die gewaltigen Gerüste und das hölzerne Hebezeug verschlangen Baumstämme zu Tausenden; dazu Hunderte von Fuhrknechten oder Bauern und Bürgern, die Hand- und Spanndienste leisten mussten, um mit Ochsen, Pferd und Wagen den Stein heranzukarren, auch das Holz nebst Blei und Eisen [...].
Wolf Schneider, Der Kölner Dom. Wie die Deutschen zu ihrem Weltwunder kamen, Hamburg 1991, S. 25

M 3 Arbeit mit Stechzirkel und Winkel.
Nachzeichnung aus einer italienischen Handschrift des 15. Jh.
Die Baumeister übertrugen ihre Entwürfe von einer kleinen Zeichnung in natürlicher Größe auf Stein. Der Handwerker links hält eine Messlatte.

M 4 Was für Männer!
Was für Männer, diese Dombaumeister! Architekten ohne Studium. Statiker ohne Mathematik.* Bauzeichner auf Pergament [...]. Dem Domkapitel** haftete [der Baumeister] für die sparsame Verwendung der Gelder; den Nachschub an Stein, Holz, Glas, Blei und Eisen organisierte er; die Künstler suchte er aus und gab ihnen die Stilrichtung vor; gegenüber allen Bauleuten hatte er richterähnliche Befugnisse zur Wahrung der Arbeitsdisziplin [...].
Wolf Schneider, a.a.O., S. 83

* Aber auf Reisen und aus Büchern hatten sie von den Griechen, Römern und Arabern viel gelernt.

** **Domkapitel**: oberste Herren der Domkirche

M 5 Bauhütte.
Nachzeichnung aus der Weltchronik Jansen Enikels, um 1380.
Alle an einem Kirchenbau beteiligten Bauleute, besonders die Steinmetze und Maurer, schlossen sich zu einer Bruderschaft, der sogenannten **Bauhütte**, zusammen. Sie sollte die Einheitlichkeit der Architektur und der Kunstwerke sicherstellen.

PROJEKT

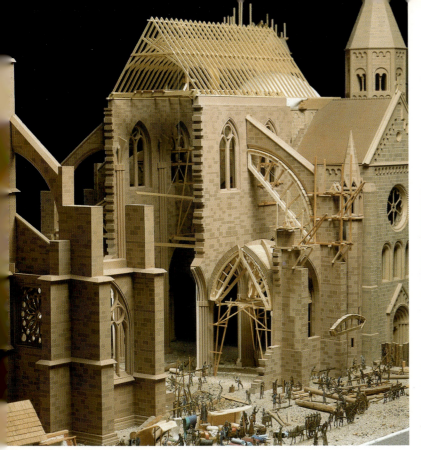

M 8 Achtung, Baustelle!
*Modell des Freiburger Münsters von Karl-Heinz Eckardt und Werner Heeb, 1985/87.
Links: Blick von Südwesten auf den ersten Bauabschnitt, um 1250.
Unten: Details des Glockenstuhls mit Laufrad und Kran.*

CD-ROM-Tipp → *Kölner Dom, München: Deutscher Kunstverlag*

Lektüretipp → *David Macaulay, Sie bauten eine Kathedrale, München: dtv*

M 6 Mit Tretrad, Kran und Winde

Wenn die Windenknechte in ihrem hölzernen Tretrad zu laufen begannen, dann wickelte sich um seine Achse ein Seil. Das lief im Kölner Dom 44 Meter in die Höhe, lief dort über […] den Schwenkarm eines hölzernen Krans und begann 44 Meter tiefer die steinerne Trommel emporzuziehen […], bis zu einer Tonne schwer. Oben standen Maurer und Steinmetzen auf dem Holzgerüst, äugten zu den Zwergen in die Tiefe hinab, schrien ihnen zu, wann sie innehalten sollten, und senkten die Trommel – so hießen die steinernen Scheiben, aus denen sich die Pfeiler türmten – bis dicht über die Scheibe darunter ab. Dann trugen die Maurer frischen Mörtel auf, passten die neue Trommel ein und dichteten die Fugen mit Lehm.

Wolf Schneider, a.a.O., S. 73

M 7 Der Balkenwald

Hatten die Pfeiler ihre volle Höhe erreicht, so schlug die große Stunde der Zimmerleute: Sie, die die Gerüste hinaufgetrieben sowie die hölzernen Schalungen für die Gewölbe und die Dachstühle über den niedrigeren Seitenschiffen gebaut hatten, dazu die Winden, Kräne und Treträder – sie mussten nun auf den beiden Pfeilerreihen den Dachstuhl über dem Mittelschiff errichten […]. Der gewaltige Balkenwald wurde abschnittsweise auf dem Boden zusammengefügt, dann auseinander genommen und in Einzelstücken in die schwindelnde Höhe gewunden. […]
Waren die Dachbalken mit Pech bestrichen, so begann die schwere Arbeit des Dachdeckens. […]
Danach blieben Arbeitsplätze und Mauerwerk gegen Regen und Schnee geschützt, und der Innenausbau konnte auch im Winter weitergehen. Die Dachbalken nahmen außerdem die Winden auf, mit denen Steine und Mörtel für das Gewölbe in die Höhe fuhren, das nun unter dem Dachstuhl gemauert wurde.

Wolf Schneider, a.a.O., S. 75 und 81

1. Du bist Steinmetz beim Bau eines Domes und berichtest nach Hause, welche Arbeiten auf deiner Baustelle verrichtet werden und welche Gefahren es für dich und die anderen Arbeiter gibt (M 2, M 4, M 6 und M 7). Schreibe diesen Brief.
2. Informiert euch über gotische und romanische Kirchen in eurer Gegend. Wählt eine Kirche aus, und stellt sie in einem kleinen Führer oder auf einem Poster vor.

① Gottesdienst in einer Synagoge.
Abbildung aus dem Machsor Lipsiae, einem jüdischen Gebetbuch für Fest- und Feiertage, um 1320.
Der Vorbeter (hebr. Chasan) steht, in einen Gebetsschal eingehüllt, vor einem Lesepult mit der Thora. Hinter ihm zwei Männer, die einen Judenhut tragen.

Juden in Europa

Christliche Herrscher rufen

Unter den römischen Kaisern verbreiteten sich jüdische Gemeinden im West- und Oströmischen Reich. Mit dem zunehmenden politischen Einfluss des Christentums büßten die Juden ihre Glaubensfreiheit ein. Nur wenige jüdische Gemeinden überstanden die Zeit der Völkerwanderung. Im frühen Mittelalter riefen Könige und Bischöfe jüdische Kaufleute ins Land, da sie ihre Nützlichkeit für Handel und Wirtschaft schätzen gelernt hatten. Denn jüdische Fernkaufleute waren es, die den beschwerlichen Fernhandel mit dem Orient aufrechterhielten. Es kamen nicht nur jüdische Händler, sondern auch Ärzte, Gelehrte und Handwerker mit ihren Familien.

Synagoge, Thora und Rabbiner

Seit altersher wird das jüdische Zusammenleben durch religiöse Gesetze geregelt. Mittelpunkt einer jeden Gemeinde ist die **Synagoge** (*Versammlungshaus*). Jeder Raum kann zur Synagoge werden, wenn in ihm die *Thora-Rollen* (Thora: wörtlich „Lehre"; die Thora-Rollen enthalten die fünf Bücher Mose aus dem Alten Testament), aufbewahrt werden. Größere Gemeinden unterhalten Schulen und Hochschulen. Diese sind zugleich Gerichtshöfe und entscheiden in Rechts- und Glaubensfragen aus allen Bereichen des Lebens. Lehrer an diesen Schulen sind die **Rabbiner**. Die Grundlage des jüdischen Zusammenlebens in Familie und Gemeinde ist der **Talmud**. Dieses um 500 n. Chr. abgeschlossene, in mehrhundertjähriger Überlieferung entstandene Hauptwerk des Judentums legt die Thora aus und kommentiert sie. Es enthält auch Speisegesetze wie das Verbot, Schweinefleisch zu essen, und das Gebot der Beschneidung der Jungen am achten Lebenstag.

Die Gemeindemitglieder feiern den *Schabbat* – nach jüdischer Zeitrechnung der siebte Tag. An ihm darf nicht gearbeitet werden. Gemeinsam begeht die Gemeinde die Feste des jüdischen Kalenders: zum Beispiel den *Jom Kippur*, den Versöhnungstag, oder das *Pessach*, das Fest zur Erinnerung an den Auszug der Israeliten aus Ägypten.

Juden und Christen

Juden und Christen lebten bis ins 11. Jh. meist ohne Probleme nebeneinander. Sie mieden in der Regel aber enge Kontakte. Religiöse Vorschriften auf beiden Seiten – wie das Verbot der Mischehen – verhinderten ein vertrautes Zusammenleben. Grund dieser Abgrenzung waren die sich gegenseitig ausschließenden religiösen Vorstellungen. Die Juden verstehen sich als das von Gott auserwählte Volk. Sie erwarten den Messias (*Erlöser*) noch. Für die Christen ist dagegen die Erlösung der Menschheit durch Christus bereits geschehen.

Unterschiedlicher Glaube und andere Lebensweise erzeugten vor allem in Notzeiten Vorurteile – auf beiden Seiten. Während die jüdische Minderheit aber nicht mit dem Anspruch auftrat, die Christen von ihrem „falschen" Glauben befreien zu müssen, wollten die Christen – gemäß dem Missionsauftrag – die „Irrgläubigen" immer wieder von dem „wahren" christlichen Glauben überzeugen.

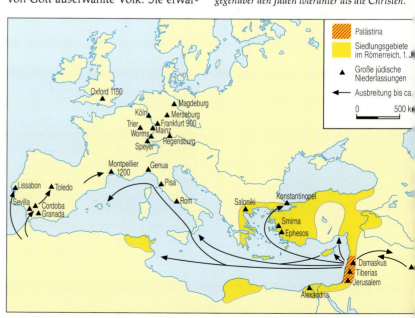

② Jüdische Gemeinden und Siedlungsgebiete vom 1. bis zum 11. Jh.
*Für das jüdische Volk begann das Leben in der Verbannung (**Diaspora**) mit der Zerstörung des Tempels in Jerusalem durch römische Truppen im Jahre 70 n. Chr.*
Der Anteil der Juden an der mitteleuropäischen Gesamtbevölkerung lag im 13. Jh. unter einem Prozent, nur in Spanien und Portugal lag er zwischen fünf und sechs Prozent.
Grund: Die muslimischen Araber waren gegenüber den Juden toleranter als die Christen.

Tod oder Taufe

Mit der wachsenden Volksfrömmigkeit änderte sich seit dem 11. Jh. die Situation der jüdischen Bevölkerung in Europa: Es kam zu Gewalttaten der Christen gegen Juden und zu Zwangstaufen, obwohl sich die weltlichen und geistlichen Herrscher dagegen aussprachen.
Auslöser für große Ausschreitungen gegen die jüdische Bevölkerung waren die Kreuzzüge.* Religiöse Fanatiker riefen nicht nur gegen die „Feinde Christi" im Heiligen Land, sondern auch gegen die „Irrgläubigen" im eigenen Land zum Kampf auf. In Metz, Worms, Speyer, Mainz, Köln und Xanten, später auch in Frankfurt a. M., Regensburg, Prag und anderen Orten wurden Häuser der Juden angezündet und die Bewohner aufgefordert, sich taufen zu lassen. Weigerten sie sich, wurden sie vertrieben oder umgebracht. Die Zahl der jüdischen Opfer in den deutschen Gebieten wird auf 3 000 geschätzt.

Menschen im Abseits

Einzelne Bischöfe und christliche Herrscher missbilligten diese Massenmorde. Die Kaiser nahmen Juden wiederholt unter ihren Schutz. Doch an deren gesellschaftlicher Lage änderte sich wenig. Die Kirche betrieb unterdessen die gezielte Ausgrenzung religiöser Minderheiten. 1179 beschloss eine große Kirchenversammlung in Rom die räumliche Trennung von Christen und Juden. Sie wurde vorerst kaum befolgt. 1215 folgte aus Rom die Anordnung, dass Juden und Muslime schon an ihrer Kleidung erkennbar sein sollten.
Gilden, Zünfte, Stadtschulen und Universitäten nahmen Juden nicht auf, da sie sich als „christliche Gemeinschaften" verstanden. Landbesitz und Bürgerrechte blieben ihnen versagt.
Um überleben zu können, blieb den Juden fast nur noch der Geldverleih und das Pfandgeschäft. Auch aus diesem Bereich wurden sie zunehmend verdrängt. Nachdem die Kirche durch die Kreuzzüge selbst zum Kreditnehmer geworden war, lockerte sie das kirchliche Verbot, Geld gegen Zinsen zu verleihen. Christen stiegen in das Kreditgeschäft ein. Bald blieben den jüdischen Kreditgebern nur noch solche Kreditnehmer, denen kein anderer mehr Geld lieh. Da sie sich das Risiko, ihr Geld zu verlieren, mit hohen Zinsen bezahlen ließen, wurden sie alsbald als Wucherer beschimpft.

Bequeme Sündenböcke

Im 12. und 13. Jh. setzten fanatisierte Wanderprediger regelmäßig Gerüchte über angebliche Gräueltaten der jüdischen Minderheit in Umlauf. Sie lösten damit zahlreiche Verfolgungswellen aus. Ende des 13. Jh. wurden die Juden aus England vertrieben, im 14. Jh. aus Frankreich. Einen blutigen Höhepunkt erreichte die Judenfeindschaft während der Pest* um 1350.

*Zur Pest siehe auch Seite 84 f.

*Kreuzzüge: Die Eroberung der Heiligen Stätten in Jerusalem durch die Muslime veranlasste die Päpste zwischen 1095 und 1270 zu sieben Kreuzzügen aufzurufen. Nach dem ersten Kreuzzug entstanden Ende des 11. Jh. in Palästina Kreuzfahrerstaaten, die Ende des 13. Jh. wieder aufgegeben werden mussten.

3 Ecclesia und Synagoge.
Buchmalerei aus einem Messbuch, 13. Jh. Die linke Figur soll die römisch-katholische Kirche darstellen, die rechte die Synagoge. Sie steht für das Judentum. Diese Figur hält in der rechten Hand einen Ziegenkopf (als Zeichen für den Teufel) und aus der linken fallen ihr Tafeln (Zeichen für die Gesetzestafeln des Mose).
Derartige Darstellungen findet man seit dem 11. Jh. in ganz Europa in Form von Figuren, Gemälden und Glasfenstern in Kirchen und Kathedralen sowie als Abbildungen in Bibeln und Gebetsbüchern.
Vergleiche die beiden Figuren genau, beschreibe die Unterschiede und bestimme, welche Haltung gegenüber dem Judentum damit ausgedrückt wird.

M 3 Befriedete Personen.
Aus der Heidelberger Handschrift des Sachsenspiegels, Anfang des 14. Jh. Der König (rechts) weist auf die Lilie, das Zeichen für Frieden. Vor ihm stehen ein Mönch und ein anderer Geistlicher, eine Frau (Witwe?), ein Mädchen und – etwas abseits stehend – ein Jude (mit Hut). Ihr Leben und ihr Vermögen standen unter dem besonderen Schutz des Königs.

M 1 Gipfel des Wohlwollens?

Der Bischof von Speyer schreibt am 13. September 1084:

Im Namen der heiligen und unteilbaren Dreifaltigkeit. Als ich […] den Weiler Speyer zu einer Stadt gemacht habe, habe ich geglaubt, die Ehre unseres Ortes um ein Vielfaches zu vergrößern, wenn ich hier auch Juden ansammelte. Ich siedelte also die Versammelten außerhalb der Gemeinschaft und des Wohnbezirks der übrigen Bürger an, und damit sie nicht so leicht durch die Unverschämtheit des Pöbels beunruhigt würden, habe ich sie mit einer Mauer umgeben. […]
Wachen, Verteidigungen und Befestigungen müssen sie nur innerhalb ihres Wohnbezirks verrichten, die Verteidigungen jedoch gemeinsam mit den Bediensteten. Ammen und gemietete Knechte können sie von den Unsrigen haben. Geschlachtetes Fleisch, das sie nach ihrem Gesetz für sich als verboten betrachten, dürfen sie an Christen verkaufen, und diesen ist es erlaubt, es zu kaufen. Kurz, ich habe ihnen als Gipfel meines Wohlwollens ein Gesetz verliehen, das besser ist, als es das jüdische Volk in irgendeiner anderen Stadt des deutschen Reiches besitzt.

Julius H. Schoeps/Hiltrud Wallenborn (Hrsg.), Juden in Europa. Ihre Geschichte in Quellen, Bd. 1, Darmstadt 2001, S. 120

M 2 Auf die Kleidung kommt es an

Auf einer großen Versammlung von Bischöfen, Äbten sowie königlichen Gesandten wird im Jahre 1215 in Rom beschlossen:

Je mehr sich die christliche Religion in der Eintreibung der Wucherzinsen Einschränkungen auferlegt, desto übermütiger wird darin der Unglaube der Juden, sodass in kurzer Zeit das Vermögen der Christen erschöpft sein wird. Da wir in dieser Hinsicht Vorsorge treffen wollen, dass die Christen nicht unermesslich von den Juden beschwert werden, so bestimmen wir […], dass […] ihnen die Gemeinschaft mit den Christen entzogen werden soll, bis sie wegen dieser unangemessenen Beschwerung geziemend Genugtuung geleistet haben. […]
In einigen Provinzen unterscheidet die Kleidung Juden und Sarazenen* von den Christen. Aber in gewissen anderen ist eine solche Regellosigkeit entstanden, dass sie durch keine Unterscheidung kenntlich sind. Daher kommt es zuweilen vor, dass sich irrtümlicherweise Christen mit jüdischen oder sarazenischen und Juden oder Sarazenen sich mit christlichen Frauen vermischen. Damit also den Ausschweifungen einer so abscheulichen Vermischung in Zukunft die Ausflucht des Irrtums abgeschnitten werde, bestimmen wir, dass Juden und Sarazenen beiderlei Geschlechts in jeder christlichen Provinz und zu jeder Zeit sich durch die Art ihres Gewandes öffentlich von der übrigen Bevölkerung unterscheiden sollen, zumal man auch bei Mose liest, dass ihm eben dies auferlegt ist.

Julius H. Schoeps / Hiltrud Wallenborn (Hrsg.), Juden in Europa, a.a.O., S. 115 f.

*Sarazenen: Muslime

---

1. Beschreibe aus den Quellen wie sich das Verhältnis zwischen Juden und Christen gestaltete (M 1 bis M 3).
2. M 2 Beleg für das Zusammenleben zwischen Juden, Christen und Muslimen. Erkläre.

① Die Abtei Cluny.
Zeichnung nach einer Rekonstruktion von Kenneth J. Conant. Das Bild zeigt den Zustand um 1160. Die zu dieser Zeit fertiggestellte Klosterkirche war die größte Kirche des Abendlandes; ihre Ausmaße wurden erst von dem im 16. Jh. errichteten Petersdom in Rom übertroffen.

Geistliche gegen weltliche Macht

„Freiheit für die Kirche!"
Über die Macht der christlichen Kirche und den Lebenswandel der Geistlichen wurde im 11. Jh. zum Teil heftig gestritten. Bischöfen, Äbten und Äbtissinnen, Mönchen und Nonnen sowie Priestern wurde dabei vorgeworfen, mehr an weltlichen Vergnügungen als an den christlichen Geboten und Klosterregeln interessiert zu sein.

Die Kritik erreichte in den vierziger Jahren des 11. Jh. einen Höhepunkt. Eine Spaltung (griech. *Schisma*: Trennung) der Kirche drohte, als nach Streitigkeiten mit dem römischen Stadtadel zeitweise drei Päpste gleichzeitig amtierten. *Heinrich III.*, der von 1039 bis 1056 Kaiser war, setzte 1046 auf einer Kirchenversammlung alle drei Päpste ab und ließ einen neuen Papst ausrufen. Es gab erneut Streit. Die Kirche fürchtete, dass die Päpste von den weltlichen Herrschern abhängig würden, und forderte *Freiheit für die Kirche*. Zugleich stellten immer mehr Geistliche die Frage, ob weltliche Herrscher über geistlichen Würdenträgern stehen dürften.

Reformen aus Cluny
Schon 910 hatte ein französischer Herzog seinen Besitz in Cluny (*Burgund*) einem Abt geschenkt. Er sollte damit ein Benediktinerkloster gründen. Das Besondere daran war, dass der Herzog in der Schenkungsurkunde auf alle Rechte gegenüber dem Kloster verzichtete. Die Mönche hatten das Recht der freien Abtwahl. Um sie gegen weltliche und geistliche Eingriffe zu sichern, wurde das Kloster dem direkten Schutz der Päpste unterstellt.

Von Cluny ging eine einflussreiche Reformbewegung aus. Die Reformer forderten, das gesamte Klosterleben gottgefälliger einzurichten. Sie verlangten, dass der Kauf geistlicher Ämter (*Simonie*), die Priesterehe und die Einsetzung von Geistlichen durch weltliche Herren (*Laieninvestitur*) verboten werden sollten. Schrittweise wurden diese Forderungen dann auch im 11. Jh. von den Päpsten durchgesetzt. Damit sollten die Bischöfe stärker an den Papst gebunden und der Einfluss der weltlichen Herrscher auf die Kirche geschwächt werden.

Das hat die Welt noch nicht gesehen

Während das Papsttum aus dem Reformprozess gestärkt hervorging, durchlief das deutsche Königtum eine Zeit der Schwäche. Auf *Heinrich III.*, der die Kirchenreform stark unterstützt hatte, folgte 1056 sein 6-jähriger Sohn *Heinrich IV.* Im Reich versuchten nun einige Fürsten, ihre Macht gegenüber dem Königtum zu stärken. Der Papst nutzte die Gelegenheit, die Kirche von den weltlichen Mächten unabhängiger zu machen.

Eine **Synode**, eine Versammlung hoher geistlicher und weltlicher Würdenträger, beschloss 1059, dass zukünftig beim Tode eines Papstes nicht mehr der römische Stadtadel, sondern die **Kardinäle**, die nach dem Papst höchsten kirchlichen Würdenträger, den Nachfolger wählen sollten. Weiter wurde vereinbart, dass kein Geistlicher durch einen Nichtgeistlichen in sein Amt eingesetzt werden dürfe. Für die deutschen Könige war das Investiturverbot gefährlich, da die von ihnen ernannten und durch die Übergabe von Ring und Stab eingesetzten Bischöfe wichtige Stützen ihrer Macht waren.

Zum **Investiturstreit** kam es unter Papst *Gregor VII.* Der ehemalige Benediktinermönch namens *Hildebrand* war 1073 ohne Beteiligung der Kardinäle Papst geworden. Als Heinrich IV. zwei Jahre später einen Mann seiner Wahl in das Amt des Erzbischofs von Mailand einsetzte, machte ihm Gregor VII. Vorwürfe. Der junge Kaiser reagierte machtbewusst: Unterstützt von zahlreichen deutschen Bischöfen forderte er den Papst im Januar 1076 auf, „vom päpstlichen Stuhl herabzusteigen". Gregor antwortete drei Wochen später mit dem **Kirchenbann**. Er schloss damit den gekrönten und von Gott gesalbten Herrscher aus der Gemeinschaft der Gläubigen aus, sprach ihm die Herrschaft über das Reich ab und verbot allen Christen, ihm zu dienen. Das hatte es zuvor noch nicht gegeben.

Heinrich IV. unter Druck

Zunächst konnte sich der Papst durchsetzen. Die meisten Bischöfe, darunter die Erzbischöfe von Mainz und Magdeburg, stellten den Papst höher als Heinrich IV. und verweigerten ihm die Gefolgschaft. Gleichzeitig nutzten einige mächtige deutsche Fürsten wie die Herzöge von Sachsen, Schwaben und Bayern die Gelegenheit aus, um ihre eigene Macht im Reich zu stärken. Sie stellten Heinrich im Oktober 1076 eine kaum zu erfüllende Forderung: Wenn er sich nicht bis Februar 1077 vom Kirchenbann lösen könne, müssten sie einen anderen König wählen.

Der „Gang nach Canossa"

Heinrich gab nicht auf. Unter Zeitdruck zog er mit seiner Frau, seinem 2-jährigen Sohn und einer kleinen Gefolgschaft Ende Januar 1077 über die schneebedeckten Alpen nach Italien, um dort den Papst zu treffen. Dieser war bereits auf dem Weg nach Norden. Er hatte vor, sich mit Heinrichs Gegnern zu verbünden. Als der Papst Heinrich und sein Gefolge kommen sah, suchte er Schutz auf der Burg Canossa. Doch Heinrich wollte nicht kämpfen, sondern sich vom Bann lösen. Das Ergebnis seiner Bemühungen ging als *Gang nach Canossa* in die Geschichte ein: Heinrich IV. erschien an drei aufeinanderfolgenden Tagen im damals üblichen Büßergewand vor der Burg. Barfüßig und mit einfacher Kleidung aus Wolle wartete er auf die Entscheidung des Papstes. Dem blieb nach dieser Buße keine andere Wahl: Er musste Heinrich vom Kirchenbann lösen.

2 Canossa.

Buchmalerei (etwa 16,5 x 14 cm) um 1115.
Der lateinische Text auf dem Bild lautet übertragen: „Der König bittet den Abt, Mathilde auch fleht er an."
In der Nikolaus-Kapelle am Fuß der Burg Canossa trafen sich 1077 Mathilde, die einflussreiche Markgräfin von Tuscien, der gebannte Heinrich IV. und dessen Taufpate, Abt Hugo von Cluny.
Beschreibe, wie die Markgräfin, der Abt und Heinrich IV. dargestellt sind. Beachte dabei ihre Haltung und Größe.

Der Streit geht weiter

Mit dem „Gang nach Canossa" verhinderte Heinrich, dass sich seine deutschen Gegner mit dem Papst verbündeten. Jetzt konnte er wieder politisch handeln und seine Gegner besiegen. Doch der Streit zwischen ihm und dem Papst war noch nicht zu Ende. Im weiteren Verlauf wurde Heinrich IV. 1080 erneut gebannt. Er ließ daraufhin einen Gegenpapst ausrufen. Truppen Heinrichs bedrohten Rom. 1084 floh Gregor aus Rom.

Der Streit zwischen Königsherrschaft und Papsttum verschärfte sich, als ein späterer Papst 1095 nicht nur das Investiturverbot wiederholte, sondern allen Kirchenmitgliedern den Lehnseid gegenüber weltlichen Herrschern verbot. 1106 starb Heinrich IV., ohne dass der Streit beigelegt worden war.

Die Lösung in England und Frankreich

Schneller als im Reich konnte der Investiturstreit in England und Frankreich gelöst werden, weil dort nur wenige Bischöfe weltliche Macht besaßen. Die Spannungen zwischen dem englischen Königshaus und der Kirche endeten vorläufig 1107: Der König verzichtete auf die Investitur mit Stab und Ring. Dafür erhielt er das Recht, von dem noch ungeweihten, erwählten Bischof die Lehnsverpflichtung entgegenzunehmen. Außerdem durfte er die Besetzung der Bischofsstühle durch seine persönliche Anwesenheit bei der Wahl beeinflussen.

Da die französische Krone nur auf etwa ein Drittel der Bischofssitze Zugriff hatte, kam es nach zunächst heftigen Auseinandersetzungen zu einer stillschweigenden Einigung: Die Bischöfe wurden ohne Ring und Stab vom König in ihr Amt eingeführt und erhielten von ihm die weltlichen Rechte.

Der Kompromiss im Reich

Im Reich konnte erst 1122 unter Papst *Calixtus II.* und *Heinrich V.*, dem Sohn Heinrichs IV., das Investiturproblem mit einem **Konkordat**, einem Vertrag zwischen Kirche und Staat, geregelt werden. Im **Wormser Konkordat** verzichtete der Kaiser auf die Investitur der Bischöfe mit Ring und Stab und erlaubte ihre freie Wahl durch Geistliche. Der Kaiser durfte bei der Wahl von Bischöfen anwesend sein und im Streitfall einen Vorschlag machen. In den deutschen Gebieten des Reichs konnte er den gewählten Bischöfen vor der Weihe die weltliche Gewalt mit dem Zepter verleihen. Geistliche und weltliche Aufgaben der hohen Geistlichen waren nun auch hier getrennt.

Den Kampf zwischen Papsttum und Königtum um die Vorherrschaft entschied das Wormser Konkordat nicht. Er dauerte noch mehr als zwei Jahrhunderte an.

3 **Wer krönt den König?**
Buchmalerei (22 x 17 cm) aus dem Benediktinerkloster Allerheiligen in Schaffhausen, Mitte des 11. Jh.
Vergleiche diese Darstellung mit Abb. 1, Seite 18.

M 1 Was will der Papst?

In 27 päpstlichen Leitsätzen (lat.: Dictatus papae) legt Gregor VII. im Jahre 1075 die Stellung des Papstes fest; die wichtigsten lauten:

1. Dass die römische Kirche vom Herrn allein gegründet worden sei.
2. Dass allein der Papst zu Recht als universal, d. h. die gesamte christliche Welt umfassend, bezeichnet werde.
3. Dass ausschließlich der Papst Bischöfe absetzen oder in den Schoß der Kirche wieder aufnehmen könne [...].
9. Dass alle Fürsten allein des Papstes Füße küssen sollen.
10. Dass allein sein Name in der Kirche verlesen werde [...].
12. Dass es dem Papst erlaubt sei, Kaiser abzusetzen. [...]
18. Dass sein Urteil von niemandem widerrufen werden dürfe und er selbst die Urteile aller widerrufen könne.
19. Dass er selbst von niemandem gerichtet werden dürfe [...].
22. Dass die römische Kirche niemals geirrt hat und nach dem Zeugnis der Heiligen Schrift auch in Zukunft niemals irren wird [...].
26. Dass derjenige nicht für christlich gehalten werde, der nicht mit der römischen Kirche übereinstimmt.
27. Dass der Papst Untergebene vom Treueeid gegenüber Sündern lösen kann.

Johannes Laudage (Hrsg.), Der Investiturstreit. Quellen und Materialien, Köln 1990, S 57 ff. (vereinfacht)

M 2 Die deutsche Lösung

Das Wormser Konkordat vom 23. September 1122 hielt folgende Regelungen fest.

Aus der Urkunde des Kaisers für den Papst:

Ich, von Gottes Gnaden erhabener Kaiser der Römer, überlasse Gott, Gottes heiligen Aposteln Petrus und Paulus und der heiligen christlichen Kirche –
5 aus Liebe zu Gott, zur heiligen römischen Kirche und zum Papst sowie zum Heil meiner Seele – jede Investitur mit Ring und Stab, und ich gestehe zu, dass in allen Kirchen, die in meinem
10 König- oder Kaiserreich liegen, eine der christlichen Lehre entsprechende und freie Wahl stattfindet.

Aus der Urkunde des Papstes für den Kaiser:

Ich, Knecht der Knechte Gottes, gestehe dem von Gottes Gnaden erhabenen
15 Kaiser der Römer zu, dass die Wahlen der Bischöfe und Äbte des deutschen Reiches in deiner Gegenwart stattfinden [...], und zwar ohne Ämterkauf und irgendwelche Gewalt, damit du,
20 wenn unter den Parteien irgendwelche Zwietracht entstehen sollte, gemäß dem Rat und Urteil der Erzbischöfe und Bischöfe der Provinzen, dem würdigeren Teil Hilfe und Beistand gewährst.
25 Der Gewählte aber soll von dir durch das Zepter die weltlichen Güter entgegennehmen, und er soll das leisten, was er dir wegen dieser weltlichen Güter rechtmäßig schuldet.

Johannes Laudage (Hrsg.), a.a.O., S 87 ff. (vereinfacht)

M 3 Die Investitur eines Bischofs.

Relief (ca. 31 x 46 cm) an der Bronzetür des Domes von Gnesen (Polen), um 1175. Auf einem Faltthron sitzt der Kaiser mit Krone und Zepter in der linken Hand, vor ihm steht der gewählte Bischof und umfasst einen Stab, der ihm vom Kaiser übergeben wird. Beschreibe die Haltung des Bischofs.

1. Überlege, welche Leitsätze von Papst Gregor (M 1) der König zurückweisen musste. Schreibe eine mögliche Antwort.
2. Ein Kompromiss ist eine Übereinkunft zwischen zwei streitenden Parteien, beide geben einen Teil ihrer Forderungen auf. Beweise, dass das Wormser Konkordat (M 2) ein Kompromiss ist.
3. Überprüfe, ob die in dem Relief (M 3) dargestellte Investitur den Ergebnissen des Wormser Konkordats entspricht.

Kaiser „Rotbart" erreicht nicht alles

Beginnt eine neue Zeit?
Mit *Konrad III.* wurde der erste Staufer deutscher König. Als er 1152 starb, wählten die Reichsfürsten entgegen dem Brauch nicht seinen unmündigen Sohn, sondern seinen 30 Jahre alten Neffen *Friedrich I. Barbarossa* zum König. Als Sohn einer welfischen Mutter und eines staufischen Vaters schien er der richtige Mann auf dem Thron zu sein, um den Streit zwischen Staufern und Welfen zu beenden. Für *Otto von Freising*, einen zeitgenössischen Geschichtsschreiber, begann mit Friedrich eine neue Epoche des Friedens und der Größe des Reiches.

Friedrich stellt Ansprüche
1155 wurde Friedrich I. in Rom zum Kaiser gekrönt. Er sah sich als von Gott eingesetzter Nachfolger Karls des Großen und wollte das „Heilige Römische Reich" in seiner alten Pracht und Größe wiederherstellen. Das führte zu neuen Schwierigkeiten mit den Päpsten und den französischen und englischen Herrschern. Die Oberhäupter der Kirche wollten nicht, dass der Kaiser sich in die Wahl ihrer Nachfolger einmischte. Und die anderen Könige waren gegen einen deutschen Kaiser, der ein umfassendes (*universales*) christliches Weltreich errichten wollte.

Barbarossa hat Probleme
Friedrich I. herrschte über deutsche, burgundische und italienische Gebiete.* Seine königliche Macht dehnte er durch den Bau zahlreicher Burgen auf den staufischen Hausgütern und dem Reichsgut aus. Die Einkünfte der Krongüter vergößerte er mit zahlreichen Stadtgründungen.

*Siehe die Karte auf Seite 72.

Probleme bekam Friedrich, weil es keine genau festgelegten Reichsrechte gab. Als er seine Ansprüche auf Zölle, Münzrechte und die Einsetzung führender Beamte in den zum Reich gehörenden oberitalienischen Städten geltend machte, weigerten sie sich, ihm zu gehorchen.
1158 brach Friedrich I. zum ersten seiner insgesamt sechs Italienzüge auf. Er wollte mit Gewalt seine Reichsrechte durchsetzen. Jahrelang führte der Kaiser Krieg gegen lombardische Städte. Diese schlossen sich 1167 unter Führung des mächtigen Mailand zum *Lombarden-Bund* zusammen und wurden zeitweise vom Papst unterstützt.
Erst 1183 kam es zu einem Frieden. Friedrichs oberste Herrschaft wurde anerkannt, doch die Städte konnten ihre Selbstverwaltung durchsetzen. Sie zahlten dem Kaiser dafür große Summen.

Ein mächtiger Gegner
Auf einem der Italienfeldzüge verweigerte *Heinrich der Löwe*, der Herzog von Sachsen und Bayern, dem Kaiser militärische Hilfe, zu der er als Vasall verpflichtet gewesen wäre. Sein Verhalten bedrohte die Herrschaft des Kaisers. Da Heinrich außerdem die Rechte anderer hoher Adliger verletzt hatte, wurde 1179 auf einem Reichstag beschlossen, ihn mit der **Reichsacht** zu bestrafen. Er war damit aus der Gemeinschaft der Fürsten ausgeschlossen worden. Ein Jahr später nahm man ihm seine Reichslehen und rief einen Reichskrieg gegen ihn aus. Heinrich wehrte sich. Am Ende blieb ihm und seiner Familie aber nur die Flucht nach England.

Friedrich stirbt auf einem Kreuzzug
1187 fiel Jerusalem in die Hände der Muslime. Auf dem „Hoftag Jesu Christi" in Mainz beschloss der nun 65-jährige Kaiser mit vielen anderen Rittern, Jerusalem zu befreien. Der Kampf gegen die Heiden sollte die Krönung seines christlichen Lebens werden. Von Regensburg führte er 1189 ein großes Heer bis an die Südküste Kleinasiens. Dort ertrank der Kaiser beim Baden in einem Fluss.

① **Kaiser Friedrich I. mit seinen Söhnen König Heinrich VI. (links) und Herzog Friedrich von Schwaben.**
Miniatur (32,5 x 22 cm) aus der Welfenchronik, um 1185 (Ausschnitt). Die Welfenchronik wurde am Stammsitz der Welfen in Altdorf (heute Weingarten) verfasst.
Die Italiener nannten Friedrich I. wegen seines rötlich-blonden Bartes „Barbarossa" (dt. Rotbart).

M 2 Barbarossa-Kopf.
Der „Cappenberger Barbarossa-Kopf" ist 31,4 cm hoch, entstand um 1160 und diente als Behälter für Reliquien. Er befindet sich in der Kath. Pfarrkirche Cappenberg/Westfalen. Eine Nachbildung ist in dem Städtischen Museum in Göppingen zu sehen.
Friedrich I. Barbarossa schenkte seinem Taufpaten Otto von Cappenberg diese Bronzebüste, die nach seinem Aussehen geformt sein soll. Der Kopf ist mit der Stirnbinde der römischen Kaiser versehen. Die Büste ruht auf einem doppelten Mauerkranz: Zeichen für die Stadt Rom. Engel tragen die Platte, auf der der Kopf aufliegt. Die Augäpfel wurden erst im 19. Jh. ergänzt.

Er kleidet sich nach heimischer Weise, nicht verschwenderisch oder herausfor-
30 dernd, aber auch nicht gewöhnlich [...]. Obwohl er in der Erweiterung des Reiches und der Unterwerfung von Völkern so Großes leistet und sich ständig den erwähnten Beschäftigungen wid-
35 met, hat er doch an verschiedenen Orten zahlreiche zur Verschönerung und zum Vorteil des Reiches dienende Bauten begonnen, einige auch vollendet und den größten Teil seiner Fürsorge
40 der Betätigung seiner Frömmigkeit gewidmet.

Ferdinand Opll, Friedrich Barbarossa, Darmstadt ³1998, S. 36 f.

M 1 Ein Porträt Friedrichs I.
Über die Persönlichkeit des staufischen Kaisers schreibt der zeitgenössische Geschichtsschreiber Rahewin:

Seine leibliche Gestalt ist wohlgebaut, von Statur ist er kleiner als die Größten und größer als die Mittelgroßen, sein Haar ist blond und oben an der Stirn
5 etwas gekräuselt [...]. Seine Augen sind scharf und durchdringend, die Nase ist schön, der Bart rötlich [...] und das ganze Antlitz ist fröhlich und heiter. [...] Sein Gang ist fest und gleichmäßig, sei-
10 ne Stimme hell und die ganze Körperhaltung männlich. Durch diese Leibesgestalt gewinnt er sowohl im Stehen wie im Sitzen höchste Würde und Autorität. Seine Gesundheit ist gut [...].
15 Er liebt Kriege, aber nur, um dadurch den Frieden zu gewinnen, er ist persönlich tapfer, im Rat außerordentlich überlegen, Bittenden gegenüber nachgiebig und mild gegen die zu Gnaden
20 Angenommenen. [...] Seinen Hausgenossen droht er nicht, wenn er sie anredet, noch verachtet er ihren Rat, noch zeigt er sich bei der Aufspürung von Verbrechen verfolgungssüchtig. [...]
25 In seiner Muttersprache ist er sehr redegewandt, Lateinisch aber kann er besser verstehen als sprechen.

1. Zähle die Eigenschaften auf, die Friedrich I. zugeschrieben werden (M 1).
2. Es gibt zeitgenössische Quellen, die Friedrich I. auch als grausamen Kriegsherrn kennzeichnen. Vergleiche diesen Hinweis mit M 1 und bestimme den Standort Rahewins.
3. Der Historiker Ferdinand Opll schreibt, dass Friedrichs unnachsichtiges Vorgehen „allgemeiner Ausdruck der Zeit" war. Erörtert, ob diese Aussage für die Beurteilung der Person wichtig ist.
4. Der Kopf des Kaisers (M 2) ruht auf einem Mauerkranz, und die Platte, auf der der Kopf aufliegt, wird von Engeln getragen. Bestimme die damit beabsichtigte Aussage.

Friedrich II. gegen den Papst

„Der wahre Kaiser ist der Papst"

Unter *Innozenz III.*, der 1198 Papst geworden war, gelangte die Kirche auf den Höhepunkt ihrer Macht. Innozenz beanspruchte eine universale Gewalt. Er griff, wann immer es ihm günstig erschien, in politische Konflikte und Thronfolgestreitigkeiten ein und brachte viele Herrscher des Abendlandes dazu, ihn als obersten Lehnsherrn anzuerkennen. Innozenz und seine Nachfolger sahen in den Kaisern nur ihre Stellvertreter. Für sie waren alle weltlichen Herrscher nur Vasallen des Papsttums.

Friedrich II. bleibt stur

Unter den mittelalterlichen Herrschergestalten trat *Friedrich II.* hervor. Der Enkel von Friedrich I. wurde 1194 in Jesi (Mark Ancona in Italien) geboren. Mit drei Jahren starb sein Vater, Kaiser *Heinrich VI.*, mit vier wurde er zum König Siziliens gekrönt. Im selben Jahr verschied seine Mutter, *Konstanze von Sizilien*. Sie hatte Papst *Innozenz III.* die Vormundschaft für ihren Sohn übertragen. Mit 14 Jahren wurde Friedrich mündig, mit 16 zum deutschen König gewählt und mit 20 Jahren in Aachen gekrönt. 1220 fand die Kaiserkrönung in Rom statt.

Der Herrscher war von der Kulturvielfalt seiner Heimat Sizilien geprägt. Dort trafen vor allem Einflüsse der antiken und arabischen Welt aufeinander. Sie weckten in Friedrich das Verständnis für die Naturwissenschaften und die Künste. Von den Zeitgenossen als das „Staunen der Welt" (lat. *stupor mundi*) gefeiert, bezeichneten ihn Historiker später als den ersten modernen Herrscher.

Mittelpunkt von Friedrichs Herrschaft waren nicht die deutschen Reichsgebiete, sondern Sizilien und Unteritalien. Dort widerstand er den Ansprüchen der Päpste, entmachtete den Adel, erließ zahlreiche Gesetze und regelte Verwaltung und Rechtsprechung mithilfe ihm treuer Dienstleute. Der machtbewusste Herrscher übte religiöse Toleranz: Christen, Juden und Muslime lebten nebeneinander.

Als Friedrich II. seine Herrschaftsweise auf Norditalien übertragen wollte, stieß er auf den Widerstand der lombardischen Städte und des Papstes. 1237 brach ein Krieg aus. Mit einer Streitmacht, die aus deutschen und sizilischen Rittern, sarazenischen Bogenschützen und Söldnern aus ganz Europa bestand, siegte er über die Truppen der norditalienischen Städte. Obwohl die Verlierer zu großen Zugeständnissen bereit waren, lehnte Friedrich Verhandlungen ab und verlangte die bedingungslose Unterwerfung.

Seine Unnachgiebigkeit trieb die Verlierer zu weiteren Kämpfen an und rief *Papst Gregor IX.* auf den Plan. Dieser befürchtete vor allem die Umklammerung des Kirchenstaates durch den Kaiser. Daher stärkte der Papst den Städten den Rücken und verhängte 1239 den Kirchenbann über Friedrich II. Er schloss ihn damit aus der kirchlichen Gemeinschaft aus, um ihn von seinen Vasallen zu trennen. Doch Friedrich II. ließ sich davon nicht erschüttern.

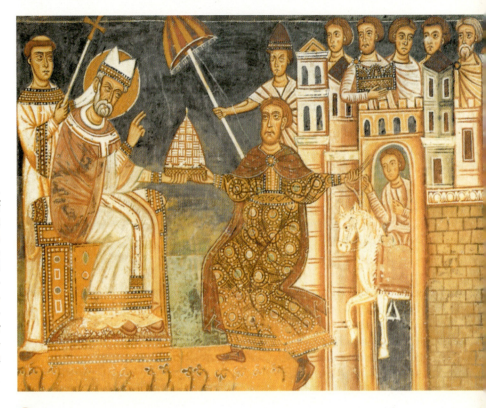

1 Der Kaiser zu Füßen des Papstes.
Wandbild (ca. 110 x 140 cm) aus der Kapelle Quattro Coronati in Rom, Mitte des 13. Jh. Das Bild stellt die „Konstantinische Schenkung" dar. Danach soll Kaiser Konstantin der Große um das Jahr 330, als er seine Residenz von Rom nach Byzanz verlegte, dem Papst Silvester I. den Lateranpalast* geschenkt und ihm und dessen Nachfolgern die Herrschaft über Rom, Italien und die westlichen Provinzen übertragen haben. Auf dem Bild überreicht Kaiser Konstantin dem Papst eine Paradehaube als Sinnbild für die kaiserliche Herrschaft. Durch das Tor wird das Pferd des Papstes geführt, nach dessen Zügel Konstantin greift. Auch diese Szene hat eine symbolische Bedeutung. Beschreibe sie.
Übrigens: Im 15. Jh. wurde nachgewiesen, dass die „Schenkung" nie stattgefunden hat. Die Urkunde erwies sich als Fälschung.

***Lateran**: ein ursprünglich der römischen Familie Laterani gehörender Palast, den sie im 4. Jh. der Kirche geschenkt hatte.

2 Castel del Monte in Apulien (Süditalien), um 1240.
Foto, um 1970.
Das Kastell war Lustschloss und Jagdquartier. Friedrich II. hat es wohl nur einmal genutzt. 1249 fand dort die Hochzeit seines Sohnes Manfred mit Beatrix von Savoyen statt.

Mit Waffen und Worten

Der Kampf zwischen Papst und Kaiser wurde von beiden Seiten nicht nur mit scharfen Waffen geführt. Sie wechselten darüber hinaus hasserfüllte Briefe.

Als Friedrich das militärische Übergewicht gewann, flüchtete Gregors Nachfolger *Innozenz IV.* 1244 nach Lyon. Dort verkündete er, der Kaiser sei abgesetzt. Damit löste er dessen Vasallen von ihrem Treueschwur. Friedrich griff nun nicht mehr allein den Papst an, sondern auch den Zustand der gesamten Kirche. Diese habe unter den letzten Päpsten das Ideal der kirchlichen Armut aufgegeben.

Im Deutschen Reich gelang es den Anhängern des Papstes nur mühsam, Unterstützung zu finden. 1246 wählten die drei rheinischen Erzbischöfe und einige Bischöfe einen Gegenkönig, gegen den sich die Staufer erfolgreich zur Wehr setzen konnten. Der Kampf war noch nicht entschieden, da starb Friedrich II. 1250 unerwartet.

Das Ende der Staufer

Die Nachfolger Friedrichs II. konnten das Erbe nicht bewahren. Friedrichs Sohn *Konrad IV.*, der letzte deutsche König aus dem staufischen Haus, starb mit 26 Jahren in Italien.

Das Geschlecht der Staufer endete mit *Konradin*, dem Sohn Konrads und letzten Herzog von Schwaben: Der französische Fürst *Karl von Anjou*, der inzwischen Sizilien vom Papst als Lehen erhalten hatte, ließ den 15-Jährigen in Neapel öffentlich hinrichten.

Nach dem Untergang der staufischen Dynastie wählten die deutschen Fürsten bis 1273 keine Angehörigen des Reiches mehr zum König. Auch die Kaiserkrone wurde nicht vergeben. Es war die Zeit des **Interregnums** (*Zwischenherrschaft*), in der eine starke Reichsspitze fehlte und die Reichsgewalt schwach wurde.

Vom Fürsten zum Landesherrn

Dagegen gelang es den Herzögen, Grafen und Bischöfen des Reiches nach und nach, ihre Machtbereiche zu festigen. Sie behandelten ihre Lehen wie Privatbesitz und bemühten sich, durch Kauf, Tausch oder Heirat ihr Herrschaftsgebiet zu vergrößern. Zur Verwaltung ihrer Länder und Städte griffen sie nicht mehr auf Vasallen zurück, sondern setzten immer häufiger gutausgebildete Dienstleute ein. Darüber hinaus verkündeten die Herzöge für ihre **Territorien** (lat. *terra*: Land) allmählich eigene Rechtsordnungen.

Die Könige förderten die Ausbildung dieser **Landesherrschaft** gelegentlich aus politischen Gründen. Um 1220 die Wahl seines Sohnes zum deutschen König durchzusetzen, hatte bereits *Friedrich II.* gegenüber den geistlichen Fürsten auf die königlichen Regalien (Zoll- und Münzrechte sowie das Befestigungsrecht) verzichtet. 1232 bestätigte er allen deutschen **Landesherren** zahlreiche Vorrechte. Die folgenden Könige und Kaiser versuchten, diese zum Teil wieder an sich zu ziehen. Dies gelang ihnen jedoch nicht mehr.

3 Die Hinrichtung Konradins von Hohenstaufen 1268 in Neapel.
Buchmalerei aus der „Cronica" von Giovanni Villani, um 1340.

M 1 Kaiser Friedrich II.
Buchmalerei, 3. Viertel des 13. Jh. (Ausschnitt).
Friedrich II. war ein vielseitig interessierter und gebildeter Mann. Er schrieb u.a. ein Werk mit dem Titel „Über die Kunst, mit Vögeln zu jagen". Das abgedruckte Bild stammt aus einer nach seinem Tode erstellten Handschrift dieses sogenannten Falkenbuches.

M 2 „Spitzet eure Ohren!"
Aus einem Rundschreiben des Kaisers an die Fürsten von 1239:

O ihr Menschensöhne, lasset eure Blicke ringsum schweifen und spitzet eure Ohren! Beweinet den Aufruhr der Welt, den Streit der Völker, den allgemeinen Untergang der Gerechtigkeit! Die Leiter der Völker, berufen, die Völker zu leiten, haben babylonische Verderbnis heraufbeschworen […].
Wir erklären Gregor für unwürdig, weiterhin Stellvertreter Christi, Nachfolger des Petrus und Hüter der gläubigen Seelen zu sein, nicht weil wir die päpstliche Würde verachten, sondern wegen der Mangelhaftigkeit seiner Person […].
Beweinet, geliebte Fürsten, nicht allein uns, sondern die Kirche […], denn ihr Haupt schläft, deren Fürst in ihrer Mitte wie ein Löwe brüllt, deren Prophet rast, deren Mann ungetreu ist und deren Priester das Heilige beschmutzt und unrecht handelt gegen das Gesetz […]. Fürchtet auch, dass euch ähnliche Gefahren drohen, denn leicht mag es sein, die anderen Fürsten und Könige alle zu erniedrigen, wenn die Macht des Kaisers […] zerbrochen ist.

Wolfgang Lautemann (Bearb.), Mittelalter. Reich und Kirche, München ²1978, S. 542 u. 545 f. (leicht verändert)

M 3 „Hammer der Erde"
Papst Gregor IX. schreibt 1239 an den Erzbischof von Reims über den Kaiser:

Es steigt aus dem Meere die Bestie voller Namen der Lästerung, die mit den Tatzen des Bären und mit dem Rachen des Löwen wütet und mit den übrigen Gliedern wie ein Leopard ihren Mund zur Lästerung des göttlichen Namens öffnet […]. Mit eisernen Krallen und Zähnen will sie alles zermalmen und mit ihren Füßen die ganze Welt zerstampfen […]. Blicket auf das Haupt, die Mitte und das Ende dieser Bestie: auf Friedrich, den sogenannten Kaiser! […] Dieser Stab der Bösen, der Hammer der Erde, der die ganze Welt verwirren, die Königreiche zermalmen und den Erdkreis in eine Wüstenei verwandeln will, hat die Freiheit der Kirche im Königreich Sizilien in schmähliche, tiefste Knechtschaft verwandelt […].
Er hat sich auch erfrecht, klipp und klar zu erklären, oder richtiger zu lügen, dass alle Narren sind, die da glauben, dass Gott aus einer Jungfrau geboren werden könne, Gott, der doch die ganze Natur und alles geschaffen hat. Diese Ketzerei stützt er mit dem Irrtum, dass niemand geboren werden kann, dessen Empfängnis nicht die Vereinigung von Mann und Frau vorausgegangen ist, und dass der Mensch nichts glauben darf, was nicht auf natürlichem Wege bewiesen werden kann.

Wolfgang Lautemann (Bearb.), Mittelalter, a.a.O., S. 546 f. (leicht verändert)

---

1. In den beiden Briefen (M 2 und M 3) beschimpfen sich Papst und Kaiser. Schreibe alle Schimpfworte heraus und stelle sie gegenüber. Liste auch alle Vorwürfe auf.
2. Weshalb sich Kaiser und Papst derart schmähen, kannst du anhand des Textes auf Seite 69 f. begründen. Erkläre den Zweck der Briefe und beachte die Empfänger.

M 4 Das Reich zur Zeit der Staufer.

M 5 Rechte für die Fürsten

Aus dem „Statutum in favorem principum" (dt. „Gesetz zugunsten der Fürsten") Kaiser Friedrichs II. von 1232:

1. Keine neue Burg oder Stadt soll auf kirchlichem Grund und Boden […] durch uns oder durch irgendeinen anderen sonst unter irgendwelchem Vorwand errichtet werden.
2. Neue Märkte sollen keinesfalls die alten beeinträchtigen […].
3. Es soll niemand gezwungen werden, gegen seinen Willen einen Markt zu besuchen.
4. Es sollen die alten Straßen nicht umgeleitet werden […].
6. Es soll jeder Fürst seine Freiheiten, Gerichtsbarkeiten, Grafschaften und freien oder ihm verliehenen Zehntgerichte unangefochten nutzen nach dem anerkannten Brauch seiner Lande […].
13. Es sollen den Fürsten, Edlen, Dienstmannen und Kirchen Eigengüter und Lehen, die von unseren Städten in Besitz genommen wurden, zurückerstattet und diese künftig nicht mehr in Besitz genommen werden. […]
17. Ferner werden wir in dem Land eines Fürsten keine neue Münze schlagen lassen, wodurch die Münze dieses Fürsten geschädigt würde.
18. Es sollen unsere Städte ihre Gerichtsbarkeit nicht über den Stadtbereich ausdehnen.

Quellen zur deutschen Verfassungs-, Wirtschafts- und Sozialgeschichte bis 1250, ausgew. u. übers. von Lorenz Weinrich, Darmstadt ²1999, S. 435 ff.

1. Errechne die Ausdehnung des Reiches von Norden nach Süden (M 4). Überlege, welche Probleme die Größe des Reiches den Kaisern bereiten konnte.
2. Nenne die Vorteile für die Fürsten (M 5).

PROJEKT

Auf den Spuren der Staufer

M 1 Wege zu den Staufern.

M 2 Burgruine Hohenstaufen. *Luftaufnahme von W. Ziegler.*

Am Fuß der Burgruine Hohenstaufen hat die Stadt Göppingen 1977 eine Ausstellung zur staufischen Geschichte eingerichtet. Sie erinnert an den Aufenthalt von Kaiser Friedrich I. Barbarossa „in castro Staufen" im Jahr 1181 und informiert über die Staufer und deren Bedeutung in der Geschichte, Kunst und Kultur.

Modelle, Zeichnungen und Bilder erläutern den Bau der Stammburg der Staufer um 1070, wie sie erweitert und im Bauernkrieg* zerstört wurde.

Dazu gibt es Informationen über die an der „Straße der Staufer" gelegenen Burgen, Kirchen und Klöster der Stauferzeit. Außerdem finden sich in der Ausstellung staufische Zeugnisse wie Münzen aus Italien und Hinweise über die Verehrung der Staufer im 19. Jahrhundert.

*Zum Bauernkrieg siehe Seite 132 ff.

M 3 Augustalis Kaiser Friedrichs II.
Vorder- und Rückseite einer Goldmünze (Ø 2,1 cm). Solche Münzen, die „Augustalen" (die „Kaiserlichen"), wurden zwischen 1231 und 1266 in Messina und Brindisi geprägt. Die Vorderseite zeigt Friedrich II., er trägt den mit einer Fibel über der Schulter zusammengehaltenen Kaisermantel sowie den mit Schleife und Bändern geschmückten Lorbeerkranz. Die Umschrift lautet: IMP(erator) ROM(anorum) – CESAR AVG(ustus). Auf der Rückseite der Münze erscheint ein Adler als kaiserliches Herrschaftssymbol wie persönliches Siegeszeichen und Sinnbild der Staufer. Die Umschrift nennt den Namen des Münzherrn in der lateinischen Form FRIDERICUS.

1. Sammelt Informationen über Burgen, Kirchen und Klöster an der „Straße der Staufer" (M 1).
2. Stellt einige Bauwerke beispielhaft vor und gestaltet einen kleinen Führer.
3. Diskutiert die Idee, eine „Straße der Staufer" (M 1 und M 2) einzurichten. Welche Motive mögen diese Entscheidung beeinflusst haben?
4. Vergleiche die Vorderseite der Münze (M 3) mit Abb. 2 und 3, Seite 12. In welcher Tradition sah sich Friedrich II.?

LERNTIPP

Karte und Weltbild

1 Die Ebstorfer Weltkarte.
Diese Karte entstand um 1300 in dem Kloster Ebstorf bei Lüneburg (Niedersachsen) und war wohl für Klosterschüler gedacht. Sie hat einen Durchmesser von 350 cm und gilt als die größte Weltkarte (lat. Mappa mundi) des Mittelalters. Zu sehen sind rund 1 500 lateinische Texteinträge, 500 Gebäudedarstellungen, 160 Gewässer, 60 Inseln oder Gebirge, 45 Menschen- oder Fabelwesen und ungefähr 60 Tiere. Das Original war auf Pergament gemalt. Es verbrannte 1943. Nachbildungen befinden sich heute im Kloster Ebstorf, im Museum in Lüneburg und auf der Plassenburg bei Kulmbach.

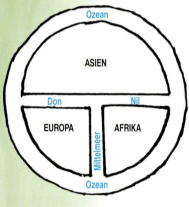

2 Mittelalterliches Schema der Erdoberfläche.
Dieses Kartenschema tauchte erstmals um 600 in einer Schrift von Isidor von Sevilla auf. Die Eintragungen wurden hinzugefügt.

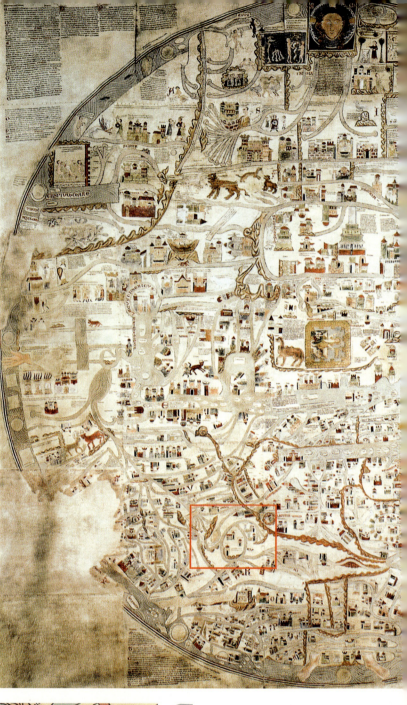

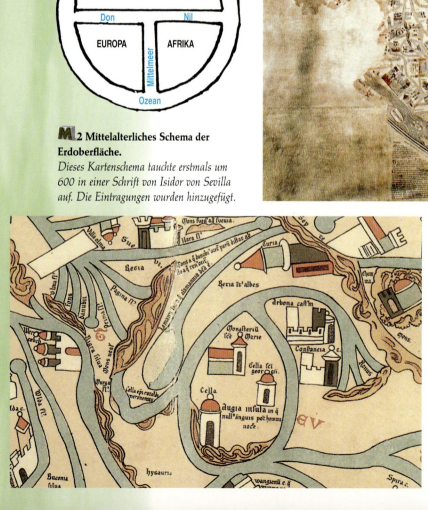

3 Der Süden und Westen Deutschlands auf der Ebstorfer Weltkarte.
Der Ausschnitt zeigt oben links den Schwarzwald („Nigra silva") und unten rechts den Rhein (Renus). Dieser besitzt drei Quellflüsse und umrundet die Insel Reichenau mit ihren drei Klöstern Mittelzell („Monasterium Sancte Marie"), Oberzell („Cella Ste. Georgii") und Niederzell („Cella"). Zwischen Reichenau und den Quellflüssen liegen Arbon („Arbona") und Konstanz („Constancia"). Eingezeichnet ist auch Ulm („Villa olma"). Beschreibe die Lage der Stadt. Suche das hier gezeigte Gebiet auf einer Baden-Württemberg-Karte.

M 4 „Spielfeld der Weltgeschichte"

Einer der unbekannt gebliebenen Zeichner schreibt über ihre Funktion:

Mappa heißt Abbild, daher Mappa mundi so viel wie Abbild der Welt. Dieses hat zuerst Julius Caesar erarbeitet mithilfe von Kundschaftern, die er
5 über die ganze Erde aussandte. Regionen, Provinzen, Inseln, Städte, Küsten, Sümpfe, Meeresflächen, Gebirge, Flüsse: alles hat er zu einer Gesamtübersicht auf einem Blatt zusammengestellt.
10 Den Betrachtern bringt das einen nicht geringen Nutzen, den Reisenden gibt es die Richtung und eine anschauliche Vorstellung von den Dingen am Wege.

Ute Schneider, Die Macht der Karten. Eine Geschichte der Kartographie vom Mittelalter bis heute, Darmstadt 2004, S. 26

Internettipp →
Eine Fassung der Ebstorfer Weltkarte mit Suchfunktionen befindet sich unter http://kulturinformatik.uni-lueneburg.de/projekte/homepage_ebskart/content/start.html

M 5 Eine arabische Karte.

Kopie der Weltkarte des arabischen Gelehrten al-Idrisi von 1456; Durchmesser ca. 23 cm. Vorlage dieser Karte war eine 350 x 150 cm große, auf einer Silberplatte gravierte Weltkarte, die al-Idrisi im Jahre 1154 für den König von Sizilien in Palermo angefertigt hatte und die verloren ging. Die Karte ist gesüdet und durch Breitengrade in Zonen geteilt. Der heiße Süden und der kalte Norden sind entsprechend antiker Überlieferungen unbewohnt.

Eine Karte als Wissensspeicher

Die Ebstorfer Karte ist eine Art „Geschichtsgemälde". Sie enthält eine Fülle biblischer, geschichtlicher, literarischer (mythologischer) und naturkundlicher Eintragungen. Welche Informationen von dem Kartografen aufgenommen wurden und welche Orte er wo eintrug, hing nicht allein von der geografischen Lage ab, sondern von der Bedeutung, die eine Information oder ein Ort für das vergangene und gegenwärtige Weltgeschehen hatte.

Die religiöse Prägung dieses Gemäldes zeigt schon ihre Form: Der Leib Christi ist die kreisrunde Karte. Sie lässt an eine Oblate denken, die als Hostie für den Leib Christi steht.

Auf die Herkunft der Karte aus dem Herrschaftsgebiet der Welfen deuten die Hervorhebungen der Städte Lüneburg und Braunschweig sowie die Nennung des Klosters Ebstorf.

Die Ebstorfer Karte ist damit nicht nur ein bedeutendes Zeugnis des christlich-mittelalterlichen Weltwissens, sondern auch ein einzigartiger „Wissensspeicher".

1. Suche in einem Atlas eine andere Weltkarte und stelle fest, worin sich die Ebstorfer Karte von ihr unterscheidet.
2. Das Format der Karte (M 1) sagt etwas über ihre Funktion aus. Wozu diente sie sicher nicht?
3. Vergleiche die Lage der Kontinente in M 1 und M 5.
4. Finde heraus, wie die Karte M 1 ausgerichtet ist, d. h. welche Himmelsrichtung oben ist. Siehe dazu M 2 und M 5. Tipp: Die Herkunft des Wortes „orientieren" hilft dir.
5. Der Zeichner spricht vom Nutzen der Karte (M 4). Nimm Stellung!
6. Im Mittelpunkt der Karte liegt Jerusalem. Im Inneren der quadratisch gezeichneten Stadt ist ein geöffnetes Grab mit zwei Grabwächtern zu sehen. Finde heraus, was das zu bedeuten hat.

1 **Kaiser Karl IV. und die sieben Kurfürsten.**
*Kolorierter Holzschnitt (14 x 29,6 cm), gedruckt bei Bartholomäus Käppeler in Augsburg, 2. Hälfte des 16. Jh.
Von links nach rechts: Die drei geistlichen Kurfürsten halten als Zeichen ihrer Ehrenämter Urkunden mit Siegeln in den Händen. Der Erzbischof von Trier als Erzkanzler für Burgund und Gallien, der Erzbischof von Köln als Erzkanzler für Italien und der Erzbischof von Mainz als Erzkanzler für das Reich. In der Mitte sitzt der Kaiser mit den Herrschaftszeichen. Rechts von ihm stehen die weltlichen Kurfürsten mit Symbolen der vier Hofämter: der König von Böhmen als Erzmundschenk mit einem Glas, der Pfalzgraf bei Rhein als oberster Erztruchsess mit Geschirr, der Herzog von Sachsen als Erzmarschall mit Schwert und der Markgraf von Brandenburg als Erzkämmerer mit Schlüssel. Zu Füßen der Fürsten befinden sich ihre Wappen. Das Wappenbild des Kaisers zeigt einen Adler mit zwei voneinander abgewandten Köpfen. Es handelt sich um ein frühes Beispiel für die Verwendung des Doppeladlers als Wappenbild des Kaisers. Der Doppeladler blieb das Symbol des Reiches bis zu dessen Auflösung 1806.
Wie wird auf dem Bild die Bedeutung des Kaisers hervorgehoben?*

Neue Regeln für die Wahl der Könige

Erben oder wählen?

Die Nachfolge der Könige blieb lange Zeit nicht eindeutig geregelt. Klar war, dass nur jemand König werden konnte, der aus einem alten Adelsgeschlecht stammte. Meist folgte der älteste Sohn seinem Vater auf den Thron. Oft bestimmte der Vater den Sohn schon als Kind zum Nachfolger, sodass er noch zu Lebzeiten des Vaters gekrönt werden konnte. Dieser **Designation** konnten mächtige Herzöge, Grafen und Bischöfe widersprechen, denn sie beanspruchten das Recht, den König zu wählen. Das Reich war also ein **Wahlkönigtum**. Den Herrscherhäusern blieb mitunter nichts anderes übrig, als die Wahl zum König dadurch zu erreichen, dass sie den weltlichen und geistlichen Herren zusätzliche Einkünfte und Vorrechte gewährten.

Im Gegensatz zum Reich entstand in Frankreich und England ein **Erbkönigtum** (*Erbmonarchie*). Hier waren die Königshäuser mit der Zeit so stark, dass sie die Krone ohne Wahl weitervererben konnten.

Die Vorsilbe **Erz- ist eine Ableitung aus dem Griechischen „archi-", die wir mit „Erst-" oder „Ober-" übersetzen können.*

Die „Goldene Bulle"

Pläne der Staufer, das Reich in eine Erbmonarchie zu verwandeln, scheiterten am Widerstand der mächtigen Landesherren. Dafür wurde im Laufe der Zeit der Kreis der wahlberechtigten Fürsten immer kleiner. Im 13. Jh. waren es noch sieben **Kurfürsten** (*kür*: fende Wahl), die den König und künftigen Kaiser des Heiligen Römischen Reiches „küren" (wählen) durften: die **Erzbischöfe*** von Köln, Mainz und Trier, der Pfalzgraf bei Rhein, der Markgraf von Brandenburg, der Herzog von Sachsen und der König von Böhmen. Seit 1257 trafen sich die Sieben zur Königswahl in Frankfurt am Main.

Unter *Karl IV.*, der 1355 in Rom zum Kaiser gekrönt worden war, wurden 1356 die Bedingungen der Wahl in der *Goldenen Bulle* geregelt. Dieses Reichsgesetz schuf kein neues Recht, sondern bekräftigte das seit dem Ende des 12. Jh. gewachsene **Wahlrecht**. Es bestimmte, dass die Königswahl „binnen Jahr und Tag" nach dem Tod eines Königs stattfinden musste, und legte fest, dass derjenige König sein sollte, der bei der Wahl die meisten Stimmen erhielt. Damit sollte die Wahl von Gegenkönigen unmöglich werden. Der gewählte König durfte auch ohne Krönung durch den Papst den Titel eines Kaisers führen. Der vornehmste und mächtigste unter den geistlichen Kurfürsten, der Erzbischof von Mainz, erhielt das Recht, die offene Abstimmung zu leiten und seine Stimme als Letzter abgeben zu dürfen.

Damit die Zahl der Kurfürsten gleich blieb, durften die Kurfürstentümer nicht geteilt werden. Die rheinischen Erzbischöfe gaben sie an ihre gewählten Nachfolger weiter. Die vier weltlichen Kurfürsten vererbten Besitz und Stimmrecht an ihre ältesten Söhne.

Das Königswahlrecht verlieh den Kurfürsten Macht und Ansehen. Sie galten als höchste Würdenträger nach dem König. Sie verstanden sich als die Vertreter des Reiches und seiner Rechte gegenüber dem König. Seine Wahl spiegelte die Rolle des Königs: Er war nicht der alleinige Gebieter über das Königreich, sondern dessen Verwalter.

1 Ein König kommt ins Amt
Die in der „Goldenen Bulle" von 1356 festgelegte Form der Wahl blieb bis 1806 in Kraft.

Nachdem die Kurfürsten in die Stadt Frankfurt eingezogen sind, sollen sie sogleich bei Anbruch des folgenden Tages in vollzähliger Anwesenheit die Messe „de Sancto Spiritu" (dt. „vom Heiligen Geist") singen lassen, damit der Heilige Geist ihre Herzen erleuchte und ihren Verstand mit dem Licht seiner Kraft erfülle, auf dass es ihnen gelinge, mit seinem Beistand einen gerechten, redlichen und tüchtigen Mann zum römischen König und künftigen Kaiser zu wählen zum Heil der Christenheit.
Wenn nun diese Messe zu Ende ist, sollen alle Kurfürsten an den Altar herantreten, um folgenden Eid in der Landessprache zu leisten: „Ich schwöre auf diese hier gegenwärtig vor mir liegenden heiligen Evangelien Gottes, dass ich gemäß der Treue, zu der ich gegen Gott und das Heilige Römische Reich verpflichtet bin, nach all meinem Verstand und meiner Einsicht mit Gottes Beistand der Christenheit ein weltliches Oberhaupt wählen will, das heißt einen römischen König und künftigen Kaiser, der dazu geeignet ist, und dass ich meine Wahlentscheidung ablegen werde ohne alle Verabredung, Belohnung, Entgelt oder Versprechen – so wahr mir Gott helfe und alle Heiligen."
Wenn nun die Kurfürsten oder ihre Gesandten diesen Eid geleistet haben, sollen sie zur Wahl schreiten und fortan die Stadt Frankfurt nicht verlassen, bevor die Mehrzahl von ihnen der Christenheit ein weltliches Oberhaupt gewählt hat […]. Falls sie dies jedoch binnen dreißig Tagen noch nicht getan hätten, sollen sie von da an nur Brot und Wasser genießen und keinesfalls aus der Stadt weggehen, bevor sie oder die Mehrzahl von ihnen ein weltliches Oberhaupt der Gläubigen gewählt haben […].
Nachdem aber sie gewählt haben, muss die Wahl so geachtet werden, als wenn sie von allen ohne Gegenstimme einhellig vollzogen wäre […].

2 Die „Goldene Bulle" von 1356.
*Im Spätmittelalter war es ein Vorrecht der Kaiser und Päpste, besonders wichtige Bekanntmachungen mit einer Siegelkapsel, genannt **Bulle**, aus Gold zu versehen. Die Bezeichnung für die Siegelkapsel wurde auch für das gesamte Schriftstück verwendet. Zur Befestigung der Bullen dienten Seidenfäden. Durch Verknotung der Fäden außerhalb und innerhalb der Kapsel sollte ein Abstreifen und damit eine Übertragung der Bulle von einer echten auf eine gefälschte Urkunde verhindert werden.
Um 1400 erhielt die Stadt Frankfurt am Main diese Ausfertigung der Goldenen Bulle. Sie befindet sich heute an einem sicheren Platz im Institut für Stadtgeschichte.*

Wer so zum römischen König gewählt worden ist, soll sogleich nach vollzogener Wahl, bevor er in irgendwelchen andern Angelegenheiten oder Geschäften aus Vollmacht des Heiligen Reiches seine Tätigkeit beginnt, den geistlichen und weltlichen Kurfürsten alle ihre Privilegien, Rechte, Freiheiten und Vergünstigungen, alten Gewohnheiten und auch Würden und alles, was sie vom Reich bis zum Tag seiner Wahl empfangen und besessen haben, ohne Verzug und Widerspruch durch seine Siegel bestätigen und bekräftigen.

Die Goldene Bulle, nach König Wenzels Prachthandschrift, mit der dt. Übersetzung von Konrad Müller und einem Nachwort von Ferdinand Seibt, Dortmund ³1989, S. 108 ff. (vereinfacht)

1. Zähle die Verpflichtungen auf, die der Eid der Kurfürsten enthält (M 1, Zeile 18–32). Erkläre ihre Bedeutung.
2. Nach der Wahl mussten alle Kurfürsten das Wahlergebnis anerkennen. Der gewählte König sollte die Vorrechte der Kurfürsten bestätigen. Erkläre den Zweck der Verpflichtungen.
3. Vergleiche M 1 mit der Königserhebung Ottos von 936 (siehe M 2, Seite 21). Worin besteht der Hauptunterschied?

1 Festmahl zu Heidelberg. *Holzschnitt von 1530. Kurfürst Friedrich III., der Siegreiche, vergrößerte sein Land durch Angriffe auf die Nachbarn. Gegen ihn verbündeten sich 1462 Markgraf Karl I. von Baden und Graf Ulrich von Württemberg. Sie drangen plündernd in die Kurpfalz ein, wurden aber bei Seckenheim geschlagen und gefangen. Der „böse Fritz" legte seine Gegner auf dem Heidelberger Schloss in Ketten und ließ sie erst nach zehn Monaten frei. Sie mussten Land abtreten und eine hohe Geldsumme zahlen. Dann wurden sie mit einem Festessen und Geschenken verabschiedet. Welche Gegensätze zeigt das Bild? Wie beurteilst du das Verhalten des Kurfürsten?*

Die Landesherrschaft in Baden und Württemberg entsteht

Staatsgebiete entstehen

Nach dem Ende der Stauferherrschaft und des Herzogtums Schwaben gab es auf dem Gebiet des heutigen Baden-Württemberg keine starke Zentralgewalt mehr. Das Land zersplitterte sich in etwa 600 geistliche und weltliche Herrschaften und unabhängige Städte. Durch Eheschließungen, Erbschaften, Kauf und Tausch, aber auch durch Krieg und Gewalt bemühten sich die kleinen und großen Herrscher um ein zusammenhängendes Einflussgebiet, ein **Territorium** (dt. *Staatsgebiet*). Zu den wichtigsten Herrschaftsgebieten im Südwesten des Reiches entwickelten sich:

• Das Kurfürstentum Pfalz der *Pfalzgrafen bei Rhein* mit dem Herrschaftssitz (*Residenz*) Heidelberg.
• Im Breisgau, auf dem Schwarzwald und in der Schweiz wirkten die *Herzöge von Zähringen*; sie gründeten zahlreiche Städte*. Ihr Erbe traten die *Habsburger* an. Sie waren zugleich die Herren von Österreich und trugen seit dem 13. Jh. wiederholt die Kaiserkrone.
• Am mittleren und südlichen Oberrhein saßen die *Markgrafen von Baden*, eine Nebenlinie der Zähringer.
• Im Zentrum des heutigen Bundeslandes Baden-Württemberg vollzog sich der Aufstieg der *Grafen von Württemberg* zur stärksten Macht. Ihnen gelang es, ihren Stammbesitz im Remstal und um Cannstatt stetig zu vergrößern. Ihre Residenz war seit 1321 Stuttgart. Als Graf *Eberhard im Barte* 1495 vom Kaiser zum Herzog ernannt wurde, herrschte er über etwa 8 000 km² und rund 150 000 Menschen.

* Zum Beispiel Freiburg, siehe dazu Seite 44.

Die Landstände wollen mitsprechen

Den Landesherren reichten ihre Einkünfte nicht, um Kriege und aufwändige Hofhaltung zu finanzieren. Sie versammelten daher immer wieder die *Landstände* auf *Landtagen*, um die Ritter sowie die Vertreter der Klöster und Städte ihres Territoriums um Hilfe und Geld zu bitten. Die Landstände forderten bald als Gegenleistung ein Mitspracherecht im Lande. In Württemberg ließen sie sich 1514 ihre Rechte im „Tübinger Vertrag" verbriefen.

Qualifizierte Kräfte für den Landesherrn

Um ihr Land gewinnbringend zu verwalten, brauchten die Landesherren fähige Berater und Beamte. Daher richteten sie Hochschulen ein. Bereits 1386 gründete *Pfalzgraf Ruprecht* in Heidelberg eine Universität. Seinem Vorbild folgten 1456 die Habsburger in Freiburg und *Graf Eberhard* 1477 in Tübingen. Dort wurden Männer ausgebildet, die später als Beamte die Interessen ihrer Landesherren zu vertreten hatten und von ihnen jederzeit entlassen werden konnten.

M 1 Wappen des Herzogtums Württemberg, 1495.
Das Wappen (Schildbild) zeigt die wichtigsten Herrschaften, aus denen das Herzogtum Württemberg entstanden ist.
Oben links ist das Stammwappen der Grafen von Württemberg, rechts daneben das der Herzöge von Teck, unten links die Reichssturmfahne und unten rechts das Wappen der Grafschaft Mömpelgard.

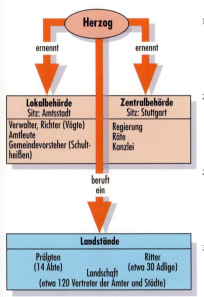

M 2 Verwaltung und Landstände in Württemberg um 1500.

M 3 Herzog Ulrich erlässt ein Staatsgrundgesetz

Im „Tübinger Vertrag" vom 8. Juli 1514 gesteht Herzog Ulrich dem Landtag folgende Rechte zu:

Nachdem zwischen dem Fürsten und Herrn, Herzog Ulrich von Württemberg und von Teck, Grafen vom Mömpelgard usw., und den ehrwürdigen
5 und ehrsamen Prälaten*, der gemeinen Landschaft** und anderen Untertanen Streit bestand, aus dem sich Aufruhr ergab, wurde nun folgende gütliche Übereinkunft gefasst.
10 Erstens soll die Landschaft dem Herzog Ulrich fünf Jahre lang jedes Jahr 22 000 Gulden geben. Dieses Geld soll für des Herzogs gegenwärtige Schulden verwendet werden. Nach diesen fünf Jah-
15 ren soll die gemeine Landschaft mitsamt den Prälaten, Stiften, Klöstern und den Ämtern Mömpelgard, Nürtingen, Plamont und Reichenweiher 800 000 Gulden Schulden, mit denen
20 das Fürstentum beschwert ist, auf sich nehmen und bezahlen. […]
Wenn der Herzog einen Krieg führen will, um Land, Leute und seine Familie oder seine Herrschaft zu sichern, dann
25 soll dies geschehen mit Rat und Wissen der gemeinen Landschaft. Will der Herzog einen Krieg ausgenommen der oben genannten Fälle führen und z. B. jemanden aus Freundschaft zur
30 Hilfe kommen, so soll dies geschehen mit Rat, Wissen und Willen der gemeinen Landschaft. […]
Land, Leute, Schloss, Städte und Dörfer sollen ohne Rat, Wissen und Willen
35 der gemeinen Landschaft nicht mehr verkauft oder verpfändet werden.
Weiter soll auch eine zusätzliche Besteuerung, wie immer man sie nennen möge, nicht mehr auf Prälaten und
40 Landschaft gelegt werden. […]

* **Prälaten**: Inhaber eines höheren geistlichen Amtes wie Äbte
** **gemeine Landschaft**: Vertreter der Städte und Ämter

M 4 Wappen von Baden-Württemberg.
1954 entschied sich der Landtag für dieses Landeswappen.
Der Schild zeigt drei Löwen. Seit dem 13. Jh. führte das Herzogtum Schwaben Löwen im Wappen. Auf der Schildkrone sind sechs weitere Wappen zu sehen. Die drei Spitzen auf rotem Grund stehen für alle Territorien, die einmal zum Herzogtum Franken gehörten. Der weiß-schwarz-gevierte Schild vertritt Hohenzollern. Baden kennzeichnet der rote Schrägbalken auf goldenem Grund. Zu den drei Hirschstangen siehe M 1. Der goldene Löwe steht für die Kurpfalz und der rot-weiß-rot geteilte Schild für alle Gebiete, die einmal habsburgisch waren.

Es soll auch niemand in Strafsachen, die Ehre, Leib oder Leben betreffen, anders als mit Urteil und Recht bestraft oder getötet werden. Ein Jeder soll für
45 sein Verbrechen nach dem bestehenden Recht bestraft werden.

Eugen Schneider (Hrsg.), Ausgewählte Urkunden zur württembergischen Geschichte, Stuttgart 1911, S. 87 ff. (übertragen, vereinfacht und stark gekürzt)

1. Erläutere mithilfe des Schemas (M 2) den Begriff „Landesherrschaft".
2. Erkläre, was mit den beiden Wappen M 1 und M 4 ausgedrückt werden soll.
3. Inwiefern ist M 3 ein Kompromiss?

Was war wichtig?

Daten

800	*Karl der Große wird vom Papst in Rom zum Kaiser gekrönt.*
12./13. Jh.	*Es werden zahlreiche Städte gegründet.*
14./15. Jh.	*Die Hanse erlebt ihre Blütezeit.*

Begriffe

Hanse: zunächst eine Gemeinschaft (Hanse) von Kaufleuten im Ost- und Nordseeraum. Unter Führung Lübecks entstand um die Mitte des 13. Jh. ein Bund von freien Hansestädten, der bis zum 15. Jh. im Ostseeraum den Handel beherrschte und die stärkste politische Macht war.

Kaiser: höchster weltlicher Herrschertitel. Der Begriff ist abgeleitet von dem Namen „Caesar", der Bestandteil des Titels der Herrscher des Römischen Reiches seit *Augustus* war. Mit der Kaiserkrönung *Karls des Großen* durch den → *Papst* wurde das weströmische Kaisertum erneuert. Seit *Otto I.* (gekrönt 962) war das Kaisertum an den gewählten deutschen König gebunden. Hauptaufgabe des Kaisers war der Schutz der Kirche.

Kloster (lat. *claustrum*: Verschluss, abgeschlossener Bereich): Menschen, die ein ausschließlich religiös bestimmtes Leben führen wollen, gehen seit dem frühen → *Mittelalter* in ein Kloster und werden Mönche oder Nonnen. Sie verpflichten sich, arm, ehelos und gehorsam zu leben. Grundlage für das abendländische Mönchtum sind die im 6. Jh. von *Benedikt von Nursia* zusammengestellten Ordensregeln geworden. Ihr Ziel ist es, Gebet und Arbeit zu verbinden (lat. *ora et labora*: bete und arbeite).

Lehen, Lehnspyramide: Als Gegenleistung für Heerfahrt oder Übernahme von Diensten verliehen Könige und andere Grundherren an Gefolgsleute Grundbesitz, einträgliche Ämter oder Vorrechte (*Lehen*). Wer diese Lehen vergab, hieß Lehnsherr, wer sie erhielt *Vasall*. Die Lehnsherren mussten ihre Vasallen beschützen, die Vasallen schuldeten ihnen Dienste und Treue. Das Bild von der Lehnspyramide wurde für den Aufbau der mittelalterlichen Gesellschaft benutzt. Die Spitze bildet der König, dann folgen die Kronvasallen (Herzöge, Grafen und Reichsbischöfe), danach kommen die Untervasallen (Ritter, Äbte und Dienstmannen) und auf der untersten Stufe stehen die Abhängigen (Hörige und Bauern).

Mittelalter: in der europäischen Geschichte die Zeitspanne zwischen Antike und *Neuzeit*: ca. 500 bis 1500. Die mittelalterliche Kultur entwickelte sich in Europa auf den Grundlagen der Antike, germanischer Einflüsse und des Christentums. → *Klöster*, Grundherrschaft und Lehnswesen (→ *Lehen*) prägten die frühmittelalterliche Gesellschaft. Kennzeichen des Hochmittelalters sind die zahlreichen Stadtgründungen und die Herrschaft der Staufer.

Papst (lat. *papa*: Vater): Oberhaupt der römisch-katholischen Kirche; ursprünglich Ehrentitel für alle Bischöfe. Nach der katholischen Glaubenslehre ist der Papst von Christus eingesetzt und Nachfolger des Apostels Petrus im römischen Bischofsamt.
Mit der Krönung *Karls des Großen* zum → *Kaiser* beanspruchten die Päpste, über das Kaisertum verfügen zu dürfen.

Patrizier: In Anlehnung an den alten römischen Adel wurden die angesehenen und wohlhabenden Familien in den mittelalterlichen Städten Patrizier genannt. Aus ihrem Kreis wurden zunächst allein die Ratsmitglieder gewählt.

Reichsinsignien: Herrschaftszeichen, die ein König bei seiner Krönung erhielt und an hohen Festtagen wie Ostern und Weihnachten trug. *Widukind von Corvey* nennt als Herrschaftszeichen die Reichskrone, das Reichsschwert, den Krönungsmantel, Zepter und Herrscherstab sowie die Heilige Lanze, in deren Spitze angeblich ein Nagel vom Kreuz Christi eingelassen ist. Darüber hinaus kennen wir aus anderen Quellen noch den Reichsapfel und das Reichskreuz.

Reisekönigtum: Während des → *Mittelalters* gab es im Deutschen Reich weder eine Hauptstadt noch einen ständigen Regierungssitz des Königs. Die Herrscher zogen von Ort zu Ort, um für Recht und Frieden zu sorgen. Pfalzen und große Klöster dienten ihnen zeitweise als Königssitze. Dorthin luden sie auch die wichtigsten Männer des Reiches zu Hoftagen oder Reichsversammlungen ein.

Zunft (mittelhochdeutsch *zumft*: was sich ziemt): Seit dem 11. Jh. schlossen sich städtische Handwerker eines Berufes zusammen, um ihre Interessen gemeinsam wirksamer gegen die → *Patrizier* durchsetzen zu können. Sie regelten die Ausbildung, kontrollierten Menge, Qualität und Preis der Waren, bekämpften unlauteren Wettbewerb und sicherten ihre Mitglieder durch Krankenkassen ab. Im 14. und 15. Jh. setzten die Zünfte gegen die *Patrizier* die Mitwirkung der Handwerker in den Stadträten durch.

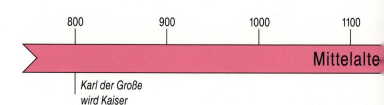

Zusammenfassung

Im 8. Jh. ging die fränkische Königswürde von den Merowingern auf die Karolinger über. Sie erhielten dabei die Unterstützung der römischen Kirche. Seine größte Ausdehnung und Macht erreichte das Reich der Franken unter *Karl dem Großen*, der 800 zum (weströmischen) Kaiser gekrönt wurde. Damit gab es ein byzantinisches (östliches) und ein abendländisches (westliches) Kaisertum. Nach Karls Tod wurde das Reich der Franken im 9. Jh. geteilt.

Die Könige waren in ihrem Reich ständig unterwegs. Sie reisten dorthin, wo sie ihre Herrschaft ausüben wollten. Man bezeichnet dies als Reisekönigtum.

Otto I. wurde vom Papst zum Kaiser gekrönt und erneuerte damit das von Karl dem Großen begründete abendländische Kaisertum. Durch den Ausbau des sogenannten Reichskirchensystems baute er mithilfe der Bischöfe und Äbte eine straffere Herrschaft über das Reich auf.

Die Reichsinsignien, allen voran die Reichskrone, erhielten die Könige bei der Krönung. Die Regeln der Königswahl im Reich wurden 1356 in der „Goldenen Bulle" festgelegt.

Im Investiturstreit bestritten die Päpste den weltlichen Herrschern das Recht, Bischöfe und Äbte einzusetzen. Die Könige wehrten sich dagegen, um nicht den Einfluss auf ihre Stützpunkte zu verlieren. Im Wormser Konkordat musste der deutsche König auf die Einsetzung der Bischöfe und Äbte in ihr geistliches Amt verzichten, er behielt sich aber die Übergabe der weltlichen Rechte und Freiheiten vor.

Die mittelalterliche Gesellschaft gliederte sich in drei Stände: die Geistlichkeit, den Adel (Ritter) und die Bauern; später zählte man auch die Bürger der Städte zum dritten Stand. Diese Ordnung galt als gottgewollt. Die Grundherrschaft war die wirtschaftliche Grundlage für König, Adel und Kirche. Sie verliehen Teile ihres Grundbesitzes oder einträgliche Ämter an ihre Gefolgsleute, um sich gegenseitig Rat und Hilfe sowie Schutz und Treue zu leisten.

Aus adligen und nichtadligen Kämpfern zu Pferd wurde der Ritterstand. Ihren Besitz verwalteten die Ritter von Burgen aus. Das Rittertum entwickelte eigenständige Lebensformen. Dichter verherrlichten ritterliche Ideale: Heldentum, christlichen Lebenswandel und das Werben um die Zuneigung einer Dame (Minne).

Hinter Klostermauern versuchten Mönche und Nonnen, ein gottgefälliges Leben zu führen. Sie gelobten dem Orden Armut, Ehelosigkeit und Gehorsam. Mönche und Nonnen widmeten ihr Leben dem Gebet und der Arbeit. Sie unterhielten Schulen, Schreibstuben und Werkstätten, und sie halfen Armen, Kranken und Reisenden.

Im 12. Jh. leiteten Könige, Fürsten und Bischöfe eine Welle von Stadtgründungen ein. Als Stadtherren gewährten sie den Stadtbewohnern mehr Rechte als den Landbewohnern. In den Städten bestimmten Stadtherren und Patrizier die Politik. Letztere stellten Rat und Bürgermeister. Dies änderte sich im 14./15. Jh. Oft erst nach blutigen Aufständen erzwangen die Zünfte eine Beteiligung an der Stadtregierung. Mit der Hanse errangen die vor allem im Nord- und Ostseeraum tätigen Kaufleute im 14./15. Jh. ihre größte wirtschaftliche und politische Macht. Die Hanse zog Gewinn von den Sonderrechten, die ihr die Herrscher und Städte gewährten.

1 Stadtführung in Bad Wimpfen in Kleidern aus der Stauferzeit.
Foto von 2002.
In vielen mittelalterlichen Städten werden heute unterschiedliche Stadtführungen angeboten. In Bad Wimpfen gibt es neben den allgemeinen Stadtrundgängen spezielle Staufer- oder Fachwerkführungen. Außerdem finden in zahlreichen Städten jährlich mittelalterliche Märkte mit Handwerkskunst, Tanz, Musik und Gauklern statt. Informiere dich!

Grundfertigkeiten

Du hast in diesem Kapitel
- Tipps zur Erkundung einer mittelalterlichen Stadt erhalten und
- etwas über die Besonderheiten mittelalterlicher Karten erfahren.

Darüber hinaus konntest du den Umgang mit Bild- und Textquellen sowie Schaubildern vertiefen.

> *Übertrage die Zeitleiste und füge ein: das Jahr in dem Otto I. Kaiser wurde, das wahrscheinliche Gründungsdatum Freiburgs, wie lange Karl der Große als König und als Kaiser regierte, wann Heinrich IV. nach Canossa zog, Friedrich I. Barbarossa regierte und in welchem Jahr die Bedingungen für die Königswahl neu geregelt wurden.*

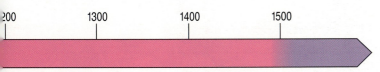

Neues Denken – neue Welt

Zug der Heiligen Drei Könige nach Bethlehem.
Fresko (210 x 270 cm) an der Ostwand der Kapelle im Palazzo Medici Riccardi in Florenz von Benozzo Gozzoli, 1459/60 (Ausschnitt).

„Hast du gehört, wie die Medici die neue Kapelle ihres Palastes von Benozzo Gozzoli ausmalen lassen?", rief Giovanni die Treppe hinauf. „Du wirst es mir sicher gleich sagen. Du platzt ja vor Aufregung", stichelte Fabricio. „Das Wandbild gegenüber dem Altar stellt den Zug der Heiligen Drei Könige dar." „Und was regt dich daran denn so fürchterlich auf?" „Stell dir vor, der eine König sieht aus wie der byzantinische Kaiser und der andere wie das Oberhaupt der Christen von Konstantinopel. Du erinnerst dich: Sie sind vor rund zwanzig Jahren zu einem Konzil hierher nach Florenz gekommen. Auf Einladung Cosimos von Medici, der sich in ihrem Glanz gesonnt hat. Doch damit nicht genug: Auch Cosimo und sein Sohn Piero werden auf dem Bild zu sehen sein. Das Unverschämteste aber ist: Der jüngste der Heiligen Drei Könige auf dem Wandgemälde soll angeblich in allem Cosimos Enkel Lorenzo gleichen! Benozzo malt ihn genauso, wie wir ihn alle vor wenigen Wochen bei dem bombastischen Aufzug gesehen haben, den die Medici zu Ehren des Papstes und des Herzogs von Mailand veranstaltet haben: Lorenzo reitet in einem prächtigen Kostüm auf einem Schimmel."

„Das ist in der Tat ein starkes Stück", gab Fabricio zu, „ein Medici als Heiliger. Und dabei ist Lorenzo gerade erst zehn Jahre alt." „Ja", trumpfte Giovanni auf, „in der Öffentlichkeit geben sich die Medici so bescheiden, aber da sieht man, dass es mit ihrer Bescheidenheit nicht weit her ist. Ich bin gespannt, wie weit es die Medici noch bringen werden."

Dieter Brückner

1 Massenbestattung.
Buchmalerei aus den Annalen des Gilles de Muisis, Abt von Saint-Martin in Tournai im heutigen Belgien, um 1350.
Während die Pesttoten in Tournai 1349 noch in Särgen bestattet werden konnten, verscharrten andere Städte ihre Toten in Massengräbern.

Der Schwarze Tod

Eine Katastrophe

In der Mitte des 14. Jh. wurden die meisten europäischen Länder von Hungersnöten, Erdbeben und Heuschreckenplagen heimgesucht. Die Pest war eine der größten Katastrophen der europäischen Geschichte und wird seit dem 17. Jh. auch „Schwarzer Tod" genannt. Besonders grausam wütete sie zwischen 1347 und 1351

Die Krankheitserreger der Pest wurden entweder wie Schnupfen und Grippe durch eine „Tröpfcheninfektion" oder durch Flöhe und Ratten verbreitet. Eingeschleppt hatte man sie aus Asien.

Rund ein Drittel der europäischen Bevölkerung starb daran. Die Zahl der Toten war in den einzelnen Ländern und Städten unterschiedlich. Florenz verlor rund die Hälfte seiner Einwohner; Prag und Nürnberg blieben von der Pestwelle verschont.

Wo die Seuche auftrat, waren alle gesellschaftlichen Schichten betroffen. Besonders hoch waren die Verluste der ärmeren Bevölkerung, die in den Städten und Dörfern unter beengten und unsauberen Wohnverhältnissen lebte.

Die Pest wirkte sich auf Alltag, Moral, Politik, Kunst und Literatur aus und auch auf den wirtschaftlichen Wandel. Denn den Überlebenden fiel zum Teil ein reiches Erbe in den Schoß.

Gewalt gegen sich und Minderheiten

Da die Menschen die Ursache für die Pest nicht kannten, verstanden viele sie als Strafe Gottes. Zahlreiche Gläubige schlossen sich zusammen und zogen singend und sich selbst schlagend (geißelnd) durch die Städte. Sie wollten sich damit von den Sünden befreien und Gott gnädig stimmen.

Die fürchterlichste Begleiterscheinung der Pest war die Verfolgung und Ermordung von Juden. Da sie scheinbar weniger oft erkrankten als andere, beschuldigte man an vielen Orten Juden, die Pest durch Vergiftung von Brunnen und Quellen verursacht zu haben.

In ganz Europa wurden zigtausende Juden ermordet und ganze Gemeinden ausgelöscht. Nur in Italien, wo in fast allen Städten Judengemeinden bestanden, fanden keine größeren Ausschreitungen statt.

Die überlebenden Juden ließen oft ihr Hab und Gut zurück und flohen nach Polen, Litauen und Oberitalien. Im 15./16. Jh. bemühten sich einige Landesherren wieder um die Rückkehr jüdischer Händler und Bankiers.

2 Die Ausbreitung der Pest.

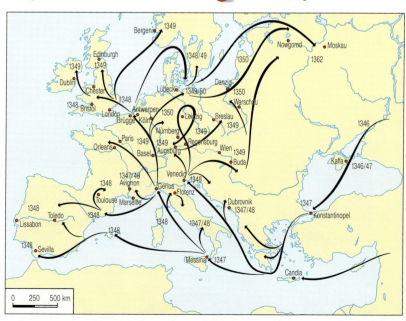

M 1 Die Pest breitet sich aus

Gabriele de Mussis, ein junger Notar aus Piacenza, der 1346 in Caffa am Schwarzen Meer lebte, berichtet:

So gelangte man aus [...] Caffa mit einigen Schiffen, welche von zwar noch lebenden, aber bereits mit der Seuche infizierten* Seeleuten gesteuert wurde, nach Genua, mit anderen nach Venedig, mit wieder anderen in weitere Regionen der Christenheit. Es klingt unglaublich: Kaum gingen die Matrosen irgendwo an Land – die krankmachenden Ausdünstungen begleiteten sie ja – und kamen dort mit den Menschen in Berührung, starben diese. Auf Grund des pestbringenden Ansteckungsstoffs ereilte in jeder Stadt, jedem Ort und jedem Land die Bewohner beiderlei Geschlechts ein rascher Tod. Wenn jemand erkrankte, brach er bald darauf zusammen und starb.

Klaus Bergdolt, Der Schwarze Tod in Europa. Die Große Pest und das Ende des Mittelalters, München 1994, S. 39 (vereinfacht)

*infizieren: Krankheitserreger übertragen

M 2 Auswirkungen der Pest

Der Schriftsteller Giovanni Boccaccio erlebt die Pest in Florenz. Über die Folgen schreibt er 1350:

Und fast alle hatten nur ein grausames Ziel vor Augen: die Kranken und ihre Sachen zu meiden und zu fliehen. [...] Bei einer so schrecklichen und elenden Verfassung unserer Stadt war das ehrwürdige Ansehen der Gesetze, der göttlichen und menschlichen, fast völlig gesunken und vernichtet [...]. Durch diese Heimsuchung hatte die Herzen der Männer und Frauen eine solche Angst befallen, dass ein Bruder den anderen verließ, der Onkel den Neffen, die Schwester den Bruder und [...] die Frau ihren Mann, und was [...] fast unglaublich ist, Väter und Mütter scheuten sich, zu ihren Kindern zu gehen und sie zu pflegen, als ob sie nicht die ihren gewesen wären.

Klaus Bergdolt (Hrsg.), Die Pest 1348 in Italien, Heidelberg 1989, S. 43 f.

M 3 Was in Straßburg und andernorts geschah

Um 1400 verfasst der Straßburger Kirchenmann Jakob Twinger von Königshofen eine Chronik. Er schreibt auch über die Pest und die Verfolgung der Juden:

In Bern [...] folterte man etliche Juden, die gestanden, sie hätten viele Brunnen vergiftet [...]. Da verbrannte man sie in vielen Städten und schrieb diese Geschichte nach Straßburg, Freiburg und Basel, auf dass sie dort auch ihre Juden verbrennen sollten. [...] Daraufhin wurden die Juden im ganzen Land gefangengesetzt und ein Tag zu Beratungen in Benefeld bestimmt. Dorthin kamen der Bischof von Straßburg, alle Landesherren des Elsass und die Ratssendboten der drei genannten Städte zusammen. Die von Straßburg wurden befragt, was sie mit ihren Juden zu tun gedächten; sie antworteten, sie wüssten keine Bosheit von ihren Juden. Da fragte man sie, warum sie dann ihre Brunnen verschlossen und die Eimer entfernt hätten, und es entstand ein großer Lärm und ein Geschrei gegen die Straßburger. So kamen der Bischof, die Herren und die Reichsstädte überein, sich ihrer Juden zu entledigen. [...] An diesem Freitag* fing man auch die Juden in Straßburg, und am folgenden Samstag [...] verbrannte man sie auf einem hölzernen Gerüst in ihrem Kirchhofe; es waren ihrer an die zweitausend. Nur wer sich taufen lassen wollte, den ließ man leben.** Es wurden auch viele kleine Kinder gegen den Willen ihrer Eltern aus dem Feuer genommen, um sie zu taufen.

Was man den Juden schuldete, galt damit als bezahlt, alle Pfänder und Schuldbriefe, die die Juden in Verwahrung gehabt hatten, wurden zurückgegeben. Das Bargeld der Juden nahm der Rat an sich und verteilte es unter die Handwerker. Das Geld war auch die Ursache, warum die Juden getötet wurden. Denn wären sie arm und die Landesherren nicht ihre Schuldner gewesen, so hätte man sie nicht verbrannt.

Klaus Arnold (Bearb.), Das Mittelalter. Quellen zur deutschen und europäischen Geschichte vom 8.-15. Jahrhundert, Paderborn 1991, S. 80 f.

* Am 13. Februar 1349
** Auch die Getauften sollen später noch hingerichtet worden sein.

M 4 Juden werden verbrannt.

Holzschnitt von Michael Wolgemut aus der Schedel'schen Weltchronik, Nürnberg 1493. Im Zusammenhang mit der Pest von 1348/49 kam es im Reich in 350 Städten zu Verfolgungen von Juden, in 210 Orten wurden alle Juden ermordet.

---

1. Wie erklären sich die Zeitgenossen die Ausbreitung der Pest? Vergleiche M 1 mit dem Darstellungsteil.
2. Zeige mithilfe des Darstellungstextes und M 2 die Folgen der Pest auf.
3. Arbeite die in M 3 genannten Gründe für die Judenverfolgungen heraus. Hätte jemand die Judenverfolgungen verhindern können?

Italienische Verhältnisse

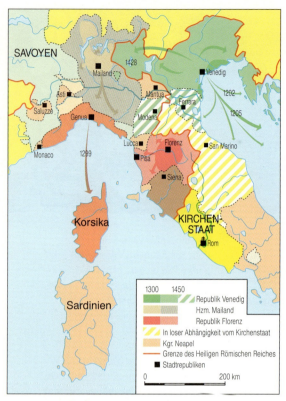

1 Italienische Fürstentümer und Stadtstaaten im 14./15. Jh.

Ein Land mit vielen Städten
Italien war im Mittelalter kein einheitlicher Staat. Die Oberfläche des Landes – ein Fünftel gebirgig, drei Fünftel hügelig – erschwerte die Landwirtschaft nicht. Der leichte Zugang zum Meer förderte Handel und Gewerbe.
Während der Kreuzzüge hatten die Italiener die führende Rolle im Mittelmeerhandel übernommen. Kaufleute aus Venedig, Genua und anderen Hafenstädten wickelten fast den gesamten Warenverkehr mit dem Byzantinischen Reich, dem Nahen und Fernen Osten sowie mit den Ländern nördlich der Alpen ab. Die Gewinne dieser Fernkaufleute waren hoch. Gleichzeitig wuchs die Zahl der Gewerbebetriebe.*

Um 1500 gab es in Italien rund 40 Städte mit 10 000 oder mehr Einwohnern. Etwa die Hälfte von ihnen hatte sogar 25 000 Einwohner und mehr. Im übrigen Europa erreichten nicht mehr als 20 Städte diese Größe.
In den italienischen Städten entwickelte sich ein einflussreiches Bürgertum. Die ständischen Schranken der mittelalterlichen Gesellschaftsordnung verloren an Bedeutung. Neben der Abstammung verhalfen persönliche Leistungen den Bürgern zu Anerkennung und Einfluss.

* Über die Wirtschaft der Zeit erfährst du mehr auf den Seiten 113 ff.

Die „großen Fünf"
In Nord- und Mittelitalien bestanden im 12. und 13. Jh. rund 70 Stadtrepubliken, in denen Adel oder Bürgerschaft regierten. Bis zum 15. Jh. verloren jedoch die meisten von ihnen ihre Selbstständigkeit: Sie wurden von ihren aufstrebenden, mächtigeren Nachbarn „geschluckt". Die „großen Fünf" Italiens, die sich in diesem rücksichtslosen Kampf um Land, Geld und Macht schließlich durchsetzten, waren Florenz, Venedig, Mailand, Rom und Neapel. Während Venedig und Florenz Stadtrepubliken blieben, waren die drei anderen Monarchien; dort regierte ein Herzog, ein Papst oder ein König.

Wer herrscht in Florenz?
Florenz war im 15. Jh. eine der wichtigsten Gewerbe- und Handelsstädte Italiens. Hier wurden vor allem Tuche hergestellt. Bedeutend waren auch die Seidenweberei, die Holzverarbeitung, das Goldschmiede- und das Steinmetzhandwerk. Dazu kamen die Banken.
Das Schicksal von Florenz prägte die Familie *Medici*. Durch die Tuchherstellung war sie reich geworden. Später mehrten Handelsunternehmen, die Bewirtschaftung großer Landgüter und vor allem ausgedehnte Bankgeschäfte das Vermögen der Familie. Die Bank der Medici war im 15. Jh. eine der größten Europas. Ihre Kredite schufen die Grundlage nicht nur für zahlreiche Unternehmen und Handelsgeschäfte, sondern auch für viele Kriege. Denn die Medici liehen wie andere Banken vor allem den Fürsten, Päpsten und Städten das Geld, mit dem Waffen und Söldner bezahlt wurden.
Der Reichtum öffnete ==Florenz und den Medici== den Weg zu großem Einfluss in der Politik. Denn in der Republik Florenz beschränkte sich die tatsächliche Macht auf einen sehr kleinen Kreis reicher und angesehener Männer. Die Medici stellten später die Großherzöge der Toskana. Einige Familienmitglieder wurden Kardinäle und sogar Päpste. Zwei französische Königinnen stammten aus ihrem Hause.

Größer, schöner, moderner
Der Konkurrenzkampf zwischen Stadtrepubliken, Fürstenhöfen und Kirchenstaat ließ eine prachtvolle Kunst und Kultur entstehen. Handwerker und Künstler erhielten von Fürsten, Päpsten, Stadtregierungen, Zünften und Privatpersonen Aufträge für Befestigungsanlagen, Rathäuser, Paläste, Kirchen, Klöster und Wohnhäuser sowie für Skulpturen, Gemälde, Fresken und Möbel. Für Feste, Umzüge und Empfänge wurden prächtige Kulissen errichtet. Größer, schöner, moderner – so lautete das Motto der Zeit.

■ 1 „Lorenzo der Prächtige".
Büste, 15. Jh.
Lorenzo de Medici (1449-1492) galt als kluger Kaufmann und Politiker. Er war mit Gelehrten befreundet, trat als Dichter hervor und förderte zahlreiche Künstler.

■ 2 Ein väterlicher Rat
Der Schriftsteller Thomas Mann veröffentlichte 1905 ein Schauspiel, das uns einen Einblick in die Gedankenwelt des 15. Jh. gibt.
Im folgenden Auszug teilt der im Sterben liegende Lorenzo de Medici seinem Sohn Piero sein „politisches Vermächtnis" mit:

LORENZO: Wir sind nicht Könige, nicht Fürsten in Florenz. Kein Pergament verbrieft uns unsere Größe. Wir herrschen ohne Krone […]. Wir wurden groß in uns, durch Fleiß, durch Kampf, durch Zucht […]. Doch solche Herrschaft, mein Sohn, will täglich neu errungen sein. Ruhm und Liebe, die Dienstbarkeit der Seelen, sind treulos und falsch. Denkst du zu ruhen und tatenlos zu glänzen, ist dir Florenz verloren […]. Bewahre dir die schmerzliche Verachtung der trägen Jubler. Du stehst für dich, du ganz allein für dich – begreifst du! Bleib streng mit dir! Lässt du vom Ruhm dich weich und sorglos machen, ist Florenz verloren. Begreifst du?
PIERO: Ja, Vater.
LORENZO: Achte den äußeren Schein der Macht für nichts […]. Sei kein Narr! Nimm dich in Acht! Scharfe Augen und eine lose Zunge hat Florenz. Halt dich zurück und herrsche […]. Bedenk auch, dass wir aus dem Bürgerstande, nicht aus dem Adel hervorgegangen; dass wir nur von Volkes wegen sind, was wir sind; dass nur, wer uns des Volkes Seele abwendig zu machen trachtet, unser Feind und Nebenbuhler wäre […] Begreifst du?

Thomas Mann, Fiorenza, in: Ders., Frühe Erzählungen, Frankfurt a. M. 1981, S. 461 f.

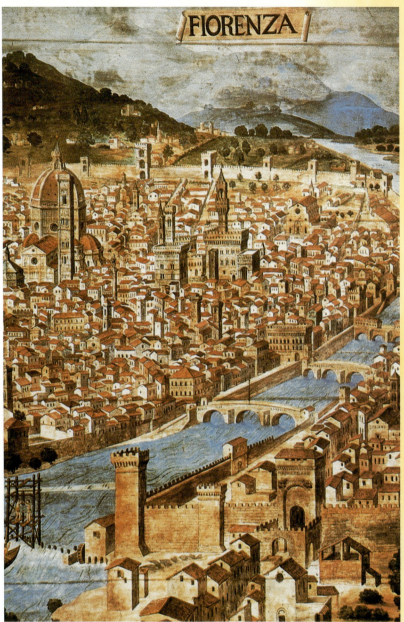

■ 3 Florenz um 1500.
Die sogenannte „Carta della Catena", um 1482/92 (Ausschnitt).
Florenz hatte im frühen 14. Jh. etwa 100 000 Einwohner.

1. Wie wird die Figur des Lorenzo in M 2 dargestellt? Erkläre, warum Lorenzo seinem Sohn gerade diese Ratschläge erteilt.
2. Beschreibe Lage und Aussehen der Stadt Florenz (M 3).

Ein neues Menschenbild

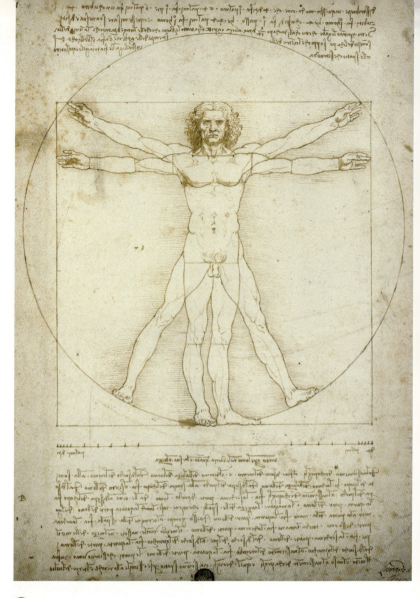

① Der menschliche Körper als Ausdruck der Harmonie.
Skizze (34,4 x 24,5 cm) von Leonardo da Vinci, um 1485-90.
Kreis und Quadrat sind Grundformen der Harmonie, sie bestimmen auch die Größenverhältnisse (Proportionen) des menschlichen Körpers. Auf diesen Zusammenhang hatte schon der römische Baumeister und Schriftsteller Vitruv, der um Christi Geburt lebte, hingewiesen. Sein Werk war Anfang des 15. Jh. wiederentdeckt worden und beeinflusste danach zahlreiche Baumeister und Künstler.
Übrigens: Den Text auf dem Blatt schrieb der Linkshänder Leonardo in Spiegelschrift.

Die Einstellung ändert sich

Im Mittelalter galt das Leben auf Erden nur als eine Etappe auf dem Weg zum ewigen Leben. Nach den Pestjahren sorgten sich die Menschen besonders um ihr Seelenheil, denn sie fürchteten die Hölle. Indem sie Gott und den Vertretern Gottes auf Erden gehorchten, hofften sie nach dem Tod auf ein Leben im Paradies.

Die Einteilung in die drei Stände (Geistlichkeit, Adel sowie Bauern und Bürger) galt als gottgewollt. Sich dagegen aufzulehnen, bedeutete zu sündigen. Ein solches Weltverständnis ließ nur wenig Platz für die freie Entfaltung einer einzelnen Person.

Trotzdem entwickelte sich seit dem Ende des 13. Jh. in den italienischen Städten ein neues Bild vom Menschen. Künstler und Gelehrte machten den Einzelnen, das *Individuum*, zum Mittelpunkt der von Gott geschaffenen Welt. Sie erklärten ihn für selbst verantwortlich für sein persönliches Glück und Leid. Für sie war jeder Mensch ein besonderes Geschöpf und mit allen Fähigkeiten begabt. Dieses neue Verständnis des Menschen gipfelte in der Feststellung eines Gelehrten des 15. Jh.: *Sobald die Menschen wollen, können sie von sich aus alles.*

Neue Leitbilder

Zum Leitbild der kleinen Oberschicht wurde im 15. Jh. der allseits gebildete Mensch: der *uomo universale*. Er sollte klug und weltoffen sein, sich als Krieger, Gelehrter und Künstler betätigen, in Gesellschaft sicher und höflich auftreten. Er sollte ein angenehmer und wortgewandter Gesprächspartner und ein ebenso guter Tänzer wie Fechter sein.

Von einer Dame wurden neben den mütterlichen Tugenden und hausfraulichen Fähigkeiten noch Bildung und Bescheidenheit gefordert. Geburt und Standesgrenzen spielten in diesen Vorstellungen eine geringe Rolle. Letztlich unterschied man nur noch zwischen Gebildeten und Ungebildeten. Die Gebildeten blickten dabei oft hochmütig auf die Ungebildeten herab.

---

1. Stelle in einer Tabelle Kennzeichen des mittelalterlichen und des „neuen" Menschenbildes gegenüber.
2. Vergleiche die Eigenschaften eines Ritters mit denen des „uomo universale".
3. Erkläre, warum war es für die meisten Menschen schwierig war, diesem Ideal des „uomo universale" zu entsprechen.

M 1 Die Erschaffung Adams.
Ausschnitt aus dem Deckenfresko der Sixtinischen Kapelle in Rom von Michelangelo, 1508-12. Vor Michelangelo hatte kein Maler gewagt, diesen Augenblick der Vollendung der biblischen Schöpfungsgeschichte so zu gestalten.

M 2 Was wäre die Welt ohne sie?
Der Gesandte und Geschichtsschreiber Gianozzo Manetti schrieb 1452:

Die Welt ist wohl von Gott geschaffen, aber der Mensch hat sie verwandelt und verbessert. Denn alles, was uns umgibt, ist unser eigenes Werk, das
5 Werk des Menschen; alle Wohnstätten, alle Schlösser, alle Gebäude auf der ganzen Welt [...]. Von uns sind die Gemälde, die Skulpturen; von uns kommen der Handel, die Wissenschaf-
10 ten und philosophischen Systeme. Von uns kommen alle Erfindungen und alle Arten von Sprachen und Literaturen.

John R. Hale, Fürsten, Künstler, Humanisten, Reinbek 1973, S. 26

M 3 Ein einzigartiges Geschöpf
Der italienische Gelehrte Giovanni Pico della Mirandola verfasst im Jahre 1486 eine Rede „Über die Würde des Menschen", die er nie gehalten hat und die erst nach seinem Tod veröffentlicht wurde. Pico lässt darin Gott zu Adam sagen:

Keinen bestimmten Platz habe ich dir zugewiesen, auch keine bestimmte äußere Erscheinung und auch nicht irgendeine besondere Gabe habe ich dir
5 verliehen, Adam, damit du den Platz, das Aussehen und alle die Gaben, die du dir selber wünschst, nach deinem eigenen Willen und Entschluss erhalten und besitzen kannst. Die festumrissene
10 Natur der übrigen Geschöpfe entfaltet sich nur innerhalb der von mir vorgeschriebenen Gesetze. Du wirst von allen Einschränkungen frei nach deinem eigenen freien Willen, dem ich dich
15 überlassen habe, dir selbst deine Natur bestimmen. In die Mitte der Welt habe ich dich gestellt, damit du von da aus bequemer alles ringsum betrachten kannst, was es auf der Welt gibt.

Giovanni Pico della Mirandola, Oratio de hominis dignitate/Rede über die Würde des Menschen, hrsg. und übers. von Gerd von der Gönna, Stuttgart 1997, S. 9

1. Beschreibe, wie Michelangelo die Schöpfungsgeschichte darstellt (M 1). Vergleiche mit der Bibel.
2. Stelle zusammen, welche Leistungen Manetti und Pico della Mirandola dem Menschen zuschreiben (M 2 und M 3).
3. Überlege, welche Chancen und Gefahren darin liegen, dass der Mensch die Welt nach seinem „eigenen freien Willen" verändern kann (M 3).

◼ **4 Der Herzog Federigo da Montefeltro von Urbino mit seinem Sohn.**
*Ölgemälde (134 x 77 cm) von Pedro Berruguete, um 1476/77.
Was ist für dich sonderbar an diesem Bild? Welche Eigenschaften des Fürsten sind dargestellt?*

◼ **5 Wie soll er oder sie sein?**
Der Schriftsteller und Gesandte Baldassare Castiglione, der zeitweise am Hof des Herzogs von Urbino lebte, verfasst zwischen 1508 und 1516 ein Buch, in dem er das Idealbild eines Hofmannes und einer Hofdame vorstellte. Über die Anforderungen an den Höfling schreibt er:

Um aber auf Einzelheiten einzugehen, bin ich der Ansicht, dass der Hofmann der […] Hauptsache nach im Waffenhandwerk tüchtig bestehen muss […].
5 Dieser soll nach meinem Wunsch mehr als mittelmäßig gebildet sein […]; nicht allein die lateinische, sondern auch die griechische Sprache soll er beherrschen, worin so viele Gegenstände auf göttli-
10 che Art behandelt sind. Er kenne die Gesänge der Dichter, nicht minder die Werke der Redner und Geschichtsschreiber und besitze die Fertigkeit, in Vers und Prosa zu schreiben […].

Castiglione nennt weitere Kenntnisse wie Zeichenkunst, Verständnis für Malerei sowie die Freude an der Musik, die den idealen Hofmann auszeichnen. Zu den Eigenschaften der Hofdame zählt er:

15 Wenn wir nun von den Tugenden des Geistes, die die Hofdame mit dem Hofmann gemeinsam haben soll, wie Klugheit, Hochherzigkeit, Sittsamkeit und andere, absehn, auch die Eigenschaften,
20 die jede Frau besitzen soll, nämlich Güte, Bescheidenheit und, wenn sie verheiratet ist, die Fähigkeit, das Vermögen und das Haus ihres Gatten in Ordnung zu halten und ihre Kinder zu er-
25 ziehen, übergehn und die Erfüllung der Pflichten einer guten Hausfrau als selbstverständlich voraussetzen, behaupte ich, dass ihr, wenn sie bei Hof lebt, eine gewisse gesellschaftliche Tu-
30 gend eigen sein soll, die sie befähigt, Menschen jeder Art durch angenehme und ernsthafte Gespräche zu unterhalten, passend zu Zeit und Ort und zu der Gemütsanlage der Person, mit der
35 sie spricht […].
Um in kurzen Worten das bisher Vorgebrachte zu wiederholen, will ich, dass diese Dame Kenntnisse in der Literatur, der Musik und der Malerei habe und
40 zu tanzen und zu scherzen verstehe.

Baldassare Castiglione, Der Hofmann. Lebensart in der Renaissance. Aus dem Italienischen von Albert Wesselski, Berlin 1996, S. 28 ff. und 91 ff. (leicht vereinfacht)

1. Stelle in einer Tabelle gegenüber, welche Eigenschaften Castiglione von einem Herrn und einer Dame bei Hofe erwartet (M 5).
Was schätzt du bei Menschen, mit denen du gerne zusammen bist? Vergleiche deine Vorstellungen mit denen Castigliones.
2. Am Schluss des Werkes schreibt Castiglione, dass der „Zweck des guten Hofmanns sei, der Erzieher der Fürsten zu werden". Erkläre.

Die Antike als Vorbild

Warum ändert sich das Denken?

Das neue Denken über den Menschen und die Politik hatte zahlreiche Ursachen. In den italienischen Staaten lebten viele gebildete Menschen, und es wurde frei und offen über Politik, Religion und Kunst nachgedacht; wohl auch deshalb, weil die Führungsschichten durch Kriege und Handel mit fremden Kulturen in Berührung gekommen waren, etwa mit dem griechisch-orthodoxen Byzantinischen Reich und dem muslimischen Orient. Hinzu kam die Erinnerung an die zahllosen Opfer der Pest. Sie hatte gezeigt, wie vergänglich das Leben sein konnte, und bei den Reichen und Gebildeten einen grenzenlosen Lebenshunger geweckt.

Die Antike wird wiederentdeckt

Die lateinischen und griechischen Schriftsteller der Antike waren in Westeuropa fast vergessen. Das änderte sich seit dem Ende des 13. Jh. Die italienischen Dichter und Gelehrten, die die Machtlosigkeit und Zerrissenheit ihrer Heimat beklagten, erinnerten sich an die Macht des Römischen Reiches und interessierten sich für die antike Kultur. Nach über 1 000 Jahren waren nur noch Bruchstücke erhalten. Die römischen Ruinen hatte man jahrhundertelang als Steinbrüche benutzt; die antiken Schriften waren zwar gesammelt worden, aber die Kirchengelehrten hatten nur die Teile abgeschrieben und überliefert, die mit der kirchlichen Lehre übereinstimmten. Die antike Kunst galt als heidnisch.

Jetzt wurden die antiken Schriftsteller und Philosophen wieder gelesen. Das Interesse steigerte sich, als zahlreiche Gelehrte aus Byzanz nach Westeuropa zogen. Sie hatten antike Schriften im Gepäck, denn Byzanz war 1453 durch die Osmanen erobert worden.

1 David.
Bronzestatue von Donatello, um 1430; Höhe 158 cm.
Der Florentiner Bildhauer Donatello gab in der Statue die Körperhaltung so wieder, wie sie bereits der griechische Künstler Polyklet im 5. Jh. v. Chr. dargestellt hatte. Diese 1,58 m hohe Statue gilt als die erste freistehende Aktfigur seit der Antike.
Nebenbei: Die biblische Figur des David diente mehreren Renaissance-Künstlern als Motiv. Mit dem Hirtenjungen David erinnerte man an die Stärke und Kampfbereitschaft der kleinen städtischen Führungsschicht.

Humanismus und Renaissance

Begeisterte Liebhaber der antiken Kultur lernten Latein und Griechisch, um die alten Werke verstehen und übersetzen zu können. Sie suchten in Klosterbibliotheken nach Handschriften, erwarben sie, schrieben sie ab oder ließen sie abschreiben. Wer es sich leisten konnte, sammelte Bücher antiker Autoren. Erstmals konnten zahlreiche römische und griechische Autoren vollständig gelesen werden.

In den Schriften des römischen Schriftstellers und Politikers *Cicero* aus dem 1. Jh. v. Chr. fand man den Begriff *studia humanitatis*. Er bedeutet so viel wie „Fähigkeiten, die jeder erwerben muss, um sich zum wirklichen Menschen auszubilden". Dazu gehörten Kenntnisse der Grammatik, der Redelehre (*Rhetorik*), der Geschichte, der Dichtkunst und der Morallehre (*Philosophie*). Alle, die sich mit diesen Wissenschaften beschäftigten und sich dabei an antiken Vorbildern orientierten, nannte man bald *Humanisten*. Die Bezeichnung *Humanismus* wurde im 19. Jh. für diese Epoche geprägt.

Das gilt auch für den Begriff Renaissance. Er ist die französische Übersetzung des italienischen Wortes *rinascità*, zu deutsch: „Wiedergeburt". Anders ausgedrückt: Die Befürworter der „neuen Zeit" waren stolz darauf, das Erbe der Antike nach einer 1000-jährigen Epoche der „Finsternis" wieder ans Licht geholt zu haben.

Für einige Historiker beginnt daher mit der Renaissance eine neue Phase der Weltgeschichte: die Neuzeit.

Manche Humanisten sprachen abschätzig vom „Finsteren Mittelalter". Stimmt ihr ihnen zu?

M 1 Hände mit Leseglas.
Ausschnitt aus einem Gemälde von Raffael, um 1518.

M 2 Ein Liebhaber der Wörter
1468 bot Kardinal Johannes Bessarion in einem Schreiben dem obersten staatlichen Würdenträger der Stadtrepublik Venedig, dem Dogen Cristoforo Moro, seine Bibliothek als Geschenk an. In dem Brief beschreibt er eine für die Humanisten typische Haltung.

Stets habe ich von Kindheit und Jugend an meine ganze Mühe, Arbeit, Sorge und Aufmerksamkeit darauf verwandt, mir möglichst viele Bücher jeder Art
5 und Fachrichtung zu verschaffen; deswegen habe ich als Knabe und junger Mann nicht nur sehr viele eigenhändig abgeschrieben, sondern für ihren Kauf auch all das wenige Geld, das Sparsamkeit
10 und Genügsamkeit inzwischen erübrigen konnten, aufgewendet. Ich glaubte nämlich, ich könnte mir keine würdigere und edlere Ausstattung, keinen nützlicheren und hervorragenderen
15 Schatz verschaffen. Denn wahrhaftig: Bücher sind voll von Worten der Weisen, voll von Beispielen aus alten Zeiten, voll von Bräuchen, Gesetzen und Religion. Sie leben, verkehren und
20 sprechen mit uns, lehren, bilden und trösten uns, zeigen uns die Dinge, die unserm Gedächtnis besonders fern stehen, so als ob sie gegenwärtig sind, und stellen sie uns vor Augen. So groß sind
25 ihre Macht, Würde und Hoheit und sogar göttliche Kraft, dass wir alle, gäbe es nicht die Bücher, ungebildet und unwissend wären, kein geschichtliches Wissen um die Vergangenheit, kein
30 Beispiel, ja keine Kenntnis von menschlichen und göttlichen Dingen hätten.

Eugenio Garin, Die Kultur der Renaissance, in: Golo Mann und August Nitschke (Hrsg.), Propyläen Weltgeschichte, Bd. 6: Weltkulturen - Renaissance in Europa, Frankfurt a. M. – Berlin 1964, Beilage nach S. 448

M 3 Kein gewöhnlicher Alltag
In einem Brief berichtet Machiavelli einem Freund im Dezember 1513, also rund ein Jahr nachdem er in Florenz alle seine Ämter verloren hatte, über seinen Alltag und kündigt die Fertigstellung seiner Schrift „Der Fürst" an. Der geschilderte Umgang mit den „großen Alten" – gemeint sind die Schriften der antiken Schriftsteller – dürfte den Gewohnheiten der Humanisten entsprochen haben.

Ich stehe mit der Sonne auf und gehe in ein Gehölz, das ich aushauen lasse, dort bleibe ich zwei Stunden, die Arbeit des vorigen Tages nachzusehen
5 und mir mit den Holzhauern die Zeit zu vertreiben, die immer Neckereien haben, entweder untereinander oder mit den Nachbarn […]. Aus dem Gehölz gehe ich an eine
10 Quelle und von da zu meiner Voliere*, ein Buch in der Tasche, entweder den Dante oder Petrarca oder einen der kleineren Dichter wie Tibull, Ovid und solche. Ich lese ihre Liebespein, ihre
15 Liebeshändel, erinnere mich der meinigen und ergötze mich eine Weile mit diesen Gedanken. Dann begebe ich mich ins Wirtshaus an der Straße, spreche mit den Durchreisenden, frage
20 nach Neuigkeiten aus ihrer Heimat, höre verschiedene Dinge und merke mir den verschiedenen Geschmack und die mannigfaltigen Fantasien der Menschen […]. Nach Tische kehre ich ins
25 Wirtshaus zurück; dort sind gewöhnlich der Wirt, ein Fleischer, ein Müller sowie zwei Ziegelbrenner. Mit ihnen vertiefe ich mich den Rest des Tages über ins Würfelspiel […].
30 Wenn der Abend kommt, kehre ich nach Hause zurück und gehe in mein Arbeitszimmer. An der Schwelle werfe ich die Bauerntracht ab, voll Schmutz und Kot, ich lege prächtige Hofgewän-
35 der an und, angemessen gekleidet, begebe ich mich in die Säulenhallen der großen Alten. Freundlich von ihnen aufgenommen, nähre ich mich da mit der Speise, die allein die meinige ist, für
40 die ich geboren ward. Da hält mich die Scham nicht zurück, mit ihnen zu sprechen, sie um den Grund ihrer Handlungen zu fragen, und ihre Menschlichkeit macht, dass sie mir antworten. Vier
45 Stunden lang fühle ich keinen Kummer, vergesse alle Leiden, fürchte nicht die Armut, es schreckt mich nicht der Tod; ganz versetze ich mich in sie.

Niccolò Machiavelli, Politische Schriften, hrsg. v. Herfried Münkler, a.a.O., S. 433 ff. (vereinfacht)

*Voliere: Vogelhaus

1. Welche Rolle spielten Bücher im Leben des Kardinals (M 2)?
2. Worin liegt der Unterschied zwischen den „Büchern", die der Kardinal erwarb (M 2), und denen, die heute zu kaufen sind?
3. Was ist ungewöhnlich an Machiavellis Tagesablauf (M 3)? Was vermutest du über sein Einkommen?

Die Kunst der Renaissance

Anregungen aus der Antike

Das Interesse an der Antike erfasste auch Maler, Bildhauer und Baumeister. Sie arbeiteten bald überall „nach der Art der Alten". Die Kunst des Mittelalters lehnten sie ab, vor allem die Gotik, die sich in Italien ohnehin nie hatte durchsetzen können.

Die Künstler der Renaissance studierten die antiken Ruinen und Kunstwerke ebenso wie die Äußerungen antiker Schriftsteller über die Kunst und Architektur. Sie ahmten sie nicht nach, sondern ließen sich von ihnen anregen.

Aufschwung für die Künste

Vom 4. bis zum 17. Jh. war die Kirche der wichtigste Auftraggeber für die Künstler. Was den Umfang der Aufträge betraf, nahmen Kaiser, Könige und Fürsten erst den zweiten Rang ein. Seit dem 12. Jh. erweiterte sich der Kreis der Auftraggeber um Stadtregierungen, Zünfte, Gilden und reiche Privatleute.

In Florenz war es beispielsweise die Zunft der Tuchmacher, die den Auftrag für den Dom gab. Päpste, Fürsten und Bankiers wetteiferten miteinander, Auftraggeber und Förderer der Künste (*Mäzene*) zu werden. Sie hofften, sich durch die Kunstwerke ein Denkmal zu setzen. Sie alle bestimmten Inhalt und Form der Kunstwerke.

③ Die ideale Stadt.
Gemälde eines unbekannten Florentiner Künstlers des späten 15. Jh.
Das Bild zeigt in zentralperspektivischer* Malweise eine Stadtarchitektur, die so nie verwirklicht wurde.

*Zentralperspektive: Beim räumlichen Sehen bezieht sich das Auge auf einen zentralen Punkt, zu dem alle wichtigen Linien eines Bildes führen. Künstler nutzen die Zentralperspektive, um einen dreidimensionalen Raum oder Gegenstand auf eine Ebene abzubilden.

② Santa Maria del Fiore.
Foto, um 1990.
Der Dom von Florenz, errichtet zwischen 1296 und 1436. Architekt der Kuppel, die zwischen 1420 und 1436 entstand, war Filippo Brunelleschi. Der Chor mit der Kuppel ist ein Zentralbau. Bei ihm sind – im Gegensatz zum Langbau der sonstigen Kirchen – mehrere Räume um einen runden oder ovalen Grundriss gruppiert. Als Vorbild diente der Anfang des 2. Jh. n. Chr. in Rom errichtete Pantheon-Tempel.

① Palazzo Rucellai, Florenz.
Foto, um 1990.
Architekt des um 1456 begonnenen Baues ist Leon Battista Alberti.

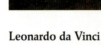
Selbstbildnis.
Zeichnung (33,2 x 21,2 cm) von Leonardo da Vinci, um 1512-15.

Vom Handwerker zum Künstler

Wer als Künstler das Glück hatte, von einem reichen Bürger oder Fürst gefördert zu werden, kam in der Renaissance zu hohem Ansehen. Maler, Bildhauer und Baumeister galten nicht mehr als einfache Handwerker, sondern als schöpferisch tätige, ja geniale Menschen. Kunstfreunde pilgerten zu den Wohn- und Geburtshäusern der berühmtesten Künstler. Lobende Schriften und Beschreibungen ihres Lebens machten die Runde, und viele erhielten nach ihrem Tod Ehrengräber.

Leonardo da Vinci

Besonders bewundert wurden Künstler, die in mehreren Bereichen Hervorragendes leisteten. *Leonardo da Vinci*, der von 1452 bis 1519 lebte, war vielseitiger als seine Zeitgenossen. Er dichtete und musizierte, malte Ölbilder und Fresken, entwarf Standbilder, Gebäude und Befestigungsanlagen. Seinen Lebensunterhalt verdiente er mit Dekorationen von Wohnräumen hochgestellter Persönlichkeiten, Ausstattungen für glänzende Feste, Bühnenbildern und Kostümentwürfen für Maskeraden. Zugleich forschte und experimentierte Leonardo: Er untersuchte den menschlichen Körper und die Naturerscheinungen, er entwarf Flugmaschinen, gepanzerte Fahrzeuge, Unterseeboote und anderes. Vieles war damals allerdings nicht zu verwirklichen.

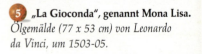
„La Gioconda", genannt Mona Lisa.
Ölgemälde (77 x 53 cm) von Leonardo da Vinci, um 1503-05.

Die Renaissance bei uns

Die Kunst der Renaissance breitete sich von Italien in ganz Europa aus. In den deutschen Gebieten setzte sie sich am Ende des 15. Jh. durch, vor allem in der Freien Reichsstadt Nürnberg, die durch den Handel mit Metallwaren (Rüstungen, Waffen) mit ganz Europa in Verbindung stand. Dort arbeiteten im 15. und 16. Jh. viele berühmte Künstler. Der bedeutendste war *Albrecht Dürer*, der von 1471 bis 1528 lebte. Er hatte sich wie andere europäische Künstler Anregungen auf Reisen aus Italien geholt.

Den italienischen Einfluss auf die Architektur kann man heute an vielen öffentlichen und privaten Bauten erkennen. Zum Beispiel am *Heidelberger Schloss*, am *Kölner Rathaus* oder an der *Münchener Residenz*.

6 „Selbstbildnis im Pelzrock."
Ölgemälde (67 x 49 cm) von Albrecht Dürer, 1500.
Die lateinische Inschrift auf der rechten Seite des Bildes – hier kaum lesbar – lautet übertragen: „So malte ich, Albrecht Dürer aus Nürnberg, mich selbst mit meinen eigenen Farben im Alter von 28 Jahren."

7 Die Ruine des Ottheinrichsbaus des Heidelberger Schlosses.
Foto, um 1990.
Kurfürst Ottheinrich von der Pfalz (gest. 1559) ließ den Palast ab 1556 bauen.

1. Informiert euch über bedeutende Werke Dürers.
2. Das Selbstbildnis (Abb. 6) gilt als Ausdruck eines „Renaissance-Menschen". Erkläre!
3. Bereitet in der Klasse eine Ausstellung mit Abbildungen deutscher Renaissance-Kunstwerke vor. Berücksichtigt dabei euren Heimatraum.

M 1 Technische Zeichnungen von Leonardo da Vinci.
Aus den Skizzenbüchern. Oben: Fallschirm. Rechts: Luftschraube oder Luftkreisel – eine Art Hubschrauber.

M 2 Leonardo – mehr als ein Künstler
Leonardo stellt etwa um das Jahr 1482 dem Herzog von Mailand in einem Schreiben seine Fähigkeiten vor.

1. Ich habe Pläne für sehr leichte, aber dabei starke Brücken, die sich ganz leicht befördern lassen und mit denen man den Feind verfolgen und manchmal auch fliehen kann, und solche für andere, feste Brücken, die weder durch Feuer noch im Kampf zerstört und leicht und bequem abgebrochen und errichtet werden können,
5 und auch Pläne, um die des Feindes zu verbrennen und zu zerstören.
2. Ich kann bei der Belagerung eines Platzes das Wasser aus den Gräben ableiten und zahlreiche Brücken, Rammböcke, Sturmleitern und andere zu einem solchen Unternehmen gehörende Geräte machen […].
4. Ferner habe ich Pläne für Bombarden*, die sich sehr bequem und leicht befördern lassen, mit denen man kleine Steine schleudern kann, fast so, als ob hagle, und deren Rauch dem Feind gewaltigen Schrecken einjagt […].
6. Ferner werde ich sichere und unangreifbare gedeckte Wagen bauen, die mit ihren Geschützen durch die Reihen des Feindes fahren und jeden noch so großen Haufen von Bewaffneten zersprengen werden […].
15 10. In Friedenszeiten kann ich mich wohl mit jedem anderen in der Baukunst messen, sei es bei der Errichtung öffentlicher und privater Gebäude oder bei der Leitung des Wassers von einem Ort zum anderen.
Ferner werde ich bei der Bearbeitung von Marmor, Erz und Ton sowie in der Malerei wohl etwas leisten, was sich vor jedem anderen, wer immer es sei, sehen las-
20 sen kann.

Leonardo da Vinci, Tagebücher und Aufzeichnungen, hrsg. v. Theodor Lücke, München ²1952, S. 889 f.

*****Bombarden**: große Kanonen

M 3 Natur, Kunst und Wissenschaft
Der Sekretär des Herzogs von Aragón berichtet über einen Besuch bei Leonardo am 10. Oktober 1517:

Dieser Herr hat eine besondere Abhandlung über den Körperbau zusammengestellt, mit Illustrationen nicht nur der Glieder, sondern auch der Muskeln, Nerven, Adern, Gelenke, Eingeweide und allem, was an den Körpern der Männer wie auch der Frauen studiert werden kann, so wie noch kein anderer Mensch es jemals ge-
5 tan hat. All das haben wir mit unseren eigenen Augen gesehen; und er sagte, er hätte bereits mehr als dreißig Leichen zerlegt, Männer wie Frauen jeden Alters. Er hat auch über die Natur des Wassers geschrieben, und über verschiedene Maschinen und andere Dinge, die er in einer endlosen Zahl von Bänden niedergeschrieben hat, und all das in Umgangsspra-
10 che.

Kenneth Clark, Leonardo da Vinci, Reinbek 1989, S. 167 f.

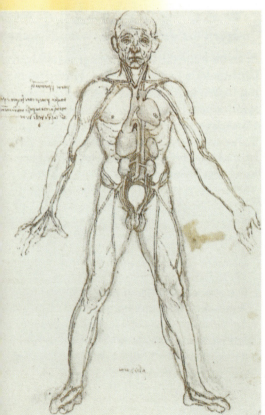

M 4 Figur mit Herz, Lunge und Hauptschlagadern.
Zeichnung von Leonardo da Vinci, um 1490. Vergleiche mit Abb. 1 auf Seite 88.

1. Stelle zusammen, für welche Arbeiten sich Leonardo in dem Brief anbietet (M 2).
2. Der Sekretär des Herzogs von Aragón betont, dass Leonardo die Ergebnisse seiner wissenschaftlichen Arbeiten in der „Umgangssprache" schrieb. Nenne einen Grund für diesen Hinweis.
3. Welche Kenntnisse sind Voraussetzung für die Skizze (M 4)? Berücksichtige M 3.

Drucken, lesen, wissen

Das Alte nützt dem Neuen

Das Bekenntnis zur Antike spiegelte sich bei den Humanisten darin, dass sie ihren Namen lateinische oder griechische Formen gaben. *Philipp Schwarzerdt*, ein Theologe und Lehrer für alte Sprachen, übertrug die Bestandteile seines Namens „Schwarz" und „Erde" ins Griechische und nannte sich *Philippos Melanchthon*.*

Die Humanisten vertieften sich in die lateinischen und griechischen Schriften, um deren Inhalte kennenzulernen und zugleich die Sprache sprechen und schreiben zu können. Darüber hinaus versuchten sie, die Gesetzmäßigkeiten und Schönheiten der alten Sprachen herauszufinden. Gleichzeitig übersetzten die Humanisten erstmals viele antike Werke und Teile der Bibel in die Sprache des Volkes.

Freunde der Wissenschaft

Beim Studium der antiken Schriften stellten die Humanisten häufig Abweichungen zwischen den verschiedenen handschriftlich überlieferten Ausgaben fest. Daher versuchten sie, aus dem Vergleich der Handschriften zu ermitteln, wie wohl der Originaltext gelautet haben mochte.

Ein Beispiel dieser mühevollen Arbeit lieferte *Erasmus von Rotterdam* (1465-1536), der trotz seiner unehelichen Geburt zu einem der bedeutendsten Gelehrten seiner Zeit aufstieg. Er gab beispielsweise das Neue Testament in griechischer Sprache und in einer neuen lateinischen Übersetzung heraus, weil er herausfand, dass die seit dem 7. Jh. verbreitete lateinische Bibelausgabe Fehler enthielt. Außerdem regte Erasmus an, die heiligen Schriften in die Volkssprachen zu übersetzen.

*Zu Melanchthon siehe auch Abb. 2, S. 128.

1 Erasmus von Rotterdam.
Ölgemälde (42 x 32 cm) von Hans Holbein d. J., um 1523.
Erasmus war ein führender Kopf des europäischen Humanismus. Er studierte, lehrte und schrieb in Frankreich, England, Italien, der Schweiz und im Deutschen Reich.

Die Fähigkeit der Humanisten, alte Texte kritisch zu untersuchen, hatte politische Bedeutung. Da sie die sprachlichen Besonderheiten bestimmter Autoren oder Zeiten kannten, konnten sie überprüfen, ob Urkunden echt waren. So fand Petrarca heraus, dass ein Herrscher eine Urkunde des 12. Jh. offensichtlich gefälscht hatte, um seine Machtansprüche zu rechtfertigen.

Das Interesse an der Geschichte

Unter den neuentdeckten Werken waren die antiker Geschichtsschreiber wie *Thukydides*, *Livius* oder *Tacitus*. Ihre Lektüre weckte das Interesse an der Geschichte. So verfasste Machiavelli einen Kommentar zu einem Teil der Geschichte Roms von Livius. Daneben schrieb er eine Geschichte seiner Heimatstadt Florenz. Andere Humanisten untersuchten die Geschichte ihrer Heimatstädte, der Staaten, in deren Dienst sie standen, oder ihrer Herrscherhäuser.

Bücher sind gefragt

Bis ins 15. Jh. hinein wurden in Europa Bücher noch handschriftlich kopiert. Den wachsenden Bedarf konnten die Mönche und Nonnen, die bis dahin fast ausschließlich die Schreibarbeiten leisteten, nicht mehr befriedigen. Handschriftenhändler beteiligten sich daher seit dem 14. Jh. an der Buchherstellung. Sie beschäftigten Lohnschreiber und -schreiberinnen und verkauften die Bücher.

Zwei chinesische Erfindungen, die über den Orient nach Europa gekommen waren, beeinflussten die weitere Entwicklung der Buchherstellung: die Papierherstellung und die Technik, von einer Holzplatte mit einem spiegelverkehrten Relief Schriftzeichen-Blöcke herzustellen. Papier machte Bücher billiger. Denn im 15. Jh. kostete es ein Viertel so viel wie Pergament.

Gutenberg hat eine Idee

Der große Bedarf an Geschriebenem mag den um 1400 geborenen *Johannes Gutenberg* angetrieben haben, nach neuen Wegen zu suchen, um Bücher herzustellen. Um 1450 erfand er in Mainz das Drucken mit beweglichen Metallbuchstaben. Der erste wichtige Schritt war, eine Metallmischung für haltbare **Lettern** (*Druckbuchstaben*) zu finden. Der zweite war die Herstellung eines Gießgerätes, mit dem Gutenberg beliebig viele solcher Lettern mit demselben Schriftbild und gleichen Maßen herstellen konnte. Diese Erfindungen allein reichten nicht aus, um den Buchdruck voranzubringen. Also verbesserte Gutenberg weitere Arbeitsschritte wie das Zusammensetzen der Lettern, das Einfärben der Druckvorlage mit der richtigen Druckerschwärze aus Leinöl und Ruß sowie das Pressen der Vorlagen. Dazu führte er diese Arbeiten in einem bestimmten Herstellungsablauf zusammen. Gutenberg griff dabei auf die Erfahrungen von Gold- und Waffenschmieden und Tischlern zurück. Für die Druckerpresse mögen ihm Weinpressen Anregungen gegeben haben.*

Das erste mit dieser Technik gedruckte Buch war 1456 eine Bibel. Etwa drei Jahre hatte man daran gearbeitet. Die Kosten waren hoch: Gutenberg musste sich dafür 800 Gulden leihen. Mit dem Betrag hätte er damals in Mainz mehrere Häuser kaufen können!

Gewinn brachten die ersten gedruckten Bibeln nicht, dafür aber der Druck von Schulbüchern, Kalendern und Einblattdrucken.

Gutenberg zog aus seiner Erfindung kaum Vorteile. 1457 musste er seine Druckerei aufgeben, um seine Schulden bezahlen zu können. 1468 starb er in Mainz.

* Zum Buchdruck lies auch Seite 100 f.

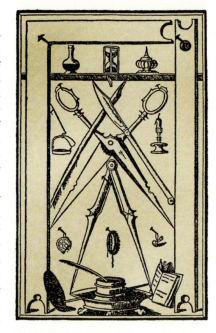

2 Werkzeug eines Schreibers.
Holzschnitt aus einem Schreibmeisterbuch von 1524.

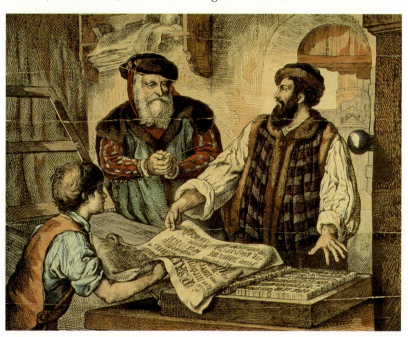

3 Gutenberg und sein Geldgeber.
Holzstich (24,3 x 29,0 cm) von Friedrich Ludwig Unzelmann nach einer Zeichnung von Adolph Menzel, 1840.
Mit dem Bild wurde an das 400-jährige Jubiläum der Erfindung der Buchdruckerkunst erinnert. Dargestellt ist, wie Gutenberg und ein Gehilfe dem Geldgeber Gutenbergs, Johann Fust, einen fertigen Druckbogen zeigen. Auf dem Tisch steht die Grundlage der Erfindung Gutenbergs. Nenne sie!

1. Nenne Gründe, weshalb Bücher während der Renaissance eine neue Bedeutung bekamen.
2. Arbeite heraus, worin das Besondere der Erfindung Gutenbergs lag.

M 1 Urkundenfälschern auf der Spur

1156 wurde Österreich Herzogtum. Etwa 202 Jahre später ließ der Herzog Rudolf IV. eine Urkunde fälschen, um die Gleichrangigkeit des österreichischen Herrschers mit den Kurfürsten des Reichs nachzuweisen. In der Fälschung heißt es:

Wir Julius Imperator, wir Caesar und Verehrer der Götter, wir oberster Augustus des kaiserlichen Landes, wir Schutzherr des ganzen Erdkreises, entbieten Österreich und seinen Einwohnern die römische Gnade und unseren Frieden […]. Wir schenken unserem Onkel und seinen erwähnten Nachkommen auf Dauer alle Nutzbarkeiten des genannten Landes. Darüber hinaus haben wir diesen unseren Onkel und alle seine Nachfolger zum Ratsmitglied im Geheimen Römischen Rat erhoben.

Karl IV., seit 1355 Kaiser, wandte sich an Petrarca, um die Echtheit der Urkunde feststellen zu lassen. Petrarca untersuchte Stil sowie Inhalt der Urkunde und antwortete:

Eine wahrlich nichtswürdige Urkunde wird da vorgelegt, schwülstig, wahrheitsleer, ich weiß nicht durch wen, doch ohne Zweifel einen unstudierten, ungebildeten Menschen […].
Was soll man dazu sagen, dass das Datum der Urkunde in der offensichtlichsten Weise falsch ist, wo weder ein genauer Tag noch ein Konsul genannt wird? Denn wer, außer ein Verrückter, wird schreiben „gegeben zu Rom am Freitag im ersten Jahr unseres Königreichs" und nicht hinzufügen, zu welchem Monat der Tag gezählt werden soll?

Hartmut Boockmann (Hrsg.), Das Mittelalter. Ein Lesebuch aus Texten und Zeugnissen des 6. bis 16. Jahrhunderts, München 1988, S. 168 f. und 172 (vereinfacht)

M 2 Wer liest, wird auch glauben

1516 schrieb Erasmus von Rotterdam:

Leidenschaftlich rücke ich von denen ab, die nicht wollen, dass die heiligen Schriften in die Volkssprache übertragen und auch von Laien gelesen wer5 den, als ob Christus so verwickelt gelehrt hätte, dass er kaum von einer Hand voll Theologen verstanden werden könne, und als ob man die christliche Religion dadurch schützen könne,
10 dass sie unbekannt bleibt. Es mag angehen, dass Könige ihre Geheimnisse verheimlichen, aber Christus will mit Nachdruck, dass seine Geheimnisse unter das Volk gebracht werden. Ich wür15 de wünschen, dass alle Weiblein das Evangelium lesen, auch dass sie die Paulinischen Briefe lesen. Wären doch diese in die Sprachen aller Völker übertragen, damit sie nicht nur von den
20 Schotten und Iberern, sondern auch von den Türken und Sarazenen gelesen und verstanden werden könnten.

Erasmus von Rotterdam, Ausgewählte Schriften, hrsg. von Werner Welzig, 3. Bd., Darmstadt 1967, S. 15

M 3 Erasmus diktiert seinem Sekretär.
Holzschnitt, um 1530.
Wenn du das Bild genau betrachtest, kannst du den Namen des Sekretärs erkennen. Was sagen der Raum und die Einrichtung über die Lebensverhältnisse des Gelehrten aus?

1. Welches Interesse hatte Rudolf IV. an einer Gleichrangigkeit mit den Kurfürsten (M 1)? Erinnere dich an die Funktion der Kurfürsten und die Goldene Bulle von 1356.
2. Woran hat Petrarca erkannt, dass die Urkunde eine Fälschung war (M 1)?
3. Mit welchen Argumenten rechtfertigt Erasmus die Übersetzung der Bibel in die Volkssprache? Aus seinem Text könnt ihr die Ansichten seiner Gegner erschließen (M 2).

PROJEKT

Die Schwarze Kunst

Die Erfindung Gutenbergs setzte sich nicht sofort durch. Bis ins 17. Jh. hinein wurden Bücher noch durch Abschreiben vervielfältigt. Trotzdem waren Gutenbergs Neuerungen ein riesiger Erfolg. Sein Druckverfahren wurde in ganz Europa bekannt. In Bamberg erschien 1461 erstmals ein in deutscher Sprache und mit Holzschnittillustrationen gedrucktes Buch. In Straßburg, Köln, Speyer und Nürnberg wurden die ersten Druckereien des Reiches eingerichtet. Das erste in Italien gedruckte Buch erschien 1464. Die erste Druckerei in Frankreich gründeten 1470 zwei Deutsche in der Pariser Universität.

Bis 1500 wurden etwa 30 000 Titel gedruckt. Bei einer Auflagenhöhe zwischen 100 und 2 000 Exemplaren kann von etwa zehn Millionen gedruckten Büchern ausgegangen werden. Dazu kam eine ständig wachsende Zahl von Einblattdrucken, die mit und ohne Bilder als sogenannte **Flugblätter** zu bestimmten Themen Stellung nahmen.

Eine breite Wirkung erlangte der Buchdruck erst, als mehr Menschen lesen lernten. Während um die Mitte des 16. Jh. in den großen Handelsstädten wie Nürnberg, Augsburg, Straßburg und Köln wohl 25 bis 30 Prozent der Bevölkerung lesen konnten, waren es auf dem Lande nur wenige. Das gedruckte Wort erreichte die Menschen durch lautes Vorlesen. Trotzdem: Es schuf eine verbesserte Möglichkeit der Wissensvermittlung und eine neue Öffentlichkeit. Das Medienzeitalter begann. Es veränderte das kulturelle und politische Leben tiefgreifend.

M 1 Buchdruckerwerkstatt.
Nachträglich kolorierter Kupferstich* von Matthäus Merian d. Ä., 1632.

*Zur Arbeit des Kupferstechers siehe Abb. 1, Seite 116.

M 2 Ausschnitt aus einer Seite der Gutenberg-Bibel von 1456.
Die verzierten Anfangsbuchstaben sind Handarbeit. Sie wurden nach dem Druck eingefügt.

M 3 Titelseite einer Zeitung.
Eine der ersten regelmäßig erscheinenden Zeitungen kam ab 1609 wöchentlich in Wolfenbüttel als „Avisa, Relation oder Zeitung" heraus.

PROJEKT

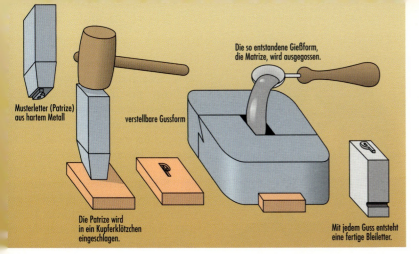

M 4 Die Herstellung von beweglichen Lettern.

M 5 Buchstabenentwürfe.
Gutenberg entwarf für die großen und kleinen Buchstaben des Alphabets nicht nur je eine Type, sondern mehrere verschiedene sowie Buchstabenverbindungen.

M 6 „Wie bekommt man das so hin?"
In einem Jugendbuch lässt Wiebke von Thadden einen Gesellen beschreiben, wie Buchstaben hergestellt wurden:

„Wenn man solche Lettern herstellen will, die beim Drucken Buchstaben ergeben sollen", begann der Geselle, „dann schreibt man als Erstes den Buchstaben – oder besser das ganze Alphabet – in der Schriftart, in der man es haben möchte, sauber auf ein Blatt Pergament. Dann paust man jeden Buchstaben einzeln seitenverkehrt auf eine Platte aus hartem Metall und schneidet die Buchstaben als kleine Stempel aus ihr heraus. Diese Stempel nennt man Patrizen. Die seitenverkehrte Patrize eines Buchstabens schlägt man in eine Form aus weicherem Metall und erhält so eine Vertiefung, eine seitenrichtige Matrize. Und diese Matrize legt man als Verschluss unten in eine Handgießform und gießt sie mit einer Legierung aus Blei und anderen Metallen aus. Damit erhält man eine seitenverkehrte Letter […] und die druckt dir dann einen seitenrichtigen Buchstaben aus. Du musst dir einmal vorstellen, dass man aus einer einzigen Patrize unzählig viele gleiche Matrizen und aus einer einzigen Matrize unzählig viele gleiche Lettern herstellen kann. Mit einer Letter lassen sich dann wieder unzählig viele Buchstaben drucken. Das ist das Geheimnis unserer Druckerkunst, die man auch die Schwarze Kunst nennt – und nicht nur wegen der Druckerschwärze, mit der wir die Lettern einfärben."

Wiebke von Thadden, Thomas und die schwarze Kunst. Ein Roman aus der Frühzeit des Buchdrucks, Hamburg ²1997, S. 49 f.

Internettipps → *Unter www.gutenberg.de und www.gutenbergdigital.de findest du weitere Informationen über Gutenberg und den Buchdruck.*

Exkursionstipp → *Museum für Papier- und Buchkunst, Lenningen-Oberlenningen (Kreis Esslingen). Alternative: Besuch einer beliebigen Zeitungsredaktion und Druckerei.*

Lesetipps → *Matthias Geske, Johannes Gutenberg, Kevelaer: Anrich; Wiebke von Thadden, Thomas und die Schwarze Kunst. Ein Roman aus der Frühzeit des Buchdrucks, Hamburg: Carlsen*

M 7 Typensetzmaschine von Charles Kastenbein, 1871.
Erst nach rund 400 Jahren wurde der Handsatz durch Setzmaschinen abgelöst. Zur Funktion: Drückt man eine Taste, gelangt die entsprechende Type aus einem der senkrecht stehenden Vorratsrohre durch einen Kanal der dreieckigen Leitplatte senkrecht in die Leitrinne zu den bereits gesetzten Typen. Nebenbei: Die Technik der Setzmaschinen wurde ständig verbessert. Aber bereits nach rund 100 Jahren war sie veraltet. Was löste diese Technik ab?

1. Beschreibt die in M 4 zu sehenden Arbeitsschritte. Findet heraus, welche wichtige Arbeit hier nicht dargestellt ist.
2. Inzwischen gibt es eine große Anzahl von Schriftarten. Druckt Beispiele mit dem PC aus (Groß- und Kleinbuchstaben). Vielleicht könnt ihr eine kleine Ausstellung zum Thema „Schriften" zusammenstellen.
3. Entwirf selbst Buchstaben.
4. Erkläre den Ausdruck „Schwarze Kunst" für das Druckhandwerk.
5. Erkläre die besondere Bedeutung der Buchdruckerkunst und überlege, wie sie Gesellschaft und Politik veränderte.

Und sie bewegt sich doch!

Die Erde steht nicht still

Der Erdmittelpunkt ist nicht der Mittelpunkt der Welt […]. Die Erde dreht sich mit den ihr anliegenden Elementen in täglicher Bewegung einmal ganz um ihre unveränderlichen Pole.

Diese Sätze stehen in einem Buch, das 1543 in Nürnberg gedruckt wurde und folgenden Titel trägt: *Sechs Bücher über den Umschwung der himmlischen Kugelschalen.* Der Verfasser war *Nikolaus Kopernikus (1473-1543).* Er verwarf das allgemein anerkannte **geozentrische Weltbild** (griech. *gē*: Erde), wonach die Erde der Mittelpunkt des Weltalls sei, und trug mit seinem Werk zu einem neuen Bild der Erde bei.

Die Ansicht, dass die Erde eine Scheibe sei, hatten die Gelehrten längst verworfen. Sie gingen davon aus, dass die Erde eine Kugel sei.

Wendezeit

Kopernikus hatte an den Universitäten von Krakau, Bologna, Padua und Ferrara humanistische, mathematische, juristische und medizinische Studien betrieben. Danach lebte er in Frauenburg, wo er als Domherr, eine Art leitender Angestellter einer Kirche, den Besitz des ostpreußischen Bistums Ermland im heutigen Polen verwaltete. Nebenbei studierte Kopernikus antike Schriften, beobachtete den Himmel und fand durch Berechnungen heraus, dass die Sonne im Mittelpunkt der Welt steht. Das erst kurz vor seinem Tode veröffentlichte Werk bestätigte seine Überzeugung, dass die Erde sich wie die anderen Planeten um die Sonne dreht. Kopernikus war es ursprünglich nicht um die Widerlegung des geozentrischen Weltbildes gegangen. Er wollte lediglich die Dauer des Jahres genauer bestimmen, um damit einen Beitrag zur Reform des Kalenders zu leisten.

1 Kopernikus.
Nachträglich kolorierter Stich aus einem Astronomiebuch des 17. Jh.

Das **heliozentrische Weltbild** (gr. *helios*: Sonne) wurde von dem italienischen Gelehrten *Galileo Galilei (1564-1642)* bestätigt. Galilei war wohl der Erste, der im Jahr 1609 mit einem Fernrohr in die Tiefen des Universums blickte.

Glaube gegen Wissenschaft?

Die katholische Kirche verwarf das heliozentrische Weltbild. Es stand für sie im Widerspruch zur Bibel. In der Heiligen Schrift bildete die Erde den Mittelpunkt der Schöpfung und damit des Universums. Die Beweise schienen der Kirche nicht schlüssig. Sie reagierte nicht sofort mit dem Verbot der Lehre. Erst 1616 setzte der Papst das Buch von Kopernikus auf den **Index**, das Verzeichnis der von der katholischen Kirche verbotenen Bücher.* Forscher wie Galilei ließen sich nicht abhalten, weiter nach Beweisen für die kopernikanischen Überlegungen zu suchen. Zum Ärgernis für die Kirche wurde Galilei, als er den Erkenntnissen der Natur eine größere Bedeutung zumaß als der Heiligen Schrift. Nachdem er den Papst in einer seiner Schriften lächerlich gemacht hatte, stellte die Kirche Galilei 1633 vor ein Inquisitionsgericht. Es wollte öffentlich festhalten, dass der Glaube an die göttliche Schöpfung nicht durch das menschliche Wissen infrage gestellt werden dürfe. Die Richter brachten den inzwischen 70-jährigen Forscher dazu, gegen seine Überzeugung sein Bekenntnis zum heliozentrischen Weltbild zu widerrufen, und verurteilten ihn zu einer lebenslänglichen Gefängnisstrafe.

Seinen Lebensabend verbrachte Galilei nicht hinter Gittern, sondern unter kirchlicher Aufsicht im eigenen Landhaus. In Abgeschiedenheit verfasste er ein für die weitere Entwicklung der Physik wichtiges Werk, die *Unterredungen und mathematischen Demonstrationen über zwei neue Wissenszweige, die Mechanik und die Fallgesetze betreffend.* Vier Jahre nach dieser Veröffentlichung, die von den Gelehrten in ganz Europa gelesen wurde, starb Galilei.

Erst 1992, 350 Jahre nach seinem Tod, gestand die katholische Kirche öffentlich ein, dass sie Galilei unrechtmäßig verurteilt hatte.

In welchem Zusammenhang der „Index" von der katholischen Kirche eingeführt wurde, erfährst du auf Seite 140.

2 Das heliozentrische Planetensystem des Kopernikus.
Kupferstich aus dem „Himmelsatlas" von Cellarius, 1660.
Drei Bewegungen kennzeichnen das kopernikanische Planetensystem:
1. Die Erde dreht sich täglich einmal um ihre Achse. 2. Sie bewegt sich einmal im Jahr um die Sonne.
3. Die Planeten bewegen sich auf Kreisen um die Sonne.

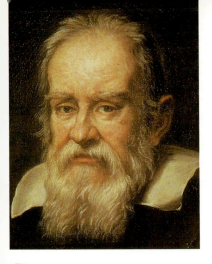

M 1 Ein Experiment
In Galileis „Dialog über die beiden hauptsächlichen Weltsysteme" von 1632 wird folgender Versuch beschrieben:

M 2 Galileo Galilei.
Kopie eines Gemäldes von Justus Sustermans, 1640.

M 3 Fernrohre.
Mit diesen beiden von ihm selbst angefertigten Fernrohren führte Galilei seine Beobachtungen durch.
Galilei hat die Fernrohre nicht erfunden. Die Idee, durch Kombination von zwei Linsen entfernte Gegenstände größer erscheinen zu lassen, scheint zuerst in Italien um 1590 entwickelt worden zu sein. Gebaut wurde das erste Fernrohr wahrscheinlich 1608 von einem Brillenmacher in Holland.

Auf einem Lineale, oder sagen wir auf einem Holzbrett von 12 Ellen Länge, bei einer halben Elle Breite und drei Zoll Dicke, war auf dieser letzten schmalen Seite eine Rinne von etwas mehr als einem Zoll Breite eingegraben. Dieselbe war sehr gerade gezogen, und um die Fläche recht glatt zu haben, war inwendig ein sehr glattes und reines Pergament aufgeklebt; in dieser Rinne ließ man eine sehr harte, völlig runde und glattpolierte Messingkugel laufen. Nach Aufstellung des Brettes wurde dasselbe einerseits gehoben, bald eine, bald zwei Ellen hoch; dann ließ man die Kugel durch den Kanal fallen und verzeichnete in sogleich zu beschreibender Weise die Fallzeit für die ganze Strecke; häufig wiederholten wir den einzelnen Versuch, zur genaueren Ermittlung der Zeit, und fanden gar keine Unterschiede, auch nicht einmal von einem Zehntel eines Pulsschlages. Darauf ließen wir die Kugel nur durch ein Viertel der Strecke laufen, und fanden stets genau die halbe Fallzeit gegen früher. Dann wählten wir andere Strecken und verglichen die gemessene Fallzeit mit der zuletzt erhaltenen und mit denen von zwei Drittel oder drei Viertel oder irgend anderen Bruchteilen; bei wohl hundertfacher Wiederholung fanden wir stets, dass die Strecken sich verhielten wie die Quadrate der Zeiten […]. Hierbei fanden wir außerdem, dass auch die bei verschiedenen Neigungen beobachteten Fallzeiten sich genauso zueinander verhielten, wie weiter unten unser Autor dasselbe andeutet und beweist. Zur Ausmessung der Zeit stellten wir einen Eimer voll Wasser auf, in dessen Boden ein enger Kanal angebracht war, durch den ein feiner Wasserstrahl sich ergoss, der mit einem kleinen Becher aufgefangen wurde, während einer jeden beobachteten Fallzeit; das dieser Art aufgesammelte Wasser wurde auf einer sehr genauen Waage gewogen; aus den Differenzen der Wägungen erhielten wir die Verhältnisse der Gewichte und die Verhältnisse der Zeiten, und zwar mit solcher Genauigkeit, dass die zahlreichen Beobachtungen niemals merklich voneinander abwichen.

Michael Heidelberger und Sigrun Thiessen, Natur und Erfahrung, Reinbek 1981, S. 157

1. Anfang des 17. Jh. setzte sich eine neue Auffassung von Wissenschaft durch. Beschreibe sie mit dem Lehrbuchtext und M 1.
2. Weder Kopernikus noch Galilei haben die Umlaufbahnen der Planeten um die Sonne genau berechnen können. Dazu waren weitere Forschungen notwendig. Informiert euch, wer die Umlaufbahnen der Planeten um die Sonne genauer erklärt hat und wie sie aussehen.

M 4 Der Versuch mit der schiefen Ebene.
Fresko von Giuseppe Bezzuoli, um 1839.
Erläutere das Experiment.

Die Europäer entdecken die Welt

1 **Venezianische Kaufleute.**
Französische Buchmalerei, um 1410. Das Bild stammt aus einer Ausgabe des Reiseberichts „Il Milione. Die Wunder der Welt" von Marco Polo, dem bekanntesten Asienreisenden des 13./14. Jh.

Der reiche Osten

Indien und allgemein Asien bedeuteten im 14./15. Jh. für die Europäer Reichtum: Italienische Kaufleute brachten kostbare Stoffe wie Seide, Edelsteine wie Diamanten, Smaragde und Rubine und vor allem Gewürze wie Pfeffer, Zimt und Nelken sowie Zucker, Wachse, Duft- und Farbstoffe aus dem Orient und Asien nach Europa. Die Genuesen und Venezianer übernahmen die Waren von arabischen Zwischenhändlern. Da der Transport lang und gefährlich und teuer war, mussten die Kunden für die Ware viel bezahlen. Europäische Kaufleute versuchten daher, die begehrten Güter in Afrika billiger zu bekommen. Außerdem suchten wagemutige Seefahrer einen direkten Seeweg nach Asien.

Die Anstrengungen wurden verstärkt, nachdem die Osmanen 1453 Konstantinopel erobert hatten. Damit kontrollierten sie den Mittelmeerhandel sowie die alten Handelsstraßen nach Asien. Und da sie die Waren nur gegen Gold und Silber verkauften, suchten die Europäer nun verstärkt nach Edelmetallen. Zu den wirtschaftlichen Motiven kamen religiöse: Der Kreuzzugsgedanke gegen Andersgläubige war nach dem Untergang von Byzanz wiederbelebt worden. Der Einfluss der „Heiden" sollte zurückgedrängt und der christliche Glaube verbreitet werden.

Die beiden „christlichen" Seefahrernationen Portugal und Spanien übernahmen die Führung, als es darum ging, diese Ziele zu verwirklichen. Ihre am Atlantik gelegenen Häfen wurden mit Unterstützung italienischer und deutscher Handels- und Bankhäuser zum Ausgangspunkt der europäischen Entdeckungen und Eroberungen.

2 **Christoph Kolumbus.**
Ölgemälde von Sebastiano del Piombo, etwa 1519.
Es gibt keine zeitgenössischen Porträts von Kolumbus. Das hier ausgesuchte Gemälde gilt als verlässliches Bild des Seefahrers.

Im Westen den Osten suchen

Am Ende des 15. Jh. war zwischen Portugal und Spanien eine Art „Wettlauf" auf der Suche nach dem neuen Seeweg nach Indien entstanden. Dem Portugiesen *Bartolomeu Dias* gelang es 1488, entlang der Westküste die Südspitze Afrikas zu erreichen. Der Weg zum Indischen Ozean war offen. Um bei dem „Wettlauf" nicht leer auszugehen, unterstützten die Könige Spaniens, *Ferdinand II. von Aragón* und *Isabella von Kastilien*, in den folgenden Jahren *Christoph Kolumbus*.

Kolumbus war 1447 oder 1451 in Genua geboren worden und hatte sich 1477 in Lissabon niedergelassen. Er rühmte sich großer seemännischer Erfahrung und versuchte, bei mehreren Höfen Interesse und Unterstützung für seine Idee zu gewinnen, Indien im Westen zu suchen. Seiner Meinung nach musste es möglich sein, nach dem östlich von Europa gelegenen Asien zu gelangen, indem man auf dem Atlantik nach Westen segelte. Kolumbus setzte voraus, dass die Erde eine Kugel sei. Den Umfang der Erde, und damit die Entfernung von Europa nach Asien, kannte bis dahin niemand genau. Die Berechnungen von Kolumbus galten als unsicher. Portugiesische Experten hatten daher seine Pläne als „Geschwätz" abgelehnt. Auch in Spanien stießen seine Ideen zunächst auf Widerstand.

M 1 Sanduhr, um 1500.

Die Sanduhr war das einzige Instrument, mit dem die Seefahrer seit dem 13. Jh. die Zeit messen konnten. Etwa jede halbe Stunde, sobald der Sand durchgelaufen war, musste das sogenannte Stundenglas umgedreht und die Zeit ausgerufen werden. Nur so konnte die Länge der Schiffswachen genau eingeteilt werden.

M 2 Rekonstruktion der Weltkarte des Florentiners Toscanelli von 1474.

Vereinfachte Nachzeichnung.
Toscanelli schätzte die Entfernung zwischen den Kanarischen Inseln und Japan (Zippangu) auf 3 000 Seemeilen (1 Seemeile = 1,852 km) und die von Japan bis China (Catai) auf nochmal 2 000 Seemeilen. Kolumbus ging von einer geringeren Entfernung aus.

M 3 Der „Erdapfel" des Martin Behaim von 1492.

Durchmesser der Kugel: 51 cm.
Der in portugiesischen Diensten stehende Nürnberger Geograf und Forschungsreisende Martin Behaim (1459-1507) ließ 1492 diese Erdkugel aus Pappe und Gips in seiner Heimatstadt anfertigen. Die Oberfläche zeigt das europäische Weltbild am Vorabend der Kolumbusfahrten. Für das Kartenbild wurden auch die Vorstellungen und Berechnungen von Toscanelli über die Lage der Kontinente und Inseln benutzt (siehe M 2).
Der Globus wird heute im Germanischen Nationalmuseum in Nürnberg aufbewahrt.

M 4 Toscanelli schreibt an Kolumbus

Einer der ersten Kartografen, die von einer kugelförmigen Oberfläche der Erde ausgingen, ist der italienische Humanist Paolo Toscanelli (1397-1482); 1480 schreibt er Kolumbus:

Ich lobe Eure Absicht, nach Westen zu fahren, und ich bin überzeugt, wie Ihr auf meiner Karte bereits gesehen habt, dass der Weg, den Ihr nehmen wollt,
5 nicht so schwierig ist, wie man denkt. Im Gegenteil, der Weg nach jenen Gegenden, die ich eingezeichnet habe, ist ganz sicher. Ihr würdet keine Bedenken haben, wenn Ihr, wie ich, mit vielen
10 Personen verkehrt hättet, die in jenen Ländern gewesen sind. Und seid gewiss, mächtige Könige anzutreffen, viele volkreiche wohlhabende Städte und Provinzen zu finden, die an jeder Art
15 von Edelsteinen Überfluss haben. Und es wird die Könige und Fürsten, die in jenen entfernten Ländern herrschen, hoch erfreuen, wenn man ihnen einen Weg bahnt, um mit den Christen in
20 Verbindung zu treten und sich von ihnen in der katholischen Religion und in allen Wissenschaften, die wir besitzen, unterrichten zu lassen.

Fritz Dickmann (Bearb.), Renaissance, Glaubenskämpfe, Absolutismus. Geschichte in Quellen, München ²1976, S. 40

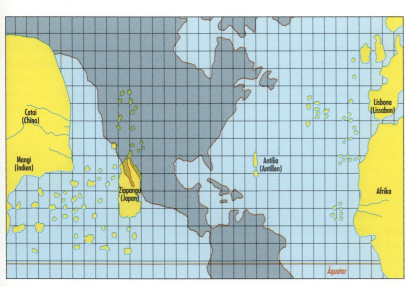

1. Fasse die Gründe zusammen, die die Europäer zu den Entdeckungsreisen veranlassten.
2. Bestimme die Rolle der Kartografie für die Entdeckungsreisen (M 2 bis M 4).
3. Verfasse eine Antwort von Kolumbus auf den Brief Toscanellis (M 4).
4. Überlege, warum es für Kolumbus wichtig war, vor einer Reise die Entfernung zwischen Europa und Asien zu kennen.
5. Stelle mit einer Weltkarte die Entfernung von den Kanarischen Inseln bis Japan fest. Vergleiche mit den Angaben Toscanellis (M 2).

Auf zu neuen Ufern!

 Die Schiffe Niña, Pinta und Santa Maria.
Originalgetreue Nachbauten. Foto von 1990.
Am 3. August 1492 stach Christoph Kolumbus mit einer Mannschaft von 87 Männern und drei Schiffen von der spanischen Hafenstadt Palos aus in See. Die erste Etappe führte zu den Kanarischen Inseln. Von dort segelte man am 6. September weiter. Am 12. Oktober erreichte man eine Insel der Bahamagruppe. Der gläubige Entdecker gab der Insel den Namen „San Salvador", was mit „Heiliger Erlöser" übersetzt werden kann.

Ein genialer Irrtum

Kolumbus und seine Mannschaft hatten Glück, dass sie 1492 einen neuen Kontinent entdeckten. Sie wären nämlich unterwegs verhungert oder verdurstet, wenn sie den Weg von Europa bis nach Indien westwärts ohne Aufenthalt hätten zurücklegen müssen. Aber das wusste 1492 noch keiner. Im Frühjahr 1493 kehrte Kolumbus mit zwei vollbeladenen Schiffen nach Spanien zurück. Das spanische Königspaar bereitete ihm in Barcelona einen prunkvollen Empfang und machte ihn – wie vor der Reise vereinbart – zum Generalgouverneur und Vizekönig der entdeckten Gebiete.

Kolumbus unternahm drei weitere Fahrten über den Atlantik. Dabei fand er weitere Inseln. Das Festland von Mittel- und Südamerika betrat er aber nicht. Nach wie vor glaubte er, den westlichen Seeweg nach Indien gefunden zu haben. Die Bewohner des Landes wurden von ihm deshalb **Indios** genannt. Als Generalgouverneur und Vizekönig der neuen Gebiete konnte der Entdecker sich nicht durchsetzen. Er fiel bei seinen Förderern in Ungnade und wurde sogar zeitweise gefangengehalten. Verbittert soll er 1506 in Spanien gestorben sein.

Die „Neue Welt"

Die „Neue Welt", die Kolumbus entdeckt hatte, wurde nicht nach ihm, sondern nach dem Italiener *Amerigo Vespucci* benannt. Dieser hatte im Auftrag des Florentiner Bankhauses der Medici und des portugiesischen Königs zwei Forschungsreisen nach Mittel- und Südamerika unternommen und erkannt, dass Kolumbus nicht in Indien gelandet war, sondern einen neuen Erdteil entdeckt hatte. Seine 1502 gedruckte Beschreibung der „Neuen Welt" fand eine größere Verbreitung als die Berichte des Kolumbus.

So ist es zu erklären, dass der elsässische Humanist *Matthias Ringmann* 1507 dem aus Freiburg im Breisgau stammenden Kartografen *Martin Waldseemüller* vorschlug, auf einer neuen Weltkarte der „Neuen Welt" nach *Amerigo Vespucci* die Bezeichnung **Amerika** zu geben. Dieser Name setzte sich durch.

Auch Kolumbus hatte den neuen Kontinent nicht entdeckt. Schon um das Jahr 1000 waren Wikinger an der nordöstlichen Küste Amerikas gelandet, doch ihre Fahrten hatten im Gegensatz zu der des Jahres 1492 keine bleibenden Erinnerungen und Spuren hinterlassen. Deshalb wird die Entdeckung Amerikas Kolumbus zugeschrieben.

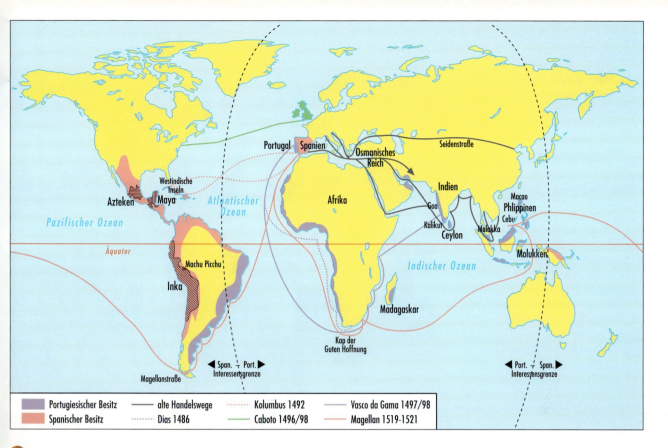

2 Wichtige Entdeckungsfahrten bis 1522.

Immer weiter

1498 umsegelte der Portugiese *Vasco da Gama* Afrika und erreichte mithilfe eines arabischen Lotsen Indien auf dem kürzesten Seeweg. Ein weiterer Portugiese, *Ferdinand Magellan*, versuchte 1519 im Auftrag der spanischen Krone erneut, auf dem westlichen Seeweg nach Indien zu kommen. Magellan überlebte die Reise nicht. Er starb 1521 im Kampf gegen die Bewohner der Philippinen-Insel Mactan (bei Cebu). Von den 265 Männern, mit denen er die Reise angetreten hatte, kehrten nach drei Jahren nur etwa 30 zurück. Sie hatten erstmals die Welt umsegelt.

Nicht nur Portugal und Spanien beteiligten sich an den Entdeckungsreisen. Der unter britischer Flagge segelnde Italiener *Giovanni Caboto* entdeckte 1497 die Küste Nordamerikas. Doch die Engländer zeigten an den Gebieten kein Interesse, da sie dort weder Gold noch Silber fanden.

3 Vasco da Gama am Hofe des Herrschers von Calicut in Südindien.
Holzstich nach einem Gemälde von José Vellosa-Salgado von 1898.
Vasco de Gama überreicht dem Radscha* Samurin von Calicut ein Schreiben seines Königs und lässt Geschenke verteilen.

*Radscha: König oder Fürst

„Für Gott die Seelen, das Land dem König"

Zwischen Spanien und Portugal begann ein Streit um die entdeckten Gebiete. Erst ein Schiedsspruch des Papstes legte ihn vorübergehend bei. Nachdem der Papst den Grundsatz *Für Gott die Seelen, das Land dem König* durchgesetzt hatte, einigte man sich 1494 im **Vertrag von Tordesillas**, den westlichen Ozean und die entdeckten Länder in einen spanischen und einen portugiesischen Interessenbereich zu teilen.

Die übrigen europäischen Seefahrerstaaten erkannten diese Aufteilung der Erde zwischen Spaniern und Portugiesen nicht an. Sie wollten sich von dem einsetzenden Atlantikhandel und den Reichtümern der entdeckten Gebiete nicht ausschließen lassen. Diese Gegensätze führten im 16./17. Jh. zu zahlreichen Seekriegen.

1. Lege eine Tabelle der wichtigsten Entdeckungsfahrten an (Abb. 2). Begründe, warum um 1500 ein „Wettlauf nach Indien" stattfand.
2. Erkläre das Motto „Für Gott die Seelen, das Land dem König".

M 1 „Kolumbus, als er in India erstlich angekommen, wird von den Einwohnern aufgenommen und mit großem Geschenk verehrt und begabet."

Nachträglich kolorierter Kupferstich (16,4 x 19,3 cm) aus dem 4. Band der „Sammlung von Reisen in das westliche Indien (America)" von 1594. Herausgeber dieses umfangreichen Werkes, dessen erster Band in vier Sprachen (französisch, deutsch, englisch und lateinisch) und dessen weitere 13 Bände in deutscher und lateinischer Sprache erschienen, war der Frankfurter Verleger, Kunsthändler und Kupferstecher Theodor de Bry (1528-1598). Zum Bild: Da es keine zeitgenössischen Bildvorlagen des Ereignisses gibt, ist diese Illustration nur das Fantasiebild eines Europäers, der sich von den veröffentlichten Briefen und Berichten der Entdecker anregen ließ.

M 2 Die Ankunft

Das Bordbuch des Kolumbus enthält die täglichen Eindrücke des Entdeckers. Die Eintragungen sind nur durch Überlieferung eines Zeitgenossen bekannt. Das Original ist verlorengegangen.

Freitag, den 12. Oktober 1492
Der Admiral rief die beiden Kapitäne und die anderen, die an Land gegangen waren, zu sich […] und sagte, sie sollten bestätigen und rechtlich bezeugen, dass er vor aller Augen von der Insel Besitz ergriff, wie er es dann auch im Namen des Königs und der Königin, seiner Herren, tat […]. Das Folgende sind wörtliche Äußerungen des Admirals in seinem Buch über die erste Fahrt und die Entdeckung […].

„Da ich ihre Freundschaft gewinnen wollte und bemerkte, dass es Leute waren, die sich eher durch Liebe für unseren heiligen Glauben gewinnen und zu ihm bekehren ließen, gab ich einigen von ihnen ein paar bunte Mützen und einige Ketten aus Glasperlen und andere Dinge von geringem Wert, an denen sie großes Vergnügen fanden. Sie waren uns derart zugetan, dass es ein wahres Wunder war. Hernach kamen sie zu den Booten geschwommen, in denen wir uns befanden, und brachten uns Papageien und Knäuel von Baumwollfäden, Wurfspieße und viele andere Dinge und tauschten sie gegen Dinge ein, die wir ihnen gaben, wie kleine Glasperlen und Glöckchen. Kurz gesagt, sie nahmen einfach alles und gaben bereitwillig von allem, was sie besaßen. Aber mir schien es, als seien sie in jeder Hinsicht außerordentlich arme Leute. Sie gehen allesamt nackt herum, wie sie ihre Mutter zur Welt gebracht hat, auch die Frauen […]. Sie tragen keine Waffen […]. Sie sind sicher hervorragende Arbeitskräfte; sie haben einen aufgeweckten Verstand, denn ich sehe, dass sie sehr schnell alles nachsagen können, was man ihnen vorspricht. Außerdem glaube ich, dass man sie leicht zum Christentum bekehren könne, denn es scheint mir, dass sie noch keine Religion haben."

Eberhard Schmitt (Hrsg.), Dokumente zur Geschichte der europäischen Expansion, Bd. 2, München 1984, S. 112 ff. (vereinfacht)

M 3 Über das Gold der Indios

Einen Monat nach seiner Ankunft notiert Kolumbus in seinem Schiffstagebuch:

Montag, den 12. November
Die Indios sind fest davon überzeugt, dass […] wir vom Himmel gekommen sind […]. Zweifellos gibt es in diesen Gebieten riesige Mengen Gold, und nicht ohne Grund sagen die Indios, die ich mitführe, dass es auf diesen Inseln Orte gibt, wo man das Gold aus der Erde gräbt und die Leute es als dicke Ringe am Hals, an den Ohren, den Armen und Beinen tragen. Außerdem gibt es Edelsteine und Perlen und unendlich viele Gewürze.

Eberhard Schmitt (Hrsg.), Dokumente zur Geschichte der europäischen Expansion, Bd. 2, a.a.O., S. 119 f.

---

1. Überprüfe, wo Bild (M 1) und Quelle (M 2) übereinstimmen und wo nicht.
2. Untersuche, was Kolumbus an den Menschen interessierte (M 2 und M 3).

Die indianischen Kulturen werden zerstört

Spanier erobern die „Neue Welt"

Der Entdeckung der „Neuen Welt" folgte die Eroberung. Die in Europa veröffentlichten Berichte schilderten die Einwohner als ungebildet und erzählten vom Gold- und Silberreichtum der Inseln und Länder. Fürsten, Handelsherren und rücksichtslose Abenteurer sahen hier eine Chance, schnell zu Reichtum zu kommen. Die Kirche meinte, die Eingeborenen zum christlichen Glauben bekehren zu müssen.

Die indianischen Hochkulturen

Kolumbus hatte kleine Völker kennengelernt, deren Leben in der Natur ihn an das Paradies denken ließen. Aber die „Neue Welt" war auch die Heimat der Hochkulturen der *Inka, Maya und Azteken**. An deren Spitze standen Herrscher, die wie Götter verehrt wurden und die große Macht über das Land und die Menschen hatten.

Diese Völker kannten weder Pferde noch Wagen. Auch Eisen war ihnen fremd. Doch ihre Städte mit gepflasterten Straßen, gewaltigen Tempeln und Palästen, ihr spezialisiertes Handwerk sowie zahlreiche Kunstwerke aus Keramik, Textilien, Gold und Silber zeugten von einer bedeutenden Kultur.

Das Verhängnis der Indios

Die Eroberer** hatten keinen Sinn für die Kultur der Völker Alt-Amerikas. Sie interessierten sich fast ausschließlich für Gold, Silber und Perlen. Nichts hielt die Eindringlinge ab, weder die Unkenntnis der riesigen Länder noch Urwald und Hochgebirge, Kälte und Hitze, Hunger und andere Entbehrungen.

Über den Atlantik kamen keine großen Armeen. Trotzdem gelang es den wenigen Europäern, in nicht einmal 15 Jahren die mittel- und südamerikanischen Reiche zu erobern und die Hochkulturen der einheimischen Völker weitgehend zu zerstören.

Die Eroberer siegten, weil sie mit ihren Pferden, Bluthunden, modernen Waffen und Rüstungen den Einheimischen militärisch überlegen waren. Sie waren aber auch erfolgreich, weil sie sich mit List und Gewalt in die bestehenden inneren Machtkämpfe und Streitigkeiten einmischten.

Dazu kamen Besonderheiten der indianischen Religionen: Die Azteken erwarteten, dass der Gott *Quetzalcoatl* in einer strahlenden Rüstung aus dem Osten zurückkommen würde, um die Herrschaft in seinem Reiche zu übernehmen. Ihr Verhängnis war, dass diese Vorstellung genau auf die weißen Eindringlinge passte. Außerdem verlangte der Glaube der Indios, sich einem von den Göttern verhängten Schicksal zu fügen. Daher wehrten sie sich fast nie mit voller Kraft gegen die Eroberer.

* Wo die Reiche der Inka, Maya und Azteken lagen, kannst du auf Abb. 2, Seite 107 sehen.

Die spanischen und portugiesischen Anführer der Expeditionen zur Entdeckung, Eroberung und Inbesitznahme der Länder werden auch **Konquistadoren (dt. Eroberer) genannt.

1 Der Huayna Picchu über der Ruinenstadt Machu Picchu.
Foto, um 1970.
Die um 1450 errichtete Inkastadt blieb den Spaniern unbekannt. 1911 wurde die verfallene und vom Urwald überwucherte Stadt wiederentdeckt und ausgegraben. Heute zählt Machu Picchu zu den wichtigsten Kulturdenkmälern der Welt.

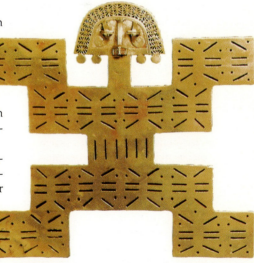

2 Goldschmuck aus Südamerika, vor 1500.
Da die Eroberer fast alle Goldfunde einschmelzen ließen, ist von den Schmuckarbeiten der früheren amerikanischen Kulturen kaum etwas erhalten geblieben.

3 **Pater Bartolomé de Las Casas vor einem zerstörten Aztekentempel.**
*Ölgemälde von Felix Parras, 1875.
Las Casas, der Kolumbus kannte, kam 1502 in die „Neue Welt".
Als Soldat und Militärkaplan nahm der damals 28-Jährige an einem Feldzug gegen aufständische Indios teil. Für seine Verdienste erhielt er eine* **Encomienda**, *d.h. ihm wurden Ländereien überlassen und Indios als Arbeitskräfte zugeteilt. Seine Erfahrungen veränderten seine Einstellung gegenüber der Kolonisationspraxis. Unermüdlich berichtete er der spanischen Krone über die Gräueltaten der Kolonisten und forderte, dass alle Menschen gleich behandelt werden müssten. Die Indianer könnten seiner Meinung nach allenfalls durch Überredung und gutes Beispiel dazu gebracht werden, das Christentum und die europäische Lebensweise aufzunehmen, auf keinen Fall durch Gewalt. 1523 trat Las Casas dem Dominikanerorden bei und wurde 1543 Bischof von Chiapas in Mexico. Bis zu seinem Tod im Jahre 1566 bemühte er sich, das Leben der Indios zu verbessern.*

Aus Stützpunkten werden Kolonien

Zuerst errichteten die Spanier Handelsstationen an der Küste. Dann bauten sie Befestigungsanlagen und Städte, um von dort aus das eroberte Land zu verwalten, die Natur- und Bodenschätze auszubeuten und Plantagen anzulegen. So entstanden die ersten Kolonien in der „Neuen Welt" und die **Europäisierung der Welt** begann.

Wie es den Indios erging

Die spanischen Kolonien wurden von Sevilla aus geleitet. Gouverneure und Vizekönige regierten in den neuen Gebieten mit immer mehr Beamten. So versuchte die spanische Regierung, ihre Einkünfte zu sichern und die Rücksichtslosigkeit der selbstherrlichen Eroberer einzuschränken.

Die Kolonisten sahen sich als Herren der Indios. Sie zwangen die Indios, in den Gold- und Silberbergwerken oder auf neueingerichteten Plantagen zu arbeiten. Dabei wurden Familien auseinandergerissen. Kinderarbeit war selbstverständlich. Viele Indios vertrugen die ungewohnte Arbeit nicht und starben.

Außerdem wirkten sich die von den Europäern ins Land gebrachten ansteckenden Krankheiten verheerend aus: Pocken, Masern, Scharlach, Typhus und Grippe entvölkerten ganze Landstriche. Nach Schätzungen sank allein die Bevölkerung Innermexikos von 1 500 000 (1519) auf 325 000 (1570) und dann auf 70 000 (1644). Erst im 18. Jh. wuchs die Bevölkerung wieder.

„Sind Indios keine Menschen?"

Einer der wenigen Europäer, die sich diese Frage stellten, war der Spanier *Bartolomé de Las Casas*. Er prangerte die Unterdrückung, Ausbeutung und Ausrottung der Indios an. Mehrfach reiste er an den spanischen Hof, um sich für die Indios einzusetzen. Dies führte 1542 zu einem Gesetz zum Schutz der Indios. Doch wenige Jahre später wurde es zurückgenommen, da die spanischen Unternehmer dagegen protestierten und erklärten, auf die Indios angewiesen zu sein. Gleichzeitig hatten die großen Handelsunternehmungen wie die Welser begonnen, Sklaven aus Afrika als Ersatz für die Indios in die Kolonien zu bringen. Auch Las Casas empfahl dem spanischen König, Afrikaner in die „Neue Welt" zu holen, da sie kräftiger als die Indios seien. Später bereute er seine Empfehlung.

Die Europäer breiten sich aus

Vom 15. bis zum Ende des 18. Jh. kamen über sechs Millionen Europäer nach Nord- und Südamerika. Die Einwanderer brachten ihre Kultur, Lebens- und Arbeitsweise, ihre Sprache und Religion mit, die sie den Indios aufzwangen.

Die Europäer lernten Kartoffeln, Mais, Erdnüsse, Kakao, Tomaten, Paprika, Vanille und Tabak kennen und machten sie in Europa heimisch. In die „Neue Welt" brachten sie Zuckerrohr, Weizen, Gerste, Hafer, Hopfen, Baumwolle und Kaffee sowie Rinder, Schafe, Schweine und Pferde.

Perspektiven wechseln: Spanier oder Indios

Wie könnt ihr mit Quellen und Darstellungen umgehen, die voneinander abweichen oder sich sogar widersprechen?

Zunächst müsst ihr überhaupt erkennen, dass ein Geschehen oder eine Entwicklung aus einer bestimmten Perspektive (Sicht) beschrieben wird, dass der Verfasser des Textes einen eigenen Standpunkt einnimmt. Achtet dazu auf die Sprache, besonders auf wertende Substantive, Verben und Adjektive.

Prüft beim Vergleich von Texten, was der eine erwähnt, der andere aber vielleicht weglässt.

Um die Quelle auf ihre Glaubwürdigkeit hin zu überprüfen, ist es auch wichtig zu wissen, wer der Autor des Textes ist, wann, wo und in wessen Auftrag er den Text verfasst hat.

Was ihr außerdem berücksichtigen solltet, erfahrt ihr im Lerntipp „Meinungen vergleichen" (siehe Vorsatzblatt vorne).

M 1 Die Spanier kommen!
Wie die Inkas auf die spanischen Seefahrer reagierten, schildert folgender Bericht, den ein Geistlicher Anfang des 17. Jh. überliefert hat:

Huayna Capac* erholte sich gerade in seinen Palästen [...], da erfuhr er von der Ankunft der Spanier an den Küsten und in der Stadt von Tumbes [...]. Die Boten brachten diese Nachricht vor den Inka [...]; sie erzählten, am Strande von Tumbes seien sonderbare Fremdlinge, wie man sie nie vorher gesehen habe, gelandet; sie hätten neue Lehren und Gesetze gepredigt; sie seien so tapfere Männer, dass sie keine Gefahr fürchteten; sie gingen in Kleider gehüllt von Kopf bis Fuß, seien weiß, hätten Bärte und ein wildes Aussehen. Sie sprachen noch von vielen anderen Dingen, die den Inka erstaunten, und als er sie fragte, von welchem Teile der Welt die Männer gekommen seien, antworteten sie, sie wüssten nicht mehr, als dass jene in großen hölzernen Häusern übers Meer führen, diese lenken und wenden und damit hin und her fahren könnten und kommen und verschwinden, wohin sie wollten; bei Nacht begäben sie sich aufs Meer und schliefen in ihren Häusern, und bei Tag gingen sie wieder an Land [...].

Der Inka war sprachlos über das Gehörte, und ihn überkam eine solche Bestürzung und Wehmut, dass er sich allein in sein Gemach zurückzog und nicht mehr herauskam bis zum Anbruch der Nacht.

M 2 Maya-Zeichnung, Anfang des 16. Jh.
Beschreibe, wie die Personen dargestellt sind. Wodurch wird sichtbar, dass ein Maya die Zeichnung angefertigt hat?

Da kamen weitere Boten von der Küste und ließen ihn wissen, jene Leute seien in ihre Häuser und königlichen Paläste eingedrungen, hätten sie geplündert und alle Schätze mitgenommen.

Eberhard Schmitt (Hrsg.), Dokumente zur Geschichte der europäischen Expansion, 2. Bd., a.a.O., S. 387 f. (vereinfacht)

*Huayna Capac: Name des Inka-Herrschers

M 3 Gier nach Gold
Ein Dokument altmexikanischer Kultur ist uns durch den Franziskaner Fray Bernardino de Sahagún überliefert worden, der aztekische Erzählungen, Traditionen und Berichte gesammelt und um 1558 aufgeschrieben hat. Er überliefert folgenden aztekischen Augenzeugenbericht aus dem Jahre 1518:

Sie [die Azteken] schenkten den Göttern [den Spaniern] goldene Banner und Fahnen aus Quetzalfedern* und goldene Halsketten. Als sie das Gold in ihren Händen hatten, brach Lachen aus den Gesichtern der Spanier hervor, ihre Augen funkelten vor Vergnügen, sie waren entzückt. Wie Affen griffen sie nach dem Gold und befingerten es, sie waren hingerissen vor Freude, auch ihre Herzen waren angesteckt von den Strahlen des Goldes. Nur nach Gold hungerten und dürsteten sie, es ist wahr! Sie schwollen an vor Gier und Verlangen nach Gold. Gefräßig wurden sie in ihrem Hunger nach Gold, sie wühlten wie hungrige Schweine nach Gold. Sie rissen die goldenen Banner an sich, prüften sie Zoll für Zoll, schwenkten sie hin und her, und auf das unverständliche fremde Rauschen im Wind antworteten sie mit ihren wilden, barbarischen Reden.

Miguel León-Portilla und Renate Heuer (Hrsg.), Rückkehr der Götter. Die Aufzeichnungen der Azteken über den Untergang ihres Reiches, Frankfurt am Main 1986, S. 43

*Quetzalfedern: die Schwanzfedern des Vogels Quetzal; sie waren bei den Azteken als Schmuck sehr geschätzt und in erster Linie den Fürsten vorbehalten.

M 4 Die Spanier auf Kuba

1511 kommen die Spanier auf die Insel Kuba. Bartolomé de Las Casas berichtet:

Ein königlicher Beamter, der […] dreihundert Indios zugeteilt bekam, hatte nach drei Monaten durch die Arbeiten in den Gruben zweihundertsiebzig davon zu Tode gebracht, sodass ihm von allen nur dreißig blieben; das ist nur der zehnte Teil. Danach gab man ihm wiederum dieselbe Zahl und noch mehr; doch er brachte sie wiederum um, und je mehr man ihm gab, desto mehr mordete er, bis er selbst starb und der Teufel seine Seele nahm.

In drei oder vier Monaten starben in meinem Beisein mehr als siebentausend Kinder, weil ihre Väter und Mütter sie in die Gruben schickten. Und ich sah noch weitere gräuliche Dinge. Daraufhin beschlossen die Spanier, auf die Jagd nach den Indios zu gehen, die sich in den Bergen aufhielten. Dort richteten sie absonderliche Verheerungen an, und so verwüsteten und entvölkerten sie die ganze Insel.

Christoph Strosetzki (Hrsg.), Der Griff nach der Neuen Welt. Der Untergang der indianischen Kulturen im Spiegel zeitgenössischer Texte, Frankfurt a. M. 1990, S. 274

M 5 „Denn das ist die natürliche Ordnung"

Der spanische Theologe und königliche Geschichtsschreiber Juan Ginés de Sepúlveda begründet um 1545 das Vorgehen der Spanier gegen die Indios:

Da die Indianer ihrer Natur nach Sklaven, Barbaren, rohe und grausame Gestalten sind, lehnen sie die Herrschaft der Klugen, Mächtigen und Vortrefflichen ab, anstatt sie zu ihrem eigenen Besten zuzulassen, wie es einer natürlichen Gerechtigkeit entspricht.

Denn der Körper muss der Seele, die Begierde der Vernunft, die rohen Tiere dem Menschen, das heißt also das Unvollkommene dem Vollkommenen, das Schlechte dem Besseren unterworfen sein. Denn das ist die natürliche Ordnung.

Richard Konetzke, Lateinamerika seit 1492, Stuttgart 1970, S. 8

M 6 „Wie die Indianer das Gold aus den Bergen graben."

Kupferstich aus dem 9. Band der „Sammlung von Reisen in das westliche Indien (America)" von 1601 (siehe dazu auch die Informationen in M 1, Seite 108). Die Darstellung des Bergwerkes ist frei erfunden.

Die Gold- und Silberminen von Potosí (im heutigen Bolivien) wurden 1545 entdeckt. Der im selben Jahr gegründete Ort entwickelte sich zu einer der größten Städte der damaligen Welt. 1585 lebten dort auf rund 4000 m Höhe etwa 120 000 Menschen.

M 7 Amerika und Europa.

Karikatur aus Südamerika von 1992. Der Text auf dem Schild heißt übersetzt: „1492: Die amerikanischen Ureinwohner entdecken die Neue Welt …" Der Zeichner legt dem Indianer folgende Worte in den Mund: „Hey! Das wird ein großartiger Ort sein, sobald wir diese Leute beseitigt, sie um ihr Land beraubt und ihre Kultur zerstört haben werden!"

1. Wie nehmen sich Indios und Spanier wahr? Nenne Textstellen, wo verschiedene Sichtweisen erkennbar sind (M 1 bis M 6). Erkläre!
2. Worin besteht der Perspektivenwechsel in der Karikatur (M 7)? Führt ein Streitgespräch über das Bild. Berücksichtigt dabei Materialien und Darstellung.

Geld und Macht

Gewinn geht über alles

Während der Renaissance begann sich eine neue Auffassung von Arbeit und Einkommen durchzusetzen: Ziel einzelner Unternehmer war nicht mehr ein zum Leben ausreichendes Auskommen innerhalb der Zunft- und Gildeordnungen, sondern ein hoher Gewinn. Clevere Unternehmer verarbeiteten Rohstoffe nicht mehr selbst, sondern wurden zu **Verlegern**: Sie „legten" Handwerkern und Heimarbeitern ihre Rohmaterialien zur Bearbeitung „vor". Oft verteilten sie die Arbeit auf mehrere Betriebe, da zur Herstellung bestimmter Tuche mehr als zwanzig Arbeitsgänge notwendig waren. Dadurch förderten die Verleger die **Arbeitsteilung**. Häufig verliehen sie die zur Verarbeitung erforderlichen Arbeitsmittel wie die Webstühle. Die vor allem auf dem Lande lebenden Heimarbeiter und Handwerker erhielten von den Verlegern für ihre Arbeit nur einen kargen Lohn.

Die Verleger konnten Waren billiger und schneller auf den Markt bringen als das „zünftige" Handwerk. Zugleich versuchten sie, zum einzigen Anbieter eines bestimmten Produktes oder Rohstoffes zu werden. Hatten die Unternehmer das erreicht, konnten sie Preise und Löhne frei bestimmen.

Fernhändler und Bankiers

Der Überseehandel brachte große Gewinne. Allein die Ladung, die die Überlebenden der Weltumsegelung Magellans auf dem einzigen geretteten Schiff mit sich führten, soll ausgereicht haben, die Kosten für die dreijährige Expedition zu decken, bei der vier Schiffe untergegangen waren.

Die Fernhändler gingen ein erhebliches Risiko ein, wenn sie ihre Einnahmen als Münzen bei sich trugen. In den italienischen Handelsstädten wurden deshalb im 13. Jh. aus Geldwechslern erste Bankiers, die Zahlungen ohne Bargeld ermöglichten: Sie übernahmen Geld, stellten Wechsel* aus und gaben Geld für Schecks. Dazu vergaben sie Kredite, für die sie Zinsen verlangten. Die Bankiers finanzierten nicht nur Handelsgeschäfte, sondern auch risikoreiche Entdeckungsreisen, aufwändige Hofhaltungen und teure Kriege. Päpste, Kaiser und Landesherren waren auf die Kredite der Banken angewiesen. Sie überließen dafür den Kreditgebern oft neben Steuern und Zöllen die Rechte, Bodenschätze zu heben.

*Wechsel: schriftliche Verpflichtung zur Zahlung in einem bestimmten Zeitraum

Schätze aus dem Boden

Der Abbau von Silber, Kupfer und Blei zählte zu den Geschäften mit den höchsten Gewinnen. Da immer mehr Metall gebraucht wurde, stiegen die Preise ständig. Um Bergleute anzuwerben und die komplizierten Förderanlagen zu errichten, benötigte der Unternehmer besonders viel Geld im voraus. Bergwerke warfen nämlich nur Gewinne ab, wenn sie die neuerfundene, aber sehr teure Technik nutzten: die Grubenentwässerung, die erst den Erzabbau in großen Tiefen ermöglichte, und Schmelzverfahren, die noch mehr Metall aus dem geförderten Gestein lösten.

Frühkapitalistische Unternehmer

Um das erforderliche **Kapital** zusammenzubekommen, wurden Gesellschaften gegründet, in denen mehrere Eigentümer Geld, Produktions- und Transportmittel zusammenlegten. Die erfolgreichsten Unternehmer wie die *Fugger* begnügten sich nicht mit einer Geschäftssparte. Sie betrieben gleichzeitig Verlagswesen, Fernhandel, Bankgeschäfte und Bergbau. Beispiele sind die Familienunternehmen der *Medici* und *Fugger*. Die von ihnen betriebene Wirtschaftsform wird als **Frühkapitalismus** bezeichnet.

1 In der Schalterhalle einer italienischen Bank.
Wandgemälde, um 1500.
In den italienischen Städten wurden bereits im 14./15. Jh. die Gehälter der Angestellten und Arbeiter auf Bankkonten überwiesen.
Übrigens: Der Begriff **Bank** stammt wie zahlreiche andere Ausdrücke der Handelssprache (Konto, Giro, bankrott) aus dem Italienischen.

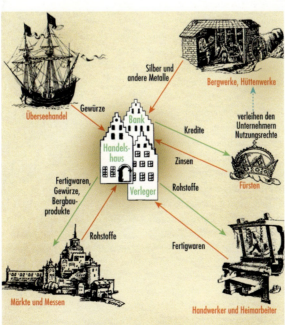

2 Eine Handelsgesellschaft um 1500.

③ Der Hafen von Sevilla im 16. Jh.
Ölgemälde von Alonso Sánches Coello, um 1580 (Ausschnitt).
Die Hafenstadt war im 16. Jh. ein Dreh- und Angelpunkt der Seewege über den Atlantik und das Mittelmeer.

Franzosen breiteten sich in Nordamerika aus. Dabei wandten sie vor allem zwei Mittel an: Erstens störten sie den Handel Spaniens und Portugals durch niedrige Preise, Schmuggel und Seeräuberei. Zwischen 1497 und 1572 kehrten von 625 portugiesischen Schiffen, die nach Asien ausgelaufen waren, nur 315 wohlbehalten zurück. Zweitens schlossen sich Handelshäuser mit Genehmigung ihrer Landesherren zu Kompanien, großen Gesellschaften, zusammen. Zu den mächtigsten gehörten die in England um 1599 entstandene *East India Company* und die in den Niederlanden 1602 gegründete *Vereinigte Ostindische Companie*.

Ein „goldenes Zeitalter"?

Dank der Reichtümer aus der „Neuen Welt" schien für Spanien und Portugal ein „goldenes Zeitalter" anzubrechen: Nach Spanien wurden zwischen 1530 und 1660 rund 180 000 kg Gold und rund 17 000 000 kg Silber gebracht. Daran verdienten auch italienische und deutsche Bank- und Handelshäuser, die Geld in die Entdeckungs- und Kolonialpolitik gesteckt hatten. Die eingeführten Edelmetalle förderten nicht nur Handel und Gewerbe, sondern trugen durch Vermehrung der Geldmenge zu einer großen Teuerung bei: Zwischen 1470 und 1620 stiegen im Reich die Preise für Getreide um 260 und für Fleisch um 180 Prozent, während die Löhne um durchschnittlich 120 Prozent stiegen.

In Spanien zeigten sich im 17. Jh. die Grenzen des Wachstums. Die Spanier hatten versäumt, Handel und Gewerbe zu modernisieren: Es wurde zu wenig im eigenen Land hergestellt und gekauft. Außerdem leistete sich das Land teure Kriege gegen Frankreich, das Osmanische Reich, England und die Niederlande. Diese führten zu einer großen Staatsverschuldung. Die Regierung konnte den Banken mehrfach nicht einmal mehr die Zinsen für ihre Kredite bezahlen.

Alle gegen alle

Die Schwäche Spaniens und Portugals nutzten die Niederlande, England und Frankreich aus. Sie brachen deren Vorherrschaft auf den Weltmeeren. Die Niederlande konnten im 17. Jh. die Portugiesen fast ganz aus dem asiatischen Raum verdrängen. Die Engländer und

④ Der atlantische Dreieckshandel.
Beschreibe, welche Waren von den europäischen Umschlagplätzen ausgingen, was über den Atlantik gebracht und in Amerika verkauft wurde.
Begründe, warum die Europäer von diesem „Dreieckshandel" den größten Nutzen zogen.

Neue Handelszentren

Der Handel hatte durch die Entdeckungen neue Ausmaße erreicht. Zwischen Europa, Afrika und Amerika entstand der **atlantische Dreieckshandel**. Durch das rasche Wachstum des Atlantikhandels verlor das Mittelmeer allmählich seine wirtschaftliche Bedeutung. Die Handelszentren hießen nun nicht mehr Istanbul, Venedig und Genua, sondern Sevilla und Lissabon und später Amsterdam und London.

M 1 Im Fuggerkontor.
Miniatur (etwa 16 x 10 cm) aus dem Trachtenbuch des Matthäus Schwarz, nach 1520. Das Bild zeigt Jakob Fugger (rechts) und Matthäus Schwarz. Schwarz arbeitete seit 1516 für die Fugger und war Chefbuchhalter der Firma. Das Buch auf dem Tisch zeigt – hier nicht lesbar – die Seitenüberschriften „uns soll" (links) und „wir sollen" (rechts). Dahinter verbirgt sich das System der doppelten Buchführung, mit dessen Hilfe genau bekannt war, welche Waren gekauft und bezahlt oder welche verkauft und bezahlt worden waren. Schwarz hatte vor 1516 diese Buchführung in Venedig kennengelernt.

M 2 Die Fugger zu Beginn des 16. Jh. in Europa.
Die Fugger beteiligten sich auch an der Finanzierung von Entdeckungsfahrten. Sie waren auch in Südamerika aktiv und machten beim Sklavenhandel mit.

M 3 Der Aufstieg der Fugger

1367	Der Weber Hans Fugger lässt sich in Augsburg nieder.
1370	Hans Fugger wird durch Heirat einer Zunftmeistertochter Augsburger Bürger.
vor 1450	Die Fugger betätigen sich neben der Weberei zunehmend im Handel und erwerben Grundbesitz in Augsburg und im Umland.
1454	Jakob I., Stammvater der erfolgreichsten Linie der Fuggerfamilie, wird Mitglied im Großen Rat Augsburgs.
1467	Jakob I. nimmt Platz 7 unter den reichsten Bürgern Augsburgs ein.
um 1470	Erste Kontakte zum päpstlichen Hof: Übernahme des Verkaufs von kirchlichen Ämtern, Rechten und Ablässen* gegen Gebühren.
ab 1480	Die Fugger investieren in Bergwerke: Abbau von Gold, Silber, Kupfer in Salzburg und Tirol; der Textilhandel wird erweitert um den Metallhandel und das Prägen von Münzen.
nach 1490	Jakob II. errichtet ein Kupfermonopol in Europa, indem er zahlreiche Kupferbergwerke erwirbt; die Kaiser und Landesherren unterstützen die Fugger dabei, sie erhalten für die Schürfrechte umfangreiche Kredite.
um 1500	Die Fugger sind Bankiers der Kaiser, Päpste und zahlreicher Landesherren.
1510	Jakob II. leitet die Geschäfte der Familie Fugger allein; für ihn bürgert sich der Beiname „der Reiche" ein.
um 1510	Der Bau der „Fuggerei", einer Siedlung für unverschuldet in Not geratene Bürger, wird in Augsburg begonnen.
nach 1511	Die Fugger kontrollieren die europäische Blei-, Silber- und Kupferproduktion und erwerben auch noch das Quecksilbermonopol**.
1514	Jakob II. wird von Kaiser Maximilian I. in den Reichsgrafenstand erhoben.
1519	Jakob II. finanziert mehr als die Hälfte der Kosten für die Wahl des Habsburgers Karl I. von Spanien zum Kaiser (Karl V.)***.
1525	Jakob II. stirbt; der Kaiser schuldet der Firma Fugger über 1 Mio. Gulden****.

* Über den Ablasshandel erfährst du mehr auf S. 121.
** Quecksilber war für die Silberaufbereitung unersetzlich.
*** Über Karl V. erfährst du auf Seite 136 ff. mehr.
**** Das Jahreseinkommen eines Tagelöhners lag Anfang des 16. Jh. bei etwa 20, das eines hohen städtischen Beamten zwischen 150 und 250 Gulden.

1. Im Hintergrund der Abbildung M 1 sind die Aktenfächer einzelner Kontore zu sehen. Kannst du die Namen der Städte entziffern (Ofen = Budapest und Antorff = Antwerpen)? Worüber mögen die beiden gerade sprechen? Verfasse dazu einen Dialog.
2. In welchen heutigen Staaten befanden sich Niederlassungen der Fugger (M 2)?
3. Welche Unternehmungen der Fugger gehen aus der Karte M 2 nicht hervor (M 3)?

Was war wichtig?

Daten

1300-1600	*Das Zeitalter der Renaissance: Die Antike wird wiederentdeckt.*
um 1450	*Gutenberg erfindet in Mainz das Drucken mit beweglichen Metallbuchstaben.*
1492	*Kolumbus landet in Amerika; das Zeitalter der Entdeckungen und Eroberungen beginnt.*
um 1500	*Kopernikus lehrt ein neues Bild von der Erde.*

Begriffe

Entdeckungen und Eroberungen: Ende des 15. Jh. und im Verlauf des 16. Jh. entdeckten europäische Seefahrer wie *Kolumbus* und *Vasco da Gama* die Seewege nach Amerika und Indien. Sie schufen damit die Voraussetzungen für die Eroberung Süd- und Mittelamerikas sowie die Vorherrschaft Europas in der Welt.

Florenz und die Medici: Die italienische Stadt am Arno entwickelte sich im 13. und 14. Jh. zur führenden Macht in Mittelitalien. Fast gleichzeitig verlief der Aufstieg der florentinischen Familie *Medici*. Sie war durch Handel und Bankgeschäfte zu großem Vermögen gekommen und prägte seit dem 15. Jh. die Politik in dem Stadtstaat stark. Die Medici förderten Künstler und Wissenschaftler und machten Florenz zum Mittelpunkt der italienischen → *Renaissance*.

Fugger: schwäbisches Geschlecht, das seit 1367 in Augsburg ansässig ist. Durch den Orienthandel, Beteiligungen am Bergbau und Bankgeschäfte (z.B. Kredite für Päpste und Kaiser) wurde die 1494 gegründete Fuggersche Handels-Gesellschaft zu dem bedeutendsten Unternehmen Europas. Die Glanzzeit hatte das Unternehmen unter *Jakob II. dem Reichen* (1459-1525).

Neues Bild der Erde: Die biblische Vorstellung, dass die Erde der Mittelpunkt der Welt sei (*geozentrisches Weltbild*), wurde im 16. Jh. von der naturwissenschaftlichen Erkenntnis abgelöst, dass die Erde sich um die Sonne dreht (*heliozentrisches Weltbild*). Zu dem neuen Bild der Erde trugen Forscher wie *Kopernikus* bei.

Neuzeit: in der europäischen Geschichte die Zeit, die das Mittelalter ablöst. → *Renaissance*, die → *Entdeckungen und Eroberungen*, der Buchdruck sowie Veränderungen in der Herrschaft, im Glauben, in der Wirtschaft und in der Kunst werden als Gründe für den Beginn der Neuzeit genannt.

Renaissance: moderner Begriff für die „Wiedergeburt" der antiken Kunst und Kultur, die seit 1300 von Italien ausging, bis etwa 1600 anhielt und die Kultur aller europäischen Staaten beeinflusste. In dieser Zeit machte sich der Mensch zum Mittelpunkt jeder Erfahrung. Zahllose Dinge wurden entdeckt und erfunden (→ *Neuzeit*).

1 Blick in eine Stecher- und Druckerwerkstatt.
Kupferstich des Augsburger Kupferstechers Georg Kilian (1581-1662). Die Umschrift oben lautet übertragen: „Angestrengte Arbeit besiegt alles."
Zu sehen ist die Arbeit des Kupferstechers: Eingravieren des Motivs mit einem Grabstichel in eine Kupferplatte; Entfernen der aufgetragenen Druckerschwärze mit einem weichen Tuch, sodass die Farbe nur noch in den eingravierten Vertiefungen bleibt; Abdruck auf angefeuchtetes Papier in der Presse.
Diese Tiefdrucktechnik entsteht im 16. Jh. Mit ihr können bis zu 3000 Blätter von einer Platte gedruckt werden. Sie löst die weniger leistungsfähige Hochdrucktechnik der Holzschnitte ab. Dabei wird auf eine Holzplatte (Druckstock) ein Bild seitenverkehrt aufgezeichnet. Anschließend schneidet man die Stellen aus, die nicht gedruckt werden sollen. Die bearbeitete Platte wird mit Druckerschwärze versehen und auf feuchtem Papier abgezogen.

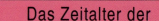

Ein neues von der Erd

1300 — 1400 — 1500

Das Zeitalter der

Gutenberg erfindet den Buchdruck | Kolumbus landet in Amerika

Zusammenfassung

Neben den Fürstentümern und dem Kirchenstaat entstanden in Italien im 14./15. Jh. mächtige Stadtrepubliken. Diese Staaten wetteiferten politisch, wirtschaftlich und kulturell miteinander. Eine der bedeutendsten Stadtrepubliken war im 15. Jh. Florenz unter den *Medici*.

Während der Renaissance wurde die antike Kunst und Kultur neu entdeckt und fruchtbar gemacht. Gelehrte lernten von antiken Vorbildern und verbreiteten ihr Wissen. Man nannte sie Humanisten (lat. *humanum*: das Menschliche), denn von ihnen wurde der Mensch als Einzelwesen im Mittelpunkt der von Gott geschaffenen Welt gesehen. Nicht mehr allein die Zugehörigkeit zu einem Stand zählte. Jeder Mensch sollte für sein Leben verantwortlich sein.

Die Erfindung des Druckens mit beweglichen Lettern durch *Gutenberg* machte Bücher allmählich für größere Teile der Bevölkerung erschwinglich. Der Buchdruck veränderte das literarische, wissenschaftliche, religiöse und politische Leben tiefgreifend.

Der Astronom *Kopernikus* war überzeugt, dass die Erde sich wie die anderen Planeten um die Sonne drehe. Aber erst *Galilei* konnte später die heliozentrische Lehre beweisen. Dieses neue Bild von der Erde brachte ihn und seine Anhänger in einen Konflikt mit der katholischen Kirche.

Weil Waren aus dem Orient und Asien in Europa sehr begehrt, ihr Transport über Land aber unsicher, langwierig und teuer war, suchten die am Mittelmeer gelegenen europäischen Staaten einen Seeweg nach Indien. Mit diesem Ziel segelte *Kolumbus* auf dem Atlantik nach Westen. Er entdeckte 1492 Amerika. Weitere Entdeckungsreisen folgten.

Aus Entdeckern wurden Eroberer. Die Europäer zerstörten die Kulturen der Inka, Maya und Azteken. Sie zwangen den Indios ihre Lebensweise und Religion auf. Darüber hinaus brachten sie Krankheiten ins Land und beuteten die Arbeitskraft der Einheimischen aus. Dies alles führte zu großen Bevölkerungsverlusten. Die wirtschaftliche Nutzung der Natur und Bodenschätze veränderte die Umwelt der eroberten Länder grundlegend. Etwa zur selben Zeit entwickelte sich in Europa die frühkapitalistische Wirtschaftsweise. Unternehmer wie die *Fugger* nutzten das Verlagssystem, die Arbeitsteilung in der gewerblichen Warenherstellung, den Bergbau und das Bankwesen, um möglichst hohe Gewinne zu erzielen.

Grundfertigkeiten

Du hast in diesem Kapitel den Umgang mit umfangreicheren Quellentexten, zahlreichen Kunstwerken und einigen Karten üben können. Darüber hinaus haben wir dir einen Lerntipp zum Thema „Perspektivenwechsel" vorgelegt, der mit Texten und Bildern deutlich macht, wie unterschiedlich Ereignisse oder Entwicklungen gesehen werden können.

2 Fuggerei in Augsburg.
Foto von Istvan Bajzat, um 2000.
Unter Jakob Fugger dem Reichen entstand zwischen 1514 und 1523 in Augsburg die Fuggerei, eine Siedlung für unverschuldet in Not geratene Bürger. Jede Wohnung hatte einen eigenen Eingang und war etwa 60 qm groß. Als Gegenleistung wurden von den Bewohnern täglich drei Gebete und eine jährliche Zahlung von 1 Rheinischen Gulden (etwa 1 Euro) verlangt.
Die Fuggerei besteht noch heute. Sie gilt als die älteste Sozialsiedlung der Welt.

■ **Internettipp** → Zur Fuggerei siehe www.fugger.de

■ **CD-ROM-Tipp** → Erlebnis Geschichte, Renaissance – Eroberung des Raums, Grünwald: FWU 2003

Übertrage die Zeitleiste und füge ein: wann die Pest besonders grausam wütete, wann Galilei, Kopernikus, Leonardo da Vinci und Dürer lebten, wann der erste Fugger in den Reichsgrafenstand erhoben wurde und in welchem Jahr Las Casas Bischof von Chiapas wurde.

1600

Renaissance/Neuzeit

Kampf um den Glauben?

"Nun mach doch schon!", rief er seinem Gehilfen ungeduldig zu. Doch der ließ sich nicht aus der Ruhe bringen. Gleichmütig nahm er Schaufel um Schaufel von dem Haufen vor sich und streute die Erde in den Rhein. Alles, was er entgegnete, war: „Du wirst schon noch früh genug nach Hause kommen. Und du weißt ja, dass wir sorgfältig arbeiten müssen. Nicht die geringste Spur von der Asche dieses Ketzers darf übrigbleiben, damit seine Anhänger keine Reliquien daraus machen können." „Ich weiß schon", beruhigte ihn der Henker und fügte unvermittelt hinzu: „Seine Richter haben anscheinend sogar noch vor dem toten Johannes Hus Angst. Sonst hätten sie uns nicht so eindringlich befohlen, seinen Leichnam auch wirklich vollständig zu Asche zu verbrennen." „Richtig. Sogar die Erde unter dem Scheiterhaufen mussten wir abtragen." „Ich verstehe nicht viel von Theologie. Aber wenn stimmt, was ich gehört habe, dann weiß ich schon warum: Dieser Hus aus Böhmen soll verkündet haben, dass die Kirche, auch der Papst, irren kann. Klar, dass eine solche Behauptung die Mächtigen das Fürchten lehrt und dass sie alles daran setzen, ihre Verbreitung zu verhindern." „Das hätte dieser Hus aber doch wissen müssen. Wieso ist er dann überhaupt hierher nach Konstanz gekommen?" „Angeblich hat ihm der König freies Geleit zugesichert, ihm seinen Schutz aber dann doch verweigert, als Hus obendrein noch behauptete, ein König, der eine Todsünde begangen hat, könne kein König mehr sein." „Aber dann hat der König ja sein Wort gebrochen und ist ein Lüg…!" Weiter kam der Gehilfe nicht. Der Henker hatte ihn mit einer hastigen Armbewegung unterbrochen. Denn hinter ihnen erschien zu Pferd Pfalzgraf Ludwig mit großem Gefolge, um nach dem Rechten zu sehen. Er war ein Onkel des Königs und hatte die Verbrennung des Johannes Hus geleitet.

Dieter Brückner

Die Hinrichtung des Johannes Hus.
*Kolorierter Holzschnitt aus der Chronik des Konstanzer Konzils von Ulrich von Richental, 1483 (Auschnitt).
Am 6. Juli 1415 wird der böhmische Kirchenkritiker Johannes Hus (geb. um 1370) zur Hinrichtung vor den Mauern der Stadt Konstanz verbrannt. Auf dem Bild trägt er eine Bischofsmütze mit der Aufschrift „Heresiarcha", d. h. so viel wie „Erzketzer".*

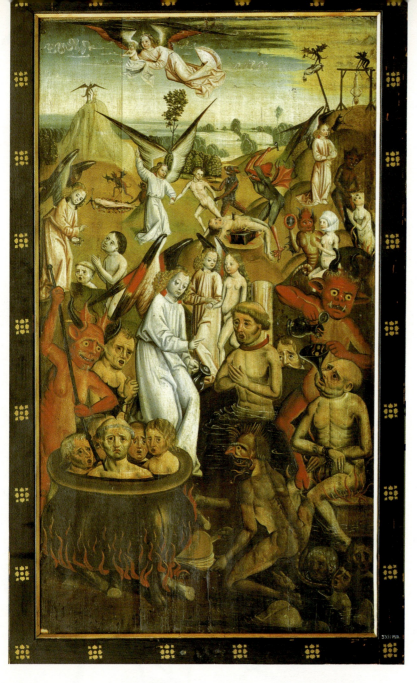

❶ Höllenqualen und Erlösung.
Teil eines Altarbildes (113,2 x 64,7 cm) aus Niederbayern, um 1480.
Erkläre einige Szenen.

Seelsorge und Predigt
Ihre geistlichen Aufgaben übertrugen viele hohe kirchliche Würdenträger meist einfachen Priestern. Diese wurden schlecht bezahlt und waren auf Nebenerwerb angewiesen. Manche Geistliche unterhielten sogar Gasthäuser. Oft hatten sie Lebensgefährtinnen und Kinder. Auch die unzureichende Bildung der Priester wurde von den Zeitgenossen beanstandet. Rund zwei Drittel besaßen keine höhere Bildung. Ein Teil der Priester konnte nicht einmal die lateinische Bibel richtig lesen.
Immer wieder wurde der Ruf laut nach einer umfassenden **Reform** der Kirche „an Haupt und Gliedern", d. h. vom Papst bis hinunter zum Dorfgeistlichen.

Der „ungeheure Hunger nach Gott"
Trotzdem waren die Gläubigen erfüllt von einem ungeheuren Hunger nach Gott. Sie suchten vor allem Antwort auf eine Frage: Wie rechtfertige ich mein sündhaftes Leben vor Gott, um das ewige Leben zu erlangen?
Gott stellten sich die Menschen nach der kirchlichen Lehre als einen strengen Richter vor. Das Bild vom Jüngsten Gericht, von den fürchterlichen Qualen des Sünders im Fegefeuer und seiner ewigen Pein in der Hölle war damals jedem Christen vertraut.

Die Unzufriedenheit wächst

Die Kirche wird kritisiert
Der tschechische Kirchenkritiker Johannes Hus wurde als Ketzer verbrannt. Er hatte gelehrt, dass nicht Priester und Mönche den Christen den Weg zu Gott öffneten, sondern allein die „Heilige Schrift". Außerdem hatte er den Reichtum der Klöster und der geistlichen Würdenträger kritisiert.
Solche Vorwürfe verstummten während des ganzen 15. Jh. nicht. Päpsten, Bischöfen, Mönchen und Nonnen wurde ein Leben in Luxus, Geldverschwendung und Machtmissbrauch vorgeworfen. Und tatsächlich waren oft höchste kirchliche Stellen mit Personen besetzt, die versuchten, ihr Vermögen durch möglichst viele Ämter zu vergrößern.

Gnädiger Gott gesucht
Die Gläubigen meinten, neben Gebet und Besuch der Heiligen Messe zusätzlich Leistungen erbringen zu müssen, um Gott gnädig zu stimmen. Deshalb begaben sie sich auf Wallfahrten, um die verehrten Heiligen als Fürsprecher vor Gott zu gewinnen. Wer es sich leisten konnte, stiftete in der örtlichen Kirche einen Altar. Manch einer stellte einen Geistlichen an, der regelmäßig für das Seelenheil der eigenen Familie die Messe las.

2 „Eyn Frag an eynen Müntzer…".

Holzschnitt (18,9 x 27,3 cm) von Jörg Breu dem Älteren, um 1530. Der Holzschnitt ist Teil eines Flugblattes. Über und unter dem Holzschnitt befinden sich auf dem Flugblatt Textzeilen, die obere beginnt so: „Eyn Frag an eynen Müntzer/ wahin doch sovil Geltz kumme das man alltag müntzet …" Ein Kardinal betrachtet von seinem Pferd aus das Treiben. Am Kreuz hängt ein übergroßer Ablassbrief. In der Mitte des Bildes prägt ein Münzer Siegel für die Ablasszettel, links sitzt ein Geldverleiher.

Der Ablass lockt

Seit dem 11. Jh. gab die Kirche den Gläubigen die Möglichkeit, einen Ablass (Nachlass) der zeitlichen Sündenstrafen im Fegefeuer zu bekommen. Dafür hatten die Christen bestimmte Leistungen wie Stiftungen, Teilnahme an Wallfahrten oder Kreuzzügen, Beiträge zum Bau einer Kirche aufzubringen. Voraussetzung für den Ablass aber waren Reue, Beichte und die Freisprechung von den Sünden durch einen Priester.

Ab dem 15. Jh. wurde der Ablass durch Geld immer häufiger. Das lag im Interesse von Papst, Bischöfen und weltlichen Landesherren. Sie alle konnten damit ihre Einkünfte steigern. Denn die Landesherren erhielten bis zur Hälfte der Einnahmen, wenn sie Ablassverkäufe genehmigten. Als der Papst 1476 den Verkauf von Ablässen für die Seelen bereits Verstorbener zuließ, bemängelten dies sogar kirchentreue Gläubige.

Hoffen und Bangen

Zu Beginn des 16. Jh. änderte sich das Leben der Menschen: Die Bevölkerung wuchs rasch, die Kluft zwischen Arm und Reich nahm zu. Die Landesherrschaft wurde ausgebaut, und die vom Humanismus geprägte Bildungsbewegung veränderte das Denken. Alle Neuerungen wirkten sich auf die Menschen in den Fürstentümern, Reichsstädten und sonstigen Herrschaftsgebieten des **Heiligen Römischen Reiches Deutscher Nation** – so die Bezeichnung für die deutschen Teile der von den habsburgischen Kaisern regierten Gebiete seit Ende des 15. Jh.s – unterschiedlich aus. Der Frühkapitalismus trug einerseits zur Blüte der Städte und zum Aufstieg des Bürgertums bei, andererseits konnte er die wirtschaftliche und soziale Not der Menschen nicht beseitigen. Mit der Einführung einheitlicher Rechts- und Verwaltungsordnungen in den Territorialstaaten stieg zwar allmählich die Rechtssicherheit, doch zugleich wurden alte Selbstverwaltungsrechte auf dem Lande gegen den Willen der Betroffenen aufgehoben, wie die Verfügung über die Allmende sowie die Wahl bestimmter Dorfämter.

Der Humanismus schuf eine neue Weltsicht, die im religiösen Bereich im Gegensatz zu alten Vorstellungen stand. Auf alle diese Veränderungen reagierten die Menschen je nach Herkunft, Stand, Bildung und Auskommen unterschiedlich. Immer häufiger wurden soziale und politische Wünsche mit der Forderung nach einer Reform der Kirche verknüpft.

---

1. Welche Einstellung zum Ablasshandel gibt Abb. 2 wieder?
2. Wogegen richtete sich die Kritik an der Kirche? Stelle eine Liste der Kritikpunkte zusammen.
3. Versetzt euch in die Lage eines reichen und eines armen Christen, sucht jeweils nach Gründen für die Kritik am Ablasshandel.

M 2 Johannes von Capestrano predigt auf dem Bamberger Domplatz.
Ölgemälde (152 x 73 cm) eines unbekannten Meisters, Ende 15./Anfang 16. Jh.
Der Franziskaner Johannes von Capestrano (1386-1456) zog als Wanderprediger durch ganz Europa. Im Jahre 1452 war er auch in Nürnberg und Bamberg. Er predigte gegen Luxus, ausschweifendes Leben und die Juden. Auf dem Gemälde hält der Mönch in der linken Hand eine Strahlenscheibe mit dem Monogramm (Namenszeichen) Jesu.

M 1 Über die Frömmigkeit der Deutschen
Der Italiener Antonio de Beatis reist im April 1517 durch deutsche Länder. In seinem Reisetagebuch beschreibt er, was ihm an dem religiösen Leben der Deutschen auffällt.

Sowohl Frauen als Männer besuchen fleißig die Kirchen, in denen jede Familie ihren eigenen Kirchenstuhl hat; die Kirchen sind alle gedielt und die Bänke mit etwas Zwischenraum in der Mitte in zwei Reihen geordnet, wie in einer Schule; nur für die Priester
5 bleibt der Chor frei. Da spricht man nicht von Geschäften und unterhält sich nicht wie in Italien; man richtet seine Aufmerksamkeit nur auf Messe und Gottesdienst, und beim Gebet knien alle nieder […].
Von Trient an pflegt man an allen Straßen in der Nähe der Dörfer
10 und Städte unter freiem Himmel sehr hohe und große Kruzifixe aufzustellen, meist mit den Schächern* zur Seite, was zugleich Schrecken und Andacht erweckt. Und in geringen Entfernungen voneinander sind überall hölzerne oder steinerne Säulen aufgerichtet mit einem ausgehöhlten Fensterchen, in welchem sich ein Bild
15 des Gekreuzigten mit den zwei Marien oder andere Geheimnisse der heiligsten Passion** des Herrn dargestellt befinden. Man findet auch selten auf deutschen Gemälden Heilige dargestellt, ohne dass etwas aus der Passion damit verbunden wäre […].
Die Kirchtürme sind hoch und spitz. Sie haben sehr schöne
20 Glocken; und es gibt kein noch so kleines Dorf, das nicht wenigstens eine schöne Kirche hätte mit so großen, schönen und kunstreichen Glasfenstern, als man sich nur denken kann. Innerhalb der Kirchen werden nur große und reiche Persönlichkeiten bestattet, alle andern außerhalb der Kirche auf den unbedeckten, aber mit
25 Mauern umschlossenen Friedhöfen; hier stehen viele Kreuze, auf manchen Gräbern auch steinerne Denkmäler mit Inschriften und Wappen aus Messing, auch Weihwasserkesselchen, an Holzpflöcken befestigt. Dem Gottesdienst und den Kirchen wenden sie viel Aufmerksamkeit zu, und so viele Kirchen werden neu gebaut,
30 dass ich, wenn ich damit die Pflege des Gottesdienstes in Italien vergleiche und daran denke, wie viele arme Kirchen hier ganz in Verfall geraten, diese Länder nicht wenig beneide und im innersten Herzen Schmerz empfinde über das geringe Maß von Religion, das man bei uns Italienern findet.

Karl Heinz Neubig (Hrsg.), Renaissance und Reformation 1350 - 1648, Ebenhausen bei München 1962, S. 37 ff.

* **Schächer**: Räuber; gemeint sind die beiden Verbrecher, die zusammen mit Jesus gekreuzigt wurden.
****Passion**: Leidensweg Christi

1. Wie beschreibt und bewertet de Beatis die Frömmigkeit der Deutschen (M 1)? Woran lässt sich erkennen, dass Glaubensfragen eine große Bedeutung in den besuchten Gebieten hatten?
2. Vergleiche einen heutigen Friedhof mit der Beschreibung des Italieners (M 1).
3. Betrachte M 2 und bestimme, was die Frau in die Flammen wirft. Erkläre, was dies ausdrücken soll.
4. Der Künstler hat den Prediger mit „Nimbus" gemalt (M 2). Erkläre!

Bruder Martin fordert die Kirche heraus

Luthers Leben

Ein Mann gab den Anstoß für einen tiefgreifenden Wandel der Christenheit. Dieser Mann war der Mönch *Martin Luther*. Er wurde am 10. November 1483 in Eisleben (Thüringen) geboren. Seine Großeltern waren Bauern, sein Vater hatte es zu einer kleinen Kupfermine gebracht. Martin war der Erste in seiner Familie, der studieren durfte. Mit 17 Jahren begann er an der Universität Erfurt ein Studium und beendete es nach drei Jahren mit der Magisterprüfung. Auf Wunsch des Vaters studierte er ab 1505 Rechtswissenschaft. Als Martin sich nach einem halben Jahr entschloss, in das Kloster eines Bettelordens in Erfurt einzutreten, konnte sein Vater dies nicht verstehen. Als Grund soll Martin ein Unwetter angeführt haben, das ihn in Todesangst versetzt und zu dem Versprechen veranlasst habe, Mönch zu werden.

Bruder Martin lebte streng nach den Regeln seines Ordens und begann das Studium der Theologie. 1507 wurde er in Erfurt zum Priester geweiht. Ein Jahr später lehrte Luther bereits Philosophie in Wittenberg im damaligen Kurfürstentum Sachsen. 1510/11 reiste er für seinen Orden nach Rom. 1512 wurde Luther Doktor der Theologie und Professor für Bibelauslegung in Wittenberg. Außerdem hatte er verschiedene Ämter in seinem Orden inne und war zeitweise auch Prediger an der Wittenberger Stiftskirche, der heutigen Schlosskirche.

„Sobald das Geld im Kasten klingt ..."

Der Ablasshandel war in den deutschen Ländern nach 1514 in die Kritik geraten. Das lag vor allem an *Albrecht von Brandenburg*. Mit 23 Jahren war er Erzbischof von Magdeburg und Bischof von Halberstadt geworden, ein Jahr später auch Erzbischof von Mainz. Seine Ämterhäufung widersprach dem Kirchenrecht. Doch Albrecht hatte für viel Geld die Zustimmung des Papstes erkauft. Das hatte ihm das Augsburger Bankhaus Fugger geliehen. Damit er die Kredite zurückzahlen konnte, gewährte der Papst Albrecht das Recht des Ablasshandels. Die eine Hälfte der Einnahmen war für den Erzbischof bestimmt, die andere für den Bau der *Peterskirche* in Rom.

In dem Leipziger Dominikanermönch *Johannes Tetzel* fand Albrecht einen bewährten Ablassprediger, dem die Menschen „wie Verrückte" zuliefen, so Martin Luther. Tetzel wurde vorgeworfen, beim Ablass mehr aufs Geld als auf Beichte und Reue zu setzen und die Gläubigen mit dem Versprechen „sobald das Geld im Kasten klingt, die Seele aus dem Feuer springt" zu verführen. Immer häufiger kamen Männer und Frauen mit dem Ablassbrief in der Hand zu Luther in den Beichtstuhl und forderten ohne Buße ihre Lossprechung von den Sünden. Dafür hatte Luther aus seelsorgerlichen und theologischen Gründen immer weniger Verständnis.

① **Martin Luther als Augustinermönch.**
Gemälde (43,4 x 29,5 cm) von Lucas Cranach dem Älteren, um 1522. Zu Lucas Cranach d. Ä. siehe auch S. 131.

② **Lateinischer Druck von Luthers 95 Thesen, Basel 1517.**
Die ersten Drucke erschienen Ende 1517 in Nürnberg, Leipzig und Basel.
Die evangelischen Christen feiern in Erinnerung an die Veröffentlichung der Thesen am 31. Oktober das Reformationsfest.

Luther protestiert

Am 31. Oktober 1517, dem Vorabend des Allerheiligen-Festes, schrieb Luther einen Brief an seine Vorgesetzten, in dem er die Ablasspraxis kritisierte. Seinen Zeilen legte er nach Art der Gelehrten ein in lateinischer Sprache geschriebenes Papier mit **95 Thesen*** bei. Diese Schrift schickte Luther auch Fachkollegen. Er forderte sie zu einer Diskussion auf. Obwohl nur für die Kirchenoberen und Professoren bestimmt, wurden seine Thesen bald in deutscher Übersetzung gedruckt und auf Flugblättern im ganzen Reich verbreitet.

* **Thesen**: Behauptungen, die noch bewiesen werden müssen.

3 Gesetz und Gnade: Die Rechtfertigung des Sünders.
Ölgemälde auf zwei Holzplatten (71,9 x 59,6 cm und 72,6 x 60,1 cm) aus der Werkstatt von Lucas Cranach dem Älteren. Seit 1529 hat Cranach in enger Anlehnung an Luthers Lehre mehrere Bilder zu diesem Thema angefertigt. Dieses Gemälde stammt von 1535. Es stellt die evangelische Lehre bildhaft dar. Im Mittelpunkt der linken Bildhälfte wird der Mensch vom Teufel (dem „alten Drachen") und dem Tod, dessen Spieß die Sünde ist, den Verdammten im ewigen Feuer zugetrieben. Auf der rechten Bildhälfte weist Johannes der Täufer auf den gekreuzigten Christus hin, das Lamm Gottes, das die Sünde der Welt trägt.
Welchen Teilen der Bibel entsprechen die rechte und die linke Seite des Bildes? Die beiden Bildteile werden in der Mitte durch einen Lebensbaum geteilt. Beschreibe sein Aussehen. Was versuchte der Künstler damit zu verdeutlichen?

Was Luther glaubte

Der Mönch, Hochschullehrer und Seelsorger Martin Luther hatte seit etwa 1514 sein neues Religionsverständnis entwickelt. Mit dem 1517 vorgelegten Brief gegen den Ablass wollte er die Menschen warnen. Denn „diese falsche Sicherheit" durch den Ablass, so Luther zu seinen Studenten, „führt zu Lauheit und bedenkenlosem Sündigen". Luther fragte sich, wie der Mensch seine Sünden überwinden und sich vor Gott rechtfertigen könne. Er fand die Antwort.

Luthers **Rechtfertigungslehre** lässt sich in vier Grundsätzen zusammenfassen:
- Gott verlangt vom Menschen, dass er seine Gebote befolgt, also nicht sündigt. Er verspricht aber auch dem sündigen Menschen seine Gnade.
- Zum Beweis seiner Gnade hat Gott seinen Sohn Jesus Christus geopfert.
- Um die Gnade zu erlangen, muss der Mensch nur bereit sein, an Gottes Versprechen zu glauben.
- Damit der Mensch Gottes Willen erkennen kann und im Glauben fest bleibt, hat Gott ihm sein Wort in der „Heiligen Schrift" übermittelt. Vor allem im *Evangelium*, der frohen Botschaft von Jesus, kann Gottes Wille erkannt werden.

■ **CD-ROM-Tipp** → *Martin Luther (1483-1546), Neuhausen: Hänssler*
■ **Internettipp** → *www.luther.de*

Die Kirche wehrt sich

Der von den Thesen betroffene Erzbischof Albrecht verurteilte Luthers Vorstellungen als ketzerisch und meldete sie sofort dem Papst. Im Frühjahr 1518 erhob der Dominikanerorden, dem Tetzel angehörte, Anklage gegen Luther wegen Ketzerei. Luther wurde zum Verhör und Widerruf nach Rom gerufen. Daher wandte er sich an seinen Landesherrn, Kurfürst *Friedrich III. (den Weisen) von Sachsen*, der seit 1486 regierte. Dieser erreichte beim Papst, dass das Verhör ins Reich verlegt wurde. 1518 wurde Luther am Rande des Augsburger Reichstags von einem der besten Theologen der Kirche, Kardinal *Thomas Cajetan de Vio*, vernommen und aufgefordert, seine Lehre zu widerrufen. Luther ging darauf nicht ein.

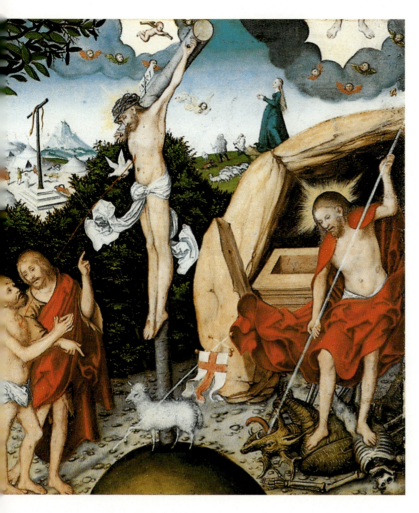

Nur die „Heilige Schrift" zählt

Der Prozess gegen Luther verzögerte sich. Ende 1518 kündigte sich der Tod Kaiser *Maximilians I.* an. Da der Papst gern Luthers Landesherrn als neuen Kaiser gesehen hätte, hielt er sich zunächst gegenüber dem Kirchenkritiker zurück. Luther konnte weiterhin ungehindert lehren und seine Ideen verbreiten.

Ein Höhepunkt war ein Streitgespräch mit dem Ingolstädter Theologen *Johannes Eck* im Sommer 1519 auf der Pleißenburg in Leipzig. Dabei ließ sich Luther zu der Behauptung hinreißen, nicht nur der Papst, sondern auch die Konzilien könnten irren. Von nun an ließ er nur die „Heilige Schrift" als Autorität gelten. Luther wandte sich immer stärker an die Öffentlichkeit: Er schrieb nicht mehr nur in der Gelehrtensprache Latein, sondern in Deutsch. Zwischen 1517 und 1521 veröffentlichte er 81 Schriften, die in mehr als 500 000 Exemplaren gedruckt und verkauft wurden – eine beachtliche Zahl, denn nur genauso viele Deutsche konnten zu jener Zeit lesen!

Ein neuer Glaube

In seinen Veröffentlichungen wies Luther schließlich so gut wie alles zurück, worauf die damalige, d. h. alle Christen umfassende katholische Kirche seit Jahrhunderten aufbaute:
- das Papsttum, das beanspruchte, die Kirche zu leiten und allein entscheiden zu können, welche Glaubenslehre richtig sei;
- die Stellung des Priestertums als alleiniger Mittler zwischen Gott und den Gläubigen;
- die guten Werke, einschließlich Wallfahrten, Ablasszahlungen, Stiftungen, ohne die eine Rechtfertigung vor Gott unmöglich sein sollte;
- nur zwei von sieben Sakramenten, Taufe und Abendmahl, ließ Luther gelten; Firmung, Buße, Letzte Ölung, Priesterweihe und Ehe verwarf er, da sie nicht in der Bibel vorkommen.

Nach Luther brauchte ein getaufter Christ niemanden, der zwischen ihm und Gott vermittelte, keinen Priester, Bischof oder Papst, auch keine Heiligen oder Reliquien. Jeder Christ war für sein Tun gegenüber Gott verantwortlich. Für Luther lag in dieser Verantwortung für die Beziehung zwischen dem Einzelnen und Gott die neue „Freiheit eines Christenmenschen".

Der Bruch

Der Prozess gegen Luther wurde im Februar 1520 wiederaufgenommen. Die päpstlichen Ankläger beurteilten 41 Sätze aus Luthers Schriften als ketzerisch. Sie forderten ihren Widerruf und drohten mit dem Kirchenbann. Am 10. Dezember 1520, dem Tage, an dem Luthers Widerrufsfrist ablief, brach er öffentlich mit der Kirche: Nachdem seine Bücher in Flandern und im Rheinland auf Scheiterhaufen gelandet waren, verbrannte er vor der Stadtmauer von Wittenberg die Androhung des Kirchenbanns, einige kirchliche Rechtsbücher sowie ein Beichthandbuch. Am 5. Januar 1521 verhängte der Papst den Bann über den Mönch aus Wittenberg. Die Reformation nahm ihren Lauf.

---

1. Die Kritik an der Kirche hatte Ende 1520 bereits weiterreichende Folgen, als Luther im Herbst 1517 beabsichtigt hatte. Erkläre! Berücksichtige, was du auf den Seiten 100 f. über die Schwarze Kunst erfahren hast.
2. Wovon leiten die evangelischen Christen ihren Namen ab?

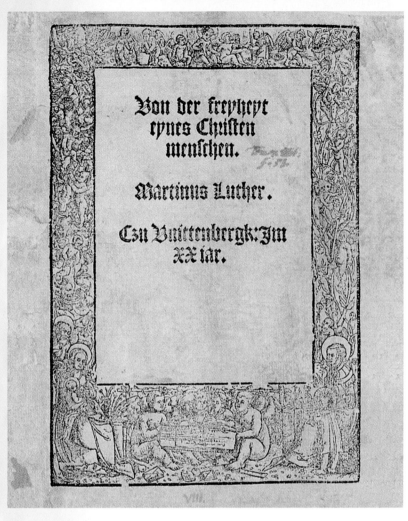

M 1 „Von der freyheyt eynes Christenmenschen."
Titelblatt der Wittenberger Ausgabe von 1520.

M 2 Gnädiger Gott gesucht
Martin Luther sucht eine neue Antwort auf die Frage: Wie finde ich einen gnädigen Gott? Er findet 1520 folgende Lösung:

Also hilft es der Seele nichts, ob der Leib heilige Kleider anlegt, wie die Priester und Geistlichen tun, auch nicht, ob er in den Kirchen und heiligen Stät-
5 ten sei. Auch nicht, ob er mit heiligen Dingen umgeben ist. Auch nicht, ob er bete, faste, wallfahre und viele gute Werke tue […]. Es muss noch etwas anderes sein, das die Seele fromm und
10 frei macht. Denn alle guten Werke und Verhaltensweisen kann auch ein an sich böser Mensch ausüben […].
Sicher ist nur, dass die Seele auf das Wort Gottes nicht verzichten kann […].
15 Gott spricht: „[…] glaube an Christus, und ich gebe dir alle Gnade, Gerechtigkeit, Friede und Freiheit; glaubst du, so hast du; glaubst du nicht, so hast du nicht. Denn was dir unmöglich ist mit
20 allen Werken, das wird dir leicht und kurz durch den Glauben […]."
Hieraus ist leicht zu erkennen, warum der Glaube so viel vermag und dass keine guten Werke ihm gleich sein mö-
25 gen. Denn kein gutes Werk hängt an dem göttlichen Wort wie der Glaube […]. Gute, fromme Werke machen nimmermehr einen guten, frommen Mann, sondern ein guter Mann macht
30 gute fromme Werke.

Martin Luther, Werke, Bd. 7, Weimar 1897, S. 21 f., 24 und 32 (stark vereinfacht)

M 3 Allgemeines Priestertum
In seiner Schrift „An den christlichen Adel deutscher Nation" erklärt Luther 1520:

Papst, Bischöfe, Priester und Klostervolk wird der geistliche Stand genannt, Fürsten, Herren, Handwerks- und Ackerleute der weltliche Stand […].
5 Niemand soll darüber schüchtern werden und das von Herzensgrund. Denn alle Christen sind in Wahrheit geistlichen Standes, unter ihnen ist kein Unterschied, es sei denn des Amtes hal-
10 ben allein […]. Das rührt alles daher, dass wir eine Taufe, ein Evangelium, einen Glauben haben und gleiche Christen sind […]. Demnach werden wir also allesamt durch die Taufe zu Priestern
15 geweiht […].
Denn was aus der Taufe gekrochen ist, das kann sich rühmen, dass es schon zum Priester, Bischof und Papst geweiht sei, obwohl nicht einem jegli-
20 chen ziemt, solches Amt zu üben […]. Ein Schuster, ein Schmied, ein Bauer, ein jeglicher hat seines Handwerks Amt und Werk, und dennoch sind sie alle gleich geweihte Priester und Bischöfe,
25 und ein jeglicher soll mit seinem Amt oder Werk den anderen nützlich und dienstlich sein […].
Wird ein Priester erschlagen, so liegt ein Land im Interdikt*; warum nicht
30 auch, wenn ein Bauer erschlagen wird? Wo kommt solch großer Unterschied unter den gleichen Christen her? Allein aus menschlichen Gesetzen und Erdichtungen.

Martin Luther, An den christlichen Adel deutscher Nation …, hrsg. v. Ernst Kähler, Stuttgart 1962, S. 14-19 (stark gekürzt und vereinfacht)

*****Interdikt**: Kirchenstrafe; vom Papst oder Bischof angeordnetes Verbot, an kirchlichen Feierlichkeiten (Gottesdienst, Wallfahrt) oder Handlungen (Abendmahl) teilzunehmen

1. Erkläre, wodurch nach Luther der Mensch Gottes Gnade erreichen kann (M 2).
2. Versetze dich in die Lage eines Bauern oder Handwerkers, der seinem Grundherrn oder Stadtrat mitteilt, wie er Luthers Schrift versteht (M 3).

1 **Luther spricht vor Kaiser Karl V. am 18. April 1521 in Worms.**
Historiengemälde von Anton von Werner, um 1877.
Das Bild misst 66 x 125 cm und ist die Nachbildung (Replik) eines 3,50 x 7,00 m großen Wandbildes, das Anton von Werner 1870 für die Aula der Kieler Gelehrtenschule gemalt hat. Die Originalunterschrift lautet: „Hier stehe ich, ich kann nicht anders, Gott helfe mir, Amen." Das Bild vermittelt eine bestimmte Deutung der Person und Lehre Luthers. Beschreibe sie. Erkläre, auf wessen Seite der Maler steht.

Die neue Lehre setzt sich durch

Vor dem Kaiser

Mit dem Kirchenbann wurde Luthers Lehre zum Fall für die Fürsten. Denn auf den Bann musste die **Reichsacht** folgen. Wer geächtet war, war vogelfrei, ausgeschlossen aus der Rechtsgemeinschaft. Jeder durfte ihn verfolgen. Doch Luthers Landesherr, Kurfürst *Friedrich der Weise*, hatte sich geweigert, den Bann gegen Luther in Sachsen zu veröffentlichen. Er erreichte stattdessen, dass ein Schiedsgericht beim Reichstag in Worms über den Kirchenkritiker urteilen sollte. Luther erhielt einen Schutzbrief und konnte unbesorgt nach Worms fahren. Seine Reise glich einem Triumphzug.

Kaiser *Karl V.** wollte die Einheit der Kirche und des Glaubens bewahren.

Aber Luther verweigerte am 18. April den geforderten Widerruf. Im Streit verließ er Worms. Zu seinem Schutz ließ Friedrich der Weise ihn zum Schein überfallen und auf die Wartburg bringen. Der Kaiser verhängte daraufhin über Luther und seine Anhänger mit dem **Wormser Edikt** die Reichsacht.

Aber nicht alle Teilnehmer des Reichstags hatten für die Reichsacht gestimmt, sondern Kirche und Kaiser kritisiert und sich für Luther eingesetzt. Deshalb musste der Kaiser einen Bürgerkrieg befürchten.

Folgen in Stadt und Land

Unmittelbar vor und nach dem Wormser Reichstag begannen Anhänger Luthers in einigen Dörfern und Städten mit einer Reformation „von unten": Gemeinden wählten ihre Geistlichen, änderten die Gottesdienstordnung, stellten die Predigt des Evangeliums ins Zentrum des Gottesdienstes und lehnten außer Taufe und Abendmahl alle Sakramente ab.

Die Anhänger des *evangelisch-lutherischen* Glaubens lösten Klöster auf. Geistliche, die am katholischen Glauben festhielten, wurden vertrieben. Einige radikale Anhänger der reformatorischen Vorstellungen, die sogenannten „Bilderstürmer", zerstörten Kircheneinrichtungen und -kunstwerke. In den alten Heiligendarstellungen sahen sie nur „Götzenbilder".

Viele Priester, Mönche und Nonnen gründeten nun Familien. Auch der 41-jährige Luther heiratete: Am 13. Juni 1525 nahm er die 26-jährige ehemalige Nonne *Katharina von Bora* zur Frau. Sie hatte bereits seit 1523 in seinem Haushalt gelebt.

■ **Internettipp** → *Über Katharina von Bora erfährst du mehr unter: www.lutherin.de*

**Über die Regierungszeit Karls V. erfährst du auf den Seiten 136–138 mehr.*

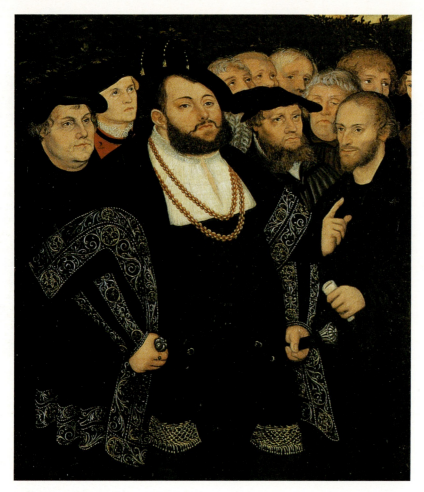

2 Kurfürst Johann Friedrich I. von Sachsen und seine Mitarbeiter an der Reformation.
Ölgemälde (72,8 x 39,7 cm) von Lucas Cranach dem Älteren und Werkstatt, um 1532/39 (Ausschnitt).
Links: Martin Luther. Mitte: Kurfürst Johann Friedrich I. (der Großmütige), der seit 1532 Sachsen regierte. Rechts (mit dem erhobenen Zeigefinger): Philipp Melanchthon; Melanchthon war 1518, mit 21 Jahren, als Professor des Griechischen nach Wittenberg berufen worden und übernahm während der Reformation Organisationsaufgaben im Unterrichtswesen.

● **Exkursionstipp** → *Melanchthonhaus in Bretten (Kreis Karlsruhe). Über dem abgebrannten Geburtshaus Philipp Melanchthons wurde ein Museum für den Humanisten und Reformator errichtet. Dort finden sich auch Bilder von Martin Luther und seiner Frau Katharina von Bora.*

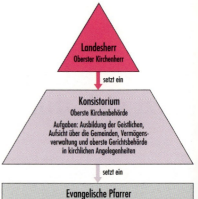

3 Aufbau einer evangelisch-lutherischen Landeskirche.

Wo bleibt das Gewissen?

Einige Landesherren und Vertreter der Reichsstädte nutzten nach 1525 die Uneinigkeit im Reich, um ihre Eigenständigkeit gegenüber Kaiser und Reich auszubauen. In den Kurfürstentümern Sachsen und Brandenburg, in der Landgrafschaft Hessen, in den Herzogtümern Württemberg und Braunschweig-Lüneburg sowie in zahlreichen Reichsstädten (z. B. Goslar, Magdeburg, Memmingen und Nürnberg) wurde zum Teil über die Köpfe der Einwohner hinweg der neue Glauben eingeführt.

Das Vorgehen widersprach Luthers ursprünglicher Auffassung: Er hatte auf das Gewissen des einzelnen Christen vertraut und gemeint, jede Gemeinde sollte alles, was sie angehe, selbst entscheiden. Mit dem Bauernkrieg* hatte er seine Einstellung geändert: Um die „rechte Zucht" zu gewährleisten, billigte er den wachsenden Einfluss der Obrigkeiten auf die reformatorische Bewegung. Die Landesherren regieren nun in alle Bereiche der neuen **Konfession** (Glaubensbekenntnis, -gemeinschaft; von lat. *confessio*: ich bekenne) hinein. Sie bestimmten die Kirchen- und Gemeindeordnung für ihr Territorium, sorgten für die Ausbildung und Anstellung „ihrer" Geistlichen und Lehrer, beaufsichtigten Kirchen, Schulen, Universitäten, Kranken- und Armenhäuser sowie andere öffentliche Einrichtungen und bezahlten diese aus dem eingezogenen Kirchenvermögen oder aus der Landes- oder Stadtkasse.

Luther unterstützte diese Veränderungen. Um seine Lehre zu festigen, schrieb er zahlreiche Abhandlungen für Pfarrer und Prediger, verfasste Kirchenlieder und Lehrbücher.

Lies dazu Seite 132 ff.

*Informiert euch über die Reformation in eurer Region.
Wenn ihr in einer überwiegend evangelischen Gegend lebt: Wann und von wem wurde die Reformation eingeführt? Was geschah mit den Klöstern? Gab es Widerstände?
Wenn ihr in einer überwiegend katholischen Region lebt: Hat es in eurer Heimat im 16. Jh. reformatorische Bestrebungen gegeben? Warum haben sie sich nicht durchgesetzt?
Befragt dazu einen Experten.*

M 1 Luther und Karl V. in Worms

Als Luther am 18. April 1521 auf dem Reichstag aufgefordert wird, seine Lehren zu widerrufen, begründet er seine Ablehnung angeblich so:

Wenn ich aber nicht mit Zeugnissen der Schrift oder mit offenbaren Vernunftgründen besiegt werde, so bleibe ich von den Schriftstellen besiegt, die ich angeführt habe, und mein Gewissen bleibt gefangen in Gottes Wort. Denn ich glaube weder dem Papst noch den Konzilien, allein, weil es offenkundig ist, dass sie öfters geirrt und sich selbst widersprochen haben. Widerrufen kann und will ich nicht, weil es weder sicher noch geraten ist, etwas gegen sein Gewissen zu tun.
Gott helfe mir. Amen.

Auf Luther antwortete Kaiser Karl V.:

Ihr wisst, dass ich von den allerchristlichsten Kaisern der edlen deutschen Nation, den katholischen Königen von Spanien, den Erzherzögen von Österreich und den Herzögen von Burgund abstamme, die alle bis zu ihrem Tod treue Söhne der katholischen Kirche gewesen sind […]. Deshalb bin ich entschlossen, alles zu halten, was meine Vorgänger und ich bis zum gegenwärtigen Augenblick gehalten haben […]. Denn es ist sicher, dass ein einzelner Bruder in seiner Meinung irrt, wenn diese gegen die der ganzen Christenheit, wie sie seit mehr als tausend Jahren und heute gelehrt wird, steht, denn sonst hätte ja die ganze Christenheit heute und immer geirrt.

Erster Text: Martin Luther, Werke, Bd. 7, Weimar 1897, S. 837 f. (vereinfacht). Zweiter Text: Fritz Dickmann (Bearb.), Renaissance, Glaubenskämpfe, Absolutismus, München ²1976, S. 126

M 2 Die Reformation „von unten"

In Wittenberg beginnen die Anhänger Luthers 1521, die neuen Vorstellungen umzusetzen.

Der Propst* zu Wittenberg hat Erich Saltes Tochter zu Ehe genommen. Ein Barfüßermönch ist ein Schuster geworden und hat eines Bürgers Tochter genommen. Ein anderer Barfüßer ist ein Bäcker geworden und hat eine Frau genommen. Ein Augustiner ist ein Schreiner geworden und hat eine Frau genommen. Dr. Feldkirch hat seine Köchin genommen. Der Rat zu Wittenberg hat den Barfüßern und Augustinern gesagt, sie sollen ihre Klöster räumen, und hat alle Wertsachen in den Klöstern aufgezeichnet. Der Rat hat 14 Männer eingesetzt und verordnet, dass alle armen Leute erfasst werden sollen. Sie seien von den eingezogenen geistlichen Gütern zu versorgen. Die Pfarrkirche steht alle Tage zu; nur am Sonntag hält man eine deutsche Messe darin und predigt, und das Volk geht eifrig zum hochwürdigen Sakrament und nimmt es selbst auf dem Altar. Allenthalben lassen die Mönche und Pfaffen ihre Kopfhaare wachsen und nehmen sich Eheweiber.

Karl Kaulfuß-Diesch (Hrsg.), Das Buch der Reformation, Leipzig ²1917, S. 287 f. (vereinfacht)

* **Propst**: Vorsteher, Aufseher einer kirchlichen Einrichtung

M 3 Die Reformation „von oben"

Der Landgraf Philipp von Hessen notiert sich im Januar 1527 auf einem „Merkzettel", worauf er im Zusammenhang mit der Einführung der Reformation achten will.

Ferner ist in Marburg eine Ordnung zu erstellen, die Messe und Zeremonien betreffend.
Ferner ist zu berücksichtigen, dass man der Armen gedenke und zu diesem Zweck die Bruderschaften, Spitäler und Stiftungen heranziehe.
Ferner ist es nötig, mit dem Rat der Richter Aufsichtsbeamte einzusetzen, die überall gute Prediger einsetzen und die schlechten absetzen.
Ferner ist an die Spitäler zu gedenken.
Ferner ist hier in Marburg eine Universität zu errichten.
Ferner haben die Aufsichtsbeamten überall Schulen einzurichten und sie mit frommen und gelehrten Lehrern auszustatten und für deren Versorgung zu sorgen.
Ferner soll man das Silbergeschirr aus den Klöstern holen, das ich noch nicht eingezogen habe.

Zit. nach: Margret Suchier, Das landesherrliche Kirchenregiment Philipp von Hessen, in: Praxis Geschichte H. 3/1990, S. 48

M 4 Bildersturm. Holzschnitt von Erhard Schön, um 1530.

Überschrift des Bildes: „Klagerede der armen verfolgten Götzen vnd Tempelpilder über so vngleich vrtayl vnd straffe."
Zum Bild oben rechts: Einem gutgekleideten Mann ragt ein gewaltiger Balken aus dem Auge, entsprechend dem Wort des Evangelisten Matthäus: „Was siehst du aber den Splitter in deines Bruders Auge und wirst nicht gewahr des Balkens in deinem Auge?"

1. Vergleiche Luthers Standpunkt mit dem des Kaisers (M 1).
2. Zähle auf, wer von der Reformation betroffen war und was sich durch sie änderte (M 2 und M 3).
3. Übertrage die Bildüberschrift in heutiges Deutsch und erkläre die dargestellten Handlungen (M 4). Was sagt das Bild aus?

Legenden um Luther

M 1 Luther (Joseph Fiennes) schlägt die 95 Thesen am Tor der Schlosskirche in Wittenberg an.
Szenenbild aus dem Film „Luther", 2003.

M 2 „Es ist ein Spielfilm …"
Auf den Hinweis, dass der Film-Reformator nur teilweise dem historischen Luther entspräche, sagt Mandy Müller von der Thüringen-Tourismus:

Der echte Luther war eher beleibt. Im Film aber ist er rank, schlank, mit braunen Mandelaugen. Das Kino mag nun mal schöne Menschen. Auch ist nicht
5 jede Filmszene historisch belegt: etwa jene, in der Luther Friedrich dem Weisen die übersetzte Bibel überreicht – sehr ergreifend, aber frei erfunden. Es ist ein Spielfilm, keine Dokumentation.
10 Doch die wesentlichen Ereignisse stimmen.

Die Zeit 45/2003

M 3 „Goldener Kompass"
Der Film „Luther" wurde im Mai 2004 mit dem „Goldenen Kompass" des Christlichen Medienverbundes ausgezeichnet. Der Ministerpräsident von Sachsen-Anhalt, Wolfgang Böhmer, begründet die Entscheidung so:

Mit dem Luther-Film ist es gelungen, eine ansprechende und spannende Produktion zu erstellen, die nicht auf fiktiven Ideen fußt, sondern Geschichte
5 und Religion durch ein Filmerlebnis vermittelt. […]
Es gilt mehr denn je, Menschen Mut zu machen und aus der Verwurzelung in Geschichte und Glaube die Gegenwart
10 und Zukunft zu gestalten.

www.welt.de/data/2004/05/04/273254.html

M 4 „Hier stehe ich …"
Der evangelische Theologe Friedrich Schorlemmer aus Wittenberg schreibt:

Was ist eine berühmte Person ohne ihre Legenden? Die drei populärsten Worte Luthers sind ebenso wenig belegbar wie die dramatischen Hammer-
5 schläge am Vortag von Allerheiligen 1517 an die Tür der Schlosskirche. Oder das Tintenfass, mit dem er in der winzigen Wartburg-Kemenate im Wutausbruch nach dem Teufel geworfen
10 habe. Diese Erdichtungen bezeichnen in der Sache durchaus Zutreffendes. Ein spektakulärer Hammerschlag fand nicht statt, doch die Thesen wurden in der Tat in Windeseile in ganz Deutsch-
15 land verbreitet und fanden einen überraschenden Widerhall. Und mit Tinte, mit geschriebenen, gedruckten und von den Menschen aufgenommenen Worten hat dieser Mann die Welt verändert
20 und dem Teufel und all seinem Wesen das Handwerk gelegt. (Er-)Dichtung wird hier zur Wahrheit, denn sie bündelt Grundhaltungen.
„Hier stehe ich. Ich kann nicht anders."
25 Das wollen die damaligen Beobachter in Worms am Ende seiner Verteidigungsrede gehört haben. Diese Worte hat Luther nie gesprochen! Doch sie stimmen völlig überein mit dem, was
30 er dort als ein Abgehärmter mit demonstrativ geschorener Tonsur vor Kaiser und Reich vortrug. Ungebrochen seinem Gewissen folgend, seiner Erkenntnis getreu, hat er dem massiven
35 öffentlichen und „staatsoffiziellen" Druck widerstanden, der ihm ein Revoco! (ich widerrufe) abnötigen wollte. Er konnte wirklich nicht anders. Aber: Das hat er so nicht gesagt, sondern praktisch ge-
40 tan. Aufrecht. Mutig. Gewiss.

Friedrich Schorlemmer, Hier stehe ich – Martin Luther, Berlin ²2003, S. 12 f.

---

1. Überlege, was die Produzenten des Luther-Filmes bewogen haben mag, das Leben des Reformators zu verfilmen.
2. Findet heraus, was in den Medien an dem Luther-Film gelobt und was bemängelt worden ist. Bildet euch ein eigenes Urteil.
3. Nehmt euch andere Personen aus der Reformationszeit wie Katharina von Bora oder Philipp Melanchthon vor und überlegt, ob ihr Leben ebenfalls verfilmt werden sollte.
4. Klärt den Begriff „Legende" und überlegt, welche Bedeutung den in M 4 erwähnten Luther-Legenden für unser Bild von Luther bis heute zukommt.

Bild als Waffe

M 1 „Ich bin der Papst."
Holzschnitt, um 1500.
Flugblatt gegen Papst Alexander VI., der von 1492 bis 1503 die Kirche führte.

Kurz vor und dann vor allem während der Reformation erschienen erstmals im Reich zahlreiche Spottbilder. Sie wandten sich an eine oft noch leseunkundige Öffentlichkeit. Wie giftige Pfeile wurden die Bilder zwischen den Lagern der Reformwilligen und ihren Gegnern hin und her geschossen. Zentrale Gestalten des Bilderkampfes waren Luther und die Päpste.
Die meisten Spottbilder erschienen als Flugblätter, oft ohne den Zeichner zu nennen. Es ist bekannt, dass auch namhafte Künstler solche Bilder zeichneten, allen voran *Lucas Cranach der Ältere*. Er arbeitete mit Luther zusammen. Nach Luthers Tod endete der erste „Bilderkampf" der deutschen Geschichte.

M 2 Wendekopf.
Holzschnitt (26,5 x 16,0 cm) um 1520/22 (Ausschnitt).
Die einführenden lateinischen Verse auf diesem Flugblatt lauten übersetzt:
Wenn Du, Leser, fragst,
was für ein ungeheuerliches Bild hier vorliegt/
Aus ihm kannst Du
die Lehre Luthers erfahren/
Denn wie Dir beim ersten Anblick der verehrte Prediger erscheint/
Erscheint umgewendet in Wahrheit nichts anderes als ein Narr/
Aufs Beste verkünden so
die Prediger glänzende Worte/
die doch nichts als Narrheiten enthalten.

1. Beschreibe die Gestalt auf dem Holzschnitt M 1 und schreibe einen Begleittext.
2. Erkläre, wie der Holzschnitt M 2 benutzt werden muss, und fasse seine Aussage in einem Satz zusammen: „Luther ist…"
3. Überlege, aus welchen religiösen Lagern die beiden Holzschnitte stammten.
4. Bis heute nutzen Zeichner die Möglichkeit, mit Bildern ihre Meinung zu aktuellen Themen auszudrücken. Welche Abbildungen sind gemeint? Ihr findet sie vor allem in überregionalen Zeitungen. Sammelt Beispiele und ordnet sie nach Themen und Personen. Sprecht über die mit den Zeichnungen verbundenen Absichten.

1 „Ein neuer Spruch / Wie die Geystlicheit vnd etlich Handtwercker vber den Luther clagen."
*Nachträglich kolorierter Holzschnitt (15 x 26,4 cm) von Sebald Beham auf einem Flugblatt, um 1524.
Auf der rechten Seite steht Luther mit seinen Anhängern, links seine Gegner.
Beschreibe das Aussehen der beiden Gruppen. Worüber mögen sie sich streiten? Beachte dabei den Bildtitel. Überlege, wen die über beide Gruppen thronende Figur darstellen mag und welche Aufgabe ihr zukommen soll.*

Nicht nur die Bauern erheben sich

Aufstand gegen die Obrigkeit

Was im Frühjahr 1525 gemeldet wurde, war für die Zeitgenossen ungeheuerlich: „In stetten und uf dem Land" lehnte sich der „gemeine Mann" gegen die Obrigkeit auf. Den Anfang hatten Bauern aus Stühlingen im Südschwarzwald gemacht.

In vielen Gebieten waren Bauern, Angehörige der ländlichen und städtischen Unterschichten sowie Arbeiter der Bergwerke (*Bergknappen*) nicht zufrieden mit den bestehenden Zuständen. Sie verweigerten ihre Dienste und Abgaben, verfassten oft mithilfe von Geistlichen Beschwerden und schlossen sich in „Haufen" zusammen, um mit Gewalt Veränderungen zu erzwingen, wenn ihre Forderungen unerfüllt geblieben waren. Da die Erhebungen von den Bauern ausgingen, sprachen schon die Zeitgenossen vom **Bauernkrieg**.

Die Unruhen breiteten sich in kurzer Zeit in dem dichtbesiedelten Gebiet vom Oberrhein über Südwestdeutschland bis weit nach Tirol, Thüringen und darüber hinaus aus. Die Aufständischen stürmten Klöster, Schlösser und Burgen, plünderten sie oder steckten sie in Brand. Das heutige Niedersachsen blieb bis auf die städtischen Aufstände in Goslar und Osnabrück von den Unruhen unberührt.

Warum kam es zum Aufstand?

Die Ursachen der Aufstände waren vielfältig und oft von Ort zu Ort verschieden: Die Landwirtschaft steckte in einer Krise. Die Preise für landwirtschaftliche Erzeugnisse waren stetig gesunken. Einige Grundherren hatten versucht, ihre Einkommensverluste durch Ausweitung der Dienste und Abgaben auszugleichen. Dagegen erhoben sich die Bauern an einigen Orten. Am heftigsten wehrten sie sich gegen die Einschränkungen der „alten" Selbstverwaltungsrechte wie der gemeinsamen Nutzung von Wäldern, Wiesen und Seen (*Allmende*). Der „gemeine Mann" lehnte sich auch gegen die Fürsten auf, weil sie neue Steuern erhoben, von denen Adel, Klerus und Beamte meist befreit waren. Hinzu kamen die Klagen über die Kirche. Den Geistlichen wurde vorgeworfen, Kirchengelder zu verprassen und die Seelsorge zu vernachlässigen.

Das „göttliche Recht"

In manchen Gegenden waren diese Klagen über hundert Jahre alt. Die Zahl der Bauernunruhen war seit dem Ende des 14. Jh. im Reich ständig gestiegen: Im letzten Viertel des 15. Jh. waren es acht, zwischen 1500 und 1525 bereits 18. Diese Unruhen blieben aber zeitlich und räumlich begrenzt.

Das ungewöhnliche Ausmaß der Aufstände zwischen 1524 bis 1526 ist mit der Reformation zu erklären. Luther hatte den Menschen scheinbar eine Rechtfertigung für ihre Beschwerden und Klagen geliefert: das „göttliche Recht". Unter Berufung auf die „Heilige Schrift", auf Gottes Wort, erklärte der „gemeine Mann" wie Luther zuvor in Worms das Evangelium zur Grundlage seiner Forderungen. Die reformatorischen Predigten schienen das Streben nach religiöser und politischer Selbstständigkeit zu rechtfertigen. Die Aufständischen stützten ihre Forderungen damit nicht mehr nur auf das „alte Recht", sondern auch auf das aus dem Evangelium abgeleitete „göttliche Recht". Einige Historiker beurteilen diese große soziale Bewegung als **Revolution**, als einen Versuch zahlreicher Menschen, die sozialen, politischen und religiösen Verhältnisse schnell und gründlich zu ändern.

2 „Der Bundtschu…"
Nachträglich koloriertes Titelblatt einer Schrift von 1514.
Der mit Riemen gebundene Bundschuh ist seit dem 13. Jh. das volkstümliche Symbol der Bauern und steht im Gegensatz zum Stiefel der adligen Ritter.

Die Ziele des „gemeinen Mannes"

Die Erhebung des „gemeinen Mannes" bestand aus mehreren Einzelaufständen. So wie es keine gemeinsame Leitung gab, verfolgten die verschiedenen „Haufen" auch keine einheitlichen Ziele. Die einen wollten nur ihre früher besseren Lebens- und Rechtsverhältnisse wiederherstellen. Andere forderten, die Leibeigenschaft aufzuheben sowie die Klöster zu enteignen; manche lehnten die Herrschaft von Adel und Kirche ab und wollten selbst in ihren Dörfern und Städten entscheiden.

Wer glaubte, in dem Reformator Luther einen Verbündeten zu finden, wurde enttäuscht. Luther tadelte zwar die Willkür der Herren und redete ihnen ins Gewissen, aber noch schärfer verurteilte er den „Aufruhr" gegen die von Gott gewollte „Obrigkeit".

Anders verhielt sich *Thomas Müntzer*, ein Pfarrer im kursächsischen Allstedt. Er widersprach Luther und wollte das Reich Gottes schon auf Erden verwirklichen. Er beabsichtigte, die Verhältnisse zu beseitigen, die die Menschen daran hinderten, ein gottgefälliges Leben zu führen. Die Fürsten wollten ihm dabei nicht helfen, deshalb wandte Müntzer sich an den „gemeinen Mann". Er rief zum Kampf zwischen Gottlosen und Auserwählten auf. Wer nicht bereit sei, seine „widergöttliche Aufsässigkeit" (*Müntzer*) aufzugeben, werde vernichtet.

● **Exkursionstipp** → *Bauernkriegsmuseum in Böblingen und in Weinstadt-Beutelsbach (Rems-Murr-Kreis)*

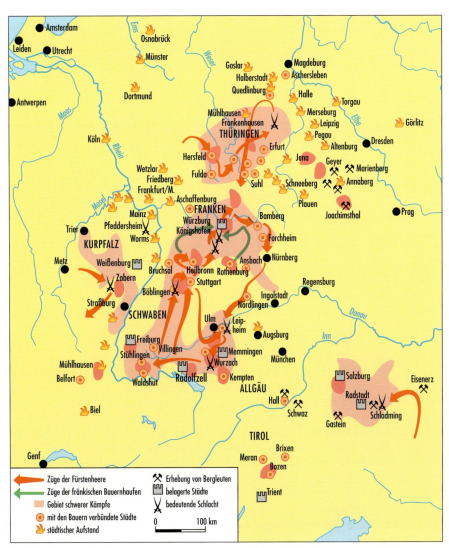

3 Aufstandsgebiete im Bauernkrieg.
Die verwendeten Symbole erklären die Karte. Erläutere die Aussagen.

Das blutige Ende

Die Obrigkeit war angesichts der vielen Aufstände für kurze Zeit wie gelähmt. Doch bald schlugen große Söldnerheere im Auftrag der Fürsten und Herren die Erhebungen nieder. Der letzte Aufstand fand 1526 in Tirol statt.

Etwa 70 000 Opfer blieben auf den Schlachtfeldern. Die Anführer wurden hingerichtet. Die Überlebenden mussten Schadensersatz an die siegreichen Herren zahlen.

Aber die „Bilanz" des Bauernkrieges weist nicht nur Opfer und Strafen auf. In etwa einem Drittel der Aufstandsgebiete kamen Reformen in Gang. Sie schränkten die Willkür der Herren ein.

M 1 Die „Zwölf Artikel"

Unter dem Einfluss eines Stadtpfarrers schrieb der Kürschner Sebastian Lotzer Ende Februar/Anfang März 1525 in Memmingen (Schwaben) die „Zwölf Artikel" der Bauern an die „weltlichen und geistlichen Obrigkeiten".

1. Es ist unsere demütige Bitte und unser Wunsch, dass jede Gemeinde den Pfarrer selbst wählen soll und diesen auch wieder absetzen kann. Er soll das heilige Evangelium rein und klar predigen.
2. Wir geben gern den rechten Korn-Zehnten, wie es die Bibel vorschreibt. Er soll aber für den Unterhalt des Pfarrers und als Almosen verwendet werden.
3. Bisher hat man behauptet, wir seien Abhängige. Nun hat uns aber Christus alle mit seinem kostbaren vergossenen Blut erlöst – den Hirten ebenso wie den Höchsten, keinen ausgenommen. Nicht, dass wir völlig frei sein und keine Obrigkeit haben wollen: Das lehrt uns Gott nicht.
4. Bisher ist es Brauch gewesen, dass kein Untertan Wild, Geflügel oder Fische fangen durfte. Dies ist eigennützig und entspricht nicht dem Worte Gottes und der brüderlichen Liebe.
5. Alle Waldungen, die geistliche und weltliche Herren nicht durch Kauf erworben haben, sollen wieder an die Gemeinde fallen.
6. Unsere Dienste gegenüber den Grundherren werden, von Tag zu Tag vermehrt. Wir begehren, nicht so hart belastet zu werden, und erkennen nur die Dienste an, die schon unsere Eltern geleistet haben.
7. Wir wollen keine weiteren Lasten annehmen. Wenn die Herren Dienste nötig haben, so soll ihnen der Bauer willig und gehorsam sein; aber nur zu einer Zeit und Stunde, wo es ihm nicht zum Nachteil gereicht, und nur gegen eine angemessene Bezahlung.
8. Die Pachtzinsen für die Güter sollen nach der Ertragslage des Hofes festgesetzt werden.
9. Für Vergehen setzt man immer neue Strafen fest. Wir wünschen, dass man aufgrund alter geschriebener Strafsatzungen Recht spricht und nicht nach Lust und Laune des Grundherrn.
10. Wiesen und Äcker, die sich Herren zu Unrecht angeeignet haben, sollen wieder an die Gemeinde zurückgegeben werden.
11. Nach dem Tode eines Erbbauern soll der Besitz nicht an den Grundherrn zurückgehen, damit den Witwen und Waisen nichts genommen wird.

M 2 Die „Zwölf Artikel" der Bauern.
Titelblatt eines Druckes aus Zwickau von 1525.
Die Artikel wurden erstmals um den 20. März 1525 in Augsburg gedruckt. Weitere Drucke in anderen Städten folgten, sodass die Forderungen bald von Tirol bis Thüringen, vom Elsass bis zum Erzgebirge bekannt waren.

12. Wenn einer oder mehrere der aufgestellten Artikel nicht dem Worte Gottes entspricht, so wollen wir ihn fallen lassen, wenn man uns dies anhand der Heiligen Schrift beweist.

Günther Franz (Hrsg.), Quellen zur Geschichte des Bauernkrieges, München 1963, S. 174 ff. (zusammengefasst und in heutiges Deutsch übertragen)

M 3 Bauern plündern das Kloster Weißenau bei Ravensburg.
Federzeichnung (etwa 32 x 45 cm) aus einer Handschrift des Abtes Jacob Murer, um 1525.

1. Zähle die Verpflichtungen auf, welche die Bauern als bedrückend empfanden (M 1).
2. In welchen Artikeln berufen sich die Bauern auf die Heilige Schrift, in welchen auf ein „altes Recht" (M 1)?
3. Beschreibe einzelne Szenen (M 3). Welches Interesse hatte der Zeichner, das Geschehen so wiederzugeben? Beachte die Herkunft der Zeichnung.

M 4 Wer war Thomas Müntzer?

1486 oder 1489	Müntzer wird in Stolberg im Harz geboren.
1514-25	Müntzer ist als Geistlicher an verschiedenen Orten tätig.
1518	Müntzer schließt sich der Reformation an.
1524	Müntzer gründet in Allstedt einen „Bund getreulichen und göttlichen Willens", um mit Bürgern und Bergleuten eine neue Gesellschaft gegen die „Gottlosen" aufzubauen; er wird aus Allstedt vertrieben.
1524/25, Winter	Müntzer nimmt Kontakt zu den aufständischen Bauern auf.
1525	Müntzer setzt in der Stadt Mühlhausen eine neue politische Ordnung durch und wird Führer der aufständischen Bauern in Thüringen. Nach der Niederlage der Bauern in der Schlacht bei Frankenhausen wird er gefangen und am 27. Mai enthauptet.

M 5 „Dieser Prophet sihet dem Thomas Müntzer gleich."

Holzschnitt (22 x 25 cm) aus: Johannes Lichtenberger, Profeceien und Weissagungen, Wittenberg 1527.

M 6 Über die Ursache des Aufruhrs

Im Spätherbst 1524 schreibt Thomas Müntzer:

Es ist der allergrößte Gräuel auf Erden, dass niemand der Bedürftigen Not sich will annehmen […].
Sieh zu, die Grundsuppe des Wuchers, der Dieberei und Räuberei sind unsere Herren und Fürsten; sie nehmen alle Kreaturen als Eigentum: Die Fische im Wasser, die Vögel in der Luft, das Gewächs auf Erden muss alles ihr sein. Darüber lassen sie dann Gottes Gebot ausgehen unter die Armen und sprechen: Gott hat geboten, du sollst nicht stehlen. Es hilft ihnen aber nicht. So sie nun alle Menschen nötigen, den armen Ackersmann, Handwerksmann und alles, was da lebt, schinden und schaben, und wenn einer sich dann am Allergeringsten vergreift, so muss er hängen. Da sagt dann der Doktor Lügner* auch noch: Amen. Dabei machen die Herren das selber, dass ihnen der arme Mann feind wird. Die Ursache des Aufruhrs wollen sie nicht wegtun, wie kann es auf die Dauer gut werden? Wenn ich das sage, muss ich aufrührerisch sein, wohlan!

Thomas Müntzer, Schriften und Briefe, hrsg. von Gerhard Wehr, Zürich 1989, S. 113 (leicht vereinfacht)

* **Doktor Lügner**: gemeint ist Martin Luther

M 7 Aufruf an die Mansfelder Bergleute

Um eine Unterstützung der aufständischen Bauern zu erreichen, wendet sich Thomas Müntzer am 26./27. April 1525 mit folgendem Aufruf an die Mansfelder Bergleute:

Dran, dran, solange das Feuer heiß ist! Lasset euer Schwert nicht kalt werden, erlahmt nicht! Schmiedet pinkepanke auf den Ambossen Nimrods*, werfet ihnen den Turm** zu Boden! Es ist nicht möglich, solange sie leben, dass ihr der menschlichen Furcht leer werden solltet. Man kann euch von Gott nichts sagen, solange sie über euch regieren. Dran, dran, solange ihr Tag habt; Gott geht euch voran, folgt, folgt!

Thomas Müntzer, Schriften und Briefe, a.a.O., S. 161

* **Nimrod**: Nachkomme Noahs, gilt nach dem Alten Testament als der erste Machthaber unter den Menschen
** **Turm**: Symbol der Gewalt der Herrscher

M 8 Luthers Meinung

Luther verfasste drei Schriften gegen Müntzer und die Aufständischen. In einer, die er kurz vor Müntzers Hinrichtung schrieb, heißt es:

Ein Aufrührerischer ist nicht wert, dass man ihm mit Vernunft antworte, denn er nimmts nicht an; mit der Faust muss man solchen Mäulern antworten, dass der Schweiß zur Nasen ausgehe […]. Wer Gottes Wort nicht hören will mit Güte, der muss den Henker hören mit der Schärfe. Sagt man, ich sei gar ungütig und unbarmherzig hierin, antworte ich: Barmherzig hin, barmherzig her, wir reden jetzt von Gottes Wort, der will den König geehrt und den Aufrührerischen verderbt haben.

Thomas Müntzer, Schriften und Briefe, a.a.O., S. 172

M 9 Müntzers letzter Brief

Vor seiner Hinrichtung schreibt Müntzer am 17. Mai 1525 an die Mühlhauser:

Darum sollt ihr euch meines Todes nicht ärgern, welcher zur Förderung der Guten und Warnung der Unverständigen geschehen wird […]. Liebe Brüder, es ist ganz wichtig, euch davor zu warnen, dass ihr solche Schlappen wie die von Frankenhausen nicht auch erleidet, denn die Niederlage ist ohne Zweifel daraus entstanden, dass ein jeder seinen eigenen Nutzen mehr gesucht hat als die Rechtfertigung der Christenheit.

Thomas Müntzer, Schriften und Briefe, a.a.O., S. 166

---

1. Beschreibe, wie die neue Gesellschaft aussehen und mit welchen Maßnahmen sie errichtet werden sollte (M 6 und M 7).
2. Erkläre Luthers Haltung zum Bauernaufstand (M 8).
3. Müntzer gibt den Grund für seine Niederlage an (M 9). Nenne weitere Gründe für das Scheitern des Bauernkrieges.

Uneinig im Reich und im Glauben

1 Karl V. als junger Mann.
Terracottabüste, um 1517.

Ziele des Kaisers

Am 28. Juni 1519 hatten die deutschen Kurfürsten in Frankfurt am Main den 19-jährigen spanischen König Karl aus dem Geschlecht der Habsburger zum neuen Oberhaupt des Reiches gewählt. Zu dieser Zeit herrschte er bereits über große, weit über Europa und Südamerika verstreute Gebiete. Karl V. sah sich als Nachfolger der mittelalterlichen Kaiser und die Kaiserwürde als ein universales Amt, das weltliche und geistliche Aufgaben umfasste. Daher bemühte er sich im Laufe seiner Regierungszeit
• die Einheit des Christentums zu wahren,
• die Kirche vor Ketzereien zu schützen sowie Missstände zu beseitigen,
• die Fürsten des Reiches für eine Stärkung des Reichs unter seiner Führung zu gewinnen,
• die Christenheit vor den Angriffen der „Ungläubigen" (*Muslime*) zu schützen.

Grenzen der kaiserlichen Macht

Für Karl V. war es schwierig, seine Pläne zu verwirklichen:
• Im Reich wollten sich die Fürsten von ihm nicht einschränken lassen. Die Kurfürsten hatten bereits vor der Königswahl in einem Vertrag, der **Wahlkapitulation**, die Mitwirkung der Reichsstände* an der Reichsregierung

*Reichsstände: im Heiligen Römischen Reich zählten dazu alle Fürsten, Grafen, Städte und Ritter, die zusammen mit dem Kaiser das Reich vertraten. Die Reichsstände hatten Sitz und Stimme im Reichstag. Sie mussten die vom Reichstag bewilligten Steuern aufbringen und im Kriegsfall das Reichsheer stellen.

sichergestellt. Ohne Kurfürsten und Reichsstände durfte Karl keine Bündnisse schließen, keine neuen Steuern und Zölle erheben und keinen Krieg führen.
• Der französische König, der wie die Habsburger Ansprüche auf die Vormachtstellung in Europa erhob, versuchte die Umklammerung seines Landes durch Spanien, die Niederlande und das Reich zu sprengen. Vier große Kriege überschatteten deshalb Karls Regierungszeit.
• Gleichzeitig bedrohten die Osmanen das Reich von Südosten. Über Ungarn drangen sie 1529 erstmals bis Wien vor. Nach wenigen Wochen brachen sie die Belagerung der Stadt ab, wohl wegen des frühen Wintereinbruchs.
• 1536 verbündete sich Frankreich mit den Osmanen gegen Karl V. und 1541 verlor der Habsburger große Teile Ungarns an die Osmanen.
• Die Päpste verpflichteten einerseits den Kaiser, die religiöse Einheit des Reiches zu bewahren. Andererseits fürchteten sie als Herren des Kirchenstaates die Übermacht der Habsburger in Italien. Daher widersetzten sich die Päpste fast 25 Jahre lang Karls Drängen nach einem Konzil, das über Reformen der Kirche entscheiden sollte.

Die Einheit des Glaubens zerbricht

Die Grenzen seiner Macht im Reich wurden Karl V. bei der Bekämpfung der Reformation deutlich. Auf den Reichstagen nach 1521 konnten deren Anhänger ihre Stellung sogar verbessern. Nach dem Bauernkrieg erlaubte Karls Bruder *Ferdinand*, der den Kaiser im Reich vertrat, 1526 den Reichsständen auf dem Reichstag von Speyer, in Glaubensfragen vorläufig ihrem Gewissen zu folgen.
Die Luther wohlwollenden Reichsstände nutzten diese Gelegenheit, um in ihren Gebieten ihr „landesherrliches Kirchenregiment" auszubauen. Drei Jahre später wollten Karl V. und die meisten der katholischen Fürsten auf dem Reichstag zu Speyer das Ruder herumreißen. Dagegen protestierten die evangelisch-lutherischen Reichsstände mit der Begründung, in Glaubensangelegenheiten zähle nur das Gewissen. Die Minderheit müsse sich hier nicht der Mehrheit beugen. Seitdem hießen die Evangelischen auch **Protestanten**.
Ein Jahr später, auf dem Augsburger Reichstag von 1530, legten die evangelischen Fürsten und Reichsstädte ihre von Melanchthon zusammengefasste Lehre vor: das **Augsburger Bekenntnis**. Sie wollten damit belegen, dass ihr Glaube grundsätzlich mit der katholischen Lehre übereinstimme. Diese Schrift wies der Kaiser aber zurück.

Karl V. muss nachgeben

Der Kaiser erklärte nach dem Augsburger Reichstag jeden weiteren Widerstand gegen das Wormser Edikt von 1521 zum Landfriedensbruch und stellte ihn unter Strafe. Daher schlossen sich evangelische Reichsstände 1531 in Schmalkalden (Thüringen) zu einem Verteidigungsbündnis unter Führung Hessens und Kursachsens zusammen: dem **Schmalkaldischen Bund**.

Als die Osmanen erneut bis vor die Tore Wiens vordrangen und der Streit Karls V. mit Frankreich anhielt, brauchte der Kaiser militärische Unterstützung der evangelischen Reichsstände. Deshalb billigte er diesen bis auf weiteres zu, die Religion frei wählen zu können.

Der Schmalkaldische Krieg

Ein von allen Seiten lange gefordertes, immer wieder verschobenes Konzil konnte erst Ende 1545 in Trient eröffnet werden. Als die Protestanten die Versammlung ablehnten, versuchte Karl V., die Glaubenseinheit mit Gewalt wiederherzustellen: Nach einem Sieg über Frankreich und einem Waffenstillstand mit den Osmanen begann der Kaiser einen Krieg gegen den Schmalkaldischen Bund. In der entscheidenden **Schlacht bei Mühlberg** an der Elbe (24. April 1547) verloren die Protestanten. Der Bund wurde aufgelöst. Seine Führer wurden gedemütigt und bestraft.

Der Kaiser zieht sich zurück

Karl V. wollte nach dem Sieg die kaiserliche Stellung im Reich stärken. Seine Absicht stieß aber auf den Widerstand der Reichsstände – auch der strengkatholischen Fürsten. Die Lage ermutigte 1552 einige Gegner der habsburgischen Politik zu einem **Fürstenaufstand**. Sie verbündeten sich mit Frankreich, um gegen Karl V. militärisch vorzugehen. Der Kaiser konnte sich in letzter Minute durch eine Flucht aus Innsbruck über die Alpen in Sicherheit bringen.

Karl V. zog sich nach dieser Demütigung nach Spanien in ein Kloster zurück. Enttäuscht hatte er seinem Bruder *Ferdinand I.* die Kaiserwürde 1556 übertragen. Seinem Sohn *Philipp* überließ er 1555/56 Spanien und die Niederlande. Zwei Jahre später starb er. Das Habsburgerreich war nun geteilt.

2 Karl V.
Ölgemälde (332 x 279 cm) von Tizian, 1548. Das Bild wurde von Tizian in Augsburg gemalt. Es stellt den Kaiser auf dem Schlachtfeld bei Mühlberg an der Elbe im Jahre 1547 dar.

„Wessen das Land, dessen die Religion"

Ferdinand I., der 1531 zum römisch-deutschen König gewählt worden war, wollte den Glaubensstreit beilegen. Das Ergebnis seiner Bemühungen wurde im **Augsburger Religionsfrieden** von 1555 festgehalten:

• Die Protestanten – soweit sie das „Augsburger Bekenntnis" von 1530 billigten – wurden im Reich rechtlich anerkannt. Die Katholiken erklärten sich bereit, mit ihnen in einem „beharrlichen, unbedingten, für und für ewig währenden Frieden" zu leben.

• Die Reichsstände erhielten das Recht, ihren Glauben frei zu wählen. Ihre Untertanen mussten sich der Entscheidung anschließen. Der Rechtsgrundsatz lautete: *cuius regio, eius religio*: wessen das Land, dessen die Religion. Wer sich dem nicht anschließen wollte, musste das Land verlassen und auf sein Eigentum verzichten.

• In konfessionell gemischten Reichsstädten sollten beide Bekenntnisse gleichberechtigt sein.

• Die protestantischen Reichsstände durften alle bis 1552 eingezogenen Kirchengüter behalten.

3 Kurfürst Johann der Beständige von Sachsen überreicht Kaiser Karl V. auf dem Reichstag zu Augsburg 1530 das Augsburger Bekenntnis.
Ölgemälde (159,5 x 235 cm) aus der Evang. Luth. Pfarrkirche St. Nikolaus und Ulrich in Nürnberg-Mögeldorf von Andreas Herneisen, 1601 (Ausschnitt).

Das Ende der Religionseinheit

Der Augsburger Religionsfrieden besiegelte die Glaubensspaltung bzw. das Ende der Religionseinheit im Reich. Der Versuch, die nach Sprache, Sitte und Gebräuchen unterschiedlichen Gebiete des Reiches durch den Glauben zusammenzuhalten, war gescheitert.
Erst 444 Jahre später, am 31. August 1999, unterschrieben Vertreter der römisch-katholischen Kirche und des Lutherischen Weltbundes in Augsburg eine Erklärung zur Rechtfertigungslehre. Sie gilt als entscheidender Schritt zur Überwindung der Kirchenspaltung.

1. Nenne die Folgen des Augsburger Religionsfriedens für den einzelnen Christen und die Länder im Reich.
2. Für wen gab es Religionsfreiheit?

M 1 Das kaiserliche Amt

Der Rechtsgelehrte und spanische Kanzler Mercurino de Gattinara, einer der wichtigsten Berater Karls V., legt dem Kaiser am 12. Juli 1519 seine Vorstellungen über das kaiserliche Amt in einer Denkschrift vor:

Herr! Da Gott, der Schöpfer, Euch die Gnade erwiesen hat, Eure Würde über alle christlichen Könige und Fürsten zu erhöhen, indem Er Euch zum größten Kaiser und König seit der Teilung des Reiches Karls des Großen, Eures Vorgängers, machte und Euch auf den Weg der rechtmäßigen Weltherrschaft […] verwies, um den ganzen Erdkreis unter einem Hirten zu vereinigen, ist es recht und billig, dass Eure Kaiserliche Majestät sich vor der Sünde des Undanks hüte und den Schöpfer, den wahren Geber aller Güter, erkenne […].

Bittet Gott ohne Unterlass […], dass Er Euch mit seiner Gnade erfüllen und solcher Art erleuchten und lenken möge, dass Ihr das Euch verliehene Amt wohl verwalten und darüber Rechenschaft geben könnt, zum Dienst Seiner Göttlichen Majestät, zur Erhöhung Seines heiligen katholischen Glaubens und zur Förderung der gesamten Christenheit […], auf dass Ihr mit Hilfe und Beistand des Heiligen Stuhles das Gut des allgemeinen Friedens […] erlangen möget, der nicht anders als durch die Kaiserliche Herrschaft […] erreicht werden kann.

Fritz Dickmann (Bearb.), Renaissance, Glaubenskämpfe, Absolutismus, a.a.O., S. 212 f.

M 2 Rückblick auf die Regierungszeit

Nach dem Bericht einer unbekannten Person gibt Karl V. am 25. Oktober 1555 in Brüssel in Gegenwart seines Sohnes Philipp folgenden Rückblick auf seine Regierungszeit ab:

In meinem neunzehnten Jahre wagte ich es, beim Tode des Kaisers um die kaiserliche Krone mich zu bewerben, nicht um meine Besitzungen auszudehnen, sondern um nachdrücklich für das Wohl Deutschlands und meiner anderen Königreiche […] wirksam sein zu können, und in der Hoffnung, unter den christlichen Völkern den Frieden zu erhalten und ihre Streitkräfte zu vereinigen zur Verteidigung des katholischen Glaubens gegen die Türken.

Ich bin teils durch den Ausbruch der deutschen Ketzerei, teils durch die Eifersucht nebenbuhlerischer Mächte behindert worden, das Ziel dieser Bestrebungen zu erreichen; aber ich habe mit Gottes Hilfe nie aufgehört, meinen Feinden zu widerstehen und mich zu bemühen, die mir übertragenen Pflichten zu erfüllen […].

Ich habe gegen meine Feinde getan, was ich vermochte, aber der Erfolg eines Krieges liegt in der Hand Gottes, der Siege gibt oder hinwegnimmt, wie es ihm beliebt. Danken wir der Vorsehung, dass wir keinen jener großen Wechsel der Dinge zu beklagen haben, die unverlöschliche Spuren zurücklassen, sondern im Gegenteil manche Siege gewonnen haben, deren Angedenken unsere Kinder sich freuen mögen. Mich zurückziehend, bitt ich Euch inständig, Eurem Fürsten getreu zu sein und unter Euch selber auf gutes Einverständnis zu halten. Vor allem hütet Euch vor jenen neuen Sekten, von welchen die angrenzenden Länder heimgesucht sind, und wenn die Ketzerei auch über Euere Grenzen eindringen sollte, dann zögert nicht, sie zu vertilgen, oder es wird Euch übel ergehen. Ich für meinen Teil muss bekennen, dass ich mich zu mannigfachen Irrtümern habe verleiten lassen, sei es durch jugendliche Unerfahrenheit, oder durch den Stolz des reiferen Alters, oder durch eine andere Schwäche der menschlichen Natur; aber ich erkläre, dass ich niemals wissentlich und freiwillig Unrecht oder Gewalt geübt oder andere dazu veranlasst oder ermächtigt habe.

Alfred Kohler (Hrsg.), Quellen zur Geschichte Karls V., Darmstadt 1990, S. 466 f. (vereinfacht)

M 3 Das Wappen Karls V.

Das Wappen kennzeichnet Karl V. als Kaiser. Erkläre!

1. Erläutere die Ziele, die Gattinara vortrug und die Karl V. verfolgte (M 1 und M 2).
2. Prüfe die „Lebensbilanz" Karls V. (M 2). Wo kannst du dem Kaiser zustimmen, was siehst du anders? Begründe.

1 Sitzung des Konzils zu Trient.
Ölgemälde (70,5 x 96,5 cm) nach 1562.

Die katholische Kirche reagiert

Gegen den neuen Glauben

Der Augsburger Religionsfriede löste nicht alle Fragen des Zusammenlebens der Konfessionen. Unter Druck und Zwang mussten evangelisch-lutherische Gebiete zum katholischen Glauben zurückkehren. Umgekehrt wurden katholische Einflussbereiche evangelisch-lutherisch gemacht. Der Papst ergriff einerseits Maßnahmen, um die Macht der katholischen Kirche zurückzugewinnen. Dies nennt man **Gegenreformation**. Andererseits bemühte er sich um eine innerkirchliche **katholische Reform**. 1542 gründete der Papst das „Heilige Offizium", eine neue Inquisitionsbehörde, die mit den katholischen Fürsten zusammenarbeitete und z. B. bei vielen Hexenprozessen* mitwirkte. 1559 wurde das erste Verzeichnis der für Katholiken verbotenen Bücher veröffentlicht, der **Index** (lat. *Index librorum prohibitorum*). So versuchte der Papst, die Gläubigen vom Lesen kritischer, angeblich schädlicher Werke abzuhalten. Erst 1966 wurde der Index, der ständig erneuert worden war, aufgehoben.

*Über die Hexenprozesse erfährst du auf den Seiten 146 ff. mehr.

Was sollen Katholiken glauben?

Wichtig für die Reform der römisch-katholischen Kirche war das **Konzil von Trient**. Es wurde im Dezember 1545 eröffnet und dauerte 18 Jahre.
Das Konzil legte **Dogmen** fest, verbindliche Glaubensaussagen, um die katholische von der reformatorischen Lehre abzugrenzen.
Ein Beispiel: Das Konzil entschied, dass die Bibel und die kirchliche Überlieferung, also die Schriften der Kirchenväter und Konzilsentscheidungen, gleichwertige Quellen des Glaubens seien. Nur die aus dem 7. Jh. stammende lateinische Bibelausgabe, die **Vulgata**, sollte für die Auslegung der „Heiligen Schrift" maßgeblich sein.
Damit setzten sich die Konzilsväter von den Protestanten ab: Luther und andere Reformatoren hatten allein die Bibel zur Grundlage des Glaubens erklärt. Die Reformatoren gingen bei der Auslegung der „Heiligen Schrift" nicht von der Vulgata, sondern vom hebräischen oder griechischen Urtext des Alten und Neuen Testaments aus.

Weitere Reformen

In jedem Bezirk eines Bischofs wurden künftig Priester ausgebildet. Beschlossen wurden Regeln gegen Ämterhäufung und -verkauf sowie Ablassmissbrauch. Außerdem wurde die Kirchen- und Klosteraufsicht strenger. Neue Anweisungen über Predigt und Unterricht vervollständigten die innere Reform.
Indem das Konzil diese Beschlüsse vom Papst bestätigen ließ, erkannte es dessen Vorrangstellung feierlich an. Es dauerte Jahrzehnte, bis die Reformen verwirklicht waren.

2 Ignatius von Loyola empfängt vom Papst die Bestätigung seiner Ordensregel.
Ölgemälde eines unbekannten Künstlers, 1540 (Ausschnitt).
Als Ignatius 1556 starb, zählte sein Orden bereits 1000 Mitglieder; bis 1700 stieg die Zahl der Jesuiten auf etwa 20 000 an.

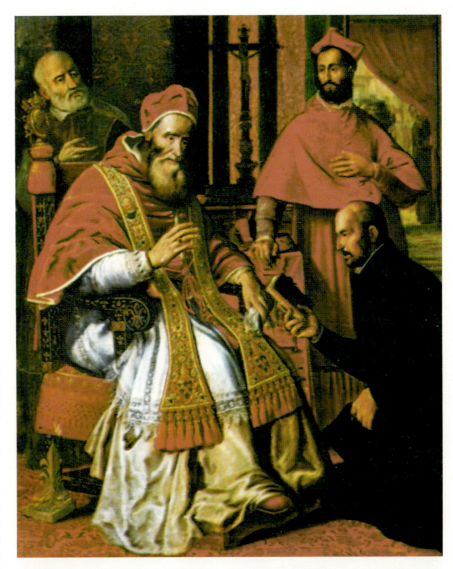

„Alles zur größeren Ehre Gottes"

So lautete der Wahlspruch der Jesuiten, der Mitglieder der **Gesellschaft Jesu** (lat. *Societas Jesus*; S.J.). Dieser Orden wurde für die katholische Reform und Gegenreformation gleich wichtig. Der baskische Adlige *Ignatius von Loyola* hatte ihn ins Leben gerufen. Er wurde um 1491 geboren und war spanischer Offizier. Nach einer schweren Kriegsverletzung las er auf dem Krankenlager religiöse Schriften. Sie brachten ihn dazu, sein Leben dem Glauben zu widmen. Er begann Philosophie und Theologie zu studieren. Mit sechs Gefährten gründete er 1534 den Vorläufer des späteren Ordens. Sie gelobten, sich der Mission im Heiligen Land zu widmen oder dem Papst ihre Dienste anzubieten. 1537 wurde Ignatius zum Priester geweiht. Drei Jahre später bestätigte der Papst die „Gesellschaft Jesu" als Orden.

Der Jesuitenorden

Die „Gesellschaft Jesu" war nach innen und nach außen militärisch organisiert. Die ausgewählten Mitglieder verzichteten auf eine Ordenstracht, legten die herkömmlichen Gelübde ab und verpflichteten sich, dem Papst unbedingt zu gehorchen.
Als „Soldaten Christi" entwickelte sich der Orden zu einer „päpstlichen Kampftruppe". Zu seinen Aufgaben gehörte die Festigung des katholischen Glaubens, die „Rück"-Gewinnung evangelischer Christen und die Heidenmission in Übersee. Die Päpste und die katholischen Landesfürsten förderten die „Gesellschaft Jesu". Ihre „Kampfmittel" waren Predigt, Seelsorge und Erziehung der Jugend. Die Jesuiten gründeten neue Schulen und Universitäten und kümmerten sich um die Ausbildung künftiger Priester und Staatsdiener. Darüber hinaus übten sie als Erzieher von Fürstensöhnen und als Beichtväter vieler Herrscher großen Einfluss aus.
Um den katholischen Glauben zu stärken, schrieben die Jesuiten „lehrreiche" Theaterstücke und befürworteten den Bau prachtvoll ausgeschmückter Kirchen, in denen sie wie auf einer Bühne predigten. Sie belebten das Prozessions- und das Wallfahrtswesen. Insgesamt prägten die Jesuiten die katholische Kultur.

---

1. Welche Ziele hat der Jesuitenorden?
2. Nenne Gründe, weshalb sich die Jesuiten um die Erziehung der Jugend kümmerten.
3. Einige Historiker meinen: Hätte die katholische Kirche die in Trient gefassten Beschlüsse dreißig oder vierzig Jahre früher verabschiedet, hätte es keine Reformation gegeben. Diskutiert diese Meinung.

M 1 Irrtum ausgeschlossen

Ignatius von Loyola lebte seit 1539 in Rom. Von dort aus versuchte er, mittels Briefen den wachsenden Orden zu leiten. In einem Brief aus seinen letzten Lebensjahren legte er seine Vorstellungen über die Kirche und den Gehorsam dar:

Die katholische und apostolische* Kirche hat sich in Fragen des Glaubens niemals geirrt. Sie hat auch niemals irren können. Diese Wahrheit ist hell-
5 leuchtend und felsenfest im Zeugnis der heiligen Schriften enthalten und wird von der Autorität der rechtgläubigen Kirchenväter gestützt […].
Es gibt drei Arten zu gehorchen: die ei-
10 ne, wenn man [mir] im Namen Gottes feierlich befiehlt, und die ist gut. Die zweite, wenn man mir einfach vorschreibt, das zu tun, und die ist besser. Die dritte, wenn ich auf ein bloßes Zei-
15 chen des Oberen hin handle, obschon er mir weder befiehlt noch vorschreibt, und die ist die vollkommenste.

Ernst Walter Zeeden, Das Zeitalter der Gegenreformation, Freiburg i. Br. 1967, S. 129 u. 139

***apostolisch**: *von den Aposteln ausgehende Kirche*

M 2 Die Ausbildung der Jesuiten

Ein Schweizer, der zwischen 1586 und 1588 an der Jesuitenuniversität Dillingen (Schwaben) studierte, schreibt:

Dort ist nicht zu fürchten, dass die Jünglinge vom Pesthauche des Lasters angesteckt und verdorben werden, denn scharfe, strenge Zucht hält sie
5 alle im Zaum; keinem wird Geld in den Händen gelassen, keiner darf aus dem Kollegium hinausgehen, keinem wird unnützen und unnötigen Aufwand zu treiben gestattet. Köstliche Kleider zu
10 tragen ist verboten, damit nicht durch dieses Beispiel auch andere zur Eitelkeit gereizt und die Eltern durch die Verschwendung der Söhne auf unbillige Art sich einzuschränken genötigt wer-
15 den. Die Lehrart, die Emsigkeit und den Fleiß dieser Männer muss ich loben und billigen; ich würde aber dennoch keinem Reformierten raten, seine Kinder zu ihrer Ausbildung dorthin zu
20 senden, denn stets arbeitet man mit allen Kräften dahin, den Jünglingen papistischen Aberglauben und Irrtümer einzupflanzen, welche bei tiefergeschlagenen Wurzeln nur schwer ausgerottet
25 und vertilgt werden können.

Bernhard Duhr, Geschichte der Jesuiten in den Ländern deutscher Zunge, Bd. 1, Freiburg i. Br. 1907, S. 29

M 3 Vignette (Zierbild) aus einer Jesuitenschrift des 16. Jh.

Die Abkürzung IHS steht für den Namen Jesus nach dem griechischen Alphabet sowie für die lateinische Formel „In Hoc Signo (vinces)", zu deutsch: In diesem Zeichen (wirst du siegen).

M 4 Das Jesuitenviertel in Heidelberg.

Luftaufnahme von Wolfgang Lossen, 2002 (Ausschnitt).

Die Jesuiten kamen 1622 nach Heidelberg. 26 Jahre später mussten sie Stadt und Land wieder verlassen. Erst 1698 konnten sie unter dem katholischen Kurfürsten Johann Wilhelm dauerhaft zurückkehren. In der Folgezeit ließen die Jesuiten in Heidelberg eine Reihe prachtvoller Barockbauten errichten, dazu zählen die Jesuitenkirche (Baubeginn 1712; der Turm wurde erst im 19. Jh. hinzugefügt), das Jesuitenkolleg (Bauabschluss 1711), das Jesuitengymnasium (Baubeginn 1715) und das schlossartige Seminarium* Carolinum (Baubeginn 1750).

***Seminarium**: *Ausbildungsstätte für Priester*

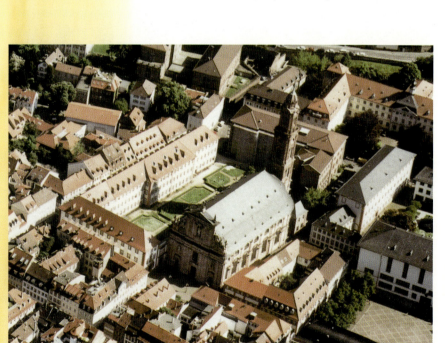

1. Vergleiche die Vorstellung des Ignatius zum Glaubensgehorsam (M 1) mit Luthers Aussage auf dem Reichstag zu Worms (M 1, Seite 129).
2. Suche in dem Bericht M 2 Hinweise auf die Konfession des Verfassers.

Konfessionelle Vielfalt

Zwinglis in Zürich

In der Schweiz entwickelte sich die Reformation anders als im Reich. Überzeugt von der Notwendigkeit einer Kirchenreform im humanistischen Geist und angeregt von Martin Luther, brachte der Schweizer Priester *Huldrych (Ulrich) Zwingli* 1523 den Rat der Stadt Zürich dazu, seine Vorstellungen umzusetzen. Schrittweise wurden alle nicht aus der Bibel ableitbaren Teile des kirchlichen Lebens abgeschafft: Messe, Heiligenbilder, Reliquien, Gemeindegesang, Prozessionen und Klöster. Der reformierte Gottesdienst beschränkte sich auf Gebet und Predigt.

Ein Ziel Zwinglis war es, das öffentliche Leben stärker christlich zu prägen. Ihm ging es um die Einheit von Bürger- und Kirchengemeinde. Nach Zwingli durfte die weltliche Obrigkeit den Kirchenbesuch und die Teilnahme am Abendmahl befehlen, den Lebenswandel der Gemeindemitglieder überwachen und Unwürdige vom Abendmahl ausschließen. Seine Vorstellungen setzten sich in den Städten, aber nicht auf dem Lande durch. 1531 fiel Zwingli im Kampf gegen die katholisch gebliebenen Kantone.

Calvin in Genf

Der zweite einflussreiche Schweizer Reformator heißt *Johannes Calvin*. Er führte die Reformation in der Stadt Genf ein. Der Gottesdienst fand in Kirchen ohne Altäre, Bilder, Kerzen und Orgelspiel statt. Im Mittelpunkt stand die Predigt, dazu kamen Gebet, Sündenbekenntnis und Psalmengesang. Jeder war zur Teilnahme am Abendmahl verpflichtet. Das ganze Leben wurde durch die Kirche kontrolliert. Luxus in Bezug auf Kleidung, Frisuren, Essen und Trinken war verboten, auch weltliche Vergnügungen wie Tanz, Theater, Gasthausbesuche und Glücksspiele waren nicht erlaubt. Der Lebenswandel der Bürger wurde überwacht, Verfehlungen untersucht, gerügt oder bestraft. Dabei schreckte Calvin nicht vor Hinrichtungen (von 1542 bis 1546 allein 58), Verstümmelungen, Folterungen und Verbannungen zurück.

Andererseits war es Calvin, der sich um einen Ausgleich der verschiedenen Standpunkte bemühte und dem es zu verdanken ist, dass Genf zum Zufluchtsort vieler religiös Verfolgter wurde. Auch hat Calvin den wichtigen politischen Grundsatz aufgestellt, dass Widerstand gegen die Obrigkeit geboten sei, wenn diese ihre Pflichten grob verletze.

1 Huldrych Zwingli.
Gemälde von Hans Asper, 1531/32.

Auserwählt?

In der Theologie Calvins hieß es, jeder Mensch sei bereits vor seiner Geburt entweder zum ewigen Leben oder zur Verdammnis **prädestiniert** (*vorausbestimmt*). Der Mensch finde die Gewissheit seiner Erwählung zum ewigen Leben allein im Glauben an den Erlöser. Und es gebe im Leben der Erwählten äußerlich sichtbare Zeichen dieser „Auswahl". Da kein calvinistischer Gläubiger sicher sein konnte, zu den „Auserwählten" zu gehören, bemühte sich jeder, die göttliche Gnade durch ein besonders frommes sowie ein äußerst pflichtbewusstes und sparsames Leben nachzuweisen.

Konfession und Wirtschaft

Die reformatorischen Lehren beeinflussten auch die Wirtschaft. Luther hatte sich noch gegen die Zinsgeschäfte, Zusammenschlüsse und Monopole geäußert. Wer arbeite, diene seinem Nächsten, verkündete er. Müßiggang und Bettelei aus Faulheit lehnte Luther ab.

Die Calvinisten dachten ähnlich. Arbeit war für sie göttliches Gebot. Die Calvinisten lebten sparsam und legten ihre Einkünfte in Grund- und Hausbesitz oder ihre Gewinne in neue Geschäfte an. Wirtschaftlichen Erfolg verstanden sie als ein Zeichen von Gottes Wohlgefallen.

2 Johannes Calvin.
Gemälde eines unbekannten Malers, 16. Jh.

3 Der Massenmord an den Hugenotten in Paris in der Bartholomäusnacht.
Gemälde (105 x 155 cm) von François Dubois d'Amiens, um 1570.
Katharina von Medici, die Mutter des seit 1560 regierenden katholischen Königs Karl IX. von Frankreich, hatte während der Hochzeit ihrer Tochter Margarete von Valois mit dem Hugenotten Heinrich von Navarra am 24. August (Tag des Heiligen Bartholomäus) 1572 versucht, einen Führer der Hugenotten töten zu lassen. Das Attentat scheiterte. Die Hugenotten empörten sich öffentlich. Daraufhin gab das Königshaus das Zeichen zur Ermordung führender Hugenotten in Paris. Die Aktion weitete sich aus. Allein in Paris wurden etwa 3 000, im ganzen Land etwa 10 000 Hugenotten umgebracht.

4 Die Bekenntnisse in Europa Ende des 16. Jh.

Die Konfessionen spalten Europa

Luthers Lehre übernahmen Dänen, Schweden, Norweger und Finnen. Nach der Einigung der Zwinglianer mit den Calvinisten (1549) verbreiteten sich die calvinistisch-reformierten Glaubensanhänger vor allem in den Niederlanden, Frankreich und England. Sogar im Reich fanden sie Anhänger: in der Pfalz, in Brandenburg und Ostfriesland.

In Frankreich bekannte sich das Herrscherhaus zur katholischen Kirche und ließ andere Lehren verfolgen. Die Gegensätze zwischen Anhängern der reformatorischen Lehre, die sich hier **Hugenotten*** nannten, und den Katholiken lösten seit den 60er-Jahren des 16. Jh. Religions- und Bürgerkriege aus. Die Lage spitzte sich zu, als die Hugenotten versuchten, sich der Macht der Krone zu entziehen. Dagegen kämpfte das Herrscherhaus mit allen Mitteln.

Die Kriege endeten erst, nachdem der aus dem königlichen Geschlecht der Bourbonen stammende Führer der Hugenotten, *Heinrich von Navarra*, zum katholischen Glauben zurückgekehrt und 1594 als *Heinrich IV.* zum König gekrönt worden war. Mit dem **Edikt von Nantes** bestätigte er 1598 die katholische Religion als die herrschende, gewährte aber den Hugenotten Glaubensfreiheit und andere Rechte wie den Zutritt zu allen Ämtern.

Anders verlief die Entwicklung in England. *Heinrich VIII.*, der seit 1509 regierte, brach mit dem Papst, weil dieser sich weigerte, seine Ehe für ungültig zu erklären. Heinrich unterstellte nach 1532 die englische Kirche seiner **Suprematie** (Obergewalt). Damit legte er den Grundstein für die **anglikanische Staatskirche**. Sie prägte eine Mischung aus katholischer Tradition und calvinistisch-reformierten Auffassungen. Um 1567 lösten sich die ersten **Puritaner** (lat. *purus*: rein), die Anhänger der „reinen" calvinistisch-reformierten Lehre, aus der anglikanischen Staatskirche und gingen teilweise unter Zwang in die Niederlande. Von dort wanderten später viele von ihnen nach Nordamerika aus.

*Über die Hugenotten erfährst du auf Seite 165 und 167 mehr.

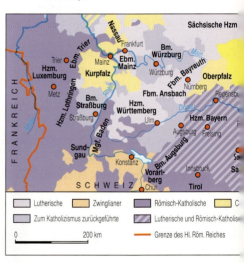

5 Konfessionen in Südwestdeutschland, um 1600.

M 1 Taufgottesdienst in der zweiten Hugenottenkirche von Lyon (Frankreich).
Anonymes Gemälde, um 1570. In der Mitte des Chores steht die Kanzel. Die Männer behielten ihre Hüte während des Gottesdienstes auf; sie wurden nur abgesetzt, während aus der Bibel gelesen oder wenn der Name Gottes ausgesprochen wurde.

M 2 Zwinglis Regeln
In Zürich werden 1530 folgende Regeln Zwinglis erlassen:

Wir gebieten, dass jedermann ohne Ausnahme, der sich nicht durch Krankheit oder andere redliche Gründe bei der Gemeinde oder beim Pfarrer entschuldigen kann, alle Sonntage bei guter Zeit zur Kirche gehe und bis zu Ende verbleibe. Kein Wirt darf Einheimischen an Sonn- und Feiertagen vor der Kirche Speise und Trank geben. Kein Einheimischer soll sich nachts nach 9 Uhr mehr im Wirtshause finden lassen, auch dürfen nach dieser Zeit keine Schlaftrünke außer dem Hause verabreicht werden, Kranke vorbehalten […]. Weil das Spiel, wie unsere biederen Landleute klagen, die meiste Ursache aller Winkelwirtschaften, Frevel und anderer Unfuge ist, so haben wir auf das Ansuchen unserer Landleute alle Spiele verboten, es sei mit Karten, Würfeln, Brettspiel, Kegeln, Wetten usw.

Hermann Schuster (Hrsg.), Quellenbuch zur Kirchengeschichte, Bd. I/II, Frankfurt a. M. ⁹1976, S. 120 f.

M 3 Calvinistische Vorschriften
In seinem Buch „Unterricht in der christlichen Religion" von 1536 schreibt Calvin:

Die erste Grundlage der Zucht besteht nun darin, dass persönliche Ermahnungen stattfinden. Das bedeutet, dass der, der aus eigenem Antrieb heraus nicht
5 seine Pflicht tut, oder der sich frech aufführt, oder dessen Lebenswandel an Ehrbarkeit zu wünschen übrig lässt, oder der etwas Tadelnswertes begangen hat, sich ermahnen lässt, und dass
10 ein jeder seinen Eifer daran wendet, seinem Bruder, wenn es die Sache erfordert, solche Ermahnung zukommen zu lassen. Vor allem aber sollen die Pastoren und Ältesten* hierüber wachen.
15 Denn ihre Aufgabe ist es nicht allein, dem Volke zu predigen, sondern auch hin und her in den einzelnen Häusern Ermahnung und Ermunterung auszuteilen, wenn man irgendwo durch die
20 allgemein geschehene Unterweisung nicht weit genug vorangekommen ist.

Hermann Schuster (Hrsg.), Quellenbuch zur Kirchengeschichte, Bd. I/II, a.a.O., S. 120 f. (vereinfacht)

*****Älteste**: zwölf ausgewählte Männer „von ehrbarem Lebenswandel"

■ **Internettipp** → *Informationen über Zwingli findest du unter www.zwingli.ch*

1. Erkläre, weshalb der Lebenswandel überwacht und die Sittenlosigkeit bestraft wurden (M 2).
2. Wie beurteilst du die Kirchenzucht und das Vorgehen der Kirchenältesten (M 3)?

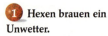 **Hexen brauen ein Unwetter.**
Holzschnitt von 1489/90.

Hexenwahn

Kommt der Teufel?
Der Glaube an Zauberei und dämonische (unheimliche und unerklärbare) Mächte scheint seit langem unter den Menschen verbreitet zu sein. Mittelalterliche Schriften nennen Heilszauber, Liebeszauber und Wachstumszauber. Im Mittelalter sahen Kirche und weltliche Rechtsordnungen darin nur einen unsinnigen und verabscheuungswürdigen Aberglauben. Diese Auffassung wandelte sich Ende des 15. Jh. Die Zeit der blutigen Hexenverfolgungen begann. Was war geschehen?
Viele Christen litten unter der Auflösung des bisher gültigen Weltbildes, der Glaubensspaltung und den Kriegen. Das Leben schien ihnen unsicherer und schwerer als zuvor. Die Furcht vor dem leibhaftigen Teufel war gewachsen. Auch der Reformator Martin Luther glaubte, in seinem Studierzimmer auf der Wartburg, den Teufel getroffen zu haben.

Der „Hexenhammer"
Die katholische Kirche forderte 1484 in der sogenannten Hexenbulle, Hexen „beiderlei Geschlechts" zu bekämpfen. Drei Jahre später veröffentlichte ein für die deutschen Staaten ernannter päpstlicher Inquisitor*, der Dominikanermönch *Heinrich Institoris*, dazu einen Kommentar. Der lateinische Titel des Werkes lautet *„Malleus maleficarum"*, also „Hammer der Schadensstifterinnen". Mit dem „Hammer" sollte das Unrecht zerschmettert werden. Der „Hexenhammer" wurde bis 1669 in 29 Auflagen gedruckt. Das Werk beschreibt alle gängigen Anschauungen über Schadenszauber und erklärt die Frauen zu Hauptverdächtigen, weil sie von Natur aus schlecht seien.
Neu war, dass der Schadenszauber nicht nur als Verstoß gegen die kirchlichen Lehren verstanden wurde, sondern als ein weltliches Verbrechen wie Mord und Brandstiftung. **Hexerei** umfasste danach vier „Straftaten":
• Teufelspakt, bei dem Gott geleugnet wird,
• Teufelsbuhlschaft, eine Art Hochzeit mit dem Satan,
• Schadenszauber, die Schädigung und Vernichtung von Menschen und Tieren,
• Hexensabbat, auf dem Hexen und Teufel ausschweifende Feste feiern.
Der „Hexenhammer", der auch Hinweise zur Führung von Prozessen gegen die „Schadensstifterinnen" enthält, beeinflusste lange Zeit die Hexenprozesse im Reich.

*__Inquisitor__: *Untersuchungsrichter*

Hexen vor Gericht
Die Hexenprozesse fanden in katholischen und protestantischen Gebieten statt. Sie wurden von Gerichten durchgeführt. Gerichtsherren konnten entscheiden, ob sie einen Prozess eröffnen wollten. Häufig taten sie es auf Druck der Bevölkerung. Bei den Verhören hatten mindestens ein Richter, zwei Schöffen und ein Gerichtsschreiber anwesend zu sein.

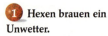 **Die „Wasserprobe".**
Holzschnitt aus dem 16. Jh.
Die Angeklagte wurde gefesselt ins Wasser geworfen. Ging sie nicht unter, war sie schuldig; ertrank sie, war sie unschuldig, weil das Wasser keine Hexe aufnehmen würde. Nebenbei: Wasser galt als Sinnbild der Reinheit.

3 „Von einer grauenvollen Tat, wie eine Mutter ihre Tochter dem Sathan verheiratete."
Kolorierter Holzschnitt von 1568 aus der Nachrichtensammlung von Johann Jakob Wick aus Zürich.
Beschreibe und deute das dargestellte Geschehen.

Haben Hexen rote Haare?

Für einen Prozess reichte bereits die üble Nachrede: In Notzeiten kam es häufig vor, dass für ein unerklärliches Unglück ein unbequemer Nachbar beschuldigt wurde. Außenseiter der Gesellschaft wie Witwen, Bettler, Kräuterfrauen, Hebammen und Andersgläubige wurden oft angezeigt. Manchmal reichten schon rote Haare, um beschuldigt zu werden. Auch Neid konnte zum Vorwurf der „Hexerei" führen. Gründe für die Verfolgung von Frauen waren zum einen frauenfeindliche Vorstellungen der Theologen und Rechtsgelehrten, zum anderen der verbreitete Glaube an magische Fähigkeiten der Frauen.

Die Zahl der Prozesse stieg durch sogenannte „Besagungen". Alle Angeklagten wurden dabei gezwungen, weitere Personen zu nennen, die angeblich an den Hexenversammlungen teilgenommen hatten. Ein Hexereiverdacht konnte also jeden treffen.

Auf den Scheiterhaufen!

Hexenprozesse wurden in ganz Europa geführt. Überall brannten Scheiterhaufen. Höhepunkt der Hexenverfolgung waren die Jahre 1560 bis 1690. Zentren im Reich waren das Rheinland mit Trier und Köln, Westfalen, Sachsen und die Bistümer Minden, Paderborn, Fulda, Bamberg, Würzburg, Eichstätt und Augsburg. Historiker schätzen, dass dabei im Reich mindestens 30 000 Menschen hingerichtet wurden. Etwa 80 Prozent aller Verurteilten waren Frauen aus ländlichen Unterschichten. Während der Prozesswellen verurteilten die Gerichte auch reiche Frauen und Männer. Sie verschonten nicht einmal Kinder.

4 Stachelstuhl.
Folterinstrument aus der Zeit der Hexenverfolgungen.

Widerstand gegen die Hexenprozesse

Bereits in der zweiten Hälfte des 15. Jh. traten Gegner der Hexenlehre auf. Im 16. Jh. versuchte der Arzt *Johannes Weyer* aus Kleve, den Hexenglauben als Wahnvorstellung zu entlarven. Wichtiger für das Ende der Prozesse wurde der Jesuit *Friedrich Spee von Langenfeld*, der von 1591 bis 1635 lebte. Er hielt zwar am Hexenglauben fest, lehnte aber die grausame Folter ab.

Als Straftatbestand wurden Zauberei und Hexerei Ende des 17. Jh. aufgehoben. Aber noch im 18. Jh. fanden einzelne Hexenprozesse statt.

■ **Internettipp** → *Unter www.sfn.uni-muenchen.de/hexenverfolgung/startlexikon.htm findest du ein Lexikon zur Geschichte der Hexenverfolgung.*

1. Zähle die Gründe auf, weshalb Menschen in einen Hexenprozess verwickelt werden konnten.
2. Ein Meinungsforschungsinstitut fragte 1956: „In früheren Jahrhunderten hat man an Hexen geglaubt. Denken Sie, dass vielleicht doch etwas dran ist, dass es vielleicht Hexen gibt?" Damals sagte 1 Prozent: „Ja, bestimmt gibt es Hexen." 7 Prozent sagten: „Vielleicht". 92 Prozent waren davon überzeugt, dass der Hexenglauben Unsinn ist. Vor einigen Jahren wurde die Umfrage wiederholt. Nun antworteten insgesamt 16 Prozent, dass am Hexenglauben „bestimmt" oder „vielleicht" etwas dran sei. Wie erklärt ihr diese Veränderung? Führt in eurer Klasse (oder Schule) eine Umfrage durch und unterscheidet als Antworten: „Bestimmt", „Vielleicht" und „Glaube ich nicht".

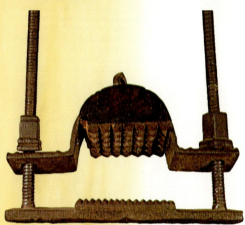

M 1 Beinschraube.
Sie wurde auch „Spanischer Stiefel" genannt.

M 2 Die „Hexenbulle"

Am 5. Dezember 1484 erlässt Papst Innozenz VIII. eine Verlautbarung, für die sich im 19. Jh. die Bezeichnung „Hexenbulle" eingebürgert hat.

Uns ist neuerdings zu unserem nicht geringen Leidwesen zu Ohren gekommen, dass […] eine große Anzahl von Personen beiderlei Geschlechts, des eigenen
5 Heiles vergessend und vom katholischen Glauben abfallend, mit […] Teufeln Unzucht treiben und mit ihren Zaubersprüchen, Beschwörungen und Verschwörungen sowie anderen abscheu-
10 lichen abergläubischen Handlungen, zauberischen Übertretungen, Verbrechen und Vergehen bewirken, dass sie Geburten der Frauen, die Jungen der Tiere, die Feldfrüchte, die Weintrauben und
15 die Früchte der Bäume sowie auch Männer, Frauen, Zugtiere, Kleinvieh, Schafe und […] die Weinberge auch, die Obstgärten, Wiesen, Weiden und das Korn sowie andere Erzeugnisse des Bodens
20 verderben, ersticken und umbringen. Und sie belegen die Männer, die Frauen, das Groß- und Kleinvieh und die Lebewesen mit grausamen inneren und äußeren Schmerzen und Qualen und peini-
25 gen sie; gleichzeitig verhindern sie, dass die Männer zu zeugen, die Frauen zu empfangen, Verheiratete sich die ehelichen Pflichten zu leisten vermögen.

Peter Segl, Als die Ketzer fliegen lernten. Über den Hexen-„wahn" im Mittelalter, Abensberg 1991, S. 8

M 3 Das Protokoll der Rebekka

Rebekka L., eine angesehene Frau aus Nördlingen (und insofern eine Ausnahme bei den Hexenprozessen), wird am 1. Juni 1590 in Abwesenheit ihres Ehemannes verhaftet. Das folgende Protokoll zeichnet den Verlauf ihrer Gefangenschaft nach:

2. Juni Erstes Verhör durch die Ratsherren […]. Verlesen der Anklage; Reaktion: Anrufung Gottes, „so wahr Christus am Kreuz für sie gelitten, sie
5 sei unschuldig […]".
6. Juli Gegenüberstellung mit Apollonia A. und der Ratsherrnwitwe Maria Sch., die auch als Hexen angeklagt sind. Beide belasten Rebekka L. und
10 behaupten, sie auf dem Weinmarkt und bei anderen Hexenzusammenkünften gesehen zu haben.
10. Juli Apollonia A., Maria Sch. und eine andere Angeklagte werden ver-
15 brannt, ohne ihr falsches Zeugnis widerrufen zu haben. Dies versetzt Rebekka L. in Aufregung; Brief an ihren Ehemann.
29. Juli Nach zweimonatiger Haft beschließt der Rat, Rebekka L. noch-
20 mals „gütlich" anzusprechen, dann aber mit ihr so zu verfahren wie mit allen anderen. Am selben Tag erfolgen Verhör und erste Folterungen mit Daumenschrauben und spanischen Stiefeln.
25 Rebekka bestreitet alle Vorwürfe.
30. Juli Abermals Folter mit Daumenschrauben und spanischen Stiefeln. Rebekka L. leugnet jede Schuld. Am Nachmittag erneut Folter, diesmal wird
30 sie mit auf den Rücken gebundenen Händen aufgezogen. Erstes Bekenntnis Rebekkas: Teufelsbuhlschaft und -pakt.
Juli/Aug. Bei weiteren Verhören gesteht Rebekka L. den Hexenritt, den Scha-
35 denszauber und nennt Namen ihrer „teuflischen Gespielinnen"; ausschließlich Frauen aus ihrem näheren Bekanntenkreis […].
2. Aug. Nach dem Verhör verfällt Re-
40 bekka L. in tiefe Verzweiflung. Ihr Geständnis bedeutet für sie den qualvollen Tod, ein Widerruf neue Folterqualen […].
3. Aug. Erneutes Verhör. Rebekka L.
45 bekennt, dass sie ihren Mann um Gift gebeten habe, „Gott wolle es ihr verzeihen. Sie habe es nur getan, um ihren Kindern die Schande ihres schimpflichen Todes zu ersparen […]".
50 **10. Aug.** Sie widerruft alles und erhebt schwerste Anklagen gegen den Rat. Der Hohe Rat erreicht den Widerruf des Widerrufs […].
20. Aug. Erneute Folterung. Rebekka L.
55 gesteht, tote Kinder gegessen zu haben.
21. Aug. Sie gesteht einige Morde, die bereits eine andere Frau gestanden hatte.
2. Sept. Verkündung des Todesurteils.
9. Sept. Verbrennung von Rebekka L.
60 und vier anderen Frauen.

Eva Maria und Wilhelm Lienert, Die geschändete Ehre der Rebekka L. oder: Ein ganz normaler Hexenprozeß …, in: Praxis Geschichte 4/1991, S. 33 (gekürzt und vereinfacht)

M 4 „So sind wir schließlich alle Zauberer"

Der Jesuit Friedrich Spee von Langenfeld veröffentlicht seine Kritik an den Hexenprozessen 1631 noch ohne seinen Namen zu nennen, um nicht selbst verfolgt zu werden. Gegen die Prozesse wendet er unter anderem ein:

Man kann nicht alles Ärgernis aus der Welt schaffen, man muss vieles geschehen lassen, was sich nicht gut ändern lässt. Es ist besser, dreißig und noch
5 mehr Schuldige laufen zu lassen, als auch nur einen Unschuldigen zu bestrafen […].
Was suchen wir so mühsam nach Zauberern? Hört auf mich, ihr Richter, ich
10 will euch gleich zeigen, wo sie stecken. Auf, greift Kapuziner, Jesuiten, alle Ordenspersonen und foltert sie, sie werden gestehen. Leugnen welche, so foltert sie drei-, viermal, sie werden schon
15 bekennen.

Wolfgang Behringer (Hrsg.), Hexen und Hexenprozesse in Deutschland, München 1988, S. 377 ff.

---

1. Liste auf, welche „Verbrechen" die „Hexenbulle" nennt (M 2). Welche sind beweisbar?
2. Stelle die Straftaten zusammen, die Rebekka L. vorgeworfen werden und die sie bekennt (M 3).
3. Für welchen Rechtsgrundsatz spricht sich Spee aus (M 4)?

Christen grenzen Juden aus

Ausgegrenzt und verfolgt

Trotz der mittelalterlichen Verfolgungswellen blieben Juden im Reich. Sie wurden in vielen Städten als Bürger aufgenommen und wirkten an der Stadtverteidigung mit. Unter ihnen waren angesehene Kaufleute, Gelehrte und Ärzte. Jüdische Mediziner behandelten Christen. Sie waren nicht selten die Leib- und Hofärzte von Bischöfen, Königen und Kaisern.

Ende des 15. Jh. wurden die Juden aus Spanien (1492), Portugal (1496/97) und verschiedenen italienischen Fürstentümern und Stadtstaaten vertrieben. Auch im Reich wiesen zwischen 1440 und 1550 Fürsten und Stadtherren die jüdische Bevölkerung aus. In manchen Städten verzichtete man auf die Ausweisung. Stattdessen schrieb man aber den Juden das Leben in Ghettos, in besonderen Stadtteilen, vor. Außerdem wurden „Judenordnungen" erlassen. Sie schränkten das Leben der jüdischen Bevölkerung ein und verpflichteten sie, einen gelben Fleck auf dem Gewand zu tragen.

Beschuldigt und angeklagt

Krisen verschärften die Ausgrenzung der jüdischen Bevölkerung noch: In wirtschaftlich schlechten Zeiten vertrieben oft verschuldete Kleinkaufleute, Handwerker und Bauern ihre jüdischen Kreditgeber, um so ihre Verpflichtungen loszuwerden.

Die Ausschreitungen gegen Juden wurden meist religiös begründet. Man wollte die „unchristlichen" Mitbewohner vertreiben und verdächtigte sie vielfältiger Untaten. Die Beschuldigungen reichten von der Brunnenvergiftung bis zu der Behauptung, Juden schlachteten Christenkinder.

Was tun Protestanten und Katholiken?

Die Reformation verbesserte die Verhältnisse für die jüdische Bevölkerung nicht. Luther hatte gehofft, mit seiner Lehre die Juden zum Christentum bekehren zu können. Als deutlich geworden war, dass diese seinen Glauben nicht übernahmen, verfasste er mehrere Hetzschriften gegen sie.

Auch die katholische Kirche wandte sich gegen die Juden. 1555 veröffentlichte sie einen Erlass, in dem sie die Juden „wegen ihrer Schuld zu ewiger Sklaverei" verdammte.

Viele Juden zogen daraufhin nach Polen oder in andere osteuropäische Länder.

2 Vertreibungen von Juden 1390-1600.

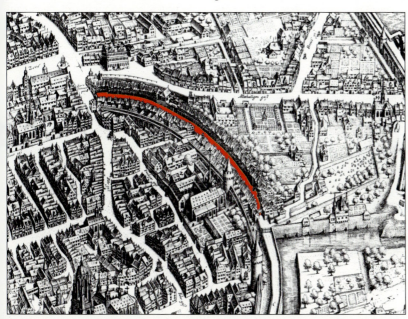

1 Stadtplan von Frankfurt a. M. mit Judengasse.
Ausschnitt aus einem Kupferstich von Matthäus Merian d. Ä., 1628.
In der Freien Reichsstadt Frankfurt am Main mussten die Juden auf Anordnung des Kaisers seit 1462 in einem Ghetto am Rande der Stadt leben. Sie durften nur in einer etwa 300 Meter langen „Judengasse" wohnen. Das Ghetto lag zwischen Stadtmauer und einer weiteren Mauer. Drei Tore begrenzten den Zu- und Ausgang. Zu Beginn des 16. Jh. wohnten dort in rund 20 Wohnhäusern etwa 200 Menschen. Bis zum Beginn des 17. Jh. stieg die Einwohnerzahl des Ghettos auf über 2 700 Personen in 195 Häusern.

3 Jüdische Frau aus Worms.
Buchmalerei von Markus zum Lamm, 16. Jh.
Woran erkennst du, dass es sich um eine Jüdin handelt?

Der „Fettmilch-Aufstand"

Ein Streit zwischen dem Rat der Stadt Frankfurt und der Bürgerschaft mündete im August 1614 in Unruhen. Unter Führung des Lebkuchenbäckers und Zunftmeisters *Vincenz Fettmilch* stürmten Handwerker die Judengasse und vertrieben die Juden. Der Kaiser griff ein, er verkündete die Reichsacht gegen die Aufrührer und ließ den Aufstand niedergeschlagen. Die Anführer wurden festgenommen und 1616 hingerichtet. Am Tag der Hinrichtung wurden die Frankfurter Juden unter dem Schutz kaiserlicher Truppen in die Judengasse zurückgeführt.

M 1 Plünderung der Judengasse am 22. August 1614.
Handkolorierter Holzschnitt aus einem zeitgenössischen Flugblatt.

M 4 Aus der Frankfurter Judenverordnung
*Die 1617 veröffentlichte „Judenstättigkeit"
der Stadt Frankfurt a. M. enthält folgende Anweisungen:*

Die Juden sollen sich bei Nacht, auch an Sonntagen und anderen hochzeitlichen Festen der Christen, in der Judengasse aufhalten und in der Stadt nicht finden lassen. Dazu ist das große Tor, hinten und vorne an der Judengasse, zu schließen
5 und zuzuhalten […].
Ferner soll den Juden auf dem Markt oder in der Stadt öffentlich ohne Erlaubnis keine Läden oder Kramstände zu halten gestattet werden, jedoch soll ihnen unbenommen sein, ihre Angebote durch die Stadt und Gasse ungehindert zu
10 tragen und zu verkaufen […].
Zurzeit sind bereits über fünfhundertdreißig Familien in Frankfurt registriert, die Zahl soll in Zukunft nicht über fünfhundert hinausgehen […].
Ferner sollen nicht mehr als zwölf Paare unter den eingebo-
15 renen Juden jährlich heiraten dürfen.

Michael Wolffsohn und Uwe Puschner, Geschichte der Juden in Deutschland. Quellen und Kontroversen, München 1992, S. 50 f.

M 2 Vertreibung der Juden am 23. August 1614.
Handkolorierter Holzschnitt aus einem zeitgenössischen Flugblatt.

M 3 Hinrichtung der Anführer des Aufstands und Rückführung der Juden am 28. Juni 1616.
Handkolorierter Holzschnitt aus einem zeitgenössischen Flugblatt.

■ **Internettipps** → *Unter www.juedischesmuseum.de und www.judengasse.de findest du weitere Informationen und Links zum Thema.*

1. Beschreibt die Lebensbedingungen im Ghetto (Abb. 1, Seite 149).
2. Welche Ziele verfolgte die Stadt nach dem Aufstand (M 4)?
3. Einiges habt ihr über den „Fettmilch-Aufstand" erfahren; manche Fragen bleiben aber offen. Welche? Versucht sie zu beantworten.
4. Stellt fest, ob in eurem Heimat- oder Schulort im 15./16. Jh. Juden lebten.
5. Informiert euch, ob in dieser Zeit vergleichbare Auseinandersetzungen in anderen Orten stattgefunden haben.
6. Gibt es in eurer Nähe einen Judenfriedhof? Wann fand hier das letzte Begräbnis statt?

30 Jahre Mord und Totschlag?

Vor dem „Großen Krieg"

Zu Beginn des 17. Jh. verschärften sich im Reich die Gegensätze. Entgegen dem Augsburger Religionsfrieden waren in einigen Reichsstädten konfessionelle Minderheiten unterdrückt worden. Einige Bischöfe hatten den neuen Glauben angenommen, ohne ihr Amt aufzugeben. Bis 1566 waren fast alle norddeutschen Bistümer protestantisch geworden. Dagegen gingen die katholischen Fürsten vor, da nach dem Augsburger Religionsfrieden von 1555 die geistlichen Territorien und das gesamte reichsunmittelbare Kirchengut der katholischen Kirche vorbehalten bleiben sollte.

Den Einrichtungen des Reiches wie dem Reichstag in Regensburg und dem Reichskammergericht in Speyer fehlte die Macht, den Streit zu beenden. Ein Familienstreit im Hause Habsburg ermutigte die protestantischen Stände in Böhmen, die katholische Herrschaft der Habsburger abzuschütteln. Die Schwäche der Habsburger wollte auch das französische Herrscherhaus nutzen, um die Vormacht in Europa zu übernehmen.

Union gegen Liga

Auf dem Reichstag von 1608 spitzte sich die Lage zu. Auf Anregung des calvinistischen Kurfürsten *Friedrich V. von der Pfalz* schlossen sich 1608 acht reformierte Fürsten mit 17 Städten zu einem militärischen Schutzbündnis zusammen: der **Union**. Im Gegenzug verbündeten sich unter Führung des katholischen Herzogs *Maximilian I. von Bayern* die meisten katholischen Reichsstände 1609 in der **Liga**. Beide Bündnisse bemühten sich um Unterstützung durch ausländische Mächte: die Union in Frankreich, England und den Niederlanden, die Liga in Spanien und Polen.

Aufstand in Böhmen

1617 wurde der Habsburger *Ferdinand* König von Böhmen. Sofort leitete er gegenreformatorische Maßnahmen ein. Den reformierten Ständen gewährte Rechte wie die Steuerverwaltung und das Kirchenregiment erkannte er nicht mehr an. Die Spannung wuchs, als protestantische Geistliche durch katholische ersetzt werden sollten. Als dann noch zwei Kirchen der Protestanten geschlossen oder abgebrochen werden sollten, weil sie auf katholischem Grundbesitz errichtet worden waren, protestierten die böhmischen Stände: Eine radikale Gruppe der reformierten Ständevertreter warf am 23. Mai 1618 drei kaiserliche Beamte aus dem Fenster der Prager Burg.

Dabei blieb es nicht. Die Aufständischen bildeten eine vorläufige Regierung, stellten ein Heer auf und begannen, die Herrschaftsordnung neu zu gestalten. Mit den anderen zu Österreich gehörenden reformierten Ständen erklärten die aufständischen Böhmen König Ferdinand für abgesetzt. Am 26. August 1619 wählten sie den Führer der protestantischen Union, den Kurfürsten Friedrich V. von der Pfalz, zum neuen böhmischen König.

① Der „Prager Fenstersturz".

Titelholzschnitt aus einer Zeitung des Jahres 1618.

Unter Führung eines Calvinisten und eines Lutheraners warfen aufgebrachte Abgesandte der böhmischen Ständeversammlung am 23. Mai 1618 zwei kaiserliche Statthalter und ihren Sekretär aus einem Fenster der Prager Burg (Hradschin). Dieser protestantische Anschlag auf die katholischen Beamten wurde später zum Anlass für den Dreißigjährigen Krieg erklärt.

Übrigens: Die drei kaiserlichen Beamten überlebten den Sturz aus 17 m Höhe in den Burggraben, weil sie auf einen Misthaufen fielen. In einem Bericht eines Betroffenen wurde das so umschrieben: „Die Gnade und Barmherzigkeit Gottes bewahrte uns vor dem sicheren Tod."

Bestimme die Einstellung des Zeichners zu dem Ereignis.

■ **CD-ROM-Tipp** → *Das Zeitalter des Dreißigjährigen Krieges. Alltagsleben, Wandel und Fortschritt in den Jahren des Umbruchs, Köln: MicroMedia-Arts*

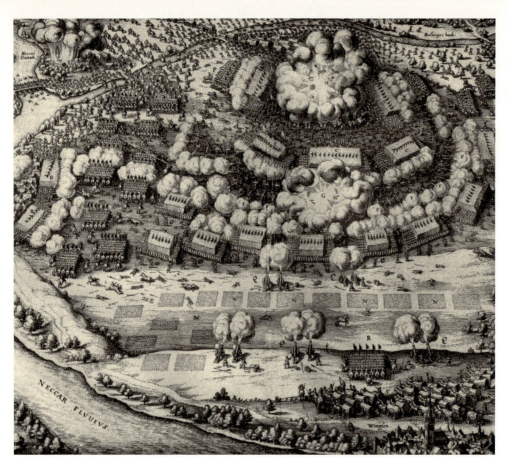

2 Die Schlacht bei Wimpfen von 1622.
*Kupferstich (28 x 26 cm) aus dem ab 1633 in Frankfurt a. M. erschienenen „Theatrum Europaeum" von Matthäus Merian d. Ä.
In der Schlacht vom 7. Mai 1622 siegten die kaiserlichen Truppen unter Tilly über die vom Markgrafen Georg Friedrich von Baden-Durlach geführten Soldaten.
Ein in Brand geschossener Pulverwagen soll zur Niederlage der Unionstruppen beigetragen haben. Bilanz: über 5 000 Tote in knapp 8 Stunden.*

Krieg gegen den „Winterkönig"

Zwei Tage nach seiner Wahl, wurde der in Böhmen abgesetzte Ferdinand in Frankfurt am Main zum Kaiser des Reiches gewählt. *Ferdinand II.* sicherte sich die Hilfe Bayerns, Sachsens und Spaniens, erreichte, dass sich die Union nicht einmischte und ging militärisch gegen die aufständischen Böhmen vor. Die unter Friedrich von der Pfalz kämpfenden Truppen verloren in der **Schlacht am Weißen Berg** bei Prag (3. November 1620).

Ferdinand II. setzte den „Winterkönig", wie Friedrich V. von der Pfalz spöttisch bezeichnet wurde, ab und ließ ein Strafgericht folgen. Die Führer des Aufstandes wurden in Prag öffentlich hingerichtet. Die protestantische Bevölkerung Böhmens musste zum katholischen Glauben zurückkehren. Daraufhin flohen etwa 150 000 Menschen aus ihrer Heimat.

Ein Nutznießer des böhmisch-pfälzischen Krieges war Maximilian I. von Bayern. Für die militärische Unterstützung des Kaisers durch das bayerische Heer bekam er – wie zuvor vereinbart – 1623 die pfälzische Kurwürde und 1628 die Oberpfalz. Ihre Einwohner mussten wieder katholisch werden.

Tilly und Wallenstein ziehen nach Norden

Von Böhmen zog das Heer der Liga unter Führung des in bayerischen Diensten stehenden Feldherrn *Johann Tserclaes Graf von Tilly* in die Pfalz und in die protestantischen Gebiete im Norden des Reiches. Daraufhin griff der dänische König *Christian IV.*, der als Herzog von Holstein deutscher Reichsfürst war, ein. England, Frankreich und die Niederlande unterstützten ihn mit Geld. Doch die von Tilly und dem kaiserlichen Feldherrn *Albrecht von Wallenstein* geführten Truppen konnten die norddeutschen Gebiete außer Stralsund unterwerfen. Der Dänenkönig musste im **Frieden von Lübeck** (1629) versprechen, sich nie wieder in die inneren Angelegenheiten des Reiches einzumischen.

Wird der Kaiser zu mächtig?

Ein Ziel des Kaisers schien nun erreichbar: die Wiederherstellung (lat. *restitutio*) der seit 1552 in protestantischen oder calvinistischen Besitz übergegangenen Kirchengüter. Ohne Befragung des Reichstages und nur mit Zustimmung der katholischen Reichsfürsten erließ Ferdinand 1629 das **Restitutionsedikt**. Betroffen waren davon unter anderem die Erzbistümer Magdeburg und Bremen, zwölf weitere Bistümer und über 500 Klöster. Der damit verbundene Machtzuwachs des Kaisers rief drei Gegner auf den Plan:

- Sowohl die katholischen als auch die protestantischen Reichsfürsten sahen ihre ständische Freiheit bedroht.
- Das katholische Frankreich bemühte sich weiter, die habsburgische Umklammerung durch das Reich, Spanien und die spanischen Niederlande zu sprengen.
- Die protestantischen Schweden sahen ihre Stellung als Großmacht im Ostseeraum gefährdet.

3 Auf dem Höhepunkt des Krieges (1630-1634).
Nach unterschiedlichen Schätzungen gab es von 1618 bis 1648 zwischen 30 und 80 große Schlachten und Belagerungen.

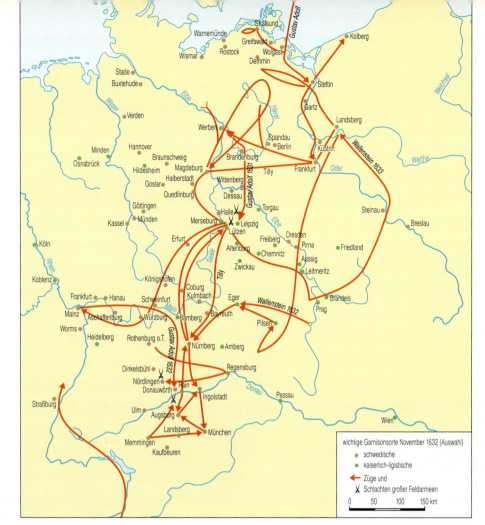

Die Schweden kommen bis München

1629 griff der protestantische König *Gustav II. Adolf* von Schweden in den Krieg gegen den Kaiser ein. Diplomatischer „Drahtzieher" war das katholische Frankreich: Um die Habsburger zu schwächen, versprach es den Schweden für den Krieg gegen den Kaiser hohe Hilfsgelder. 1630 eroberten schwedische Truppen Pommern, Mecklenburg und Brandenburg.

Die protestantischen Fürsten im Norden des Reichs standen den von den Schweden geführten Truppen zunächst misstrauisch gegenüber. Erst als Tillys Truppen 1631 Magdeburg niedergebrannt hatten, traten die Kurfürsten von Brandenburg und Sachsen auf die Seite Schwedens. Die vereinigten Heere konnten die kaiserlichen Truppen in mehreren Schlachten besiegen. Die Schweden zogen bis München.

In seiner Bedrängnis wandte sich der Kaiser an Wallenstein. Doch dieser ließ sich nur durch außerordentliche Vollmachten zu einem weiteren Kriegszug überreden. Erste Erfolge für die Kaiserlichen stellten sich ein: In der **Schlacht bei Lützen** (in der Nähe von Leipzig) verloren sie zwar, doch auf dem Schlachtfeld starb der Schwedenkönig (16. November 1632). Als Wallenstein danach angeblich nicht mit allen Mitteln versuchte, die Schweden aus dem Reich zu drängen, wurde er des Verrats beschuldigt und 1634 ermordet.

Kaiserliche Truppen konnten in der **Schlacht von Nördlingen** im August 1634 die Vorherrschaft der Schweden im Süden des Reiches brechen. Sie wurden nach Norden abgedrängt.

Keine Ruhe

Im Mai 1635 wurde der **Frieden von Prag** zwischen Sachsen und dem Kaiser vereinbart. Ihm schlossen sich die meisten protestantischen und calvinistischen Fürsten an. Der Kaiser verzichtete darauf, das Restitutionsedikt durchzusetzen und verbot Sonderbündnisse. Trotzdem gab es keine Ruhe. Frankreich fürchtete einen Friedensschluss zwischen dem Kaiser und Schweden und entschloss sich, in den Krieg einzugreifen. Die folgenden Kämpfe fanden vor allem im Reich statt. Trotz zahlreicher Schlachten kam es zu keiner Entscheidung. Der Krieg zog sich noch dreizehn Jahre hin. Die letzten Kriegsjahre waren nur noch ein Rauben, Plündern und Morden.

Fasst in einer Tabelle Abschnitte des Krieges, jeweilige Gegner und deren Ziele zusammen.

M 1 Der Feldherr Wallenstein.
Zeitgenössischer Kupferstich von Matthäus Merian d. Ä. (Ausschnitt).

Albrecht von Wallenstein wurde 1583 in Nordböhmen geboren und stammte aus einem protestantischen Adelsgeschlecht. 1604 trat er in habsburgische Kriegsdienste. Zwei Jahre später wurde er katholisch. In dem böhmischen Aufstand 1618/20 blieb er kaisertreu und erwarb zahlreiche von den Aufständischen beschlagnahmte Güter: das spätere Herzogtum Friedland. Seine militärischen Erfolge trugen ihm 1628 das Herzogtum Mecklenburg ein.

Für Wallenstein wurde die Verknüpfung von militärischer und politischer Macht zum Verhängnis. Als „Generalissimus" hatte er das kaiserliche Heer seit 1632 unter seiner alleinigen Kontrolle. Als Reichsfürst bemühte er sich auf eigene Faust um Verhandlungen mit den Feinden.

Der Kaiser machte den undurchsichtigen Bemühungen Wallensteins ein Ende. Er setzte ihn ab, ließ einen Prozess gegen ihn führen und befahl heimlich seine Verhaftung. Am 25. Februar 1634 wurde er von kaisertreuen Offizieren in Eger (heute Cheb in der Tschechischen Republik) ermordet. Ungeklärt blieb, ob der Kaiser den Befehl zu der Ermordung gegeben hat.

M 2 Mehr als ein Feldherr?
Hinweise zum Lebenswerk Wallensteins:

Seine Söldner schätzten und verehrten Wallenstein, denn er fragte nicht nach der Konfession, zahlte pünktlich den Sold und verpflegte sie gut. Dank seines Organisationsgeschicks waren sie bestens ausgerüstet: Kleidung und Waffen kamen aus seinen Tuchmachereien und Eisenwerken in Böhmen, die Verpflegung aus seiner Landwirtschaft. Natürlich auch aus den besetzten Dörfern und Städten, die Soldaten aufnehmen oder Zahlungen leisten mussten. Wallenstein führte den Krieg wie ein Unternehmer. Er kümmerte sich zum Teil bis ins Kleinste selbst um alles: dass Schuhe nur paarweise auszuliefern seien, dass das Pulver zuerst ins Trockene gelangen müsse und dass man über dem Kriegsgeschehen nicht vergessen dürfe, seine Schulden zu begleichen.

Auf seinen Besitzungen erwies Wallenstein sich als kluger und fortschrittlicher Verwalter. Er verbesserte die Erträge entscheidend. So zum Beispiel im Herzogtum Mecklenburg, das er 1628 vom Kaiser für seinen Einsatz erhalten hatte. In nur drei Jahren machte er aus dem rückständigen Land einen modernen Staat, der von tüchtigen Beamten geführt wurde. Die Einführung einheitlicher Maße und Gewichte sowie die Einrichtung einer Schnellpost nützten dem Handel sowie den Staatseinnahmen. Eine Gerichtsreform verbesserte die Praxis der Rechtsprechung. Auch die Sozialfürsorge wurde verbessert: Jede Stadt, jedes Dorf hatte ein Spital oder Armenhaus einzurichten. Die Kosten dafür wurden auf die Einwohner umgelegt.

Wallenstein leistete sich – seiner Stellung als Reichsfürst und Feldherr entsprechend – eine aufwändige Hofhaltung. Bis zu 900 Personen waren für ihn beschäftigt. Die von ihm errichteten und geplanten Paläste (z.B. in Prag) zeugen von seinem hohen Bedürfnis nach Repräsentation.

Zusammengestellt nach: Golo Mann, Wallenstein, Frankfurt a. M. [4]1971

1. Welches Bild von Wallenstein wird in M 1 und M 2 gezeichnet?
2. Wie beurteilt ihr Wallenstein?

1 **Lagerszene.**
Ölgemälde (36,8 x 50 cm) des französischen Malers Sébastien Bourdon, 1643.

Ein Krieg wie keiner vorher

Um Glauben oder Macht?

Der Dreißigjährige Krieg war ein gesamteuropäisches Ereignis. Er bestand aus mehreren Kriegen, die von 1618 bis 1648 nacheinander ausgetragen wurden. Der Begriff *Dreißigjähriger Krieg* ist seit 1648 nachweisbar.

Zu den Konfessionsgegensätzen war der Kampf der großen Staaten um die Vormachtstellung in Europa gekommen. Je nach politischer und militärischer Zweckmäßigkeit gingen die großen und kleinen Fürsten Bündnisse über die Konfessionen hinweg ein. Dies wurde spätestens deutlich, als das katholische Frankreich das protestantische Schweden gegen den katholischen Kaiser unterstützte.

Söldner kämpfen für Geld

Seit dem Spätmittelalter wurden Kriege mithilfe angeworbener Söldner geführt. In vielen Ländern Europas gingen Werber auf die Dörfer und in die Städte und versprachen Sold, Abenteuer und eine ruhmreiche Rückkehr. Den Soldaten war es gleichgültig, für wen sie kämpften und wer ihre Opfer waren. Je nach Kriegsglück und Versorgungslage wechselten sie die Fronten, zumal Soldrückstände sie von ihren Pflichten befreiten.

Nicht nur mit Dolch und Degen

Da Söldner teuer waren, setzten die Heerführer die Truppen nur ungern in einer Schlacht aufs Spiel. Sie versuchten, die Gegner durch Drohen und Hinhalten zum Rückzug zu zwingen. Dies war ein Grund dafür, weshalb sich der Krieg so viele Jahre hinzog.

Söldner kämpften mit Dolch, Degen und einem vier bis fünf Meter langen Spieß (Pike). Im Laufe des Krieges änderte sich die Bewaffnung: Es wurden verstärkt Musketen (span. *mosquito*: Feuerwaffe) eingesetzt. Kanoniere bedienten Geschütze, die 18 Pfund schwere Eisenkugeln etwa 1700 m weit schießen konnten. Schlachten entschied zumeist die gepanzerte Reiterei, die gegen das Fußvolk eingesetzt wurde.

Auch die Ausbildung änderte sich. Das Exerzieren, die Einführung einer strengen Disziplin sowie eine klare Befehlsordnung machten die Truppen schlagkräftiger. Die Landesherren hielten nun gut ausgebildete Truppen ständig einsatzbereit.

Die moderne Kriegsführung erhöhte die Zahl der Opfer. Betrug der Anteil der gefallenen Söldner im Spätmittelalter etwa zehn Prozent, so stieg er im 17. Jh. auf 16 Prozent. Geht man davon aus, dass im gesamten Krieg etwa eine Million Söldner unter Waffen standen, so kann die Zahl der gefallenen Soldaten ungefähr errechnet werden.

Glaubenskrieg oder Machtkampf? Sucht Argumente für beide Behauptungen über den Dreißigjährigen Krieg.

2 Die Plünderung eines Dorfes.
Ölgemälde (51 x 85 cm) von dem flämischen Maler Sebastiaen Vrancx (Ausschnitt), um 1620.
Zu den Söldnerheeren so viel: Im Februar 1645 bestand beispielsweise eine Truppeneinheit in Bayern aus: 534 Deutschen, 218 Italienern, 15 Franzosen, 24 Lothringern, 43 Burgundern, 26 Griechen, 54 Polen, 5 Ungarn, 51 Tessinern, 2 Kroaten, 1 Iren, 11 Spaniern, 1 Sizilianer, 15 Türken und 18 Dalmatiern.
Was sagt diese Zusammensetzung der Truppe über die Motive der Soldaten sowie der Kriegsherren aus?

„Der Krieg ernährt den Krieg"

Die Kriegskosten wurden meist nicht aus den Steuereinnahmen der Fürsten bezahlt. Vielmehr wurden dafür **Kontributionen** ausgeschrieben. Das konnten besondere Kriegssteuern sein oder vom Feind erzwungene Warenlieferungen und Zahlungen. Häufig bestand kein Unterschied in der Behandlung von Freundes- und Feindesland. Wer nicht zahlen konnte oder wollte, dem drohte die „Exekution", die gewaltsame Eintreibung der verlangten Beträge oder Waren. Der Grundsatz *„Der Krieg ernährt den Krieg"* beschönigt diese Tatsache. Der Unterhalt der Truppen war meist nur durch Ausbeutung, Verwüstung und Plünderung der Kriegsgebiete möglich. Sieger und Verlierer suchten immer neue Beute, um ihre Schulden bezahlen zu können.

Auch Not bringt Tod

Der Dreißigjährige Krieg war eine Katastrophe. Eine ganze Generation wurde von den Kriegszeiten geprägt und weitere Generationen von den Kriegsfolgen. Das macht ihn zum entsetzlichsten Ereignis der deutschen Geschichte vor dem *Zweiten Weltkrieg* (1939-45).
Während der 30 Kriegsjahre starben die Menschen nicht nur durch Waffen. Auch Not brachte den Tod. Die Kontributionen und Plünderungen nahmen der Bevölkerung oft das Lebensnotwendige. Missernten vergrößerten den Hunger und förderten mit den herumziehenden Söldnern die Verbreitung von Seuchen. Die Bevölkerung des Reiches sank von etwa 16 auf 10 Millionen Menschen.
In manchen Orten war es einfacher, die Namen der Überlebenden anzugeben als die der Toten. Etwa 40 Prozent der ländlichen und rund ein Drittel der städtischen Bevölkerung kamen ums Leben. Erst um 1720 erreichte das Reich wieder annähernd die Bevölkerungszahl wie vor dem Ausbruch des Krieges.

Verwüstet und zerstört

Nach dem Krieg waren weite Teile des Landes verwüstet, viele Felder lagen brach. Es fehlten Menschen und Geld, um die zerstörten Bauernhöfe wieder aufzurichten und die verwüsteten Felder wieder fruchtbar zu machen. Nur wenige Landstriche, wie zum Beispiel das Oldenburger Land im heutigen Niedersachsen blieben verschont.
Die vom Krieg betroffenen Städte waren verarmt. Die Kontributionen hatten sie ausgezehrt. Die Einwohnerverluste ließen die Steuereinnahmen sinken. Handwerk und Handel verloren ihre Kunden.
Der Dreißigjährige Krieg belastete das Reich noch lange. In fast jeder Hinsicht geriet es in Rückstand zu den anderen europäischen Großmächten.

M 1 Magdeburg brennt.
Kolorierter Kupferstich von 1631 (Ausschnitt).
Um das Restitutionsedikt durchzusetzen, ließ Tilly das mit Schweden verbündete Magdeburg am 20. Mai 1631 stürmen. Dabei entstand ein Brand, der die Stadt einäscherte. Etwa 20 000 Menschen fanden den Tod.

M 2 Aus dem Tagebuch eines Söldners
Aufzeichnungen aus dem Tagebuch eines Unbekannten, der 1625 aus Geldnot Söldner geworden war, ab 1627 im Heer der katholischen Liga diente und 1631 an der Erstürmung Magdeburgs teilnahm.

Den 20. Mai haben wir mit Ernst angesetzt und gestürmt und auch erobert. Da bin ich mit stürmender Hand ohne allen Schaden in die Stadt gekommen. Aber in der Stadt, am Neustädter Tor, bin ich 2mal durch den Leib geschossen worden, das ist meine Beute gewesen […].
Ist mir doch von Herzen leid gewesen, dass die Stadt so schrecklich gebrannt hat, wegen der schönen Stadt und weil es meines Vaterlandes ist.
Wie ich nun verbunden bin, ist mein Weib in die Stadt gegangen, obwohl sie überall gebrannt hat, und hat wollen ein Kissen holen und Tücher zum Verbinden und worauf ich liegen könnte. So habe ich auch das kranke Kind bei mir liegen gehabt. Ist nun das Geschrei ins Lager gekommen, die Häuser fallen alle übereinander, sodass viele Soldaten und Weiber, welche mausen* wollen, darin müssen bleiben […]. Sie [die Frau des Söldners] kommt nach anderthalb Stunden gezogen mit einer alten Frau aus der Stadt. Die hat sie mit sich hinausgeführt, ist eines Seglers Weib gewesen und hat ihr helfen tragen Bettgewand. So hat sie mir auch gebracht eine große Kanne von 4 Maß mit Wein und hat außerdem auch 2 silberne Gürtel gefunden und Kleider, sodass ich dafür 12 Taler eingelöst habe zu Halberstadt.

Jan Peters (Hrsg.): Ein Söldnerleben im Dreißigjährigen Krieg. Eine Quelle zur Sozialgeschichte, Berlin 1993, S. 138 f

* **mausen**: *plündern*

M 3 Schreckenstage auf der Alb
Der Bauer und Schuhmacher Heberle aus Weidenstetten bei Ulm berichtet in seinem „Zeitregister":

1631 sind die Kaiserlichen in das Land gefallen und haben allen Mutwillen trieben. […] Sie haben geraubt, gebrannt, gestohlen, sind in alle Kirchen gebrochen und jedermann zum Land ausgejagt mit Weib und Kind. […]
1635 haben wir viel ausgestanden mit Krieg, Teuerung und Pestilenz. Aus der Teuerung und Hungersnot ist ein Jammer über alle Jammer entstanden, nämlich ein Sterben und Pestilenz, dass viel tausend Menschen sind zu Grund gegangen. Durch den Hunger ist nämlich von den armen Menschen viel Gräuliches und Abscheuliches aufgefressen worden: Hunde und Katzen, Mäuse und verrecktes Vieh, Rossfleisch. […]
Am 13. Dezember [1648] hat man das [Dank- und Friedens-]Fest so gefeiert wie sonst immer den Christtag […]. Was haben wir ausgestanden in den 30 Fluchten, die allein nach Ulm geschehen sind! Eine war bei finsterer Nacht und schwerem Wetter, die andere in Schnee und großer Kälte, die dritte in Gefahr mit dem Kriegsvolk, dass wir oft um unsere Habe gekommen sind auf dem Wege, ja manche um Leib und Leben. Denn wir sind gejagt worden wie das Wild in den Wäldern. Einer ist ertappt und übel geschlagen worden, der andere gehauen, gestochen, der dritte ist gar erschossen, einem ist sein Stück Brot und Kleider abgenommen worden. Darum können wir Gott nicht genug loben und preisen für den edlen Frieden!

Helmut Christmann (Hrsg.), Quellen zur baden-württembergischen Landesgeschichte, Heidenheim 1971, S. 41 f.

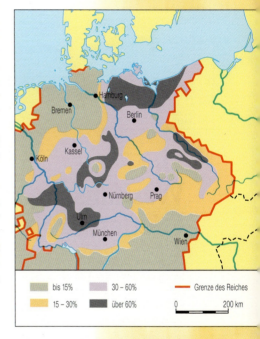

M 4 Bevölkerungsverluste 1618–48.

1. „Der Krieg ernährt den Krieg." Erkläre diese Aussage anhand von M 2 und M 3.
2. Erläutere die Folgen des Krieges (M 1 bis M 4).
3. Informiert euch, ob euer Schulort oder ein Ort in eurer Umgebung vom Dreißigjährigen Krieg betroffen war. Berichtet in der Klasse über eure Nachforschungen.

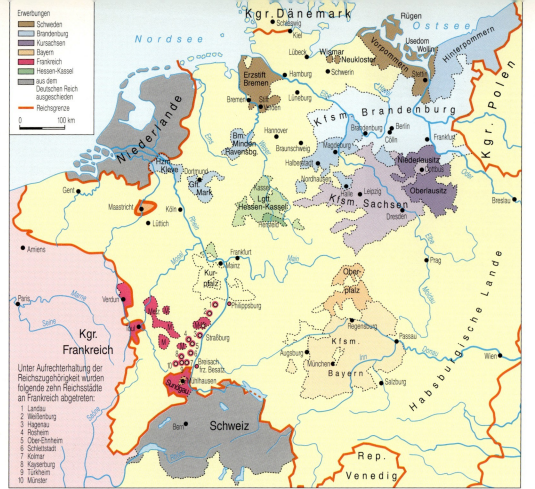

1 Gebietsveränderungen nach dem 30-jährigen Krieg 1648.
Genau 1789 reichsunmittelbare Gewalten, darunter fast 300 unabhängige Reichsstände, gehörten nach dem Westfälischen Frieden zum Heiligen Römischen Reich Deutscher Nation.

Unter Aufrechterhaltung der Reichszugehörigkeit wurden folgende zehn Reichsstädte an Frankreich abgetreten:
1 Landau
2 Weißenburg
3 Hagenau
4 Rosheim
5 Ober-Ehnheim
6 Schlettstadt
7 Kolmar
8 Kayserburg
9 Türkheim
10 Münster

Der Westfälische Frieden

Kongresse in Münster und Osnabrück

Noch während des Krieges versammelten sich 1643 in Münster und Osnabrück Gesandte aller am Krieg beteiligten Mächte zum ersten Friedenskongress der europäischen Geschichte. Die Verträge von Osnabrück zwischen Kaiser, Reichsfürsten und Schweden sowie von Münster zwischen Kaiser, Reichsfürsten und Franzosen verkündeten die Grundlagen eines Neuanfangs. Sie schufen eine europäische Friedensordnung, regelten die Gebietsansprüche, änderten die Verfassung des Reiches und bestimmten den konfessionellen Ausgleich.

Nur ein lockerer Bund

Der Friede im Reich wurde durch Gebietsabtretungen an die Sieger und die Garantiemächte des Friedens (Frankreich und Schweden) erkauft.
Die deutschen Reichsstände erhielten die volle Landeshoheit einschließlich des Rechts, Kriege zu erklären und Frieden zu vereinbaren. Sie waren nun frei, Bündnisse miteinander und mit fremden Staaten zu schließen, sofern sie nicht gegen Kaiser und Reich gerichtet waren. Dagegen war der Kaiser bei Reichsangelegenheiten wie Kriegssteuern sowie Kriegserklärungen, Friedensschlüssen und Bündnissen weiterhin an die Zustimmung der Reichsstände gebunden. Die Verträge legten fest, dass das Heilige Römische Reich Deutscher Nation ein lockerer Bund zahlreicher Staaten blieb. Zusammengehalten wurde es durch einige Gesetze und wenige gemeinsame Einrichtungen wie den *Reichstag* und das *Reichskammergericht*. Diese Ordnung hatte bis 1803/06 Bestand.

Der konfessionelle Ausgleich

Im Westfälischen Frieden wurden die Bestimmungen des Augsburger Religionsfriedens bekräftigt und auf die Calvinisten ausgedehnt. Die konfessionellen Besitzstände des Jahres 1624 waren wiederherzustellen. Alle religiösen Fragen sollten von nun an im Reichstag zwischen den getrennt beratenden katholischen und protestantischen sowie calvinistischen Reichsständen entschieden werden.

Bestimme die Bedeutung des Westfälischen Friedens
- *für Rechte und Besitzstand der Konfessionen,*
- *für das Verhältnis der Territorialstaaten zum Reich und*
- *für die Machtverhältnisse in Europa.*

M 1 „Neuer Auß Münster vom 25. deß Weinmonats im Jahr 1648 abgefertigter Freud= und Friedensbringender Postreuter."
Nachträglich kolorierter Holzschnitt (etwa 15 x 32 cm) von einem Flugblatt (34,6 x 32,9 cm), das der Augsburger Verleger und Stecher Marc Anton Hannas 1648 vertrieb. Am oberen Bildrand (links) verkündet eine „Fama" die Botschaft, der Götterbote Merkur (rechts) übergibt dem Reiter die Nachricht. Im Hintergrund des Blattes sind die Ziele des Reiters erkennbar. Deute die einzelnen Bildelemente.

M 2 Aus dem Osnabrücker Friedensvertrag

In Artikel II des am 25. Oktober 1648 verkündeten Friedensvertrages zwischen dem Kaiser (und seinen Verbündeten) sowie der Königin Christina von Schweden (und ihren Verbündeten) heißt es:

Beiderseits sei immerwährendes Vergessen und Amnestie* alles dessen, was seit Anbeginn dieser Unruhen an irgendeinem Ort und auf irgendeine Weise vom einen oder andern Teil, hüben und drüben, feindlich begangen worden ist [...]; vielmehr sollen alle und jede hin und her, sowohl vor dem Kriege als auch im Kriege, mit Worten, Schriften oder Taten zugefügten Beleidigungen, Gewalttaten, Feindseligkeiten, Schäden und Unkosten ohne alles Ansehen der Personen oder Sachen dergestalt gänzlich abgetan sein, dass alles, was deshalb der eine vom andern fordern könnte, in immerwährendem Vergessen begraben sein soll.

Armin Reese, Pax sit Christiana. Die Westfälischen Friedensverhandlungen als europäisches Ereignis, Düsseldorf 1988, S. 131

*Amnestie: Erlass von Strafen

M 3 Über die Bedeutung des Friedenswerks

Der Historiker Michael Salewski urteilt 1993:

Gewiss beschleunigte das Friedenswerk die Aufsplitterung des Reiches in eine Unzahl von kleinen und kleinsten souveränen Territorialstaaten, darin konnte
5 man auf der einen Seite ein Zeichen der Ohnmacht sehen. Auf der anderen war diese „Atomisierung" [...] Voraussetzung zur Ausbildung einer schier unendlichen Fülle von individuellen, origi-
10 nellen Staats- und Gesellschaftsformen. Die in der Folgezeit entstehenden zahlreichen kleinen Residenzen prägen noch heute das Bild unserer Landschaften und Städte; die kulturelle Vielfalt, wie sie den
15 Deutschen seither selbstverständlich geworden ist, geht auf diese politische Entwicklung wesentlich zurück.

Michael Salewski, Deutschland. Eine politische Geschichte. Von den Anfängen bis zur Gegenwart, Bd. 1, München 1993, S. 149

M 4 Gedenkmedaille auf den Frieden aus Nürnberg von 1650.
Umschrift auf der Vorderseite der Silbermünze (Ø 48 mm): „GERMANUM REDIVIVA REDIT CONCORDIA IN ORBEM." („In das Deutsche Reich kehrt die wiederbelebte Eintracht zurück.") Unter dem strahlenden hebräischen Gottesnamen Jahwe halten zwei verschlungene Hände einen Merkurstab über die Stadtansicht von Nürnberg. Unten steht in einem verzierten Rahmen „NÖRINBERG".

---

1. Beurteile die Bedeutung des Artikels II für die damalige Zeit und überlege, ob er noch heute als Grundlage eines Friedensvertrages dienen könnte (M 2).
2. Erkläre die Haltung von Michael Salewski mit eigenen Worten (M 3). Formuliere eine Gegenposition.
3. Kläre die symolische Bedeutung des Merkurstabes (M 4).

Was war wichtig?

Daten

1517	Martin Luther stellt seine Thesen gegen den Missbrauch des Ablasses zur Diskussion.
1524/25	Der große Bauernkrieg: Ländliche und städtische Unterschichten erheben sich.
1555	Der Augsburger Religionsfrieden bestätigt die Glaubensspaltung.
1648	Der Westfälische Frieden beendet den Dreißigjährigen Krieg.

Begriffe

Ablass: Nachlass zeitlicher, d.h. befristeter Strafen für Sünden gegen bestimmte Leistungen (Spende, Teilnahme an einer Wallfahrt u.a.m.). Voraussetzung des Ablasses waren aber Reue, Beichte und Freisprechung von den Sünden (Absolution) durch einen Priester. *Martin Luther* ging gegen den Ablasshandel vor, da der Papst und viele Bischöfe ihn als zusätzliche Einkommensquelle missbrauchten.

Glaubensspaltung: die Aufteilung der mittelalterlichen katholischen Einheitskultur nach der → *Reformation* und dem „Augsburger Religionsfrieden" in eine Vielzahl von Konfessionen und Kirchen (Anglikaner, Katholiken, Lutheraner, Zwinglianer, Calvinisten und Hugenotten).

Reformation (lat. *reformatio*: Wiederherstellung, Zurückformung): von *Martin Luther* ausgehende Bewegung, die eine Glaubensreform zum Ziel hatte und in einer Spaltung der katholischen Kirche in verschiedene Glaubensbekenntnisse (Konfessionen) endete (→ *Glaubensspaltung*).

Zu den Folgen der Glaubensspaltung zählen die Glaubenskriege: Je stärker die Konfessionen und ihre Abgrenzung alle Lebensbereiche bestimmten, um so mehr wurden aus zunächst religiös motivierten Konflikten politische Auseinandersetzungen. Ein Beispiel dafür ist der Dreißigjährige Krieg. Er beendete das Zeitalter der Glaubenskriege, aber nicht die Glaubensspaltung.

Westfälischer Friede: Er beendete den Dreißigjährigen Krieg (1618-48). Durch ihn verlagerte sich das politische Schwergewicht vom Heiligen Römischen Reich auf die Territorialstaaten, gleichzeitig gewannen andere europäische Mächte durch ihn mehr Einfluss auf die deutsche Politik.

1 Luther-Denkmal auf dem Marktplatz von Wittenberg.
Foto, um 2004.
Das von Johann Gottfried Schadow entworfene Standbild wurde zum Reformationsfest 1821 enthüllt. Es ist das erste öffentliche Denkmal für eine bürgerliche Persönlichkeit in Deutschland und wurde zum Vorbild für zahlreiche andere Luther-Denkmale.

Zusammenfassung

Im 15. Jh. häuften sich Vorwürfe gegen Papst, Bischöfe, Priester und Äbte, sie missbrauchten ihre Macht und lebten in Luxus, statt sich um ihre geistlichen Aufgaben zu kümmern. Immer häufiger erließ die Kirche den Gläubigen ihre Sündenstrafen gegen Geld. Daran entzündete sich 1517 die Kritik *Martin Luthers*. Seine Thesen gegen die Ablasspraxis machten ihn für die Kirche zum Ketzer und leiteten die Reformation ein. Der Streit spitzte sich zu, als Luther vor dem Kaiser erklärte, der Papst und die Konzilien könnten irren. Für ihn sei allein die Bibel und darin das Evangelium Maßstab des Glaubens. 1521 schloss zunächst der Papst Luther aus der Kirche aus, danach erklärte der Kaiser ihn und seine Anhänger für „vogelfrei".

Nachdem es bereits im 14. und 15. Jh. wegen schlechter Lebens- und Arbeitsbedingungen der ländlichen und städtischen Unterschichten hier und da zu Aufständen gegen Grund- und Stadtherren gekommen war, brachen 1524 größere Unruhen aus. Die reformatorische Lehre trug dazu bei, dass die Konflikte sich zum großen Bauernkrieg ausweiteten. Mit Söldnerheeren schlugen die Fürsten die regionalen Aufstände nieder.

Herausgefordert durch die Reformation veränderte sich auch die katholische Kirche. Das Konzil von Trient legte Glaubensaussagen neu fest. Darüber hinaus versuchte der Papst mit dem Kaiser sowie anderen katholischen Herrschern, die Einheit der Christenheit gewaltsam wiederherzustellen. Ohne Erfolg. Im Augsburger Religionsfrieden wurde die Spaltung der Christenheit bestätigt. Die Landesfürsten bestimmten von nun an die Konfession ihrer Untertanen.

Die von Luther ins Leben gerufene Bewegung spaltete sich. In der Schweiz setzten die Reformatoren *Zwingli* und *Calvin* strenge Maßstäbe für den Glauben sowie für das private und öffentliche Leben. Die verschiedenen Konfessionen verhielten sich untereinander intolerant. Abgrenzung der Konfessionen und Territorien sowie zahlreiche Glaubenskriege waren die Folge der Glaubensspaltung. Der Dreißigjährige Krieg ist ein Beispiel dafür: Er entstand aus einem regionalen Konflikt in Böhmen. In ihm ging es um konfessionelle Gegensätze und politische Macht. Für die Menschen war der Krieg eine Katastrophe. Vor allem die Bewohner des Heiligen Römischen Reiches Deutscher Nation litten unter ihm. Durch den Westfälischen Frieden festigten sich die Positionen Frankreichs und Schwedens; der Einfluss der Habsburger schwand. Das Reich blieb ein lockerer Verbund von vielen Einzelstaaten.

Grundfertigkeiten

Du hast in diesem Kapitel gesehen, wie Bilder für bestimmte Adressaten und bestimmte Ziele hergestellt und eingesetzt wurden.
Darüber hinaus konntest du die Arbeit mit verschiedenen Kartentypen und neuen Quellengattungen wie Reiseberichten und Protokollen vertiefen. Außerdem hast du die Verwendung von Legenden in Texten und Bildern (Filmen) am Beispiel Luther kennenlernen können.

2 Osnabrücker Friedensreiter.
Foto von 1995.
Jedes Jahr reiten am 25. Oktober, dem Tag der Verkündung des Westfälischen Friedens, in Osnabrück Kinder mit Steckenpferden zum Rathaus. Vorbild für diesen Brauch ist das Nürnberger Friedensfest von 1650.

Übertrage die Zeitleiste und füge ein: die Geburts- und Sterbejahre von Luther, Karl V. und Wallenstein, wann der Prager Fenstersturz, das Konstanzer Konzil, die Bartholomäusnacht in Paris und die Schlachten bei Mühlberg, Frankenhausen und Wimpfen stattfanden, wann der Papst den Jesuitenorden anerkannte und die meisten Hexenverfolgungen stattfanden.

1650 — Westfälischer Frieden

Das Zeitalter des Absolutismus

Die Hofgesellschaft war wie vom Donner gerührt. Nie hätte man erwartet, das hören zu müssen. War das der König, wie man ihn seit Jahren kannte? War er nicht immer wie Wachs in den Händen seines Ersten Ministers, des Kardinals Mazarin, gewesen? War er nicht gestern, als die Nachricht von dessen Tod gekommen war, in Tränen ausgebrochen und hatte geschluchzt: „Ab heute werde ich alleine sein!" – Ein König, der öffentlich weint, ist schwach. Alles werde also so weitergehen wie bisher – so hatten die Herren des Hochadels gedacht. Unklar war ihnen nur gewesen, wen der 23-jährige Monarch zum Ersten Minister machen würde. Und heute: Ludwig hatte den Hochadel bereits einen Tag nach dem Tod Mazarins um 7 Uhr früh zu sich gebeten und der Hofgesellschaft nach einer kurzen, beinahe kalten Begrüßung eröffnet, dass er von nun an alle Staatsgeschäfte alleine leiten wolle!

„Was die Personen betrifft, die mir bei meiner Arbeit helfen sollen, so habe ich mich vor allem entschlossen, keinen Ersten Minister mehr in meinen Dienst zu nehmen", fügte er hinzu. „Denn nichts ist in meinen Augen unwürdiger für einen König, als wenn andere die Entscheidungen treffen und für ihn nur der leere Titel bleibt. In Zukunft haben die Männer, die ich zu Ministern berufen werde, meine Befehle entgegenzunehmen und zu meiner Zufriedenheit auszuführen. Sie werden nichts tun, wozu ich sie nicht beauftragt habe. Sie werden sich bereithalten, mir zu jeder Stunde über ihr Handeln Rechenschaft zu geben."

Als der König eine kurze Pause machte, meinten die Adligen, die Audienz sei beendet. Sie verbeugten sich tief vor ihm und wollten den Raum verlassen. Ludwig aber schien ihre Verbeugung gar nicht zu bemerken, jedenfalls gab er ihnen kein Zeichen, das es ihnen erlaubt hätte, sich zu erheben. So blieb ihnen nichts übrig, als die weiteren königlichen Worte mit gebeugtem Rücken anzuhören. „Sofern Ihnen an meiner Gnade liegt, werden Sie von heute an in meiner von Gott geheiligten Person die höchste Autorität unseres Königreiches anerkennen. Anderenfalls ist für Sie kein Platz in meinem Dienst mehr. – Meine Herren …!"

Mit einer fast nachlässigen Handbewegung gab Ludwig das Zeichen, das den Adligen erlaubte, sich rückwärts aus dem Zimmer zurückzuziehen. Dabei murmelte der junge Spross einer alten Adelsfamilie: „Das werden wir ja sehen …"

Dieter Brückner

Ludwig XIV.
Porträtbüste des italienischen Baumeisters, Bildhauers und Malers Giovanni Lorenzo Bernini, 1665.

Der „Sonnenkönig"

„Der Staat bin ich"
Nach dem Tode seines Vaters war *Ludwig XIV.* 1643 mit vier Jahren zum König von Frankreich gekrönt worden. Im Auftrag seiner Mutter hatte Kardinal *Mazarin* als „Erster Minister" die Staatsgeschäfte für den minderjährigen Herrscher geführt. Nach dem Tode Mazarins teilte Ludwig der obersten Verwaltungsspitze seines Königreiches am 10. März 1661 mit, dass er den Staat künftig allein führen werde.
Seinen Herrschaftsanspruch leitete Ludwig XIV. von Gott ab (*Gottesgnadentum*). Sein Hofprediger, Bischof *Bossuet*, unterstützte ihn dabei. Für ihn und die meisten Zeitgenossen war jeder rechtmäßige König von Gott eingesetzt worden.
Ludwig verbot seinen Ministern, Entscheidungen ohne sein Wissen zu treffen. Damit setzte er eine neue Regierungsweise durch: den **Absolutismus**. Das bedeutete, dass der Monarch ohne Ständevertretung regierte. Er allein konnte Gesetze verändern, abschaffen oder einführen.
Auch wenn der Ausspruch Ludwigs XIV. *Der Staat bin ich!* (franz. *L'Etat, c'est moi!*) nicht sicher überliefert ist, so kennzeichnet er doch treffend, wie der König herrschen wollte.

Selbst, aber nicht allein
Der König regierte von nun an zwar selbst, aber nicht allein. Ein Kanzler war für das Justizwesen verantwortlich, hohe Beamte oder Minister leiteten das Heer, die Außenpolitik und die Marine, ein Fachmann beaufsichtigte das Finanzwesen. Sie gehörten zum *Staatsrat*, der alle zwei Tage unter dem Vorsitz des Königs zusammentrat. Nicht um zu regieren, sondern um den Monarchen zu beraten.

Der König braucht die Stände nicht
Schon die Vorgänger Ludwigs XIV. hatten die Macht des „Königs von Gottes Gnaden" gegenüber Geistlichkeit (*Erster Stand*) und Adel (*Zweiter Stand*) betont. Diese beiden Stände verloren ihr durch Geburt oder Amt begründetes Vorrecht (*Privileg*), den König zu beraten. An ihre Stelle wurden oft fähige Männer berufen, die aus dem Bürgertum (*Dritter Stand*) stammten. Diese Männer waren den Herrschern als „Aufsteiger" meist ergeben. Zum Dank für ihre Dienste erhielten manche den Adelstitel. Außerdem konnten sich reiche Bürger Staatsämter in den Provinzen kaufen. Sie stiegen damit in den neuen **Amtsadel** auf. Das brachte dem König nicht nur Geld, sondern führte dazu, dass der alte **Geburtsadel** Konkurrenz bekam.
Die absolutistische Regierungsweise schloss die beiden ersten Stände weitgehend von der politischen Mitwirkung aus. Auch die **Generalstände**, die Versammlung von Klerus, Adel und Bürgertum, waren seit 1614 von den Königen nicht mehr einberufen worden.

1 Das Zeichen des Königs.
Foto von 1990.
Teil des Schlosstors von Versailles*.
Ludwig XIV. ging als „*Sonnenkönig*" in die Geschichte ein. Für ihn stellte die Sonne „das lebendigste und schönste Sinnbild eines großen Herrschers" dar. Nenne mögliche Gründe dafür.

* Zum Schloss Versailles siehe Seite 168 ff.

Wie war das möglich?
Die absolutistische Regierungsweise war möglich, weil
• viele der mächtigsten Adligen sich als Führer an den langen Religions- und Bürgerkriegen des 16. Jh. beteiligt hatten und dadurch geschwächt oder sogar ruiniert worden waren;
• ein großer Teil des Adels und der Geistlichkeit ein Ende dieser Kriege wünschte und dafür einen mächtigen König in Kauf nahm;
• das Bürgertum in den Jahrzehnten seit der Reformation mithilfe königlicher Unterstützung wirtschaftlich aufgestiegen war. Es stellte sich dem König zur Verfügung und half ihm, Adel und hohe Geistlichkeit politisch zu entmachten.

Wenn zwei sich streiten …

Die absolutistischen Herrscher wussten, dass sie ihre Macht nur erhalten und stärken konnten, wenn sie verhinderten, dass sich die Führer der drei Stände gegen sie verbündeten. Daher

- drängten sie die hohe Geistlichkeit und den hohen Adel zwar aus der Staatsführung, gewährten ihnen aber weiterhin Privilegien wie Steuerfreiheit und hohe Offiziersstellen;
- ließen sie Bürgerliche an die Macht gelangen, ohne ihnen sofort die besonderen Rechte der beiden ersten Stände zuzubilligen;
- förderten sie bürgerliche Händler, Bankiers und Unternehmer, verboten aber dem Adel, sich an Handel, Geldgeschäften und Warenproduktion zu beteiligen;
- zogen sie vom Dritten Stand immer höhere Steuern ein, von denen riesige Summen als Geschenke und Offiziersgehälter in die Taschen der Adligen und hohen Geistlichen flossen.

Verwalten und richten

Für die Ausführung der königlichen Erlasse und Gesetze sorgten zentrale Behörden und immer mehr Beamte. Besondere Bedeutung erlangten die **Intendanten**, die Leiter der Verwaltung in den neugebildeten Bezirken. Sie überwachten die Steuereinziehung und kümmerten sich um die öffentliche Ordnung, den Straßenbau und die Lebensmittelversorgung. Die zunächst etwa 30 Intendanten wurden vom König ernannt und konnten jederzeit abberufen werden.

Der König war höchster Richter des Landes. Er setzte durch, dass seine Gesetze ohne Widerspruch der hohen Gerichte in Kraft traten.

Darüber hinaus wurden das Zivil- und das Strafrecht neu geordnet. Trotz zahlreicher Veränderungen gelangen die Zusammenfassung der Verwaltung und Vereinheitlichung des Rechtswesens nicht vollständig. Viele Ausnahmen blieben bestehen.

„Ein König, ein Gesetz, ein Glaube"

Nach dem Grundsatz *Ein König, ein Gesetz, ein Glaube* duldete Ludwig XIV. in seinem Volk nur den katholischen Glauben. Er versuchte daher, die Hugenotten (etwa fünf Prozent der Bevölkerung) zur Rückkehr zum Katholizismus zu zwingen. Als dies nicht gelang, hob der König 1685 das **Edikt von Nantes** auf.

Trotz Verbots flohen etwa 300 000 **Hugenotten** ins protestantische Ausland. Wohlhabende und beruflich tüchtige Flüchtlinge fanden Aufnahme in England, den Niederlanden, der Schweiz und in den Territorien des Reichs, hier vor allem in Brandenburg, Hessen-Kassel, Württemberg, Ansbach, Bayreuth sowie in den Städten Bremen, Hamburg, Hameln, Hannover und Braunschweig.

2 Die Entwicklung der Heeres- und Flottenstärke.

Die Armee stützt den König

Auch die Armee wurde umgestaltet. Bisher waren meist erst im Kriegsfall Söldner angeworben und die Truppen von reichen Adligen aufgestellt worden. Nun erhielt Frankreich eine allein vom Monarchen besoldete, ständig einsatzfähige Armee: ein **stehendes Heer**. Die Soldaten bekamen einheitliche Uniformen und lebten in Kasernen. Dort hielt man sie mit Drill und Übungen (*Manövern*) kriegsbereit. Eine Wehrpflicht gab es nicht. Offiziersstellen konnte man kaufen, die höheren Ränge (*General, Marschall*) blieben dem Adel vorbehalten. Neu war, dass der König die wichtigsten Offiziere selbst ernannte.

Neben der Reform der Armee wurden die Grenzen Frankreichs im Norden und Osten durch den Bau zahlreicher Festungen gesichert.* Frankreich stieg unter Ludwig XIV. zur stärksten Macht Europas auf.

*Siehe Abb. 1, Seite 174.

---

1. Erkläre den Begriff „Absolutismus".
2. Bestimme den Unterschied zwischen Amts- und Geburtsadel.
3. Erkläre, inwiefern die Flucht der Hugenotten für die französische Wirtschaft ein Verlust war.

M 1 Die absolutistische Herrschaft unter Ludwig XIV.

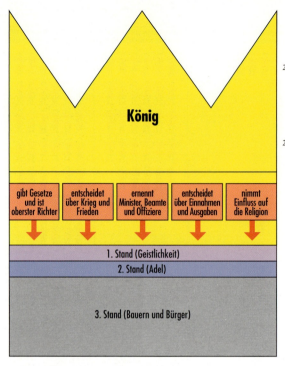

M 2 Die Stellung des Königs

Die Religionskriege des 16. Jh. in Frankreich wurden von einer Diskussion über die Stellung des Monarchen im Staat begleitet. Einige calvinistische Denker wollten die fürstliche Gewalt durch die Stände einschränken. Dagegen entwickelte der französische Rechtsgelehrte Jean Bodin eine Lehre, die die besondere Stellung der Könige betont. In dem 1576 veröffentlichten Werk „Sechs Bücher über den Staat" schreibt er:

Da es auf Erden nächst Gott nichts Höheres gibt als die souveränen Fürsten und weil sie von Gott als seine Stellvertreter dazu
5 berufen sind, den übrigen Menschen zu gebieten, muss man sich ihres Ranges bewusst sein [...]. Wer nämlich seinen souveränen Fürsten schmäht, der schmäht Gott, dessen Ebenbild auf Erden er ist [...].
10 Das Hauptmerkmal des souveränen Fürsten besteht darin, der Gesamtheit und den Einzelnen das Gesetz vorschreiben zu können, und zwar [...] ohne auf die Zustimmung eines Höheren
15 oder Gleichberechtigten oder gar Niedrigeren angewiesen zu sein. Denn wenn der Fürst kein Gesetz ohne die Zustimmung eines über ihm Stehenden erlassen darf, dann ist er in Wirk-
20 lichkeit Untertan. Braucht er hingegen die Zustimmung eines ihm Gleichgestellten, so ist er bloßer Teilhaber, und wenn seine Untertanen, sei es als Senat
25 oder als Volk, zustimmen müssen, dann ist er nicht souverän.

Paul Hartig, Auf der Suche nach dem besten Staat, Stuttgart 1985, S. 25 f.

M 3 Die königliche Macht

In dem 1682 veröffentlichten Werk über „Die Politik nach den Worten der Heiligen Schrift" schrieb Bischof Bossuet:

Alle Macht kommt von Gott. Die Fürsten regieren also als seine Stellvertreter auf Erden. Gott also regiert alle Völker und gibt ihnen allen ihre Könige.
5 Daraus folgt, dass die Person des Königs heilig ist. Die königliche Autorität ist absolut.
1. Der Fürst hat niemandem Rechenschaft abzulegen über das, was er be-
10 fiehlt. Seine Macht muss so groß sein, dass niemand hoffen kann, sich ihr zu entziehen.
2. Wenn der Fürst geurteilt hat, gibt es kein anderes Urteil mehr. Die Urteile
15 der Herrscher gehen auf Gott zurück.
3. Es gibt keinerlei Zwangsgewalt gegen den Fürsten.
4. Deshalb sind die Könige aber nicht von den Gesetzen
20 befreit. Sie sind wie alle anderen der Rechtlichkeit des Gesetzes unterworfen, sowohl weil sie selbst gerecht sein sollen, als auch weil sie dem Volk
25 Beispiel als Hüter des Gesetzes sein sollen, aber sie sind nicht den Strafen des Gesetzes unterworfen.

Paul Hartig, Auf der Suche nach dem besten Staat, a.a.O., S. 27 f. (zusammengefasst und vereinfacht)

M 4 Kritik am Absolutismus

Der französische Erzbischof Fénelon, Erzieher der Enkel Ludwigs XIV., kritisierte in einem um 1695/96 geschriebenen Roman die absolutistische Regierungsweise. Das Buch wurde verboten, und Fénelon musste den Hof verlassen.

Wenn sich die Könige daran gewöhnen, kein anderes Gesetz mehr anzuerkennen als ihren unumschränkten Willen [...], dann vermögen sie alles. Aber
5 gerade da sie alles tun können, was sie wollen, untergraben sie selber die Grundpfeiler ihrer Macht; sie richten sich in ihrer Regierung nicht mehr nach bestimmten Regeln und Grundsätzen.
10 Alle Leute schmeicheln ihnen um die Wette; sie haben keine Untertanen mehr; es bleiben ihnen nur noch Sklaven [...]. Wer wird ihnen die Wahrheit sagen? [...] Nur eine plötzliche, gewalt-
15 same Revolution kann diese ausufernde Macht in ihre natürliche Bahn zurückführen.

Paul Hartig, Auf der Suche nach dem besten Staat, a.a.O., S. 30

---

1. Nenne die entscheidenden Argumente Bodins und Bossuets für die absolute Königsherrschaft (M 2 und M 3) und nimm dazu Stellung.
2. Erläutere, was Bossuet in M 3, Zeile 16 - 28 schreibt. Überzeugt dich seine Argumentation? Begründe dein Urteil.
3. Schlage in einem Lexikon den Begriff „Souveränität" nach. Vergleiche die Erklärung dort mit Bodins Bestimmung (M 2).
4. Welche Gefahren der absolutistischen Herrschaft sieht Fénelon (M 4)?
5. Erkläre mit der Grafik M 1, wie Ludwig XIV. den Staat verstand.

5 Das Ende der religiösen Toleranz

Höhepunkt der Kirchenpolitik Ludwig XIV. war die Aufhebung des Ediktes von Nantes von 1598. Das Gesetz vom 18. Oktober 1685 schrieb unter anderem vor:

1. Wir tun kund zu wissen, dass alle Kirchen der vorgeblich reformierten Religion unverzüglich zerstört werden […].
2. Wir verbieten Unseren besagten Untertanen von der vorgeblich reformierten Religion, sich weiterhin zu versammeln, um den Gottesdienst nach der besagten Religion an irgendeinem Orte oder in einem Privathause, unter welchem Vorwande es auch sein könnte, zu halten.
3. Wir befehlen ernstlich allen Predigern der besagten reformierten Religion, die sich nicht bekehren und die katholische Religion annehmen wollen, Unser Königreich zu verlassen […].
6. Wir verbieten die besonderen Schulen der reformierten Religion zum Unterricht der Kinder […].
7. In Betreff der Kinder, die denen von der besagten Religion geboren werden, wollen Wir, dass sie fortan durch die Seelsorger der Pfarreien getauft werden […].
9. Wir verbieten ganz ausdrücklich und wiederholt allen Unseren Untertanen von der genannten vorgeblich reformierten Religion, aus Unserem Königreich auszuwandern, bei Strafe der Galeeren für die Männer und Einziehung von Leib und Gut für die Frauen.

Fritz Dickmann (Bearb.), Renaissance, Glaubenskämpfe, Absolutismus, München ²1976, S. 454 f. (gestrafft und vereinfacht)

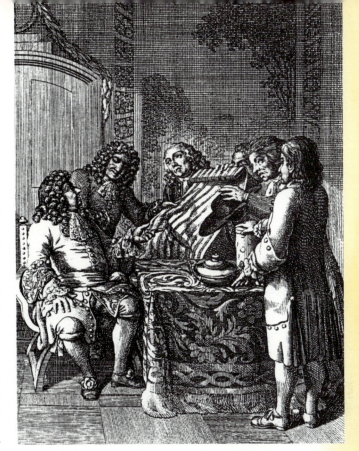

6 Brandenburg-Preußen: eine „sichere und freie Zufluchtstätte"

Bereits im November 1685 erließ Kurfürst Friedrich Wilhelm von Brandenburg ein Aufnahme-Gesetz für protestantische Flüchtlinge. In dem „Edikt von Potsdam" heißt es:

Nachdem die harten Verfolgungen und rigorosen Maßnahmen, mit denen man bisher in dem Königreich Frankreich wider Unsere der evangelisch-refor-
5 mierten Religion zugetanen Glaubensgenossen vorgegangen ist, viele Familien veranlasst hat, […] aus demselben Königreich hinweg in andere Lande sich zu begeben, […] halten Wir es aus
10 gerechtem Mitleiden, welches Wir mit den […] bedrängten Glaubensgenossen billig haben müssen, für richtig, […] denselben eine sichere und freie Zufluchtstätte in allen Unseren Ländern
15 und Provinzen in Gnaden anzubieten […], um dadurch die große Not und Trübsal […] auf einige Weise zu erleichtern und erträglicher zu machen.

Hagen Schulze und Ina Ulrike Paul (Hrsg.), Europäische Geschichte. Quellen und Materialien, München 1994, S. 847 (gestrafft und vereinfacht)

7 Flüchtlinge zeigen dem Kurfürsten von Brandenburg Erzeugnisse ihrer Werkstätten.

Radierung des hugenottischen Zeichners Daniel Chodowiecki, 1782.

Internettipp → Allgemeine Informationen über die Hugenotten in Deutschland findest du unter www.hugenotten.de.

1. Welches Ziel hatte das Gesetz (M 5)? Wieso behandelt es Prediger und „normale Gläubige" unterschiedlich? Weshalb ist dort von der „vorgeblich reformierten Religion" die Rede?
2. Warum gewährte der Kurfürst von Brandenburg den Hugenotten Zuflucht (M 6 und 7)? Nennt er alle seine Motive?
3. Nach dem Vorbild des preußischen Kurfürsten (M 6) erließen 1686 mehrere Landesfürsten Verordnungen zur Aufnahme französischer Glaubensflüchtlinge. Informiert euch über die Hugenotten in eurem Bundesland.

Herrschen mit Hof und Etikette

① Das Schloss von Versailles und der Waffenplatz.
Ölgemälde (139 x 150 cm) von Pierre-Denis Martin, 1722 (Ausschnitt).
Im Vordergrund mündet die Straße von Paris auf den „Waffenplatz" ein. Durch das erste Tor erreicht der Besucher den „Hof der Minister" (links und rechts befinden sich die sogenannten „Ministerflügel"). Hat er ihn durchschritten, steht er im „Königshof". Danach gelangt der Gast in den „Marmorhof" vor das Hauptgebäude des Schlosses. Der Spiegelsaal (siehe Abb. 4, Seite 169) und das Gemach des Königs (M 3, Seite 170) befinden sich im ersten Stock in der Mitte des Hauptgebäudes.

Zeichen der neuen Macht

1661 gab Ludwig XIV. den Auftrag, das Jagdschloss seines Vaters in Versailles umzubauen. Vor den Toren von Paris wollte er ein Schloss, das größer, schöner und eindrucksvoller sein sollte als alle Residenzen zuvor. Allen Menschen im In- und Ausland sollte dieser Palast den Abstand zwischen dem Monarchen von Frankreich und dem Rest der Welt verdeutlichen. Mehrfach ließ Ludwig XIV. das Schloss erweitern.

In seiner heutigen Form besteht die Anlage mit dem großen Park seit 1710. Damit sie gebaut werden konnte, mussten Sümpfe trockengelegt, Flüsse umgeleitet sowie Gräben und Kanäle ausgehoben werden. Bis zu 36 000 Menschen arbeiteten daran. Die Ausstattung der rund 2 000 Räume schuf ein Heer von Malern, Stuckateuren, Bildhauern und anderen Handwerkern. Sie schmückten die zahlreichen Prunksäle mit kostbaren Möbeln, wertvollen Gemälden und edlen Wandteppichen.

Ludwig XIV., der sich selbst um den Bau kümmerte, wartete rund zwanzig Jahre lang, bis er ab 1682 auf Dauer nach Versailles übersiedelte. Versailles wurde zum Zentrum der Macht und „Mittelpunkt der Welt".

Das Schloss wurde von 1000 Adligen und 4000 Dienern bewohnt und bot etwa weiteren 15 000 zum Hofstaat gehörenden Personen einen Arbeitsplatz.

② Versailles: Gesamtanlage.
Stich nach einem Plan vom Ende des 17. Jh.

Pomp, Puder und Parfüm

Der König machte das Schloss zum kulturellen Mittelpunkt des Landes: Hier gab es Theater, Ballett, Oper und Hoforchester: Einrichtungen, die ein Adliger allein gar nicht bezahlen konnte. Sie vermittelten das Gefühl, nur „bei Hofe" könne man wie ein wirklicher Adliger leben.

Vieles in Versailles war nur schöner Schein. So lag die Hofküche so weit von den Speisesälen entfernt, dass die Diener Mühe hatten, die Mahlzeiten warm auf den Tisch zu bringen. Außerdem ließen sich die Zimmer kaum heizen. Toiletten und Badewannen fehlten. Im ganzen Palast soll es nur 283 „Nachtstühle" gegeben haben. Während der großen Feste verrichteten daher die hohen Damen nicht selten ihre Notdurft, durch die Doppelröcke geschützt, im Stehen. Die vornehmen Adligen erleichterten sich in den Nischen hinter Vorhängen und in Kaminen. In dieser Atmosphäre von Pomp und Schmutz hüllten sich Männer und Frauen in Wolken von Parfüm und Puder.

Die Macht der Etikette

Am Hofe Ludwigs XIV. herrschten **Etikette** (*Vorschriften für bestimmte Umgangsformen*) und **Hofzeremoniell** (*Ordnung für Handlungen*), denn für das Hofleben hatte der König eine Ordnung festgelegt: Ganz gleich, ob es sich um den Morgenempfang oder das Zubettgehen, um Freudenfeste, Vergnügungen oder Trauerfeiern handelte – jeder am Hofe erhielt einen seinem Ansehen entsprechenden Rang im Hofzeremoniell zugewiesen. Das Recht, sich in der nächsten Nähe Ludwigs XIV. aufzuhalten oder ihn in seiner Kutsche zu begleiten, stand nur Personen zu, die ihre adlige Herkunft bis in das 14. Jh. nachweisen konnten. Der König konnte einen Adligen, über den er sich geärgert hatte, jederzeit durch einen anderen ersetzen. So benutzte der Monarch die Etikette, um den alten Adel zu zähmen. Gleichzeitig verlieh er dem an seinem Hof lebenden Adel eine Sonderstellung.

③ **Dame und Kavalier.**
Französische Mode des 18. Jh.

④ **Spiegelgalerie im Schloss Versailles.**
Foto von 1990.

Mit den Arbeiten an diesem 75 m langen Saal wurde 1679 begonnen. Mit seinen 17 wandhohen Spiegeln, die gegenüber von ebenso vielen Außenfenstern lagen, bildete er den Gipfel von Pracht und Luxus. Bei großen Empfängen tauchten 42 prachtvolle Kronleuchter den Raum in ein Lichtermeer.

Die Kunst der Kavaliere

Wie in einer Theateraufführung spielte jeder Teilnehmer am Hofe eine festgelegte Rolle. Und nur wer sie richtig zu spielen verstand, galt etwas in der Gesellschaft. Selbst der vornehmste Adlige musste fürchten, sich lächerlich zu machen, wenn er nicht die Regeln der Höflichkeit beherrschte.

Der König selbst war Vorbild für gute Sitten und Manieren: Vor jeder Dame, der er begegnete, zog er den Hut und gab damit dem Grüßen eine neue Note.

1 Morgenempfang beim König
Der französische Historiker Hippolyte Taine (1828-1893) beschreibt den alltäglichen Morgenempfang (franz. lever: aufstehen) so:

Der König ist gehalten, eine ganze Aristokratie zu beschäftigen; daher muss er sich fortwährend zeigen und seine Person zur Schau tragen. Des Morgens weckt ihn der erste Kammerdiener zu der von ihm bestimmten Stunde, und der Reihe nach treten fünf Gruppen von Leuten ein, um ihre Aufwartung zu machen. Zuerst
5 kommt die „vertrauliche Gruppe", bestehend aus den königlichen Kindern, den Prinzen und Prinzessinnen von Geblüt, dem ersten Arzt, dem ersten Chirurgen und anderen nützlichen Personen.

Dann folgt die „große Gruppe"; dabei befinden sich der Großkämmerer, der Großmeister der Garderobe, die Ehren- und Kammerdamen der Königin und Prin-
10 zessinnen sowie Barbiere, Schneider und verschiedene Diener. Man gießt dem König aus einer vergoldeten Schale Franzbranntwein auf die Hände und reicht ihm den Weihkessel; er bekreuzt sich und betet. Dann erhebt er sich vor der ganzen Gesellschaft aus dem Bette, zieht die Pantoffeln und den ihm vom Großkämmerer und vom ersten Kammer-Edelmann gereichten Schlafrock an und setzt sich auf
15 den Ankleide-Sessel.

In diesem Augenblick wird die dritte Gruppe hereingelassen, die teils aus Günstlingen, teils aus einer Menge von Dienstleuten […] zusammengesetzt ist.

Im Moment, da man den König anzukleiden beginnt, nähert sich diesem der von einem Ordner benachrichtigte erste Kammer-Edelmann und nennt ihm die Namen der
20 vor der Türe wartenden Edlen. Diese treten als vierte Gruppe ein. Die umfasst die meisten hohen Beamten, den Kaplan, den Prediger, den Hauptmann und Major der Leibgarden und einen Teil der übrigen hervorragenden Adligen und Geistlichkeit.

In dem feierlichen Augenblick, wenn der König ein frisches Hemd anzieht, dem Gipfelpunkt der Handlung, wird die fünfte Gruppe eingelassen, die alles umfasst,
25 was bisher fehlte.

Zitiert nach: Wilhelm Weigand (Hrsg.), Der Hof Ludwigs XIV. Nach den Denkwürdigkeiten des Herzogs von Saint-Simon, Leipzig ³1925, S. 466 ff. (stark vereinfacht)

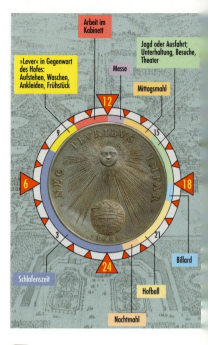

2 Der Tagesablauf des Königs.
In der Mitte der Grafik ist die Rückseite einer Schaumünze (Medaille) von 1664 zu sehen. Sie trägt die Umschrift „Nec pluribus impar" (dt. „Keiner kommt ihm gleich").

3 Schlafzimmer Ludwigs XIV. im Schloss von Versailles.
Foto von 1990.
Im Zentrum des Schlosses und des Hofgeschehens liegt im ersten Stock das Schlafgemach des Königs.

1. Stellt eine Liste der Personen auf, die am Morgenempfang des Königs teilnahmen (M 1). Welchen Ständen gehörten sie an? Spielt die Szene nach.
2. Vergleiche den Tagesablauf des Königs (M 2) mit dem deiner Mutter oder deines Vaters.
3. Nennt heutige Anlässe für Zeremonien.

M 4 Theateraufführung im Marmorhof zu Versailles.
Stich von Le Pautre, 1676.
Da das Schloss zunächst kein Theater besaß, wurden die Opern entweder auf einer beweglichen Bühne oder im Marmorhof aufgeführt. Das Orchester spielte links und rechts von der Bühne. Der König und seine nächsten Angehörigen saßen abgesondert vor den übrigen Zuschauern. Besonders aufwändig war die Beleuchtung. Hunderte von Lichtern erhellten die Szene.

M 5 Ein Hofball.
Stich von Abraham Bosse, um 1635.
Wichtigster Hof- und Gesellschaftstanz war im 18. Jh. das Menuett (zu dt. etwa „Kleinschritttanz").

M 6 Musik- und Theaterleben
Liselotte von der Pfalz (1652-1722) war seit 1671 die Frau des Herzogs von Orléans, des Bruders Ludwigs XIV. Sie lebte 51 Jahre am französischen Hof. Über das Musikleben schreibt sie:

Wie ich nach Frankreich gekommen, habe ich Leute dort gefunden, die man in vielen Siecles* nicht wiederfinden wird. Lully für die Musik, Beau-
5 champ für die Ballets, Corneille und Racine für die Tragödie, Moliére für die Komödie. [...] Alle diese Leute haben in ihrer Art excelliert**.

Sigrun Paas (Hrsg.), Liselotte von der Pfalz. Madame am Hofe des Sonnenkönigs, Heidelberg 1996, S. 174

* **Siecles**: Jahrhunderte
** **excelliert**: Außerordentliches geleistet

M 7 Der König als Tänzer.
Ludwig als Apoll, anonymer Kostümentwurf, 1654.
Zwischen 1651 und 1659 trat Ludwig XIV. z. B. in der Rolle der aufgehenden Sonne auf. Nebenbei: Es war gar nicht so ungewöhnlich, dass ein Herrscher im Hofballett tanzte. Schon Ludwigs Vater hatte dies regelmäßig getan.

1. Sucht Bilder, Lebensdaten und einige wichtige Werke der Künstler heraus, die in M 6 genannt werden.
2. Informiert euch über das Menuett (M 5).
3. Der ganze europäische Adel nahm die französische Kultur – von der Baukunst bis zu den Umgangsformen – zum Vorbild. Daher sind auch viele französische Wörter in den deutschen Wortschatz eingegangen, zum Beispiel adrett, Amüsement, brillant, Brosche, charmant, kokett, Kompliment und Rendezvous. Erkläre die Wörter, wenn nötig mit einem Fremdwörterbuches.

LERNTIPP

Herrscherbild

M 1 König Ludwig XIV. von Frankreich.
Ölgemälde (279 x 190 cm) von Hyacinthe Rigaud, 1701.

M 2 „Halt, sieh mich an"
Ein Zeitgenosse des Malers Rigaud schreibt 1708 über Porträts:

Es muss scheinen, als wenn die Bildnisse uns selbst anredeten und zu uns sprächen: […] Halt, sieh mich an, ich bin der unüberwindliche, mit Majestät umhüllte König; ich bin dieser tapfere Feldherr, der an alle Orte Schrecken hinbringt; oder auch, der durch sein gutes Betragen so viel wichtige Unternehmungen glücklich ausgeführt hat […].
Zitiert nach: Rainer Schoch, Das Herrscherbild in der Malerei des 19. Jahrhunderts, München 1975, S. 20 (sprachlich leicht verändert)

Nichts ist zufällig

Wollen wir herausfinden, welche Wirkung Herrscherbilder hatten, dann müssen wir zunächst das Gemälde als Ganzes genau betrachten, dann seine Einzelheiten.

Der Aufbau des Bildes und alle Details sind nicht zufällig. Sie sollen etwas Bestimmtes aussagen. Wenn wir ein Herrscherbild untersuchen, sollten wir uns auch über den Porträtierten, den Maler und die Vorstellungen der Zeit über die Aufgaben der Porträtkunst informieren.

Wie er gesehen werden wollte

Ludwig XIV. maß etwa 1,60 Meter. Er hatte 1659 aufgrund einer Krankheit die meisten seiner Haare verloren und trug seitdem eine Perücke. Sein Krönungsmantel ist aus Hermelinfell und mit Lilien bestickt, sein Schwert soll von Karl dem Großen stammen. Neben der Krone liegt die *main de justice*, die Schwurhand aus Gold.

M 3 Karl I. von England.
Ölgemälde (272 x 212 cm) von Anthonis van Dyck, um 1635 (Ausschnitt).

Das Gemälde (M 1) zeigt den König, wie er sich selbst sah und wie er gesehen werden wollte. Es ist daher ein „offizielles" Porträt. Dieses Herrscherbild wurde zum Vorbild zahlreicher Porträts absolutistischer Monarchen.

Für wen war das Bild bestimmt

Ludwig XIV. hatte den Maler beauftragt. Das Gemälde sollte ein Geschenk für seinen Neffen, *Philipp V. von Spanien*, werden. Weil der König aber das Bild ganz besonders gelungen fand, ließ er davon eine Kopie machen und behielt das Original für den Thronsaal von Versailles. Dort hing das Gemälde so hoch, dass die Füße des Königs in Augenhöhe der Betrachter waren. Heute befindet es sich im Museum Louvre in Paris.

M 4 „Eine historische Studie."
Frontispiz (das ist eine Verzierung eines Buchtitelblattes) zu Titmarsh (dies ist W. M. Thackeray), The Paris Sketchbock, 1840.

1. Beschreibe, wie der Maler es geschafft hat, Ludwig als König von Frankreich darzustellen (M 1). Beachte Größe, Haltung (Pose), Kopf, Haare (Perücke), Blick (Miene), Arme, Hände, Beine, Füße, Kleidung. Wie wollte Ludwig wirken? Wie wirkt der König auf euch? Versucht, die Körperhaltung nachzustellen.
2. Finde heraus, wie alt der König war, als Rigaud ihn malte. Stimmt der gemalte Gesichtsausdruck mit dem Alter des Herrschers überein?
3. Nenne die Zeichen der Macht (Insignien), mit denen Ludwig XIV. dargestellt ist (M 1).
4. Wer hat das Bild zu Lebzeiten des Königs gesehen? Bestimme die Haltung, die ein Betrachter des Bildes einnehmen musste. Tipp: Kopiert das Bild auf eine Overhead-Folie und projiziert es ungefähr in der Originalgröße an die Wand. Welche Wirkung geht von dem Bild jetzt aus?
5. M 3 gilt als Vorbild für M 1, Seite 172. Vergleiche die Bilder. Arbeite Gemeinsamkeiten und Unterschiede heraus.
6. Der englische Schriftsteller W. M. Thackeray schreibt 1840: „Man sieht sofort, dass die Majestät aus der Perücke gemacht ist, den hochhackigen Schuhen und dem Mantel. So stellen Barbiere und Flickschuster die Götter her, die wir anbeten." Was will er damit ausdrücken? Welche Absichten liegen seiner Zeichnung zugrunde (M 4)?
7. Vergleiche M 1 mit anderen Bildern von Königen in diesem Buch sowie mit Herrscherbildern der Gegenwart. Fasse die Ergebnisse in einem Kurzvortrag zusammen.

Die Außen- und Wirtschaftspolitik Ludwigs XIV.

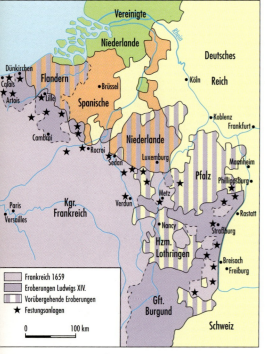

1 Veränderungen der Nordostgrenze Frankreichs.

Ziel: Vormachtstellung

Ludwig XIV. strebte eine Vormachtstellung (*Hegemonie*) Frankreichs an. Seine Außenpolitik gegenüber den europäischen Staaten hatte folgende Ziele:
- das Herrscherhaus Habsburg in seinen beiden Linien schwächen, der spanischen und der österreichischen;
- die Grenze Frankreichs nach Norden und Osten verschieben;
- aufgrund seiner Ehe mit einer spanischen Habsburgerin am spanischen Erbe teilhaben;
- wirtschaftliche Konkurrenten ausschalten.

Diplomatie und Kriege

Um dieses Ziel zu erreichen, führte der König gegen alle Nachbarn Frankreichs Kriege, in die andere europäische Staaten hineingezogen wurden. Unentwegt bemühte er sich um neue Bündnisse. Frankreich wurde so durch zahlreiche Kriege und ständige Verhandlungen mit auswärtigen Mächten (*Diplomatie*) in den 1680er-Jahren tatsächlich zur bedeutendsten Macht in Europa.

Vor allem England widersetzte sich der französischen Hegemonie. Es schloss Bündnisse mit Frankreichs Nachbarn. So musste Ludwig XIV. schon nach 1688 seinen Führungsanspruch aufgeben und Englands Grundsatz vom **Gleichgewicht der Mächte** (engl. *Balance of powers*) in Europa akzeptieren.

Wer zahlt?

Das Streben nach der Vormachtstellung verlangte der Bevölkerung enorme Opfer ab. Steuererhöhungen und Teuerungen waren die Folge. Die französische Wirtschaft litt darunter. Die Kluft zwischen Arm und Reich wuchs.

Seinem Nachfolger soll Ludwig XIV. kurz vor seinem Tode daher den Rat gegeben haben: *„Versuchen Sie, den Frieden mit Ihren Nachbarn zu halten. Ich habe den Krieg zu sehr geliebt, folgen Sie mir darin nicht […]. Schaffen Sie dem Volke Erleichterung, wo Sie können […]."*

2 Kriege Frankreichs unter Ludwig XIV.

Kriege	Kriegsgründe	Kriegsgegner	Ergebnisse
1667-68: Krieg gegen die Niederlande	Erbansprüche Ludwigs	Frankreich gegen die Niederlande, England und Schweden	Frankreich erhält Grenzgebiete der Niederlande
1672-78: Krieg gegen die Niederlande	Ausschaltung der Handelskonkurrenz	Frankreich und Schweden gegen die Niederlande, Spanien und das Reich (außer Bayern und Hannover)	Die Niederlande werden wiederhergestellt, Spanien verliert u. a. Teile Westflanderns an Frankreich; der Kaiser überlässt Frankreich Freiburg i. Br.; dafür verzichtet Ludwig auf Philippsburg
1679-97: Reunionskriege gegen das Deutsche Reich	angebliche Ansprüche Frankreichs auf Reichsgebiete	Frankreich gegen deutsche Fürsten	Frankreich erobert Gebiete im Elsass und in Lothringen; 1681 wird Straßburg besetzt
1688-97: Pfälzischer Erbfolgekrieg	Erbansprüche Ludwigs	Frankreich gegen Österreich, deutsche Fürsten, Spanien, Schweden, England, Niederlande	Frankreich verliert einige Eroberungen; Burgund, Elsass und Straßburg bleiben französisch
1701-14: Spanischer Erbfolgekrieg	Erbansprüche Ludwigs	Frankreich gegen Österreich, England, Niederlande, deutsche Fürsten (u. a. Preußen) und Savoyen	Ein Enkel Ludwigs XIV. bleibt spanischer König unter der Bedingung, dass Spanien niemals mit Frankreich vereinigt würde. Spanien behält alle Kolonien, Österreich erhält die spanischen Besitzungen in Italien und in den Niederlanden. Sizilien wird an Savoyen übertragen. England behält Gibraltar und Menorca; von Frankreich bekommt es Gebiete in Nordamerika.

3 Spielkartenmanufaktur in Paris.
Ölgemälde, um 1680 (Ausschnitt).
In den großen Werkstätten wurden gleichzeitig viele Menschen an unterschiedlichen Arbeitsplätzen beschäftigt. Die Arbeit wurde noch vorwiegend mit der Hand gemacht, daher der Name **Manufaktur** *(von lat. manu facere: mit der Hand machen). Die größere Anzahl von Mitarbeitern erlaubte es, die Fertigung eines Produktes in Einzeltätigkeiten zu zerlegen. Durch die Arbeitsteilung unter einem Dach ließen sich mehr Waren kostengünstiger herstellen, weil für die einfachen Arbeitsgänge billige ungelernte Arbeiter, Frauen und Kinder eingestellt werden konnten und die Zwischentransporte der Halbfertigwaren von Werkstatt zu Werkstatt entfielen.*

Der Staat braucht Geld

Der absolutistische Staat brauchte Geld für den Unterhalt des stehenden Heeres und die vielen Kriege, für die Gehälter der Beamten, die kostspieligen Bauten sowie für die aufwändige Hofhaltung. Daher war es das Ziel, die Einnahmen des Staates zu erhöhen.

Mit der Finanz- und Wirtschaftspolitik wurde *Jean Baptiste Colbert* 1661 vom König beauftragt. Colbert, dessen Eltern aus dem Bürgertum stammten, schaffte es, die Staatseinnahmen durch eine neue Wirtschaftspolitik zu steigern. Dabei ging er von folgenden Überlegungen aus:

Der Reichtum eines Landes beruht allein auf Geld und Edelmetallen. Um ausländisches Geld ins Land zu holen, müssen viele Waren ins Ausland verkauft (*exportiert*) und möglichst wenige eingeführt (*importiert*) werden.

Der Aufbau einer staatlich gelenkten Wirtschaft war die Folge. Da sie vom Handel ausging, wurde sie später **Merkantilismus** (von lat. *mercari*: Handel treiben, engl. *mercantile*) genannt.

Zu den von Colbert eingeleiteten Maßnahmen gehörten:
• ein einheitlicher Wirtschaftsraum – innerhalb der Landesgrenzen wurden Zölle möglichst abgeschafft;
• Ausbau von Land- und Wasserstraßen;
• geringe Zölle auf notwendige Einfuhren von Rohstoffen, hohe Abgaben bei der Einfuhr von Luxusgütern wie Zucker und Tabak sowie Fertigwaren;
• Erwerb von Ländern in anderen Kontinenten (Kolonien), um von dort Rohstoffe zu beziehen;
• Ausbau der Manufakturen und Errichtung neuer Gewerbezweige mit staatlicher Unterstützung durch Steuerbefreiung; Förderung von Betrieben, die Waren für die Ausfuhr ins Ausland herstellen wie Gobelins, Uhren und Parfüm;
• Anwerbung ausländischer Fachkräfte für neue Gewerbe und Auswanderungsverbot für einheimische Fachleute.

Nicht nur der Staat zog Gewinn aus diesen Maßnahmen. Auch Bürger wurden durch Handel und Gewerbe reich. Dagegen hatte der Adel das Nachsehen. Ihm blieben weiterhin Handels-, Waren- oder Bankgeschäfte verboten. Da die Landbevölkerung weitgehend vom Adel abhängig war, beseitigte die neue Wirtschaftsordnung ihre Not nicht.

---

1. Bestimme die „natürlichen Grenzen", die Ludwig XIV. mit seinen Kriegszügen anstrebte (Abb. 1, Seite 174).
2. Ludwig XIV. regierte 54 Jahre lang. Wie viele Jahre führte er Krieg (Abb. 2, Seite 174)?
3. Beurteilt den Erfolg der Außenpolitik Ludwigs.
4. Auf Abb. 3 sind folgende Arbeitsgänge zu sehen: Färben, Drucken, Trocknen, Schneiden, Glätten und Sortieren. Ordne sie den Bildteilen zu.
5. Nenne die Vor- und Nachteile der Manufaktur gegenüber der Werkstatt eines Handwerkers.

M 1 Einnahmen und Ausgaben des französischen Staates.
Angaben in Millionen Livre.

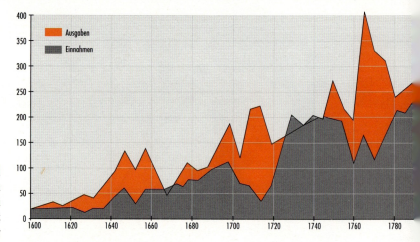

M 2 Der schlechte Zustand der Finanzen
Colbert legt Ludwig XIV. 1664 in einer Denkschrift folgende Überlegungen vor:

Die Gründe für den schlechten Zustand des Binnenhandels sind: Die Schulden der Städte und Gemeinden, die den freien Verkehr von Provinz zu Provinz
5 und von Stadt zu Stadt hindern; der schlechte Zustand der Landstraßen, die übertriebene Vermehrung der Beamtenstellen, die enorm hohe Besteuerung aller Produkte, das Seeräuberunwesen
10 und – um es mit einem Wort zu sagen – die Gleichgültigkeit des Königs und seines Rates.

Fritz Dickmann (Bearb.), Renaissance, Glaubenskämpfe, Absolutismus, a.a.O., S. 447

M 3 Wie die merkantilistische Wirtschaft funktionierte.

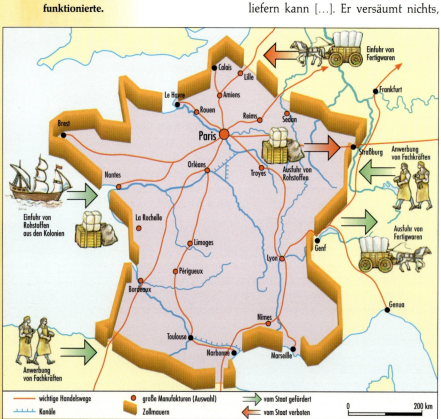

M 4 Die neue Wirtschaftspolitik
Ein Botschafter der Republik Venedig berichtet in den 60er-Jahren des 17. Jh. über die neue französische Wirtschaftspolitik:

Herr Colbert möchte das ganze Land allen anderen an Wohlstand, Handelsgütern, Kunstfertigkeiten und allen möglichen Gütern überlegen machen,
5 sodass es nichts von anderen bedarf, sondern alles an die anderen Länder liefern kann […]. Er versäumt nichts, um Gewerbe anderer Länder in Frankreich heimisch zu machen. Was an Be-
10 sonderem in England hergestellt wird, was die Natur dort an Seltenem liefert, bemüht er sich, ins Königreich einzuführen […]. Aus Holland hat man Techniken der Tuchproduktion über-
15 nommen, ebenso auch die Herstellung von Käse, Butter und anderen Spezialitäten. Aus deutschen Ländern hat man die Produktion von Gütern, Weißblech und vieler anderer Ge-
20 werbeerzeugnisse geholt, von unserem Land die Spitzenklöppelei und die Spiegelherstellung. Was es an besten Waren in aller Welt gibt, das wird zurzeit in Frankreich hergestellt, und so
25 groß ist das Ansehen dieser Waren, dass von überall Bestellungen kommen.

L'histoire de France, Bd. 4, hrsg. von E. Larisse, Paris 1906, S. 229 f. Übersetzung: Geschichtsbuch 2, Frankfurt a. M. 1987, S. 159 f.

1. Erkläre die Grafik M 1 unter Berücksichtigung von Abb. 2, Seite 174.
2. Erläutere die Vorwürfe Colberts (M 2).
3. Das Schaubild M 3 zeigt, wie die merkantilistische Wirtschaftspolitik funktionieren sollte. Nimm diese Grafik zur Grundlage für eine eigene Beschreibung, die du durch das ergänzen solltest, was du aus dem Bericht des venezianischen Botschafters (M 4) erfährst.

5 Im Schatten des absolutistischen Glanzes

Einer der führenden Militärs unter Ludwig XIV., Marquis de Vauban, entwirft um 1700 ein Programm zur Reform des Steuersystems. Er beschreibt die bestehenden Zustände:

Die großen Landstraßen und die Straßen der Städte und Flecken sind voller Bettler, die Hunger und Entblößung von zuhause fortgetrieben haben. Durch die Untersuchungen, die ich […] habe machen können, habe ich sehr wohl bemerkt, dass in dieser letzten Zeit beinahe ein Zehntel der Bevölkerung* bis zur Bettelhaftigkeit verarmt ist und tatsächlich bettelt; dass von den neun anderen Teilen fünf nicht in der Lage sind, diesem einen Zehntel Almosen zu gewähren; von den vier anderen Teilen, die verbleiben, sind drei nicht sehr gut gestellt und mit Schulden und Prozessen belastet, und zu dem zehnten Teil, in den ich die Militärs und Gerichtsbeamten einrechne, die Geistlichkeit mit den ihnen zugehörigen Laien, den ganzen Hochadel, den mittleren Adel, die Träger militärischer und ziviler Chargen**, die gut gestellten Kaufleute, die vermögenden Bürger mit Rentenbesitz, kann man nur hunderttausend Familien rechnen, und ich glaube nicht zu lügen, wenn ich sage, dass es keine zehntausend sind, die man als sehr gut gestellt bezeichnen kann.

Ich fühle mich nach Ehre und Gewissen verpflichtet, Eurer Majestät vorzustellen, dass es mir von jeher geschienen hat, dass man zu wenig Rücksicht auf die kleinen Leute genommen und sie zu wenig beachtet hat; und so stellen sie auch den ärmsten und elendsten Teil des Volkes dar. Indessen ist er es, der durch seine Zahl am bedeutendsten ist sowie durch die wirklichen und wirksamen Dienste, die er Ihnen erweist. Denn er ist es, der alle Lasten trägt, der immer gelitten hat und der noch am meisten leidet; auf ihn aber entfällt auch die ganze Verminderung an Männern***, die das Königreich erfährt. Es ist der niedere Teil des Volkes, der durch seine Arbeit und seinen Handel und durch das, was er dem König zahlt, dessen Reichtum und den des ganzen Königreiches vergrößert. Der wirkliche Grundstock des Vermögens der Könige ist nichts andres als dieses Volk.

Gilette Ziegler (Hrsg.), Der Hof Ludwigs XIV. in Augenzeugenberichten, Düsseldorf ³1965, S. 348 f.

* In Frankreich lebten um 1700 etwa 20 Mio. Menschen.
** **Chargen**: Ämter
*** **Verminderung an Männern**: durch die Kriege

6 Die Heimkehr von der Heuernte.
Ölgemälde (56 x 72 cm) von Louis oder Antoine Le Nain, um 1648.

1. Fertige ein Schaubild an, aus dem die Vermögensverhältnisse der Gesellschaft deutlich werden (M 5).
2. Erarbeitet in Gruppen, welche Maßnahmen Vauban wohl vorgeschlagen hat.
3. Das Gemälde (M 6) gibt uns Informationen über das Leben der Bauern im 17. Jh. Schreibe sie auf.
4. Stellt euch vor, ihr seid eine Gruppe von Käufern im Atelier des Künstlers, ihr betrachtet das Gemälde (M 6) und jeder überlegt, ob ihm das Bild so gut gefällt, dass er es kaufen möchte. Spielt diese Szene.

Barock prägt die Epoche

Kunst im Dienste des Glaubens und des Herrschens

Seit dem Ende des 16. Jh. breitete sich von Rom ein neuer Kunststil über Europa aus. Er gab sich farbenfroh und festlich. Geschwungene, oft ovale Linien lösten die strengen, geraden Formen der Renaissance ab. Weitere Kennzeichen waren fantasievolle Verzierungen und starke Kontraste zwischen Hell und Dunkel. Die Künstler hoben das Ungewöhnliche, Besondere und Göttliche hervor. Sie wollten die Gefühle der Menschen beeinflussen. Dies zeigte sich besonders im Kirchenbau. Von den Päpsten gefördert, verbreitete sich die neue Kunstrichtung vor allem in katholischen Gebieten.

Kritiker meinten, der neue Stil lasse sich mit dem portugiesischen Wort „barroca" charakterisieren. So bezeichneten im 17. Jh. Juweliere unregelmäßige, „schiefrunde" Perlen, und entsprechend abwertend benutzte man lange Zeit den Begriff Barock. Französische Baumeister und Künstler sorgten dafür, dass der Stil weniger „schwülstig" wurde. Stattdessen versuchten sie, mit der neuen Kunstrichtung die umfassende Herrschaft der Fürsten über Raum, Natur und Menschen anschaulich zu machen. Beispielhaft für diese Sicht der Architektur wurden das Schloss und der Garten von Versailles. Überall in Europa ließen sich danach die großen und kleinen Fürsten Schlösser und Gärten nach diesem Muster anlegen, um ihre Macht und Größe sinnbildlich darzustellen.

Ganze Stadtanlagen wurden im 18. Jh. nach einem klaren geometrischen Raster „komponiert". Karlsruhe, Mannheim, Ludwigsburg und Potsdam sind deutsche Beispiele dafür.

Barock als Epoche

Erst im 20. Jh. bürgerte sich „Barock" als ein Epochenbegriff für die Zeit zwischen Ende des 16. und Mitte des 18. Jh. ein. Er kennzeichnet die bildenden Künste wie Architektur, Gartenbau, Bildhauerkunst, Kunsthandwerk und Malerei, die darstellenden Künste wie Theater und Oper sowie die Literatur und Musik, ja den gesamten Lebensstil der Zeit.

1 Plan zur Gründung von Residenz und Stadt Karlsruhe von 1715.
Der Entwurf stammt von Markgraf Karl Wilhelm von Baden-Durlach.

2 Karlsruhe: Stadtbild mit Residenz.
Luftbild, um 1990.

PROJEKT

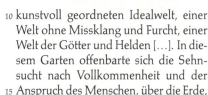

M 3 Grüne Architektur
Über die fürstlichen Gärten zur Zeit des Barock schreibt der Wissenschaftler Dieter Hennebo:

Der feudale Garten [...] war kein „Wohngarten" in unserem Sinne, kein Raum, in dem man sich treiben ließ, kein Ort für träumerische Muße und stille Betrachtung [...] Seine zentralen Räume standen im Dienste der festlichen, großen Gesellschaft. Wie die Bühne, und oft genug als solche, diente er der illusionären* Vorstellung einer prächtigen, 10 kunstvoll geordneten Idealwelt, einer Welt ohne Missklang und Furcht, einer Welt der Götter und Helden [...]. In diesem Garten offenbarte sich die Sehnsucht nach Vollkommenheit und der 15 Anspruch des Menschen, über die Erde, über die Natur zu gebieten.

Dieter Hennebo und Alfred Hoffmann, Geschichte der deutschen Gartenkunst, Bd. 2, Der architektonische Garten. Renaissance und Barock, Hamburg 1965, S. 152 f.

***illusionär**: auf Wunschvorstellungen (Illusionen) beruhend

M 4 Einige barocke Kunst- und Bauwerke in Baden-Württemberg.
① Schloss Mannheim, Rittersaal
② Rathaus von Ettlingen
③ St. Peter im Hochschwarzwald
④ Neues Schloss in Tettnang, Grünes Zimmer
⑤ Wallfahrtskirche des Klosters Schussenried in Steinhausen
⑥ Klosterbibliothek in Wiblingen
⑦ Residenzschloss Ludwigsburg

■ **Internettipp** → Informationen über Schlösser und Gärten in Baden-Württemberg findest du unter www.schloesser-magazin.de/de/objekte/index.php

---

1. Welche Aufgaben sollten Bau- und Kunstwerke des Barock erfüllen? Beschreibt, mit welchen Mitteln die barocke Kunst die an sie gestellten Aufgaben umsetzte.
2. Barocke Bauwerke sind alljährlich Ziel vieler Tausend Besucher. Welche Gründe könnte es dafür geben?
3. Immer wieder müssen Kunstwerke aus der Zeit des Barock mit hohem Geldaufwand restauriert oder renoviert werden. Diskutiert in der Klasse, ob sich dieser Aufwand lohnt.
4. Nehmt einen Kunstreiseführer eures Heimatraumes zur Hand. Ihr könnt ihn euch in einer örtlichen Bibliothek ausleihen. Kopiert eine Karte eurer Umgebung möglichst im Format DIN A 3. Blättert den Kunstführer durch und sucht Bauwerke heraus, die zwischen 1650 und 1780 errichtet wurden. Steckt für jedes Bauwerk eine Stecknadel auf die Karte an seinen Standort; verwendet dabei Nadeln mit bunten Köpfen: für Kirchen rote, für Schlösser blaue und für andere Bauwerke grüne. Wenn ihr die Karte auf eine Stellwand oder ein großes Plakat klebt, könnt ihr ringsherum Bilder von den Bauwerken (z. B. aus Prospekten) kleben.

LERNTIPP

Erkundungen planen und durchführen

Besuch vorbereiten

Vielleicht wollt ihr eine Anlage aus der Barockzeit einmal gemeinsam besichtigen. Dann ist es wichtig, sich gut vorzubereiten. Die folgenden Hinweise können euch dabei helfen:

- Wie kommt ihr zu dem Bauwerk (z. B. Bus-, Bahnverbindung, Zeit für An- und Abreise)?
- Wie lange habt ihr für euren Besuch Zeit?
- Wollt ihr außer dem Bauwerk noch andere Sehenswürdigkeiten besuchen?
- Wann ist das Bauwerk geöffnet?
- Wird Eintrittsgeld erhoben? Wie viel?
- Kann/muss man das Bauwerk im Rahmen einer Führung besichtigen? Wann finden Führungen statt?
- Wie viel Zeit beansprucht die Besichtigung?
- Können einzelne von euch Teile einer Führung übernehmen oder die Klasse vorher informieren?
- Informiert euch schon vor dem Besuch über das Bauwerk.

Besucher fragen

Wenn ihr ein Bauwerk besucht, könnt ihr andere Besucher oder auch Passanten befragen und die Antworten anschließend auswerten. Fragen, die ihr stellen könnt:

- Sind Sie Einheimischer oder kommen Sie von auswärts?
- Warum haben Sie dieses Gebäude besucht?
- Weshalb interessieren Sie sich für Sehenswürdigkeiten dieser Art?
- Wussten Sie vor ihrem Besuch etwas über das Gebäude?
- Welchen Eindruck hinterlässt das Gebäude bei Ihnen?
- Was hat Ihnen ganz besonders gefallen, was nicht?
- Können Sie sagen, wann das Bauwerk gebaut wurde?
- Wissen Sie, zu welchem Zweck es erbaut wurde?
- Kennen Sie den Namen des Bauherrn, des Architekten, eines beteiligten Künstlers?
- Werden Sie sich noch andere Sehenswürdigkeiten hier und in der Umgebung ansehen? Wenn ja, welche?
- Inwiefern wurde durch den Besuch dieses Gebäudes Ihr Bild von der Vergangenheit bestätigt, erweitert, verändert...?

Öffnungszeiten des Bibliothekssaals:
(ab 2. Januar 2004)

1. April bis 31. Oktober:
Di.–Fr. 10.00–12.00, 14.00–17.00 Uhr
Sa., So., Fr. 10.00–17.00 Uhr

1. November bis 31. März:
Sa., So. und Feiertag: 14.00–16.00 Uhr

24., 25. und 31. Dezember geschlossen

Führungen für Gruppen und Schulklassen nach Vereinbarung. Weitere Themenführungen im Kloster Schussenried auf Anfrage.

Neues Kloster GmbH
Klosterhof 1
88427 Bad Schussenried
Telefon (07583) 331001
Telefax (07583) 331033
www.neues-kloster.de

Der Schussenrieder Bibliothekssaal Eigentum der Staatlichen Schlösser Gärten Baden-Württembergs,
www.schloesser-magazin.de

M 1 Tipps in einem Kunstführer.
Aus: Frank Kuhn, Der Bibliothekssaal im Neuen Kloster Schussenried, Lindenberg 2003, S 33.

Wie ein Kurzführer entstehen kann

Zu vielen Anlagen gibt es Kunstführer, die Informationen zum besseren Verständnis liefern. Ihr könnt selber einen Kurzführer erstellen, wenn ihr z. B. die folgenden Fragen schriftlich beantwortet und entsprechend bebildert.

- Wie heißt das Gebäude, und wo befindet es sich?
- Wie groß ist es? Besteht es aus mehreren Gebäuden oder Gebäudeteilen? Beschreibt sie.
- Wer ließ es erbauen?
- Wann wurde der Bau begonnen, wann abgeschlossen?
- Gab es einen bestimmten Anlass für die Errichtung?
- Welche Baumeister und Künstler waren am Bau beteiligt? Woher kamen sie?
- Welche Aufgabe erfüllte das Gebäude, wie wurde es genützt?
- Enthält es besonders bedeutende Kunstwerke oder Räume?
- Wurde das Bauwerk seit seiner Entstehung verändert, teilweise zerstört usw?
- Wie wird es heute genützt?
- Wer ist sein Besitzer?
- Wie wirkt das Gebäude auf euch?

Aufklärung: die Herrschaft der Vernunft

① Immanuel Kant.
Das Porträt wurde im August 1768 für eine Buchhandlung gemalt.
Kant wurde am 22. April 1724 in Königsberg als Sohn eines Sattlermeisters geboren. Seine wichtigsten Werke schrieb er, als er das sechzigste Lebensjahr bereits überschritten hatte. Am 12. Februar 1804 starb er.

■ Internettipp → *Informationen über Kant siehe www.uni-marburg.de/kant/welcome.html*

Berlinische Monatsschrift.
1784.
Zwölftes Stük. December.

I.
Beantwortung der Frage:
Was ist Aufklärung?
(S. Decemb. 1783. S. 516.)

Aufklärung ist der Ausgang des Menschen aus seiner selbst verschuldeten Unmündigkeit. Unmündigkeit ist das Unvermögen, sich seines Verstandes ohne Leitung eines anderen zu bedienen. Selbstverschuldet ist diese Unmündigkeit, wenn die Ursache derselben nicht am Mangel des Verstandes, sondern der Entschließung und des Muthes liegt, sich seiner ohne Leitung eines andern zu bedienen. Sapere aude! Habe Muth dich deines eigenen Verstandes zu bedienen! ist also der Wahlspruch der Aufklärung.

Faulheit und Feigheit sind die Ursachen, warum ein so großer Theil der Menschen, nachdem sie die Natur längst von fremder Leitung frei gesprochen

Licht in einer dunklen Welt

In seiner Antwort auf die Frage *Was ist Aufklärung?* fasst der Philosoph *Immanuel Kant* die Kennzeichen der **Aufklärung** zusammen. Diese Geisteshaltung war Anfang des 17. Jh. in England und den Niederlanden entstanden und hatte fast alle Bereiche des Denkens, Glaubens und Lebens beeinflusst: die Naturwissenschaften, die Medizin und die Mathematik, die Theologie und Philosophie, die Rechtswissenschaft und Staatslehre, Literatur und Künste sowie die Wirtschaft und die Erziehung.

② Was ist Aufklärung?
Erste Seite des berühmten Aufsatzes von Kant.
Wie beschreibt Kant die „Unmündigkeit"? Wodurch kann sich der Mensch aus ihr befreien?

Die Anhänger dieser Bewegung sahen es als ihre Aufgabe an, in eine nach ihrer Meinung dunkle Welt voller Unkenntnis und Vorurteile die Erleuchtung der vernünftigen Erkenntnis zu bringen. Folgerichtig hieß die neue Geisteshaltung in England z. B. *enlightenment*.

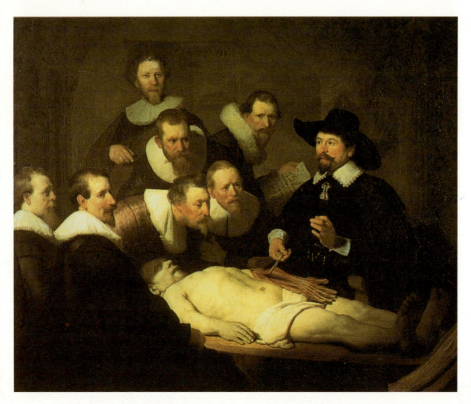

3 Die Anatomievorlesung des Dr. Tulp. *Ölgemälde (169 x 216 cm) von Rembrandt Harmensz van Rijn, 1632.*

Die Vernunft als Maßstab

Die Gelehrten vertrauten seit dem 16. Jh. immer mehr darauf, dass die Vernunft in der Lage sei, die Gesellschaft, den Menschen und die ihn umgebende Welt zu erkennen. Sie waren im „Zeitalter der Vernunft" fest davon überzeugt, schrittweise alle Gesetze ergründen zu können, nach denen die Natur und der gesamte Kosmos „funktionierten".

- Sie gingen von dem aus, was sie in der Natur sehen und messen konnten. Sie beobachteten genau und ohne auf vorgefertigte Meinungen zurückzugreifen.
- Sie ließen nur gelten, was einer Überprüfung standhielt oder sich in Regeln fassen ließ.

Ihr Glaube an die Vernunft gab der Bewegung den Namen **Rationalismus** (lat. *ratio*: Vernunft). Die Überlegungen und Berechnungen der Gelehrten waren die Voraussetzung für die Erfindung technischer Hilfsmittel. Mit diesen Instrumenten waren die Gelehrten in der Lage, neue Forschungsmethoden anzuwenden und damit neue Erkenntnisse zu gewinnen.

Am Anfang stand der italienische Forscher *Galileo Galilei* (1564-1642). Er hatte gefordert, das „Buch der Natur mithilfe der Mathematik zu lesen" und damit die moderne Physik eingeleitet. Galilei fand z. B. die Gesetze des freien Falls heraus. Sein deutscher Kollege, *Johannes Kepler* (1571-1630), ergänzte seine Beobachtungen und stellte die Gesetzmäßigkeit der Planetenbewegungen fest. Sie wurde 1666 von dem Engländer *Isaac Newton* (1643-1727) mathematisch exakt erklärt.

Das neue Denken setzt sich durch

Anfangs lehnten vor allem die Theologen die neuen Methoden und Erkenntnisse ab. Sie schätzten die Aussagen der Bibel höher ein als die auf der Grundlage nachprüfbarer Beobachtungen gewonnenen Erkenntnisse.

Doch die Wissenschaftler fanden seit Ende des 17. Jh. entschlossene Förderer: die Landesherren. Um die Fortschritte der Wissenschaft für technische und wirtschaftliche Neuerungen zu nutzen, gründeten sie unabhängig von den bestehenden Universitäten neue Bildungseinrichtungen: die **Akademien der Wissenschaften**. Die ersten in Europa waren die *Académie française* in Paris (1635), die *Royal Society* in London (1660) und die *Preußische Akademie der Wissenschaften* in Berlin (1700).

An diese Akademien wurden anerkannte Wissenschaftler aus dem In- und Ausland berufen. Sie konnten dort in den Laboratorien, Sternwarten und Bibliotheken unabhängig von Lehrverpflichtungen forschen.

Die schnelle Entwicklung der Wissenschaften versetzte die meisten Aufklärer in eine Fortschrittsbegeisterung. Da sie die Gesetze der Natur kennengelernt hatten, glaubten sie auch, sie beherrschen und nutzen zu können. Alles schien machbar. Nur wenige Aufklärer spürten die Grenzen des Fortschritts.

Die „vernünftige Religion"

Aus der Gesinnung der Aufklärer folgte fast zwangsläufig, dass sie den Anspruch des Christentums missbilligten, die einzig wahre und verbindliche Religion zu sein. Damit lehnten sie den Gedanken ab, dass Gott sich nur in einer einzigen Glaubenslehre unmissverständlich offenbart habe. In jeder Religion suchte man einen „vernünftigen" Kern. Einzelne Denker kritisierten die bestehende Überheblichkeit der Christen gegenüber Muslimen und Juden. Sie riefen zur gegenseitigen Achtung, zur Toleranz der verschiedenen Religionen auf.

④ Der Salon von Madame Geoffrin.
Historiengemälde (63 x 96 cm) von Gabriel Lemonnier, nach 1804.
In dem Gesellschaftszimmer (Salon) der Madame Geoffrin versammelten sich regelmäßig Männer und Frauen der adligen und bürgerlichen Gesellschaft, um sich aus neuen Schriften vorlesen zu lassen und darüber zu diskutieren. Sie trafen sich unter der Büste des Philosophen, Geschichtsschreibers und Dichters Voltaire (1694-1778), der als der bedeutendste französische Aufklärer gilt.

Ein neues Menschenbild

Das Ziel der Aufklärer bestand darin, die Menschen zu vernunftgemäßem Handeln zu erziehen, das der Einsicht in das Richtige und Wahre folgt und der Gemeinschaft nützt. Sie waren überzeugt,
- dass der Wert eines Menschen nicht auf Herkunft und Stand beruhe, sondern auf seiner angeborenen Würde sowie auf seiner Leistung, also darauf, wie er seine natürlichen Fähigkeiten ausbildet, und
- dass der Mensch sich nur in Freiheit entfalten kann.

Die Aufklärer gingen davon aus, dass es Sache der Herrscher sei, die Aufklärung in der Gesellschaft zu fördern. Tatsächlich reformierten manche Fürsten mithilfe aufgeklärter Beamter Verwaltung, Recht und Schule.

Eine „öffentliche Meinung" entsteht

Besonders wirkungsvoll wurden die neuen Gedanken der Aufklärer dadurch, wie sie verbreitet wurden. Große **Lexika** (*Nachschlagewerke*) fassten das Wissen der Zeit zusammen. Ein herausragendes Beispiel dafür ist die 34-bändige französische *Enzyklopädie*. Sie hat 60 200 Stichwörter, enthielt für die damalige Zeit ungewöhnlich viele Abbildungen und erschien zwischen 1751 und 1781.

Darüber hinaus nutzten die Aufklärer jede Möglichkeit, ihr Wissen in Zeitungen und Büchern zu veröffentlichen. Ihre Ideen eroberten die Literatur und das Theater. Sie wurden auf privaten Zusammenkünften in Salons sowie in Cafés oder in neugegründeten Lesegesellschaften vorgetragen und besprochen.

Die Aufklärung war eine Angelegenheit der Gelehrten, Schriftsteller und hohen Beamten – also von etwa einem Prozent der Bevölkerung. Trotzdem entstand etwas grundsätzlich Neues: eine stark vom Bürgertum geprägte **öffentliche Meinung**.

M 1 Über den richtigen Vernunftgebrauch

Der aus Frankreich stammende Mathematiker und Philosoph René Descartes (1596-1650) schuf mit seinen Schriften die Grundlagen für das moderne Weltbild. Von ihm stammt der Satz: „Ich denke, also bin ich." In seiner „Abhandlung über die Methode des richtigen Vernunftgebrauchs" (1637) legte er unter anderem seine Erkenntnismethode dar; seine erste Vorschrift lautet:

Die erste Vorschrift besagt, niemals eine Sache als wahr anzuerkennen, von der ich nicht ganz sicher und einleuchtend erkenne, dass sie wahr ist: d.h. Übereilung und Vorurteile sorgfältig zu vermeiden und über nichts zu urteilen, was sich meinem Denken nicht so klar und deutlich darstellt, dass ich keinen Anlass hätte, daran zu
5 zweifeln.

Karl Vorländer, Philosophie der Neuzeit. Geschichte der Philosophie IV., Reinbek 1966, S. 126 (vereinfacht)

M 2 Entwicklungen und Entdeckungen

Mathematik

1614	Logarithmentafel	**NAPIER**
1637	Analytische Geometrie	**DESCARTES**
1665	Infinitesimalrechnung	**NEWTON/LEIBNIZ**
1788	Darstellende Geometrie	**MONGE**

Physik

1609	Fall- und Pendelgesetze	**GALILEI**
1609-19	Planetengesetze	**KEPLER**
1618	Brechung des Lichtes	**SNELLIUS**
1662	Gasgesetz	**BOYLE**
1666	Gravitationsgesetze	**NEWTON**
1790	Berührungselektrizität	**GALVANI**

Biologie und Chemie

1618	Blutkreislauf	**HARVEY**
1735	Natürliches System der Lebewesen	**LINNÉ**
1747	Zuckergehalt der Rübe	**MARGGRAF**
1766	Wasserstoff	**CAVENDISH**
1771	Sauerstoff	**SCHEELE**

M 5 Mikroskop aus dem 17. Jh.

M 3 Erfindungen

Viele wissenschaftliche Entdeckungen wurden erst durch neue Hilfsmittel und Verfahren möglich.

Beobachtungs- und Messinstrumente

1590	Mikroskop	**ZACHARIAS**
1657	Pendeluhr	**HUYGENS**
1669	Spiegelteleskop	**NEWTON**
1718	Quecksilberthermometer	**FAHRENHEIT**

Technische Verfahren, Werkzeuge und Geräte

1642	Addiermaschine	**ZACHARIAS**
1673	Multipliziermaschine	**LEIBNIZ**
1693	Porzellan (in Europa)	**TSCHIRNHAUS**
1752	Blitzableiter	**FRANKLIN**
1769	Dampfmaschine	**WATT**
1783	Heißluftballon	**MONTGOLFIER**

M 4 Aufstieg des ersten bemannten Heißluftballons im Jahre 1783 in Paris.

Nachträglich kolorierte Radierung, 18 Jh. Die Brüder Etienne und Michel de Montgolfier stellten in der väterlichen Papierfabrik Versuche mit leichten, rauchgefüllten Papiersäcken an, die sie aufsteigen ließen. Am 21. November 1783 startete der erste bemannte Heißluftballon; er bestand aus Leinwand, war mit Papier gefüttert und mit einem Netz aus Hanf überzogen. Die Erfindung der Brüder Montgolfier brachte die Menschheit der Erfüllung eines alten Traumes näher: fliegen zu können. Daher galt der Aufstieg des Heißluftballons bei vielen Menschen als Zeichen für den Beginn eines neuen Zeitalters.

Exkursionstipp →
- Landesmuseum für Technik und Arbeit, Mannheim (Ausstellungseinheit „Wirtschaft, Wissenschaft und Technik im Zeitalter der Aufklärung")
- Kepler-Museum in Weil der Stadt

Internettipp →
Über die Homepage des Deutschen Museums in München (www.deutsches-museum.de) kannst du Informationen über viele Meisterwerke der Naturwissenschaft und Technik erhalten.

1. Erkläre, was Rationalismus bedeutet (M 1). Wo liegt die Verbindung zu Kant (siehe Seite 181)?
2. Welche der wissenschaftlichen Errungenschaften sind euch bekannt? Informiert euch über die Namen und Sachverhalte, die euch noch unbekannt sind, oder schlagt in Lexika nach (M 2 und M 3). Fertigt Kurzreferate zu einzelnen Wissenschaftlern an.

M 6 Bildung für alle!

Der Geistliche Johann Amos Comenius war einer der Ersten, der die Meinung vertrat, dass man das Bildungswesen gründlich verändern müsse. In seiner „Großen Didaktik" von 1633/38 schrieb er:

Nicht bloß die Kinder der Reichen oder Vornehmen, sondern alle in gleicher Weise, Adlige und Nichtadlige, Reiche und Arme, Knaben und Mädchen, müssen in allen Städten und Flecken, Dörfern und Häusern zur Schule herangezogen werden.

Helmut Hoffacker (Hrsg.), Materialien zum historisch-politischen Unterricht 4, Stuttgart 1982, S. 197

M 7 Reform des Schulwesens

Aus einem Schreiben des preußischen Königs Friedrich II. an seinen Minister Joseph Christian Freiherr von Zedlitz von 1779:

Bei den kleinen Schulen muss erst angefangen werden, denn da wird der Grund gelegt. Die jungen Leute mögen hiernächst auf einen Juristen, Professor, Sekretär oder was es ist studieren, so müssten sie das alles, auch lateinisch wissen. Eine gute deutsche Grammatik, die die Beste ist, muss auch bei den Schulen gebraucht werden […].
Von großem Nutzen würde es sein, wenn die jungen Leute, so in einem Schulhause, beständig beisammen wären, wofür die Eltern was Gewisses bezahlen, so würden sie weit mehr lernen, als wenn sie zuhause sind, wo sie die Eltern doch nur herumlaufen lassen. […] Die Rhetorik und Logik ist für alle Stände, alle Menschen haben sie gleich nötig, nur muss die Methode des Unterrichts ein bisschen reformiert werden, damit die jungen Leute besser lernen. […]
Gegenwärtig geschieht der Unterricht nur schlecht; und es wird nicht genug Attention* auf die Erziehung in den Schulen gewandt, drum lernen die Kinder auch nicht viel […].

Jürgen Bona Meyer, Friedrich's des Großen Pädagogische Schriften und Äußerungen, Nachdruck der Ausgabe Langensalza 1885, Königstein/Ts. 1978, S. 168 ff. (vereinfacht)

*Attention: Aufmerksamkeit

Mädchen, soll ich dich noch freyn?
Mußt nicht dumm, nicht säuisch seyn!
Will dich ja zu meiner Frau,
Nicht zur Kuh und nicht zur Sau.

M 8 Ein Erziehungsversuch.
Illustration aus dem „Noth- und Hülfs-Büchlein für Bauersleute" von Rudolf Zacharias Becker, Gotha 1788.
Die Kapitel des Buches wurden fast alle mit einem Bild und einem gereimten Vers eingeleitet.
Rudolf Zacharias Becker (1752-1822) war Lehrer und Schriftsteller. Er gab von 1782-86 in Dessau die „Dessauische Zeitung für die Jugend und ihre Freunde" und 1784-87 in Gotha die „Deutsche Zeitung für die Jugend und ihre Freunde" heraus.
Diese Wochenzeitschriften zählen zu den ersten deutschen Jugendzeitschriften.

1. Was ist aufklärerisch an Comenius' Forderung (M 6)? Ist sie heute in allen Ländern erfüllt?
2. Auch der preußische König wollte die Bildung verbessern (M 7). Untersuche, welche Bereiche er anspricht und welche konkreten Vorstellungen er hat. Überlege, ob Friedrich II. das gleiche Ziel hat wie Comenius.
3. Beschreibe die Illustration (M 8) und finde für sie eine passende Überschrift. Beachte dabei den Bildtext.

Preußen wird Großmacht

Die Herrschaft der Hohenzollern

Anfang des 15. Jh. erhielten die Nürnberger Burggrafen von *Hohenzollern* vom Kaiser die Kurfürstenwürde und die Mark Brandenburg als Reichslehen. Im Laufe der Zeit weiteten die Hohenzollern ihr Herrschaftsgebiet durch Heirats- und Erbverträge, Kauf und Tausch sowie durch Eroberungen aus. 1618 erwarben sie das Herzogtum Preußen. Kurfürst *Friedrich Wilhelm von Brandenburg*, der von 1640 bis 1688 regierte und den Ehrentitel *Großer Kurfürst* erhielt, konnte nach dem Dreißigjährigen Krieg seinen Herrschaftsbereich nochmals erweitern. Er herrschte nun über Gebiete vom Niederrhein bis zur Ostsee, die aber nicht miteinander verbunden waren.

Vom Kurfürstentum zum Königreich

Der Sohn des Großen Kurfürsten, Kurfürst *Friedrich III.*, bemühte sich um die Aufwertung seiner Herrschaft. Er erklärte das nicht zum Reich gehörende Herzogtum Preußen zum Königreich und krönte sich selbst am 18. Januar 1701 zum König *Friedrich I. in Preußen*. Als Zeitgenosse des französischen Sonnenkönigs ahmte er diesen nach und lebte entsprechend verschwenderisch. Er ließ beispielsweise das Berliner Schloss ausbauen und gründete 1694 die Universität Halle.

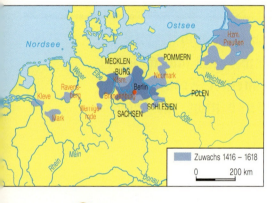

① Brandenburg-Preußen vor dem Dreißigjährigen Krieg.

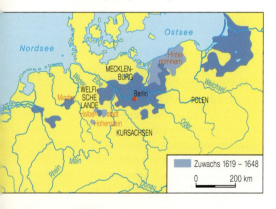

② Brandenburg-Preußen nach dem Dreißigjährigen Krieg.

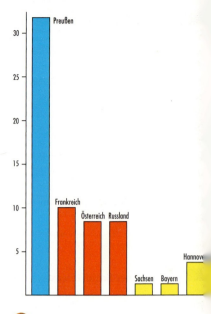

③ **Rüstungslasten.**
Zahl der Soldaten auf 1000 Einwohner um 1740.

Preußen wird Militärstaat

Friedrich Wilhelm I., der seit 1713 regierte, lebte bescheidener, schuf aber ein großes stehendes Heer. Dieses setzte er dafür ein, den zerstreut liegenden Herrschaftsbereich zu sichern. Einige Zahlen zeigen, welchen Wert der **Soldatenkönig** auf dieses Heer legte: 1644 hatte Preußen 4000 Soldaten, 30 Jahre später 30000 Mann und 1740 waren es rund 80000 Soldaten. Die preußischen Offiziere holte er meist aus den einheimischen Adelsfamilien. Kriegsdienst wurde Standespflicht des Adels, der Dienst in fremden Armeen mit Strafe bedroht.

④ **Mann aus der „Riesengarde".**
Gemälde von Johann Ch. Merk, um 1714.
Friedrich Wilhelm I. vergrößerte schon im ersten Jahr seiner Regierung die Armee um ein Viertel. Seine Vorliebe galt dabei den großgewachsenen Männern. Für die Anwerbung der „Langen Kerls" gab der ansonsten sparsame König viel Geld aus.
Zum Bild: Dargestellt ist der Grenadier James Kirkland. Er kam aus Irland und maß etwa 2,10 m.

Die Stände verlieren ihre Rechte

Schon der „Große Kurfürst" hatte den allmählichen Rückzug des Adels aus der Politik erkauft, indem er in den 1660er-Jahren den adligen Gutsbesitzern (*Junkern*) weitgehende Steuerfreiheit zusicherte. Außerdem ließ er zu, die **Leibeigenschaft** auf bisher freie Bauern auszudehnen.

In den Provinzen schränkte der Soldatenkönig die Rechte der Stände ein. Sie verloren ihr Steuerbewilligungsrecht und die Kontrolle über die Landesfinanzen.

Immer mehr Beamte

Um seine absolutistische Politik durchzusetzen, vergrößerte Friedrich Wilhelm I. die Zahl seiner Beamten. 1722 richtete er ein **Generaldirektorium** ein. Diese „Superbehörde" verwaltete den Staat zentral. Der König war Vorsitzender der Behörde. Er nahm aber nie an Sitzungen teil, sondern ließ sich nur informieren und gab seinen Ministern dann Anweisungen. Die Verwaltung der Provinzen und der großen Güter des Herrscherhauses (*Domänen*) wurde verbessert. Dadurch verdoppelten sich während der Regierungszeit des Soldatenkönigs die Staatseinkünfte. Etwa zwei Drittel wurden für das Militär ausgegeben.

Typisch preußisch

Von seinen Untergebenen verlangte der Soldatenkönig Sparsamkeit, Pflichtbewusstsein und Gehorsam. Diese Tugenden galten später als typisch für Generationen preußischer Beamter und Militärs, allerdings mit dem Beigeschmack von Kleinlichkeit, militärischem Auftreten und fehlender Lebensfreude. Der König verlangte auch von seiner Familie nahezu militärische Disziplin. Besonders gegenüber seinem ältesten Sohn, dem 1712 geborenen Thronfolger *Friedrich*, erwies er sich als strenger Vater.

Ausbau der Staatswirtschaft

Die Wirtschaft wurde im Sinne des Merkantilismus vom Staat gelenkt. Besonders unterstützte die Regierung die Gewerbezweige, die für die Armee wichtig waren: Pulvermühlen, Säbelfabriken und Tuchmanufakturen. Wie in Frankreich wurde die Ausfuhr wichtiger Rohstoffe verboten und die Einfuhr von Fertigwaren mit hohen Zöllen belegt.

Der König ließ seine Domänen von Bürgerlichen verwalten. Sie nutzten moderne Abbaumethoden und konnten die Erträge fast verdoppeln; so wurden die Domänen zum Vorbild.

Einwanderungsland Preußen

Um die Staatseinkünfte zu steigern, musste die Zahl der Gewerbe und der Erwerbstätigen vergrößert werden. Mit befristeten Steuer- und Abgabenvergünstigungen sowie anderen „Starthilfen" warb Preußen im 17. und 18. Jh. um Einwanderer.

Die religiöse Toleranz des Herrscherhauses war ein Anreiz für Fremde. Die Hohenzollern waren seit 1613 calvinistisch, hatten aber nicht darauf bestanden, dass die überwiegend lutherische Bevölkerung ebenfalls das Glaubensbekenntnis änderte. Neben niederländischen Kolonisten und Handwerkern kamen Ende des 17. und Anfang des 18. Jh. vermehrt Glaubensflüchtlinge: etwa 20 000 Hugenotten aus Frankreich und rund 15 000 Protestanten, die das Erzbistum Salzburg sowie das katholische Böhmen verlassen mussten. Auch Juden durften sich in Preußen niederlassen. Vor allem kapitalkräftige Unternehmer, tüchtige Handwerker und Bauern mit ihren Familien waren willkommen.

5 Das „Tabakskollegium".
Gemälde nach einem Kupferstich von 1720. Regelmäßig lud Friedrich Wilhelm I. seine Vertrauten zu dieser Männerrunde bei Bier und Pfeife ein.
Zum Bild: Am vorderen Tischende sitzt der König, rechts neben ihm der Kronprinz Friedrich, der an den Zusammenkünften teilnehmen musste, obwohl ihm der Qualm Übelkeit bereitete.
Nebenbei: Der König arbeitete täglich bis zu sechs Stunden am Schreibtisch. Dabei soll er zur Schonung der Uniform Ärmelschoner und Schürze getragen haben.

M 1 Der Kronprinz Friedrich mit etwa 11 Jahren.
Ausschnitt aus einem zeitgenössischen Gemälde.

M 2 Am preußischen Hof
Wilhelmine von Bayreuth, die Tochter des Soldatenkönigs, schreibt um die Mitte des 18. Jh. über die Verhältnisse während ihrer Kindheit am Hof:

Wir führten das traurigste Leben von der Welt. Früh, so wie es sieben schlug, weckte uns die Übung von dem Regimente des Königs auf, sie fand vor un-
5 seren Fenstern, die zu ebenem Boden waren, statt. Das ging unaufhörlich: Piff, Puff, und den ganzen Morgen hörte das Schießen nicht auf. Um zehn Uhr gingen wir zu meiner Mutter und be-
10 gaben uns mit ihr in die Zimmer neben denen des Königs, wo wir den ganzen Morgen verseufzen mussten. Endlich kam die Tafelstunde. Das Essen bestand aus sechs kleinen, übel zubereiteten
15 Schüsseln, die für vierundzwanzig Personen hinreichen mussten, sodass die meisten vom Geruche satt werden mussten. Am ganzen Tisch sprach man von nichts als von Sparsamkeit und
20 Soldaten.

Johannes Armbruster (Hrsg.), Eine preußische Königstochter. Denkwürdigkeiten der Markgräfin von Bayreuth, Schwester Friedrichs des Großen, Ebenhausen 1910, S. 63 f.

M 3 Über die Erziehung des Kronprinzen
Als Erwachsener erzählte König Friedrich II. von Preußen einem Vertrauten seine Kindheitserlebnisse.

Ich war ein Kind und lernte ein wenig Latein; ich deklinierte mit meinem Lehrer […], als plötzlich mein Vater ins Zimmer trat. „Was machst du da?" –
5 „Papa, ich dekliniere […]", sagte ich in kindlichem Tone, der ihn hätte rühren müssen. „O du Schurke, Latein für meinen Sohn! Geh mir aus den Augen!" Und er verabreichte meinem Leh-
10 rer eine Tracht Prügel und Fußtritte und beförderte ihn auf diese grausame Weise ins Nebenzimmer. Erschreckt durch diese Schläge und durch das wütende Aussehen meines Vaters verbarg ich
15 mich, starr vor Furcht, unter dem Tische, wo ich in Sicherheit zu sein glaubte. Ich sehe meinen Vater nach vollbrachter Hinausbeförderung auf mich zukommen – ich zittere noch
20 mehr; er packt mich bei den Haaren, zieht mich unter dem Tische hervor, schleppt mich so bis in die Mitte des Zimmers und versetzt mir endlich einige Ohrfeigen.

Ingrid Mittenzwei, Friedrich II. von Preußen, Berlin 1979, S. 16 f.

M 4 Hinrichtung Kattes vor dem Fenster des Kronprinzen.
Kolorierter Kupferstich, um 1740.
Als Friedrich die seelischen und körperlichen Misshandlungen seines Vaters nicht mehr ertragen wollte, plante er im Sommer 1730 mit seinem 26-jährigen Freund, Leutnant Hans Hermann von Katte, die Flucht ins Ausland. Das Unternehmen scheiterte. Der Vater brachte seinen Sohn und dessen Vertrauten vor ein Kriegsgericht. Während die Richter die Strafe für den Kronprinzen dem Vater überließen, verurteilten sie nach dem Willen des Königs seinen Freund zum Tode. Der König zwang seinen Sohn, der auf den Thron hatte verzichten wollen, um das Leben des Freundes zu retten, der Hinrichtung zuzusehen. Später versöhnte sich Friedrich mit seinem Vater.

Führt ein Gespräch zwischen dem Soldatenkönig, seinem Sohn Friedrich und dessen Schwester Wilhelmine zum Thema „Muss Fürstenerziehung so hart sein?". Verwendet dabei Informationen aus M 2, M 3 und M 4.

Preußen und Österreich messen ihre Macht

① Die Trümmer der ehemaligen Kreuzkirche in Dresden.
Ölgemälde (80 x 110 cm) von Bernardo Bellotto, 1765.
Bei der Beschießung Dresdens durch die Preußen 1760 wurde auch die Kreuzkirche zerstört. Der Turm stürzte am 22. Juni 1765 infolge der Kriegsschäden nach schweren Regenfällen ein.

Friedrich II. und Maria Theresia
Der preußische König *Friedrich II.* herrschte seit 1740 über rund 2,4 Millionen Menschen. Im Oktober desselben Jahres übernahm *Maria Theresia* die Regierung in Österreich und den dazugehörenden Gebieten mit mehr als sechs Millionen Einwohnern.
Der 28-jährige preußische König war ein von der französischen Aufklärung beeinflusster philosophierender, dichtender und musizierender **Intellektueller** (*Verstandesmensch*), dem die Religion fast gleichgültig war.
Die 23-jährige österreichische Herrscherin war dagegen eine fromme und von der Aufklärung kaum beeinflusste Frau. Sie hatte die Regierung unvorbereitet nach dem frühen Tod ihres Vaters, Kaiser *Karls VI.*, übernommen. In einem grundlegenden Gesetz, der **Pragmatischen Sanktion**, hatte dieser 1713 die weibliche Erbfolge und die Unteilbarkeit der habsburgischen Erbländer im Reich durchsetzen können. Dennoch stellten fast alle europäischen Fürsten, die mit dem Haus Habsburg verwandt waren (Bayern, Sachsen, Frankreich und Spanien), die weibliche Erbfolge nach dem Tod Kaiser Karls VI. wieder infrage.

Preußen will Schlesien
Der König von Preußen nutzte als erster die „Gunst der Stunde". Nur zwei Monate nach dem Regierungsantritt der Habsburgerin marschierte Friedrich II. mit seinen Truppen in Schlesien ein. Er wollte Bayern und Sachsen zuvorkommen, die ebenfalls Erbansprüche stellten. Friedrich II. bot Maria Theresia an, sie im Erbfolgestreit zu unterstützen, wenn sie ihm Schlesien überließe. Außerdem wolle er bei der anstehenden Kaiserwahl seine Stimme ihrem Mann *Franz Stephan* geben. Als die Regentin ablehnte, verbündete sich der preußische König mit ihren Gegnern. Maria Theresia konnte ihre Herrschaft in dem bis 1748 anhaltenden **Österreichischen Erbfolgekrieg** durchsetzen. Sie musste aber Schlesien mit einer Million Einwohnern an Preußen abtreten.
Mit dem Einmarsch in Schlesien begann 1740 der preußisch-österreichische Gegensatz. Diese Feindschaft – man spricht auch vom preußisch-österreichischen **Dualismus** – sollte die weitere deutsche und europäische Geschichte beeinflussen.

Der Siebenjährige Krieg beginnt
1756 versuchte Maria Theresia, Schlesien zurückzubekommen. Sie nutzte den Konflikt zwischen Frankreich und England um die Vorherrschaft in Nordamerika und Indien, um eine „Umkehr der Bündnisse" zu erreichen. Es gelang, den französischen König, Bayern und Sachsen für ein Bündnis gegen Preußen zu gewinnen. Ihm schlossen sich Russland und Schweden an, nachdem preußische Truppen in Sachsen einmarschiert waren. Friedrich II. hatte mit dem Angriff den Verbündeten zuvorkommen wollen. Preußen, das in diesem Krieg nur von England mit Geld unterstützt wurde, schien nach schweren Niederlagen auf dem Schlachtfeld auf Dauer gegen das Bündnis keine Chance zu haben.

189

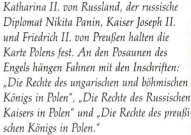

❷ „Die Situation Polens im Jahre 1773."
Kupferstich (29 x 19 cm) von Johann E. Nilson, Augsburg 1773.
Katharina II. von Russland, der russische Diplomat Nikita Panin, Kaiser Joseph II. und Friedrich II. von Preußen halten die Karte Polens fest. An den Posaunen des Engels hängen Fahnen mit den Inschriften: „Die Rechte des ungarischen und böhmischen Königs in Polen", „Die Rechte des Russischen Kaisers in Polen" und „Die Rechte des preußischen Königs in Polen."
Deute die Haltung der Personen.

Das Blatt wendet sich

Erst der Tod der Zarin *Elisabeth* 1762 brachte die Wende. Ihr Nachfolger, *Peter III.*, war ein Verehrer Friedrichs II. Er schloss einen Sonderfrieden mit Preußen. Die russischen Truppen marschierten zurück, bald auch die schwedischen. Die französische Armee zog ab, nachdem im November 1762 der Kolonialkrieg mit England beendet worden war. Maria Theresia stellte notgedrungen ebenfalls den Kampf ein.

Im **Frieden von Hubertusburg** (1763) verzichtete sie endgültig auf Schlesien. Friedrich II. versprach Maria Theresia seine Stimme für die Kaiserwahl ihres Sohnes.

Preußen hatte sich neben Österreich, England, Frankreich und Russland als europäische Großmacht durchgesetzt.

Polen wird geteilt

1764 war *Stanislaus II. Poniatowski* mit russischer und preußischer Unterstützung König von Polen geworden. Als er versuchte, den Staat durch Reformen zu stärken, wurden seine Gönner misstrauisch. 1772 einigten sich Russland, Preußen und Österreich auf eine Abtrennung von Gebieten aus dem polnischen Herrschaftsbereich. Die drei Herrscher nahmen sich ohne Rücksicht auf die Bevölkerung jeweils einen Teil, um eine einseitige Vergrößerung der jeweils anderen Staaten zu verhindern. Polen verlor ein Drittel seines Staatsgebietes und etwa zwei Millionen Einwohner.

1791 bekam das verkleinerte Land die erste geschriebene Verfassung Europas. Sie sah eine von einem Parlament abhängige Erbmonarchie vor. Da es in Polen Widerstand gegen diese Verfassung gab, marschierten russische und preußische Truppen erneut in das Land ein. Sie erzwangen Anfang 1793 die zweite Teilung des Landes.

In dem kaum überlebensfähigen Rest Polens brachen im März 1794 Aufstände gegen die Teilung aus. Russische Truppen schlugen die Erhebung nieder. Anfang 1795 vereinbarten dann Russland und Österreich eine weitere Aufteilung Polens. Mit dieser dritten Teilung löschten die Großmächte Polen von der Landkarte.

❸ **Die Teilungen Polens.**

M 1 Das „Blutbad" bei Lowositz
Der in preußischen Diensten stehende Söldner Ulrich Bräker beschreibt die Schlacht bei Lowositz vom 1. Oktober 1756:

Um sechs Uhr ging schon das Donnern der Artillerie* […] so gewaltig an, dass die Kanonenkugeln bis zu unserm Regiment durchschnurrten. Bisher hatt' ich immer noch Hoffnung, vor einer Schlacht zu entwischen; jetzt sah ich keine Ausflucht mehr […]. Wir rückten inzwischen immer vorwärts. Da fiel mir vollends aller Mut in die Hosen; in den Bauch der Erde hätt' ich mich verkriechen mögen, und eine ähnliche Angst, ja Todesblässe las man bald auf allen Gesichtern […]. Potz Himmel!, wie sausten da die Eisenbrocken über unsern Köpfen weg – fuhren bald vor, bald hinter uns in die Erde, dass Stein und Rasen hoch in die Luft sprang – bald mitten ein und spickten uns die Leute aus den Gliedern weg, als wenn's Strohhälme wären […]. Nun setzte ein unbeschreibliches Blutbad ein, ehe man die Panduren** […] vertreiben konnte. Unsere Vordertruppen litten stark […]. Da mussten wir über Hügel von Toten und Verwundeten hinstolpern.

Ulrich Bräker, Der arme Mann im Tockenburg, hrsg. von Werner Günther, Stuttgart 1965, S. 129 ff. (vereinfacht)

* **Artillerie**: mit Geschützen ausgerüstete Truppengattung
** **Panduren**: aus Ungarn und Kroatien stammende Soldaten der österreichischen Truppen

M 4 Bettelnde Soldatenfrau.
Radierung (7,5 x 7,5 cm) von Daniel Chodowiecki, 1764.

M 2 Friedrichs „Ehrenpflicht"
In einer kritischen Phase des Schlesischen Krieges sagt Friedrich II. zu einem seiner Minister:

Falls […] der Kriegsverlauf sich gegen mich wendet, würde ich es vorziehen, mit Ehre unterzugehen, als ein ganzes Leben lang ohne Ehre und Ansehen dazustehen. Ich habe es mir zur Ehrenpflicht gemacht, mehr als irgendein anderer zur Vergrößerung meines Hauses beizutragen […] das sind persönliche Verpflichtungen, die ich auf mich genommen habe, und ich bin entschlossen, sie auf Kosten meines Glücks und meines Lebens zu halten.

Politische Korrespondenz Friedrichs des Großen, hrsg. von Reinhold Koser, Bd. 4, Berlin 1880, S. 134 (übersetzt von Jürgen Mirow)

M 3 Worum ging es?
1759, noch vor Ende des Siebenjährigen Krieges, schreibt ein dänischer Politiker:

Dieser Krieg ist entbrannt nicht um ein mittelmäßiges oder vorübergehendes Interesse, nicht um ein paar Waffenplätze oder kleine Provinzen mehr oder weniger, sondern um Sein oder Nichtsein der neuen Monarchie, die der König von Preußen mit einer Kunst- und einer Schlagfertigkeit in die Höhe gebracht hat, welche die eine Hälfte Europas überrascht und die andere getäuscht haben; der Krieg ist entstanden, um zu entscheiden, ob […] das Reich zwei Häupter haben und der Norden Deutschlands einen Fürsten behalten soll, der aus seinen Staaten ein Lager und aus seinem Volk ein Heer gemacht hat, und der, sofern man ihm Muße lässt, seine Staatsgründung abzurunden und zu befestigen, als Schiedsrichter der großen europäischen Angelegenheiten dastehen und für das Gleichgewicht zwischen den Mächten den Ausschlag geben würde.

Gustav Mendelssohn Bartholdy (Hrsg.), Der König. Friedrich der Große in seinen Briefen und Erlassen, sowie in zeitgenössischen Briefen, Berichten und Anekdoten, Ebenhausen 1912, S. 292

M 5 Soll denn gar kein Frieden werden …?
Ein zeitgenössisches Volkslied – wahrscheinlich aus Sachsen – fragt:

Soll denn gar kein Frieden werden,
Nimmt der Krieg denn noch kein End?
Unsre Länder sind verheeret,
Städt' und Dörfer abgebrannt,
Jammer überall und Not,
Und dazu auch mehr kein Brot.
Friedrich, o du großer König,
Stecke doch dein Schwert nun ein,
Denn wir haben nur noch wenig,
Was dir könnte dienlich sein.
Alles wüste, alles leer –
Länger geht das so nicht mehr.

Wolfgang Steinitz, Deutsche Volkslieder demokratischen Charakters aus sechs Jahrhunderten, Frankfurt a. M. 1979, S. 422

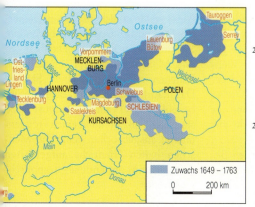

M 6 Das Königreich Preußen nach dem Siebenjährigen Krieg.

1. Vergleiche den Bericht Bräkers (M 1) mit dem Volkslied (M 5).
2. Wie rechtfertigt Friedrich II. Kriege und Eroberungen (M 2)? Nimm dazu Stellung.
3. Erkläre das Urteil des dänischen Politikers mit eigenen Worten (M 3).

1 „Der König überall."
Ölgemälde (105 x 182 cm) von Robert Warthmüller, 1886. Friedrich II. besichtigt den Kartoffelanbau.
Die Sorge Friedrichs II. um das öffentliche Wohl wurde später in der vom preußischen Königshaus geförderten Historienmalerei zu einem beliebten Thema. Welches Interesse konnten die Nachfolger Friedrichs II. an dieser Darstellung haben?

Der aufgeklärte Absolutismus in Preußen

Bewahrer und Neuerer

Friedrich II. machte Preußen zur europäischen Großmacht, indem er den Militärstaat ausbaute. Die ständische Gesellschaftsordnung ließ er bestehen, ebenso die besondere Stellung des Adels. Bürger erhielten keine Führungsposten in Verwaltung und Militär. Außerdem konnten sie keine adligen Güter erwerben.

Trotzdem versuchte Friedrich II., Preußen im Sinne der Aufklärung in einen „vernünftig" aufgebauten Staat zu verwandeln.

Der junge Preußenkönig förderte von Anfang an die Wissenschaften und die Kultur. Er schrieb sich mit den Geistesgrößen seiner Zeit wie dem französischen Schriftsteller Voltaire. Er veranlasste die Neugründung der von seinem Vater vernachlässigten Akademie der Wissenschaften. Als Freund der Musik – Friedrich spielte selbst Querflöte – ließ er in Berlin eine bedeutende Oper bauen.

Die für Preußen bereits typische religiöse Toleranz setzte er fort. Auf die Frage, ob katholische Schulen bestehen bleiben sollten, antwortete er: *Die Religionen müssen alle toleriert werden, denn hier muss ein jeder nach seiner Fasson* selig werden.*

Diese Einstellung erleichterte es Preußen, die vorwiegend katholische Bevölkerung Schlesiens einzugliedern und Einwanderer anzulocken: Zwischen 1740 und 1786 kamen etwa 300 000 Siedler vor allem aus dem Südwesten des Reiches nach Preußen.

* **Fasson**: bestimmte Art und Weise

Der Reformer

Friedrich II. verbesserte die Verwaltung und hielt an der merkantilistischen Wirtschaftspolitik seiner Vorgänger fest. Dies erleichterte es, die hohen Kriegskosten zu bezahlen und das Land nach dem Siebenjährigen Krieg wieder aufzubauen. Die Not zwang Friedrich II., den **Landesausbau** und die Landwirtschaft zu fördern. Sümpfe wurden trockengelegt, Straßen und Kanäle gebaut. Es gab Fortschritte in der Viehzucht; es wurden mehr Kartoffeln angebaut. Als aufgeklärter Fürst wollte er das **Schulwesen** verbessern. Aber das notwendige Geld stellte er nicht zur Verfügung.

Höhepunkt seiner aufklärerischen Bemühungen war die **Justizreform**: Prozesse wurden vereinfacht. Alle Untertanen sollten vor dem Gesetz gleich sein. Juristen erhielten den Auftrag, ein einheitliches Gesetzbuch auszuarbeiten. Das *Allgemeine Preußische Landrecht* wurde 1794 eingeführt, es blieb bis 1900 gültig.

Zu seinen Maßnahmen gehörte auch die **Abschaffung der Folter** in normalen Strafprozessen. Dagegen blieben die menschenunwürdigen Militärstrafen wie das Spießrutenlaufen erhalten.

War Friedrich II. ein aufgeklärter Herrscher?

Friedrich II., der wegen seiner Bedeutung für Preußen den Beinamen „*der Große*" erhielt, regierte 46 Jahre. In dieser Zeit wurde das preußische Staatsgebiet kriegerisch und friedlich von rund 119 000 auf 195 000 km^2 vergrößert. Die Einwohnerzahl wuchs von 2,4 auf 5,4 Millionen.

Zur Rechtfertigung seines Herrscheramtes berief Friedrich II. sich nicht mehr auf das Gottesgnadentum. Selbstbewusst stellte er sich als „erster Diener" des Staates dar. Doch seine besondere Stellung gab er nicht auf. Die Beamten und Minister waren für ihn lediglich Rädchen im Getriebe „seines" Staates. Das machte ihn bei vielen Beamten unbeliebt. Als er am 17. August 1786 starb, soll ganz Berlin in einen Freudentaumel ausgebrochen sein. Die Menschen hatten Friedrichs **aufgeklärten Absolutismus** am Ende als despotisch* empfunden.

* **Despot**: selbstherrlicher Mensch, Tyrann

M 1 Friedrich der Große.
Büste von Johannes Eckstein, 1786.
Das Bildnis wurde nach der Totenmaske des Königs geschaffen und zum Vorbild für zahlreiche spätere Darstellungen Friedrichs II.

M 2 Grundsätze des Königs
Für seinen Nachfolger schrieb Friedrich II. 1752 ein „Politisches Testament". Dieses Werk, das zu seinen Lebzeiten unveröffentlicht blieb, enthält unter anderem folgende Regierungsgrundsätze und Überlegungen:

Ich habe mich entschlossen, niemals in den Lauf des gerichtlichen Verfahrens einzugreifen: In den Gerichtshöfen sollen die Gesetze sprechen und der Herr-
5 scher schweigen. Aber dieses Stillschweigen hat mich zugleich nicht daran gehindert, die Augen offenzuhalten, um das Verhalten der Richter zu überwachen [...].
10 Ein Gegenstand der Politik des Königs dieses Staates ist die Erhaltung seines Adels. Denn welcher Wandel auch eintreten mag, er wird vielleicht einen reicheren, aber niemals einen tapfereren
15 noch treueren Adel bekommen. Damit der Adel sich in seinem Besitz behauptet, muss verhindert werden, dass die Bürgerlichen adlige Güter erwerben, und veranlasst werden, dass sie ihre
20 Kapitalien im Handel anlegen, sodass, wenn ein Adliger seine Güter verkaufen muss, nur Adlige sie kaufen [...]. Geht man allen Religionen auf den Grund, so beruhen sie auf einem mehr
25 oder minder widersinnigen System von Fabeln. Es ist unmöglich, dass ein Mensch von gesundem Verstand, der diese Dinge kritisch untersucht, nicht ihre Verkehrtheit erkennt. Aber diese
30 Vorurteile, diese Irrtümer und diese Wundergeschichten sind für die Menschen gemacht, und man muss auf die große Masse so weit Rücksicht nehmen, dass man ihre religiösen Gefühle
35 nicht verletzt, gleich, welchem Glauben sie angehören [...].
Der Herrscher ist nicht zu seinem hohen Rang erhoben, man hat ihm nicht die höchste Macht anvertraut, damit er
40 in Verweichlichung dahinlebe, sich vom Mark des Volkes mäste und glücklich sei, während alles darbt. Der Herrscher ist der erste Diener des Staates. Er wird gut besoldet, damit er die Würde sei-
45 ner Stellung aufrechterhalte. Man fordert aber von ihm, dass er werktätig für das Wohl des Staates arbeite und wenigstens die Hauptgeschäfte mit Sorgfalt leite.

Friedrich der Große, Die politischen Testamente, übers. von Friedrich von Oppeln-Bronikowski, Berlin 1922, S. 4 f., 35 und 42

M 3 Gleichheit vor dem Gesetz
1777 weist Friedrich II. seinen Justizminister an:

Es missfällt Mir sehr, da Ich vernehme, dass mit denen armen Leuten, die in Prozess-Sachen in Berlin zu tun haben, so hart umgegangen wird [...]. So
5 muss Ich Euch [...] hierdurch zu erkennen geben, dass in Meinen Augen ein armer Bauer ebenso viel gilt wie der vornehmste Graf und der reichste Edelmann, und ist das Recht sowohl für
10 vornehme als geringe Leute.

Rudolf Stadelmann, Preußens Könige in ihrer Thätigkeit für die Landescultur, Bd. 2, Leipzig 1882, S. 487

M 4 Friedrichs Charakter
Ein österreichischer Gesandter berichtet 1763 über Friedrich II.:

Sein Charakter ist Misstrauen und Verstellung. Er ist beständig auf der Hut und achtet auf das Geringste, was seine Nachbarn tun; somit wird er sicherlich
5 keine Gelegenheit verabsäumen, um aus ihren etwaigen Fehlern Nutzen zu ziehen. Er ist großmütig und bestechend in Worten, höflich und huldvoll gegen die, welche er nötig hat, aber
10 hart und unerbittlich, wenn sein Interesse im Spiel ist [...].
Unbegreiflich erscheint die allgemeine Unzufriedenheit, die in allen seinen Ländern zutage tritt. Adel und Offizie-
15 re drücken sich zwar schonend aus, aber das Volk und die Soldaten schimpfen auf die Regierung so frei und offen, wie man es in London kaum dulden würde, und doch ist jedermann
20 für die Person des Königs begeistert. Persönlich gehasst wird er nach meiner Meinung nur von einem Teil seiner Familie, und selbst da weiß man sich so gut zu verstellen, dass öffentlich nichts davon zu merken ist.

Gustav B. Volz (Hrsg.), Friedrich der Große im Spiegel seiner Zeit, Bd. 2, Berlin 1902, S. 208 f.

---

1. Arbeite aus M 2 und M 3 heraus, was dafür spricht, dass die Ideen der Aufklärung Friedrichs Regierungsweise beeinflusst haben. Welches Denken und Handeln passt nicht zur Aufklärung?
2. Erkläre, weshalb die Menschen einerseits auf die Regierung schimpften, sich aber andererseits für den König begeisterten (M 4).

Was war wichtig?

Daten
1661-1715 *Ludwig XIV. herrscht in Frankreich absolutistisch.*

Begriffe
Absolutismus (lat. *absolutus*: uneingeschränkt): Herrschaftsform, in der Fürsten ihre Stellung von Gott ableiteten („Gottesgnadentum") und „losgelöst" von den Gesetzen und den Ständen regierten. Die absolutistisch regierenden Fürsten fühlten sich nur Gott und ihrem Gewissen verantwortlich. Zu den wichtigsten Machtmitteln der absolutistischen Herrscher gehörte das stehende Heer.

Merkantilismus (lat. *mercari*: Handel treiben): von den Fürsten gelenkte Wirtschaftsform zur Zeit des → *Absolutismus*. Sie stärkte die einheimischen Gewerbe und erhöhte die Steuereinnahmen.

„Sonnenkönig": Der französische König *Ludwig XIV.* ging als „Sonnenkönig" in die Geschichte ein. Für ihn stellte die Sonne das „lebendigste und schönste Sinnbild eines großen Herrschers" dar.

Grundfertigkeiten
Du hast in diesem Kapitel etwas über
- die Funktion und Wirkungsweise von Herrscherbildern im Absolutismus erfahren sowie
- Tipps zur Durchführung und Planung von Erkundungen erhalten.

Darüber hinaus konntest du deine Kenntnisse im Umgang mit Schaubildern, Gemälden, Karten und Quellentexten anwenden und vertiefen.

Internettipps → *zum Thema „Weltkulturerbe"*
- www.weltkulturerbe-d.de
- www.landesdenkmalamt-bw.de/whc/welterbe.html

1 Touristen besichtigen das Schloss Versailles.
Foto von Jean-Pierre Muller vom 19. Mai 2002.
Die „Organisation für Erziehung, Wissenschaft und Kultur" der „Vereinten Nationen" (UNESCO) hat 1972 in Stockholm eine Vereinbarung (Konvention) zum Schutz des Kultur- und Naturerbes der Welt beschlossen; sie trat 1975 in Kraft. Das Schloss Versailles wurde 1979 zum „Weltkulturerbe" erklärt und in die von der UNESCO geführte Liste aufgenommen. Zum „Weltkulturerbe" kann ein Objekt erklärt werden, das mindestens eines von folgenden sechs Merkmalen erfüllt; es muss
– von einzigartigem künstlerischen Wert sein;
– starken kulturellen Einfluss auf eine Region oder Epoche ausüben;
– von großem Seltenheitswert oder Alter sein;
– für eine bestimmte künstlerische Entwicklung beispielhaft sein;
– für eine bestimmte Architekturepoche stehen;
– bedeutungsvoll im Zusammenhang mit herausragenden Ideen oder historischen Gestalten sein.

1. Die UNESCO-Liste wird ständig weitergeführt. Auf ihr befinden sich auch Objekte aus Baden-Württemberg, die in diesem Band erwähnt wurden. Sucht sie mithilfe des Internets heraus und stellt Informationen über sie zusammen.
2. Überlegt, welche Objekte ihr der UNESCO vorschlagen würdet. Schreibt dazu eine Begründung.

1650

NEUZEIT
Regierungszeit Ludwigs XIV.

Zusammenfassung

König Ludwig XIV. regierte Frankreich absolutistisch. Tüchtige Beamte und eine starke Armee stützten seine Herrschaft. Die Vertreter der Stände (Klerus, Adel und Bürgertum) waren machtlos. Zentrum der Herrschaft des „Sonnenkönigs" war das barocke Prunkschloss Versailles.

Die merkantilistische Wirtschaftspolitik Ludwigs XIV. förderte Handel und Gewerbe. Das brachte dem französischen Staat dringend benötigte Einnahmen und trug zum wirtschaftlichen Aufstieg des Bürgertums bei.

Außenpolitisch wollte Ludwig XIV. die Vorherrschaft auf dem Kontinent erringen. Damit war England nicht einverstanden. Frankreich musste das „Gleichgewicht der Mächte" hinnehmen.

Seit dem späten 16. Jh. begannen immer mehr Gelehrte, sich von dem aus der Bibel abgeleiteten Weltbild zu lösen. Sie beriefen sich auf Erfahrung und vernunftgeleitete Beobachtung und begründeten damit die europäische Aufklärung, in der weder alte Gewohnheiten noch Bevormundungen das Denken behindern sollten.

Übertrage die Zeitleiste und füge ein: die Geburts- und Sterbejahre von Ludwig XIV., Immanuel Kant und Isaac Newton, wann der Spanische Erbfolgekrieg stattfand, Friedrich der Große Preußen regierte und das Edikt von Nantes aufgehoben wurde.

Auf Treu und Glauben

Der Schriftsteller Gotthold Ephraim Lessing gehört zu den bedeutendsten deutschen Aufklärern. Er arbeitete ab 1770 als Bibliothekar in Wolfenbüttel. 1779 veröffentlichte Lessing das Drama „Nathan der Weise", das vier Jahre später erstmals in Berlin aufgeführt wurde. Das Stück spielt in Jerusalem, der heiligen Stadt der Christen, Muslime und Juden. Höhepunkt des Stückes ist eine gleichnishafte Erzählung, die „Ringparabel". Nathan, ein reicher und weiser Jude, führt ein Gespräch mit Saladin, einem aufgeklärten Muslimen. Auf die Feststellung Saladins, dass die Religionen grundverschieden sind und sich die Gläubigen in allem, selbst noch in der Kleidung und dem, was sie essen und trinken, unterscheiden, antwortet Nathan:

Denn gründen alle [Religionen] sich nicht auf Geschichte? / Geschrieben oder überliefert! Und / Geschichte
5 muss doch wohl allein auf Treu / Und Glauben angenommen werden? – Nicht? – / Nun, wessen Treu und Glauben zieht man denn / Am wenigsten in Zweifel? Doch der Seinen? /
10 Doch deren Blut wir sind? Doch deren, die / Von Kindheit an uns Proben ihrer Liebe / Gegeben? Die uns nie getäuscht, als wo / Getäuscht zu werden uns heilsamer war? Wie kann ich
15 meinen Vätern / Als du den deinen glauben? Oder umgekehrt. Kann ich von dir verlangen, dass du deine Vorfahren Lügen strafst, um meinen nicht / Zu widersprechen? Oder umgekehrt.
20 Das Nämliche gilt von den Christen. Nicht?

Gotthold Ephraim Lessing, Nathan der Weise, Stuttgart 1976, III. Akt, 2 Auftritt

2 Toleranz.
Radierung von Daniel Chodowiecki von 1791 für den Goettinger Taschen Calender für das Jahr 1792.

Bestimme den Personenkreis am unteren Bildrand und erläutere die Zeichnung.

Standards für die Jahrgangsstufe 6

Daten

Angegeben sind nur die im Bildungsplan genannten Daten.

vor 40 000 Jahren	*Der Jetztmensch (homo sapiens) breitet sich in Europa aus.*
um 10 000 v. Chr.	*Die Menschen werden allmählich sesshaft und gründen Siedlungen.*

um 3 000 v. Chr.	*In Ägypten entsteht eine Hochkultur.*
um 800 v. Chr.	*In Griechenland entstehen Stadtstaaten (Poleis).*
Mitte 5. Jh. v. Chr.	*Der Stadtstaat Athen ist auf dem Höhepunkt seiner politischen und wirtschaftlichen Macht; die Glanzzeit der griechischen Kunst, Literatur und Philosophie beginnt.*

um 500 v. Chr.	*Die etruskischen Könige werden vertrieben; Rom wird Republik.*
31 v. Chr. – 14 n. Chr.	*Augustus herrscht im Römischen Reich; als „erster Mann im Staat" (lat. princeps) übernimmt er die alleinige Führung des Reiches und begründet die Kaiserzeit.*
um 75 – 260 n. Chr.	*Die Römer herrschen im heutigen Südwestdeutschland.*
391 n. Chr.	*Das Christentum wird alleinige Staatsreligion im Römischen Reich.*

Begriffe

Angegeben sind nur die im Bildungsplan genannten Begriffe.

Älteste Funde in Afrika: Die ältesten Überreste eines aufrechtgehenden menschenähnlichen Lebewesens (*Hominiden*) sind sieben Millionen Jahre alt; sie wurden 2002 im Tschad (Zentralafrika) gefunden.

Altsteinzeit: erster Abschnitt der Geschichte, der vor etwa 2,5 Mio. Jahren beginnt. In dieser Zeit leben Menschen vom Jagen und Sammeln. Sie lernten, Feuer zu gebrauchen. Werkzeuge und Waffen fertigten sie aus Stein, Knochen und Holz. Metalle kennen sie noch nicht.

Antike (lat. *antiquus*: alt): in der europäischen Geschichte die Zeit von etwa 1000 v. Chr. bis ins 5. Jh. n. Chr., in der Griechen und Römer den Mittelmeerraum beherrschten.

Christentum: Anhänger der auf *Jesus Christus* zurückgehenden Religion. Im Römischen Reich wurde das Christentum 391 n. Chr. zur alleinigen → *Staatsreligion*.

Diktatur: Um Notlagen zu überwinden, konnten die Römer die republikanische Ordnung (→ *Republik*) zeitweise aufheben und einen der beiden höchsten Beamten (*Konsuln*) für sechs Monate zum Diktator (lat. *dictator*: der, der zu sagen hat) ernennen; ihm mussten sich alle fügen.

Forum Romanum: der alte Marktplatz, später das politische, religiöse und geschäftliche Zentrum Roms.

Hochkultur: eine gegenüber dem einfachen Landleben weiterentwickelte Lebensform, deren Kennzeichen Städte, große Bauwerke (→ *Pyramiden*), → *Schrift*, Verwaltung, Religion, Rechtspflege, Handwerk und Handel sind. Die ersten Hochkulturen entstanden an Euphrat und Tigris, am Nil sowie am Indus und Hwangho.

Höhlenmalerei: Der Jetztmensch (*homo sapiens*) beginnt vor etwa 35 000 Jahren, Tiere und Menschen auf Höhlenwände zu malen. Die Bilder haben wahrscheinlich religiöse Bedeutung. Heute kennen wir in Europa etwa 300 Höhlen mit solchen Malereien, die meisten liegen in Südfrankreich und Nordspanien.

Jungsteinzeit (*Neolithikum*): Abschnitt der Geschichte, der etwa 10 000 v. Chr. beginnt und in dem sich Menschen von wandernden Sammlern und Jägern (→ *Nomaden*) zu sesshaften Ackerbauern und Viehzüchtern entwickelten.

Kaiserzeit: die von *Augustus* begründete Zeit, in der das Römische Reich „vom ersten Mann im Staat" (lat. *princeps*) regiert wurde (→ *Prinzipat*). Im Westen endete die Kaiserzeit mit dem Zerfall des Weströmischen Reiches im Jahre 476, im Osten mit dem Untergang des Byzantinischen Reiches im Jahre 1453.

Kolonisation (von lat. *colere*: Land bebauen): Seit dem 8. Jh. v. Chr. wanderten Griechen aus ihrer Heimat aus. Sie gründeten rund ums Mittelmeer und an den Küsten des Schwarzen Meeres sogenannte Tochterstädte. Gründe für die Kolonisation waren: Bevölkerungswachstum, Landknappheit, Konflikte zwischen Mitgliedern der Aristokratie und dem Volk, Kriege, Handel und Abenteurertum.

Neolithische Revolution: der Übergang von der aneignenden (sammelnden und jagenden) zur produktiven (schöpferischen) Wirtschaftsweise in der → *Jungsteinzeit* (Neolithikum).

Nomaden: Menschen, die ihrer Nahrung hinterherziehen, d. h. die an verschiedenen Orten leben, um zu jagen und zu sammeln. Diese Lebens- und Wirtschaftsform ändert sich in der → *Jungsteinzeit*.
Noch heute gibt es nomadisierende Hirtenvölker, die mit ihren Viehherden das ganze Jahr unterwegs sind.

Olympische Spiele: Seit etwa dem 11. Jh. v. Chr. fanden in Olympia regelmäßig Feiern zu Ehren der Götter statt, zu denen auch Sportwettkämpfe gehörten. Ab 776 v. Chr. sind Olympia-Sieger bekannt. An den „großen Olympien", die bald alle vier Jahre in Olympia stattfanden, durften in der Regel nur wehrfähige Männer teilnehmen. 394 n. Chr. wurden die Olympischen Spiele als heidnischer Brauch verboten. 1896 fanden in Athen erstmals wieder Olympische Spiele statt.

Pharao: zunächst die Bezeichnung des Königspalastes im alten Ägypten; seit dem 2. Jt. v. Chr. ein Titel des ägyptischen Herrschers. Pharaonen galten als göttlich. Sie waren die weltlichen und geistlichen Oberhäupter der alten Ägypter.

Polis: zunächst die griechische Bezeichnung für eine Burg und die dazugehörige Siedlung, ab etwa 800 v. Chr. für einen Ort, der aus einem städtischen Zentrum und Umland bestand. Das Zentrum war geschützter Wohnort, Sitz der Regierung und Mittelpunkt der religiösen Feiern (Tempel). Auf dem Umland wurde die Nahrung für die Einwohner angebaut. Im 5. Jh. v. Chr. gab es rund 700 griechische Stadtstaaten (*Poleis*).

Polytheismus (griech. *poly*: viel; *theos*: Gott): Glaube an viele Götter. Die alten Ägypter verehrten mehrere Götter. Das Gegenteil des Polytheismus ist der Glaube an einen Gott (*Monotheismus*).

Prinzipat: Bezeichnung für die von *Augustus* begründete Herrschaftsform, in der der Kaiser den Titel „princeps" (dt. „der erste Mann im Staat") trug (→ *Kaiserzeit*).

Pyramide: über einer quadratischen Grundfläche mit dreieckigen, spitz zulaufenden Seiten errichtetes Grabmal. Solche Grabanlagen wurden in Ägypten von etwa 3000 bis 1500 v. Chr. nur für die Pharaonen (→ *Pharao*) erbaut, danach konnten auch andere Ägypter Pyramiden errichten lassen. Unabhängig von den ägyptischen Vorbildern entstanden später in Kambodscha, Mittel- und Südamerika Tempelpyramiden.

Republik (lat. *res publica*: öffentliche Angelegenheit): nach der Vertreibung der etruskischen Könige in Rom um 500 v. Chr. entstandene Staatsform mit jährlich wechselnder Regierung. Mit *Augustus* verloren Magistrat, Senat und Volksversammlungen an Einfluss, die → *Kaiserzeit* begann.

Schrift: Zeichen, mit denen Informationen und die gesprochene Sprache festgehalten werden. Die ersten Versuche, Wissen mithilfe von Zeichen an andere weiterzugeben, waren die → *Höhlenmalereien*. Aus Bildern wurden Zeichen. Die Sumerer in Mesopotamien entwickelten eine Keilschrift, die vor allem Angaben über Besitz anzeigte. Im alten Ägypten verwendeten die Schreiber des → *Pharao* zwischen 3000 v. Chr. und 300 n. Chr. rund 700 verschiedene Zeichen: die *Hieroglyphen* (griech. *hieros*: heilig; *glyphe*: Eingeritztes). Sie geben sowohl Laute als auch Buchstaben und Bilder wieder und wurden in Stein geritzt oder mit Pinseln oder Schilfrohren auf Papyrus gemalt.

Staatsreligion: eine von den Herrschern für ihre Untertanen festgelegte Form des Glaubens. 391 n. Chr. wurde das → *Christentum* im römischen Weltreich zur alleinigen Religion erklärt.

Ständekämpfe: Auseinandersetzungen zwischen den *Plebejern* und den *Patriziern* um politische, rechtliche, religiöse und militärische Gleichberechtigung. Die Ständekämpfe dauerten rund 200 Jahre. Sie endeten 287 v. Chr. damit, dass die Beschlüsse der Plebsversammlungen auch von den Patriziern befolgt werden mussten.

Villa rustica: der zu einem Landgut gehörende Gutshof mit Wirtschaftsgebäuden und Wohnräumen.

Völkerwanderung: Seit etwa 300 n. Chr. drangen germanische Völkerschaften in römisches Reichsgebiet ein. Sie gründeten zum Teil Reiche von kurzer Dauer und trugen zum Zerfall des Römischen Reiches bei.

Vollbürger – Nichtbürger – Sklaven: Alle einheimischen wehrfähigen Männer waren in Sparta und Athen Vollbürger. Sie durften an Volksversammlungen teilnehmen und über Gesetze, Verträge und Krieg und Frieden entscheiden. In Athen konnten Vollbürger auch durch Los oder Wahl zu Richtern und Beamten auf Zeit ernannt werden. Frauen und Kinder hatten keine politischen Rechte. Sie galten wie die *Periöken* (Umwohner) in Sparta und die Metöken (fremden Mitbewohner) in Athen als Nichtbürger. Unfrei und rechtlos waren Sklaven. Die Eigentümer konnten über sie wie über Sachen verfügen. Zum Sklaven wurden in erster Linie Kriegsgefangene gemacht. Auch bei Zahlungsunfähigkeit konnten Menschen versklavt werden (*Schuldknechtschaft*). Sklaven konnten von ihren Eigentümern freigelassen werden. Vollbürger wurden sie damit aber nicht.

Inhalte

Den ersten Menschen auf der Spur
Die Menschen haben, wie die ältesten Funde in Afrika belegen, von ihren Anfängen in den Savannen bis zur Gegenwart einen langen Weg zurückgelegt. Sie lebten in der Altsteinzeit zunächst nur vom Jagen und Sammeln und zogen als Nomaden ihrer Nahrung hinterher. Sie lernten, Werkzeuge und das Feuer zu gebrauchen, entwickelten religiöse Vorstellungen und stellten erste Kunstwerke und Höhlenmalereien her. Dank ihrer Fähigkeiten konnten sie sich an unterschiedliche klimatische Verhältnisse anpassen und fast die ganze Welt besiedeln.
In der Jungsteinzeit entdeckten die Menschen, dass sie durch Säen und Ernten von Getreide und Züchten von Tieren auf derselben Fläche mehr Menschen ernähren konnten als durch Jagen und Sammeln. Während der Neolithischen Revolution wurden die Menschen sesshaft, bauten Häuser, hielten Haustiere und lernten zu töpfern und zu weben.
Ein weiterer Entwicklungssprung war die Gewinnung und Verarbeitung von Metallen. Man begann, mit Rohstoffen und fertigen Gütern zu handeln. Die Händler verbreiteten die Kenntnisse über verschiedene Lebens- und Arbeitsformen. Wo die Landwirtschaft viel erbrachte, konnten sich Einzelne spezialisieren.
Auch das Zusammenleben änderte sich. Es entstanden kleine Führungsschichten, die über andere Menschen herrschten. Der Wunsch nach Macht und Reichtum ließ Konflikte entstehen. Landwirtschaft, Handwerk und Handel bildeten die Grundlage für die ersten höherentwickelten Kulturen.

Der Ötzi lebte zwischen 3350 und 3100 v. Chr.

Pharao Hatschepsut regierte Ägpytgen von 1479-1458/57 v. Chr.

Ägypten – eine frühe Hochkultur
Im alten Ägypten übernahmen Könige (Pharaonen) die Leitung wichtiger gemeinschaftlicher Aufgaben. Sie vererbten ihre herausragende Stellung auf ihre Nachkommen. Ihnen gelang es im 4. Jahrtausend v. Chr., einzelne Siedlungen zu einem Reich zusammenzufassen.
Die Pharaonen galten als gottähnlich und waren die obersten Priester. Sie herrschten unumschränkt und mit besonders ausgebildeten Beamten. Das ganze Land galt als ihr Eigentum. Die Einwohner des Reiches mussten Abgaben leisten und wurden zur Errichtung der Pyramiden und Tempel herangezogen.
Die alten Ägypter glaubten an viele Göttern (Polytheismus). Die Priester waren die Mittler zwischen den Menschen und den Göttern, die nach damaligem Glauben das ganze Leben bestimmten. Die Bedeutung der ägyptischen Religion zeigt sich im ausgeprägten Totenkult mit Mumifizierung, Grabmälern und Grabbeigaben.
Im Dienst von Pharaonen und Priestern arbeiteten Handwerker und Künstler. Bezahlt wurden sie aus der Kriegsbeute mit Edelmetall, vor allem aber mit den landwirtschaftlichen Überschüssen, die die Bauern abzuliefern hatten. Schrift, Verwaltung, Handwerk, Kunst, die Anfänge von Wissenschaft und das Leben in Städten zeigen, dass die Menschen in den Flusskulturen im Vergleich zu den Ackerbauern und Viehzüchtern in einer Hochkultur lebten.

Leben im antiken Griechenland

Um 1000 v. Chr. wanderten Völker aus dem Norden nach Griechenland und Kleinasien ein und zerstörten die frühgriechische mykenische Kultur. Damit beginnt für uns die Antike. In Griechenland entstanden nach 800 v. Chr. zahlreiche selbstständige Stadtstaaten (griech. Poleis). Trotz der politischen Zerrissenheit sahen sich die Griechen aufgrund ihrer gemeinsamen Sprache und Religion als kulturelle Einheit. Das wichtigste Götterfest fand alle vier Jahre im Hain von Olympia zu Ehren Zeus' statt: die Olympischen Spiele.

Die wachsende Bevölkerung und der geringe Ertrag des Bodens zwangen die Griechen seit dem 8. Jh. v. Chr., neues Siedlungsland zu suchen (Kolonisation). An den Küsten des Schwarzen Meeres und des Mittelmeeres gründeten sie zahlreiche Tochterstädte. Unter den griechischen Stadtstaaten ragten im 5. Jh. v. Chr. zwei besonders heraus: Sparta als stärkste Landmacht und Athen als führende Seemacht. Während im Kriegsstaat Sparta eine Königsherrschaft bestand, wurde in Athen die Königs- und Adelsherrschaft schrittweise verdrängt und unter Perikles eine neue Staatsform entwickelt: die Demokratie. Jeder Vollbürger Athens war aufgefordert, sich am politischen Leben sowie an der Rechtsprechung zu beteiligen. Keine Bürgerrechte standen allerdings den Frauen zu, die – anders als in Sparta – zurückgezogen im häuslichen Wirkungskreis lebten. Zu den Nichtbürgern Athens zählten die fremden Mitbewohner (Metöken) sowie die Sklaven.

Unter Perikles (um 500-429 v. Chr.) wurde in Athen die Demokratie eingeführt.

Augustus (63 v.-14 n. Chr.) begründete nach 31 v. Chr. in Rom den Prinzipat.

Der Feldherr, Staatsmann und Schriftsteller Gaius Iulius Caesar (100-44 v. Chr.) setzte seine Macht in einem Bürgerkrieg durch und regierte seit Anfang 44 als Diktator auf Lebenszeit. An den Iden (15.) des März 44 v. Chr. wurde er von Angehörigen des Senats ermordet.

Leben im römischen Weltreich

Nach dem Sturz der Könige wurde Rom um 500 n. Chr. Republik. Anfangs regierten die Patrizier allein. Im Verlauf der Ständekämpfe trotzten die Plebejer ihnen schrittweise Rechte ab. Zum politischen, religiösen und geschäftlichen Mittelpunkt entwickelte sich der alte Marktplatz Roms: das Forum Romanum.

Bis zum 3. Jh. v. Chr. erkämpften sich die Römer die Herrschaft über Italien. Sie gründeten Kolonien, sicherten ihre Macht mithilfe von Bundesgenossen und unterwarfen fast alle Völker am Mittelmeer. Sie machten die eroberten Gebiete zu römischen Provinzen und „exportierten" ihre Lebens- und Wohnformen dorthin. Überreste von Kastellen, Wasserleitungen (Aquädukten), Thermen und Gutshöfen (villae rusticae) legen davon Zeugnis ab.

Caesar und seine Nachfolger eroberte Gallien und andere Gebiete. Er wurde entgegen der republikanischen Ordnung zum Diktator auf Lebenszeit ernannt (Diktatur). Anhänger der alten Republik ermordeten ihn im Jahre 44 v. Chr.

Die Bürgerkriege um Caesars Nachfolge beendete Augustus. Er regierte das Weltreich wie ein König, ließ aber die republikanischen Einrichtungen (Senat, Magistrate und Volksversammlungen) bestehen. Da Augustus seine Herrschaft vererben konnte, wurde er zum Begründer der Kaiserzeit.

Die Römer verfolgten die Christen zunächst, da sie die Götter und den Herrscherkult ablehnten. Unter Kaiser Theodosius wurde das Christentum dann aber alleinige Staatsreligion. Während der Völkerwanderung verließen immer mehr Menschen ihre Heimat in Nord- und Ostmitteleuropa. Sie suchten nach besseren Lebensverhältnissen oder waren von anderen Völkern vertrieben worden.

Nach etwa 200 Jahren zogen sich die Römer aus dem heutigen Baden-Württemberg um 260 zurück; es wurde der Siedlungsraum der Alamannen. Nach 395 zerfiel das römische Weltreich in ein Oströmisches und ein Weströmisches Reich.

Standards für die Jahrgangsstufe 7

Daten

Angegeben sind nur die im Bildungsplan genannten Daten.

800	Karl der Große wird vom Papst in Rom zum Kaiser gekrönt.
12./13. Jh.	Es werden zahlreiche Städte gegründet.
14./15. Jh.	Die Hanse erlebt ihre Blütezeit.

1300–1600	Das Zeitalter der Renaissance: Die Antike wird wiederentdeckt.
um 1400	Gutenberg erfindet in Mainz das Drucken mit beweglichen Metallbuchstaben.
1492	Kolumbus landet in Amerika; das Zeitalter der Entdeckungen und Eroberungen beginnt.
um 1500	Kopernikus lehrt ein neues Bild von der Erde.

1517	Martin Luther stellt seine Thesen gegen den Missbrauch des Ablasses zur Diskussion; der Streit endet mit der Reformation.
1524/25	Der große Bauernkrieg: Bauern sowie ländliche und städtische Unterschichten erheben sich.
1555	Der Augsburger Religionsfriede bestätigt die Glaubensspaltung.
1648	Der Westfälische Frieden beendet den Dreißigjährigen Krieg.

1661–1715	Ludwig XIV., genannt der „Sonnenkönig", herrscht in Frankreich absolutistisch.

Begriffe

Angegeben sind nur die im Bildungsplan genannten Begriffe.

Ablass: Nachlass zeitlicher, d.h. befristeter der Strafen für Sünden gegen bestimmte Leistungen (Spende, Teilnahme an einer Wallfahrt u.a.m.). Voraussetzung des Ablasses waren aber Reue, Beichte und Freisprechung von den Sünden (Absolution) durch einen Priester. *Martin Luther* ging gegen den Ablasshandel vor, da der Papst und viele Bischöfe ihn als zusätzliche Einkommensquelle missbrauchten.

Absolutismus (lat. *absolutus*: uneingeschränkt): Herrschaftsform, in der Fürsten ihre Stellung von Gott ableiteten („Gottesgnadentum") und „losgelöst" von den Gesetzen und den Ständen regierten. Die absolutistisch regierenden Fürsten fühlten sich nur Gott und ihrem Gewissen verantwortlich. Zu den wichtigsten Machtmitteln der absolutistischen Herrscher gehörte das stehende Heer.

Entdeckungen und Eroberungen: Ende des 15. Jh. und im Verlauf des 16. Jh. entdeckten europäische Seefahrer wie *Kolumbus* und *Vasco da Gama* die Seewege nach Amerika und Indien. Sie schufen damit die Voraussetzungen für die Eroberung Süd- und Mittelamerikas sowie die Vorherrschaft Europas in der Welt.

Florenz und die Medici: Die italienische Stadt am Arno entwickelte sich im 13. und 14. Jh. zur führenden Macht in Mittelitalien. Fast gleichzeitig verlief der Aufstieg der florentinischen Familie *Medici*. Sie war durch Handel und Bankgeschäfte zu großem Vermögen gekommen und prägte seit dem 15. Jh. die Politik in dem Stadtstaat stark. Die Medici förderten Künstler und Wissenschaftler und machten Florenz zum Mittelpunkt der italienischen → *Renaissance*.

Karl der Große (lat. Carolus Magnus, frz. Charlemagne; 747-814): König der Franken (seit 768) und Langobarden (seit 774); er erneuerte das weströmische Kaisertum (Kaiser seit 800).

Fugger: schwäbisches Geschlecht, das seit 1367 in Augsburg ansässig ist. Durch den Orienthandel, Beteiligungen am Bergbau und Bankgeschäfte (z.B. Kredite für Päpste und Kaiser) wurde die 1494 gegründete *Fuggersche Handels-Gesellschaft* zu dem bedeutendsten Unternehmen Europas. Die Glanzzeit hatte das Unternehmen unter *Jakob II. dem Reichen* (1459-1525).

Glaubensspaltung: die Aufteilung der mittelalterlichen katholischen Einheitskultur nach der → *Reformation* und dem „Augsburger Religionsfrieden" von 1555 in eine Vielzahl von Konfessionen und Kirchen (Katholiken, Lutheraner, Zwinglianer, Calvinisten, Anglikaner und Hugenotten).
Zu den Folgen der Glaubensspaltung zählen die Glaubenskriege: Je stärker die Konfessionen und ihre Abgrenzung alle Lebensbereiche bestimmten, um so mehr wurden aus zunächst religiös motivierten Konflikten politische Auseinandersetzungen. Ein Beispiel dafür ist der Dreißigjährige Krieg (1618-1648). Er beendete das Zeitalter der Glaubenskriege, aber nicht die Glaubensspaltung.

Hanse: zunächst eine Gemeinschaft (Hanse) von Kaufleuten im Ost- und Nordseeraum. Unter Führung Lübecks entstand um die Mitte des 13. Jh. ein Bund von freien Hansestädten, der bis zum 15. Jh. im Ostseeraum den Handel beherrschte und die stärkste politische Macht war.

Kaiser: höchster weltlicher Herrschertitel. Der Begriff ist abgeleitet von dem Namen „Caesar", der Bestandteil des Titels der Herrscher des Römischen Reiches seit *Augustus* war. Mit der Kaiserkrönung *Karls des Großen* durch den → *Papst* wurde das weströmische Kaisertum erneuert. Seit *Otto I.* (gekrönt 962) war das Kaisertum an den gewählten deutschen König gebunden. Hauptaufgabe des Kaisers war der Schutz der Kirche.

Kloster (lat. *claustrum*: Verschluss, abgeschlossener Bereich): Menschen, die ein ausschließlich religiös bestimmtes Leben führen wollen, gehen seit dem frühen → *Mittelalter* in ein Kloster und werden Mönche oder Nonnen. Sie verpflichten sich, arm, ehelos und gehorsam zu leben. Grundlage des abendländischen Mönchtums sind die im 6. Jh. von *Benedikt von Nursia* zusammengestellten Ordensregeln geworden. Ihr Ziel ist es, Gebet und Arbeit zu verbinden (lat. *Ora et labora!*: Bete und arbeite!).

Lehen, Lehnspyramide: Als Gegenleistung für Heerfahrt oder Übernahme von Diensten verliehen Könige und andere Grundherren an Gefolgsleute Grundbesitz, einträgliche Ämter oder Vorrechte (*Lehen*). Wer diese Lehen vergab, hieß Lehnsherr, wer sie erhielt *Vasall*. Die Lehnsherren mussten ihre Vasallen beschützen, die Vasallen schuldeten ihnen Dienste und Treue. Das Bild von der Lehnspyramide wurde für den Aufbau der mittelalterlichen Gesellschaft benutzt. Die Spitze bildet der König, dann folgen die Kronvasallen (Herzöge, Grafen und Reichsbischöfe), danach kommen die Untervasallen (Ritter, Äbte und Dienstmannen) und auf der untersten Stufe stehen die Abhängigen (Hörige und Bauern).

Merkantilismus (lat. *mercari*: Handel treiben): von den Fürsten gelenkte Wirtschaftsform zur Zeit des → *Absolutismus*. Sie stärkte die einheimischen Gewerbe und erhöhte die Steuereinnahmen.

Mittelalter: in der europäischen Geschichte die Zeitspanne zwischen *Antike* und → *Neuzeit*: ca. 500 bis 1500. Die mittelalterliche Kultur entwickelte sich in Europa auf den Grundlagen der Antike, germanischer Einflüsse und des *Christentums*. → *Klöster*, Grundherrschaft und Lehnswesen (→ *Lehen*) prägten die frühmittelalterliche Gesellschaft. Kennzeichen des Hochmittelalters sind die zahlreichen Stadtgründungen und die Herrschaft der Staufer.

Neues Bild der Erde: Die biblische Vorstellung, dass die Erde der Mittelpunkt der Welt sei (*geozentrisches Weltbild*), wurde im 16. Jh. von der naturwissenschaftlichen Erkenntnis abgelöst, dass die Erde sich um die Sonne dreht (*heliozentrisches Weltbild*). Zu dem neuen Bild der Erde trugen Forscher wie *Kopernikus* bei.

Neuzeit: in der europäischen Geschichte die Zeit, die das → *Mittelalter* ablöst. → *Renaissance*, die → *Entdeckungen und Eroberungen*, der Buchdruck, die Entstehung von Territorialstaaten sowie Veränderungen im Glauben (→ *Reformation*), in der Wirtschaft (*Frühkapitalismus*) und in der Kunst werden als Gründe für den Beginn der Neuzeit genannt.

Papst (lat. *papa*: Vater): Oberhaupt der römisch-katholischen Kirche; ursprünglich Ehrentitel für alle Bischöfe. Nach der katholischen Glaubenslehre ist der Papst von Christus eingesetzt und Nachfolger des Apostels Petrus im römischen Bischofsamt.
Mit der Krönung *Karls des Großen* zum → *Kaiser* beanspruchten die Päpste, über das Kaisertum verfügen zu dürfen.

Patrizier: In Anlehnung an den alten römischen Adel wurden die angesehenen und wohlhabenden Familien in den mittelalterlichen Städten Patrizier genannt. Aus ihrem Kreis wurden zunächst allein die Ratsmitglieder gewählt.

Martin Luther (1483 - 1546) löste mit seiner Lehre die Reformation aus.

Reformation (lat. *reformatio*: Wiederherstellung, Zurückformung): von *Martin Luther* ausgehende Bewegung, die eine Glaubensreform zum Ziel hatte und in einer Spaltung der katholischen Kirche in verschiedene Glaubensbekenntnisse (Konfessionen) endete (→ *Glaubensspaltung*).

Reichsinsignien: Herrschaftszeichen, die der deutsche König und → *Kaiser* bei seiner Krönung erhielt und an hohen Festtagen wie Ostern und Weihnachten trug.
Widukind von Corvey nennt als Herrschaftszeichen die Reichskrone, das Reichsschwert, den Krönungsmantel, Zepter und Herrscherstab sowie die Heilige Lanze, in deren Spitze angeblich ein Nagel vom Kreuz Christi eingelassen ist. Darüber hinaus kennen wir aus anderen Quellen noch den Reichsapfel und das Reichskreuz.

Reisekönigtum: Während des → *Mittelalters* gab es im Deutschen Reich weder eine Hauptstadt noch einen ständigen Regierungssitz des Königs. Die Herrscher zogen von Ort zu Ort, um für Recht und Frieden zu sorgen. Pfalzen und große Klöster dienten ihnen zeitweise als Königssitze. Dorthin luden sie auch die wichtigsten Männer des Reiches zu Hoftagen oder Reichsversammlungen ein.

Renaissance: moderner Begriff für die „Wiedergeburt" der antiken Kunst und Kultur, die seit 1300 von Italien ausging, bis etwa 1600 anhielt und die Kultur aller europäischen Staaten beeinflusste. In dieser Zeit machte sich der Mensch zum Mittelpunkt jeder Erfahrung. *Humanisten* prägten die Kultur. Zahllose Dinge wurden entdeckt und erfunden (→ *Neuzeit*).

König Ludwig XIV. (1638-1715; genannt „Sonnenkönig") regierte Frankreich absolutistisch.

„Sonnenkönig": Der französische König *Ludwig XIV.* ging als „Sonnenkönig" in die Geschichte ein. Für ihn stellte die Sonne das „lebendigste und schönste Sinnbild eines großen Herrschers" dar.

Westfälischer Friede: Er beendete den Dreißigjährigen Krieg (1618-48). Durch ihn verlagerte sich das politische Schwergewicht vom Heiligen Römischen Reich auf die Territorialstaaten, gleichzeitig gewannen andere europäische Mächte durch ihn mehr Einfluss auf die deutsche Politik.

Zunft (mittelhochdeutsch *zumft*: was sich ziemt): Seit dem 11. Jh. schlossen sich städtische Handwerker eines Berufes zusammen, um ihre Interessen gemeinsam wirksamer gegen die → *Patrizier* durchsetzen zu können. Sie regelten die Ausbildung, kontrollierten Menge, Qualität und Preis der Waren, bekämpften unlauteren Wettbewerb und sicherten ihre Mitglieder durch Krankenkassen ab. Im 14. und 15. Jh. setzten die Zünfte gegen die *Patrizier* die Mitwirkung der Handwerker in den Stadträten durch.

Wo steht was?

*Auf den mit einem * gekennzeichneten Seiten findest du Erklärungen dieser Begriffe.*

Abendland 12, 36, 69, 80, 81
Ablass, Ablasshandel 115, 121, 123-126, 140, 160*, 161, 201, 202*
Absolutismus 162-177, 187, 194*, 195, 201, 202*
Abt, Äbtissin 19, 20, 23, 36, 37, 39, 45, 63, 81, 161
Aachener Pfalzkapelle 15
Adel, Adlige 16, 19, 21-23, 29, 31-35, 45, 46, 67, 69, 80, 81, 86-88, 132, 133, 163-166, 169-173, 175, 177, 183, 186, 187, 192, 193, 195
Ägypten, Ägypter 36, 196-199
Älteste Funde in Afrika 197*, 199
Ämterhäufung 120, 123, 140
Afrika 104, 107, 114, 197, 199
Akademie der Wissenschaften 182, 192
Alamannen 8, 200
Allgemeines Preußisches Landrecht 192
Allmende 28, 121
Altsteinzeit 197*, 199
Amerika 106-112, 114-117, 136, 144, 189, 201
Amnestie 159
Angelsachsen 9, 12
Anglikanische Staatskirche 144
Antike 41, 80, 91, 92, 93, 97, 116, 117, 197*, 200
Apostolische Autorität 11
Apsis 55
Araber, Arabien 10, 13, 33, 60, 69, 75, 104
Arbeitsteilung 113, 117, 175
Architektur 54-59, 93, 95, 178-180
Asien 84, 104, 114, 117
Atlantischer Dreieckshandel 114
Azteken 109, 111, 117
Aufgeklärter Absolutismus 192, 193
Aufklärung 181-185, 189, 192, 195
Augsburger Bekenntnis 136, 138
Augsburger Religionsfrieden 138, 140, 151, 158, 160, 161, 201
Augustalen 73
Augustiner 123

Baden 78
Baden-Württemberg 78, 79, 179, 200
Banken, Bankier 84, 86, 93, 106, 113-117, 165, 175
Bann → Kirchenbann
Barock 142, 178-180, 195
Bartholomäusnacht 144
Basilika 55
Bauern 22-24, 26-30, 34, 37, 38, 81, 88, 132-135, 160, 161, 187, 199, 201
Bauernkrieg 73, 128, 132-135, 136, 201
Bauhütte 58
Bayern 19, 25, 64, 67, 152, 189
Benediktiner 36, 37, 39, 40, 57, 63, 64
Bergbau, Bergleute 29, 110, 112, 113, 115, 116, 117, 132, 135
Bevölkerungswachstum 26, 27, 30, 41, 43
Bildung 15, 32, 185
Bischof 7, 10, 14, 19, 20, 23, 32, 42, 45, 54, 55, 60-66, 70, 76, 80, 81, 120, 121, 125, 140, 149, 151, 160, 161
Böhmen 119, 151, 152, 154, 161
Bombarden 96
Brandenburg 19, 29, 128, 144, 153, 165, 167, 186
Brandenburg-Preußen 167, 186
Braunschweig-Lüneburg 128
Buchdruck 98, 100, 101, 116, 117, 201
Buchführung 115
Bürgerrecht 43, 45, 46, 61, 200
Bürger, Bürgertum 43-49, 53, 81, 86-88, 121, 135, 149, 150, 164, 165, 175, 177, 183, 192, 193, 195, 198, 200
Buhurt → Turnier
Bulle 77
Bundesgenosse 200
Burg 16, 31, 32, 34, 35, 41, 43, 67, 72, 73, 81, 132, 197
Burgfried (Bergfried) 34, 35
Burgfrieden 34
Byzanz, Byzantinisches Reich 12, 69, 81, 83, 86, 91, 104, 197, 200

Calvinisten 143-145, 151-153, 158, 160, 161, 166, 187
China, Chinesen 98
Christen, Christentum 8-10, 12, 16, 60, 61, 62, 66, 69, 77, 99, 105, 108, 122, 126, 128, 134, 136, 139, 149, 150, 182, 196, 197*, 200
Christianisierung → Mission
Cluny 63

Dänemark 144, 152
Demokratie 200
Denar 12
Designation 76
Despot 192
Diktatur, Diktator 197*, 200
Diplomatie 174
Dogma 140
Dom 54
Domäne 187
Dominikaner 110, 123, 124, 146
Dorf 26-28, 121
Dormitorium 37
Dreifelderwirtschaft 27, 30
Dreißigjähriger Krieg 151-161, 186, 201
Dreiständeordnung 22, 81, 88, 164, 165, 187, 195
Dualismus 189

East India Company 114
Ebstorfer Weltkarte 74-75
Edikt von Nantes 144, 165, 167
Edikt von Potsdam 167
Encomienda 110
England 54, 61, 65, 67, 76, 107, 114, 144, 151, 152, 165, 174, 181, 182, 189, 190, 195
Entdeckungen und Eroberungen 104-108, 114-115, 116*, 117, 201, 202*
Enzyklopädie 183
Erbkönigtum 76, 190
Eremit 36
Erfindungen und wissenschaftliche Entdeckungen 184
Etikette 169, 170
Europa 12, 84, 114, 147, 155, 158, 174, 178, 190, 192
Europäisierung der Welt 110
Evangelisch-lutherische Kirche 127, 129, 130, 136-141, 146, 149, 151-155, 158, 160, 161, 165, 167, 187
Evangeliar 18
Evangelium 18, 124, 126, 127, 132, 133, 161

Fernhandel 41, 47, 51-53, 60, 86, 104, 107, 113-114
Fettmilch-Aufstand 150
Feudalismus 24
Finnland 144
Flandern 29, 42, 51, 125
Florenz und die Medici 83, 86-87, 116*, 202*

Flugblatt 100, 123, 131, 150, 159
Folter 143, 147, 148, 192
Forum Romanum 197*, 200
Franken 7-12, 14, 19, 21, 33, 42, 79, 81
Frankreich, Franzosen 32, 54, 61, 65, 67, 76, 114, 136, 137, 144, 145, 151-153, 155, 158, 161-178, 184, 187, 189, 190, 194, 195, 201
Freie Reichsstadt 43, 85, 95, 121, 128, 151
Fresko 55, 86
Frieden von Hubertusburg 190
Frieden von Lübeck 152
Frieden von Prag 153
Frondienst 24, 26
Frühkapitalismus 113, 115, 117, 121
Fürstenaufstand 137
Fugger 113, 115, 116*, 117, 123, 202*
Fuggerei 115, 117

Gallien, Gallier 8, 36
Gang nach Canossa 64, 65
Geburtsadel 164
Gegenkönig 70, 76
Gegenpapst 65
Gegenreformation 140, 141, 151, 165
Geistliche, Geistlichkeit 20, 22, 45, 55, 63-66, 81, 88, 120-135, 151, 161, 164, 165, 177, 185, 195
Generaldirektorium 187
Generalstände 164
Geozentrisches Weltbild 102, 116
Germanen 9, 13, 198
Ghetto 149
Gilde 47, 61, 93, 113
Glaubensfreiheit 60, 69, 137, 138, 144, 167, 182, 187, 192, 193, 195
Glaubensspaltung 127-131, 136-140, 145, 146, 160*, 161, 201, 202*
Gleichgewicht der Mächte 174, 191, 195
Goldene Bulle 76, 77, 81
Gotik 54-57, 93
Gottesgnadentum 22, 164, 166, 192, 194
Graf, Markgraf 16, 19, 23, 25, 32, 37, 42, 70, 76
Griechenland, Griechen 196, 197, 200
Grundherr, Grundherrschaft 23, 24, 26-29, 37, 51, 80, 81
Grundhold → Hörige

Habsburger 78, 79, 121, 136, 137, 151-154, 161, 174, 189
Händler, Handel 29, 41-44, 46, 47, 51-53, 60, 80, 81, 84, 86, 91, 104, 107, 109, 110, 113-117, 149, 156, 165, 175, 176, 193, 195, 199
Handwerk, Handwerker 28, 29, 45-49, 60, 80, 86, 109, 113, 150, 156, 187, 199
Hanse 51-53, 80*, 81, 201, 202*
Hansetag 52, 53
Hausmeier 10
Hegemonie 136, 174, 195
Heidelberger Schloss 95
Heilige Offizium 140
Heiliges Römisches Reich Deutscher Nation 121, 136, 158, 161
Heimarbeiter 113
Heliozentrisches Weltbild 102, 116, 117
Herrschaftszeichen → Reichsinsignien
Herzog 13, 20, 23, 32, 37, 70, 76, 79, 86, 89
Hexe, Hexenwahn 140, 146-148
Hexenbulle 146, 148
Hochkultur 109, 196, 197*, 199
Höhlenmalerei 197*, 199
Hörige 24, 26, 37, 38, 45
Hofamt 16
Hofkapelle 16
Hoftag 16, 67, 80
Hofzeremoniell 169, 170
Hohenzollern 79, 186, 187
Hominiden 197
Homo sapiens 196
Hugenotten 144, 145, 160, 165, 167, 187
Humanismus 91, 92, 97, 106, 117, 121, 143

Index 102, 140
Inder, Indien 104, 106, 107, 116, 117, 189
Indios 106, 108-112, 117
Individuum 88
Inka 109, 111, 117
Inquisition, Inquisitor 102, 140, 146
Intendant 165
Interdikt 126
Interregnum 70
Investitur, Investiturstreit 20, 63-66, 81

Irland, Iren 9, 36
Italien, Italiener 19, 36, 41, 54, 64, 67, 69, 70, 73, 84, 86-91, 93-96, 102-104, 106, 113-117, 122, 136, 149, 182, 200

Jerusalem 67, 75
Jesuiten 141, 142
Jetztmensch 196, 197
Juden, Judentum 44-46, 60-62, 69, 84, 85, 149, 150, 182, 187, 195
Judenverfolgung und -ausgrenzung 61, 62, 84, 85, 149, 150
Jungsteinzeit 197*, 199
Junker 31, 187
Justizreform 192

Kämmerer 16, 76
Kaiser, Kaisertum 12-14, 18-21, 43, 44, 61, 63-73, 76-78, 80*, 81, 93, 99, 121, 125, 127-129, 136-139, 149, 152, 154, 155, 158-161, 186, 189, 190, 197, 202*
Kaiserkrönung 12, 14, 18, 21, 67, 69, 80, 81, 201
Kaiserzeit 196, 197*, 200
Kanzler 16
Kapelle 34
Kapital 113
Kapitelsaal 37
Kardinal 64, 86, 92
Karolinger 10, 11, 20, 81
Karolingische Renaissance 12
Kathedrale 54, 56, 58, 59, 93
Kavalier 31, 169
Kemenate 34
Ketzerei, Ketzer 71, 119, 120, 124, 125, 136, 139, 161
Kirche 9, 80, 102, 117, 125, 127, 129, 136-144, 146, 148, 149, 151-155, 157, 158, 160, 161, 165, 167, 178, 192
Kirchenbann 64, 65, 69, 125, 127, 161
Kirchenreform 120, 121, 136, 140, 141, 143
Kirchenversammlung 63
Klausur 37
Kleinasien 67, 200
Klerus → Geistlichkeit
Kloster 9, 20, 26, 36-42, 63, 80*, 81, 120, 132, 133, 143, 202*
Klosterplan 39
Klosterreform 37, 63, 64
Klosterschule 12, 38
Kölner Weberschlacht 53

205

König, Königtum 7-11, 15-23, 31, 32, 34, 37, 42, 57, 60, 64, 65, 67, 69, 70, 76, 77, 80, 81, 86, 93, 119, 138, 144, 149, 151, 163-177, 185-196
Königsbote 16
Kolonisation 29, 110, 114, 175, 197*, 200
Konquistador 109
Konstantinische Schenkung 69
Konstantinopel 83, 104
Kontribution 156
Konsul 197
Konzil von Trient 140
Kogge 52
Konfession 128, 138, 140, 143-145, 151, 154, 155, 158, 160, 161
Kreuzzug 61, 67, 86, 121
Kron- oder Reichsgut 17, 23, 67
Krypta 55
Kummet 27
Kupferstich 100, 108, 112, 116, 152, 154, 190
Kurfürsten 76, 77, 136, 186

Landesausbau 26, 27, 29, 192
Landesherr, Landesherrschaft 52, 70, 78, 79, 84, 85, 114, 121, 124, 125, 127, 128, 155, 182
Landeskirche 128, 129
Landstände 78, 79
Landtag 78
Langobarden 10-12
Lateran 69
Legenden 130
Lehen, Lehnspyramide 23-25, 67, 70, 80*, 186, 202*
Leibeigenschaft 187
Letter 98, 101, 116, 117, 201
Lexikon 183
Liga 151, 152, 157
Litauen 84
Liudolfinger 19
Lokator 29
Lombardei 67, 69
Lombarden Bund 67
Lothringen 19

Mäzen 87, 93, 116
Mandorla 18
Manufaktur 175, 187
Markt 16, 20, 28, 42-44, 72
Marschall 16, 76
Mathematik 181, 182, 184
Maya 109, 117

Mecklenburg 29, 153, 154
Medici 82, 83, 86, 87, 113, 116, 117, 202*
Medizin 181
Medienzeitalter 100
Merkantilismus 175, 176, 187, 192, 194*, 195, 203*
Merowinger 8, 10, 20, 81
Met 17
Metöken 198, 200
Militärstaat 186-188
Ministeriale 23, 34, 46
Minnelied, Minnesang 32, 81
Mission, Missionierung 8-10, 16, 19, 29, 36, 60, 104, 105, 108-110, 117, 141
Mittelalter 16, 22, 26, 32, 34, 41, 43, 45, 50, 54, 75, 80*, 203*
Mönch 9, 36-38, 40, 56, 63, 80, 81, 98, 120, 122-124, 127, 129
Mönchtum 36, 80
Monarchie → *Königtum*
Monotheismus 197
Münster 54
Münzprägung 16, 20, 42, 67, 70
Mundschenk 16, 76
Muslime 60-62, 67, 69, 91, 136, 182, 195
Mykene 200

Naturwissenschaft 182, 184
Neolithische Revolution 197*, 199
Neues Bild der Erde 102, 116, 117, 203*
Neuzeit 80, 91, 116*, 117, 203*
Niederlande 29, 114, 136, 137, 144, 151, 152, 165, 174, 181, 187
Niedersachsen 156
Nichtbürger 198*
Nimbus 122
Nomaden 197*, 199
Nonne 36-38, 63, 80, 81, 98, 120, 127
Normannen 13, 34
Norwegen, Norweger 144
Novizin 37

Öffentliche Meinung 183
Österreich 54, 78, 99, 151, 174, 189, 190
Österreichischer Erbfolgekrieg 189
Olympische Spiele 197*, 200
Orden 36-40, 56, 80, 141, 142
Osmanen, Osmanisches Reich 91, 104, 114, 136, 137

Oströmisches Reich → *Byzantinisches Reich*
Ostsiedlung 29
Ottonen 19

Palästina 36
Palas 34
Papst, Papsttum 8-12, 14, 19, 20, 63-67, 69-71, 80*, 81, 86, 93, 102, 107, 119-121, 123-125, 131, 136, 140, 141, 144, 160, 161, 178, 203*
Passion 122
Patrizier 43, 46, 53, 80*, 198*, 200, 203*
Periöken 198
Pest 61, 84, 85, 88, 91
Pfalz 11, 15
Pfleghöfe 50
Pflug 27, 30
Pharao 197*, 199
Philosophie 89, 91, 181, 183, 184, 189, 196
Physik 182, 184
Pippin'sche Schenkung 10
Plantagen 110
Plebejer 198, 200
Polen 19, 29, 84, 149, 151, 190
Polis 196, 197*, 200
Polytheismus 197*
Pommern 29, 153
Portugal, Portugiesen 104-107, 114, 149
Prädestination 143
Prälaten 79
Prager Fenstersturz 151
Pragmatische Sanktion 189
Preußen 186-193
Princeps 196, 197
Prinzipat 197*
Privilegien 42, 44, 70, 80, 164, 165
Protestantische Kirche → *evangelisch-lutherische Kirche*
Psalter 27
Puritaner 144
Pyramide 198*, 199

Rabbiner 60
Randgruppen 46
Rationalismus 182
Ratsverfassung 43
Raubritter 32, 33
Rechtfertigungslehre 124, 138
Refektorium 37
Reform 120

Reformation 125, 127-132, 135, 136, 140, 143, 144, 146, 149, 160*, 161, 164, 167, 201, 203*
Regalien 42, 70
Reichsacht 67, 127, 161
Reichsadler 50
Reichsbistum 19, 20
Reichsinsignien 16, 21, 80, 81, 203*
Reichskirchensystem 20, 81
Reichsstände 136*, 137, 138, 151, 158
Reichsstadt → Freie Reichsstadt
Reichstag 67
Reichsversammlung 16
Reisekönigtum 16, 17, 80, 81, 203*
Religiöse Toleranz → Glaubensfreiheit
Reliquie 9, 11, 68, 119, 125, 143
Renaissance 91, 94-96, 113, 116*, 117, 201, 203*
Republik 196, 198*, 200
Restitutionsedikt 152, 153, 157
Revolution 132
Rheinland 29, 125, 147
Rhetorik 91, 185
Ritter 23, 31-35, 67, 69, 78, 81
Ritterschlag 31, 33
Römische Republik 8, 196-198, 200
Romanik 54, 55
Russland 189, 190

Sachsen 10, 19, 64, 67, 123, 127, 128, 137, 138, 147, 152, 153, 189
Sachsenspiegel 23, 29, 62
Sakramentar 9
Salbuch 28
Salier 19
Sarazenen 62
Schlacht am Weißen Berg 152
Schlacht auf dem Lechfeld 19
Schlacht bei Lowositz 191
Schlacht bei Lützen 153
Schlacht bei Mühlberg 137
Schlacht bei Wimpfen 152
Schlacht von Nördlingen 153
Schlesien, Schlesier 29, 189-192
Schmalkaldischer Bund 137
Schreibstube 38, 39
Schreiben, Schrift 38, 100-101, 198*, 199
Schuldknechtschaft 198
Schulwesen 185, 192
Schulzen 29
Schwaben 19, 64, 78, 79

Schweden 144, 152, 153, 155, 156, 158, 159, 161, 174, 189, 190
Schweiz 54, 78, 143, 161, 165
Schwertleite 31
Seefahrer, Seefahrt 104-108, 116
Selbstverwaltung 28, 43, 45, 67, 121, 132
Siebenjähriger Krieg 189, 191, 192
Siegel 44
Simonie 63
Sizilien 69, 71
Sklaven, Sklaventum 166, 198*
Skriptorium 38
Slawen 19, 29, 34
Söldner 86, 154, 155, 156, 161, 165
Soldatenkönig 186-188
Sonnenkönig 164, 194*, 195, 201, 203*
Sorben-Wenden 29
Spanien, Spanier 10, 13, 36, 54, 104, 106, 107, 109-112, 114, 136, 137, 149, 151, 152, 174, 189
Spanischer Erbfolgekrieg 174
Spießrutenlaufen 192
Spottbilder 131
Staatsrat 164
Staatsreligion 196, 198*, 200
Stadt 26, 41-53, 69, 72, 78, 80, 81, 84, 86, 121, 149, 150, 156, 201
Stadtrecht 42
Ständekämpfe 198*, 200
Ständeordnung → Dreiständeordnung
Ständevertretung 164
Stammesherzogtum 19
Staufer 19, 67, 68, 70, 72, 73, 76, 78, 80
Stehendes Heer 165, 175, 186, 194
Steuern und Abgaben 24, 34, 37, 43, 113, 132, 136, 151, 156, 158, 164, 174-177, 187, 194, 199
Studia humanitatis 91
Suprematie 144
Synagoge 60
Synode 64

Talmud 60
Teilung Polens 190
Territorialstaat, Territorium 70, 78, 79, 121, 128, 159, 161, 165
Thesen 123, 130, 160, 161, 201
Tjost → Turnier
Troubadour 32
Truchsess 16, 76
Tübinger Vertrag 78, 79
Turnier 31, 32

Ungarn 13, 19, 34, 136
Union 151, 152
Uomo universale 88, 90

Vasall 23-25, 67, 69, 70, 80
Vereinigte Ostindische Companie 114
Verleger, Verlagssystem 113, 117
Versailles 164, 168-171, 173, 178, 194, 195
Vertrag von Mersen 13
Vertrag von Ribemont 13
Vertrag von Tordesillas 107
Vertrag von Verdun 13
Villa rustica 198*, 200
Völkerwanderung 198*, 200
Vollbürger – Nichtbürger – Sklaven 198*, 200
Vormachtstellung → Hegemonie
Vulgata 140

Wahlkapitulation 136
Wahlkönigtum 76
Wahlrecht 76
Wallfahrt 120, 121, 125, 126, 141, 160
Welfen 19, 67, 75
Westfälischer Frieden 158-159, 160*, 161, 201, 203*
Westgoten 12
Weströmisches Reich 8, 12, 81, 197, 200
Wikinger 13, 106
Wormser Edikt 127, 137
Wormser Konkordat 65, 66, 81
Württemberg 78, 79, 128, 165
Wüstung 156

Zentralperspektive 93
Zoll 16, 20, 34, 42-44, 51, 52, 67, 70, 113, 136, 175, 187
Zunft 47, 53, 61, 80*, 81, 86, 93, 113, 203*
Zunftzwang 47
Zweiter Weltkrieg 156
Zwinglianer 143-145, 160, 161

Wer steht wo?

Adalbero von Laon 22
Adelheid 18
Aistulf 11
Alberti, Leon Battista 93
Albrecht von Brandenburg 123, 124
Alexander VI. 131
Augustus 12, 197, 200, 202

Beatis, Antonio de 122
Beatrix von Savoyen 70
Beauchamp 171
Becker, Rudolf Zacharias 185
Behaim, Martin 105
Beham, Sebald 132
Bellotto, Bernardo 189
Benedikt von Nursia 36, 40, 80, 202
Bernhard von Clairvaux 56, 57
Bernini, Giovanni Lorenzo 163
Bessarion, Johannes 92
Bezzuoli, Giuseppe 103
Boccaccio, Giovanni 85
Bodin, Jean 166
Böhmer, Wolfgang 130
Bonifatius 9
Bora, Katharina von 127
Bosse, Abraham 171
Bossuet 166
Boyle 184
Bräker, Ulrich 191
Breu d. Ä., Jörg 121
Brunelleschi, Filippo 93
Bry, Theodor de 108
Burkhard von Würzburg 11
Butzbach, Johannes 49

Caboto, Giovanni 107
Caesar 75, 99, 200
Cajetan, Thomas de Vito 124
Calixtus II. 65
Calvin, Johannes 143, 145, 161
Castiglione, Balthasare 90
Cavendish 184
Cellarius 102
Childrich 8
Chlodwig 7, 8, 10
Chodowiecki, Daniel 167, 191, 195
Christina von Schweden 159
Christine de Pisan 32
Christus → *Jesus Christus*
Chrotechilde 7
Christian IV. von Dänemark 152

Cicero 91
Colbert, Jean Baptiste 175, 176
Columban 9
Comenius, Johann Amos 185
Cranach d. Ä., Lucas 123, 124, 128, 131

Dagobert 10
Dante 92
Descartes, René 184
Dias, Bartolomeu 104
Donatello 91
Dubois d' Amiens, François 144
Dürer, Albrecht 95
Dyck, Anthonis van 173

Eberhard im Barte 78
Eck, Johannes 125
Eike von Repgow 23
Einhard 12, 14
Erasmus von Rotterdam 97, 99

Fahrenheit 184
Federigo da Montefeltro 90
Fénelon 166
Ferdinand I. 136, 137
Ferdinand II. 151, 152
Ferdinand II. von Aragón 104
Fettmilch, Vincenz 150
Fiennes, Joseph 130
Folrad 11
Franklin 184
Franz I. Stephan 189
Friedrich von Schwaben 67
Friedrich I. Barbarossa 67, 68, 69, 73, 81
Friedrich I. von Preußen 186
Friedrich II. 69, 70, 71, 72, 73
Friedrich II. von Preußen 182, 187, 188, 189, 190, 191, 192, 193
Friedrich III. von Preußen 186
Friedrich III. von Sachsen 124, 127
Friedrich V. von der Pfalz 151, 152
Friedrich Wilhelm I. von Preußen 186, 187
Friedrich Wilhelm von Brandenburg 167, 186
Fugger 113, 115, 116, 117, 202
Fust, Johann 98

Galilei, Galileo 102, 103, 117, 182, 184
Galvani 184
Gattinara, Mercurino de 139
Geoffrin, Madame 183

Georg Friedrich von Baden-Durlach 152
Gottfried von Straßburg 33
Gozbert 39
Gozzoli, Benozzo 72, 73
Gregor VII. 64, 65, 66
Gregor IX. 69, 70, 71
Gustav II. Adolf von Schweden 153
Gutenberg, Joh. 98, 100, 101, 116, 201

Hannas, Marc Anton 159
Harvey 184
Heberle 157
Heinrich der Löwe 67
Heinrich von Navarra 144
Heinrich I. 19, 21
Heinrich III. 64
Heinrich IV. 64, 65
Heinrich V. 65
Heinrich VI. 65, 69
Heinrich VIII. 144
Heito 39
Hennebo, Dieter 179
Herneisen, Andreas 138
Hesse, Hans 22
Hildebrand 64
Hrabanus Maurus 13, 26
Huayna Capac 111
Hugo von Cluny 64
Hus, Johannes 119, 120
Hutten, Ulrich von 35
Huygens 184

Idrisi, al- 75
Ignatius von Loyola 141, 142
Innozenz III. 69
Innozenz IV. 70
Innozenz VIII. 148
Institoris, Heinrich 146
Isabella von Kastilien 104
Isidor von Sevilla 74

Jesus Christus 14, 18, 20, 21, 22, 40, 57, 60, 71, 75, 124, 126, 134, 197
Johann der Beständige 138
Johann Friedrich I. 128
Johann Wilhelm 142
Johannes 18, 55, 124
Johannes von Capestrano 122
Joseph II. 190

Kant, Immanuel 181
Karl der Große 10-17, 19, 21, 25, 80, 81, 139, 201, 202
Karl der Kahle 13

Karl I. von Baden   78
Karl I. von England   173
Karl IV.   76
Karl V.   115, 127, 129, 136, 137, 139
Karl VI.   189
Karl IX.   144
Karl Martell   9
Karl-Wilhelm von Baden-Durlach   178
Kastenbein, Charles   101
Katharina II. von Russland   190
Katte, Hans Hermann von   188
Kepler, Johannes   182, 184
Kolumbus, Christoph   104-108, 116, 202
Konrad III.   67
Konrad IV.   70
Konrad von Zähringen   44
Konradin von Hohenstaufen   70
Konstantin der Große   7, 69
Konstanze von Sizilien   69
Kopernikus, N.   102, 103, 116, 117, 209

Lambert von Hersfeld   40
Las Casas, Bartolomé de   110, 112
Le Nain, Antoine und Louis   177
Leibniz, Gottfried Wilhelm   184
Lemonnier, Gabriel   183
Leo III.   14
Leonardo da Vinci   88, 94, 96
Lessing, Gotthold Ephraim   195
Lichtenberger, Johannes   135
Linné   184
Liselotte von der Pfalz   171
Livius   97
Lothar I.   13
Lotzer, Sebastian   134
Ludwig der Deutsche   13
Ludwig der Fromme   13
Ludwig XIV.   163-174, 176, 194, 195, 201, 203
Lukas   18, 55
Lully   171
Luther, Martin   123-135, 142, 143, 146, 160, 161, 201, 203

Machiavelli   92, 97
Magellan, Ferdinand   107
Manetti, Gianozzo   89
Mann, Thomas   87
Margarte von Valois   144
Maria Theresia   189
Marco Polo   104
Markus   18, 55
Martin von Tours   11
Martin, Pierre-Denis   168

Mathilde von Tuscien   64
Matthäus   18, 55
Mauritius   20
Maximilian I   125.
Maximilian I. von Bayern   151, 152
Mazarin   163, 164
Medici   83, 86, 87, 113, 117, 144
Melanchthon, Philipp   97, 128
Menzel, Adolph   98
Merian d. Ä., Matthäus   100, 149, 152
Michelangelo   89
Moliére   171
Monge   184
Montgolfier   184
Moro, Cristoforo   92
Müller, Jörg   45, 48
Müller, Mandy   130
Müntzer, Thomas   133, 135
Murer, Jacob   134
Mussis, Gabriele de   85

Napier   184
Newton, Isaac   184
Nilson, Johann E.   190
Notker der Stammler   15

Ovid   92
Otto von Cappenberg   68
Otto von Freising   67
Otto I.   19, 20, 21, 77, 80, 81
Otto III.   18
Ottheinrich von der Pfalz   95

Panin, Nikita   190
Perikles   200
Petrarca, Francesco   92
Philipp von Hessen   129
Philipp (Sohn von Karl V.)   137, 139
Pico della Mirandola, Giovanni   89
Pippin   10, 11, 14
Pirmin   9

Racine   171
Rahewin   68
Rembrandt   182
Remigius   7
Rigaud, Hyacinthe   172-173
Ringmann, Matthias   106
Rudolf von Ems   58
Rudolf IV.   99
Ruprecht   78

Sahagún, Bernardino de   111
Salewski, Michael   159
Schadow, Johann Gottfried   160
Scheele   184

Schneider, Wolf   58, 59
Schön, Erhard   129
Schorlemmer, Friedrich   130
Schwarz, Matthäus   115
Sepúlveda, Juan Ginés de   112
Silvester I.   69
Snellius   184
Spee, Friedrich von Langenfeld   147, 148
Stanislaus II. Poniatowski   190
Stephan   11
Suger   57
Sustermans, Justus   103

Taine, Hippolyte   170
Tetzel, Johannes   123
Thackeray, W. M.   173
Thadden, Wiebke von   101
Theophanu   18
Tibull   92
Tilly, Johann Tserclaes Graf von   152, 153
Tizian   137
Toscanelli, Paolo   105
Tristan   33
Tschirnhaus   184

Ulrich von Richental   119
Ulrich von Württemberg   78, 79

Vasco da Gama   107, 116, 202
Vauban, Marquis de   177
Vespucci, Amerigo   106
Voltaire   183
Vrancx, Sebastian   156

Waldseemüller, Martin   106
Wallenstein, Albrecht von   152, 153, 154
Warthmüller, Robert   192
Watt   184
Welfen   19
Werner, Anton von   127
Weyer, Johannes   147
Wick, Johann Jakob   147
Widukind von Corvey   21, 80
Widukind   10
Wilhelmine von Bayreuth   188
Winfrid   9
Wolgemut, Michael   85

Zacharias   184
Zedlitz, Joseph Christian von   185
Zwingli, Huldrych   143, 145, 161

Lesetipps

Themenübergreifende Bände

Martin Kronenberg (Hrsg.), Geschichte und Abenteuer, Heft 2: Vom Reich der Franken bis zum Bauernkrieg. Bamberg: Buchner

Martin Kronenberg (Hrsg.), Geschichte und Abenteuer, Heft 3: Vom 30-jährigen Krieg bis zum Deutschen Kaiserreich. Bamberg: Buchner
Sammlungen von Jugendbuchauszügen.

Jacques LeGoff, Die Geschichte Europas. Weinheim: Beltz
Ein französischer Historiker erzählt jungen Lesern die Geschichte Europas.

Manfred Mai (Hrsg.), Lesebuch zur deutschen Geschichte. Weinheim: Beltz & Gelberg
Sammlung von Jugendbuchauszügen.

Manfred Mai (Hrsg.), Lesebuch zur Weltgeschichte. München: Hanser
Sammlung von Jugendbuchauszügen.

Martin Zimmermann (Hrsg.), Weltgeschichte in Geschichten. Streifzüge von den Anfängen bis zur Gegenwart. Würzburg: Arena
Erzählungen zu allen Epochen der Geschichte.

Zur mittelalterlichen Geschichte

Gabriele Beyerlein, In das Land, das ich dir zeigen werde. Würzburg: Arena
Spannende Erzählung über die Christianisierung Mainfrankens aus dem 7. Jh.

Georges Duby, Die Ritter. München: Hanser
Der Historiker Duby erzählt die Lebensgeschichte eines französischen Ritters, der um 1200 lebte. Er beschreibt den ritterlichen Alltag und stellt Minnedienst, Turniere und Kriege dar.

Ingeborg Engelhard, Im Schatten des Staufers. München: Bertelsmann
Jugendroman über die Lebensgeschichte des Falkners Tile, der glaubt, ein Sohn Friedrichs II. zu sein.

Rainer Gussek, Mummenschanz. Frankfurt a. M.: Baumhaus
Eine spannende Erzählung aus dem mittelalterlichen Ravensburg zur Zeit der Krönung Ottos des Großen.

Andrew Langley, Leben im Mittelalter. Hildesheim: Gerstenberg
Illustriertes Sachbuch.

Doris Meißner-Johannknecht, Vogelfrei. Hamburg: Oetinger
Abenteuerroman aus dem Mittelalter.

Harald Parigger, Im Schatten des schwarzen Todes. München: dtv
Der junge David will während der Pest eine alte medizinische Abhandlung seiner jüdischen Vorfahren nach Mainz bringen.

Hans-Peter von Peschke, Gertrud – Die Flucht in die Freiheit. Aarau: Aare
Ein Mädchen gerät im Jahre 1228 in die Auseinandersetzungen zwischen Welfen und Staufern.

Gustav Schalk, Klaus Störtebeker. Wien: Ueberreuter
Der Kampf der Hanse gegen den Seeräuber Klaus Störtebeker.

Martin Selber, Faustrecht. Reinbek bei Hamburg: Rowohlt
Der junge Timm will nicht als höriger Bauer einem Ritter dienen und flieht.

Wiebke von Thadden, Brun, Geisel des Königs im Reiche der Franken. München: dtv
Ein junger sächsischer Adliger muss seine Heimat verlassen und im Reich der Franken leben.

Wiebke von Thadden, Judith, die junge Priorin. München und Zürich: Artemis
Der Roman vermittelt ein anschauliches Bild vom Leben in einem Kloster in der Mitte des 13. Jh.

Wiebke von Thadden, Philipp zwischen Kaiser und König. München: dtv
Ein junger thüringischer Graf erlebt den Konflikt des Staufenkaisers Friedrich II. mit seinem Sohn Heinrich.

Kurt Wasserfall, Minona. Kevelaer: Anrich
Roman über das Leben junger Frauen im Mittelalter.

Arnulf Zitelmann, Unterwegs nach Bigorra. Abenteuerroman aus dem frühen Mittelalter. Weinheim: Beltz & Gelberg
Die 16-jährige Itta beschließt, ihren Mann zu verlassen und nach Südfrankreich zu ziehen. Sie wird Zeugin der Schlacht von Tours und Poitiers im Jahre 732 und lernt Juden und Araber kennen.

Arnulf Zitelmann, Vor den Toren von Byzanz. Weinheim: Beltz & Gelberg
Abenteuerroman aus dem Mittelalter.

Neues Denken – neue Welt

Hans Baumann, Der Sohn des Columbus. München: dtv
Geschichte des 13-jährigen Fernan Columbus, der seinen Vater auf dessen letzter Reise nach Amerika begleitet.

Ingeborg Bayer, Hernando Cortéz. Würzburg: Arena
Erzählung über die Eroberung Mexikos durch den spanischen Feldherrn Cortéz.

Günther Bentele, Wolfsjahre. Gütersloh: Bertelsmann
Ein 13-Jähriger sucht seinen Bruder und erlebt die Folgen des 30-jährigen Krieges.

Daniela Forni, Die Geschichte der Entdecker. München: Bertelsmann
Illustriertes Jugendbuch über die Zeit, in der Europäer die Welt entdeckten und erforschten.

Albrecht Gralle, Der Gürtel des Leonardo. Zürich: Bajazzo.
Roman, der über den Maler und Erfinder Leonardo da Vinci und über das Leben der Menschen in der Renaissance informiert.

Andrea Hensgen, Dich habe ich in die Mitte der Welt gestellt. München: Bertelsmann
Schüler setzen sich in einer Projektwoche mit der Renaissance auseinander und lernen dabei viel über sich selbst.

Ilse Kleberger, Pietro und die goldene Stadt. München: Klopp
Ein Bauernjunge kommt als Färberlehrling nach Florenz; eines Tages lernt er einen berühmten Maler kennen.

Gerd Lobin, Mit Kolumbus nach Amerika. Würzburg: Arena
Roman über die Ereignisse der ersten Amerika-Fahrt aus der Sicht eines Schiffsjungen.

Pierre Marc, Kolumbus entdeckt Amerika. Zürich: Bohem Press
Illustriertes Jugendsachbuch mit Zeittafeln zum Leben und den Reisen des Entdeckers.

Rosemarie Marschner, Nacht der Engel.
München: dtv
Hier wird die Geschichte der Francesca del Bene und ihrem Mann Marco, die im Florenz des ausgehenden 15. Jahrhunderts leben, erzählt.

Bruno Nardini, Michelangelo – Leben und Werk. Stuttgart: Urachhaus
Michelangelos Lebensweg.

Michel Pierre, Die Renaissance.
Stuttgart: Union
Bilder und Texte zeigen den Beginn einer neuen Zeit.

Carlo Ross, Kreuz und Davidstern.
München: Bertelsmann
Roman über die Judenverfolgung im 15. Jahrhundert.

Rainer M. Schröder, Das Geheimnis des Kartenmachers. Würzburg: Arena
Hat es vor Kolumbus schon Karten gegeben, die das Land jenseits des Atlantiks aufzeigen? Der um 1490 in Augsburg spielende Roman geht dieser Frage nach.

Ulrike Schweikert, Das Jahr der Verschwörer. Würzburg: Arena
Der Roman führt mitten hinein in das Leben in der Freien Reichsstadt Schwäbisch Hall um 1450.

Simone van der Vlugt, Nina und das Amulett aus den Flammen.
München: Bertelsmann
Die 13-jährige Nina flieht aus Würzburg vor den Hexenjägern.

Karl Rolf Seufert, „Kurs West!"
Christoph Kolumbus entdeckt die Neue Welt. Bindlach: Loewe
Erzählung über das Leben des Entdeckers.

Wiebke von Thadden, Thomas und die schwarze Kunst. Hamburg: Carlsen
Ein Jugendroman über die frühe Zeit des Buchdrucks.

Kampf um den Glauben?

Leif Esper Andersen, Hexenfieber. München: dtv
Das Schicksal einer Frau, die in einer dänischen Kleinstadt in Verdacht gerät, eine Hexe zu sein.

Ingeborg Bayer, Jacobäas Traum.
Würzburg: Arena
Historischer Roman aus der Frühzeit der Reformation.

Günther Bentele, Der Feuerbaum.
München: Bertelsmann
Historischer Roman, der die Reformationszeit und den Bauernkrieg darstellt.

Dörte Damm, Die Els und ich. Zwei Mädchen in den Wirren des Dreißigjährigen Kriegs. Wien: Ueberreuter
Lebensgeschichte zweier Mädchen, die in dieser Zeit mutig ihren Weg gehen.

Ingeborg Engelhardt, Hexen in der Stadt. München: dtv
Hexenverfolgung während des 30-jährigen Krieges in Würzburg, erzählt nach Originalquellen.

Sigrid Heuck, Der Fremdling.
Stuttgart: Thienemann
Eine glaubwürdige Geschichte, die gegen Ende des 30-jährigen Krieges spielt.

Manfred Mai, Nichts als die Freiheit!
Der deutsche Bauernkrieg.
München: dtv
Illustriertes Sachbuch über Vorgeschichte, Verlauf und Folgen des Bauernkrieges.

Maria Musiol, Dem Blatt im Winde gleich. Des fahrenden Schülers warhafftige Historia zue Kurzweil und Erbauung von ihme in Teutsch niedergeschrieben, da er selbstens ein Schulmeister geworden. Anno domini 1576. Lebensbeschreibung eines Vagabunden aus dem 16. Jahrhundert.
Aschaffenburg: Alibri Verlag 1998
Franziskus Lapidus erlebt als fahrender Schüler die Wirren von Reformation und Bauernkrieg.

Erna Osland, Marias Reise.
Freiburg i. Br.: Herder
Maria unternimmt eine Reise durch das Europa der Reformation.

Inge Ott, Verrat. Stuttgart:
Freies Geistesleben
Ein Junge wird hineingezogen in die Wirren des 30-jährigen Krieges und beobachtet die hinterlistigen Verwicklungen um Wallenstein.

Harald Parigger, Die Hexe von Zeil.
München: dtv
Schicksal eines Mädchens zur Zeit der großen Hexenverfolgungen.

Nina Rauprich, Wenzel oder der Weg in die Freiheit. Gütersloh: Bertelsmann
Der junge Wenzel hört von Toleranz, Menschenwürde, Gleichheit und Freiheit, doch das Alltagsleben ist geprägt von Engstirnigkeit, Aberglauben und Ungerechtigkeiten.

Dietlof Reiche, Der Bleisiegelfälscher.
Kevelaer: Anrich
Roman über die Sorgen und Nöte der Nördlinger Handwerker im Jahre 1613.

Tilman Röhrig, In dreihundert Jahren vielleicht. Würzburg: Arena
Das Elend des 30-jährigen Krieges wird in diesem Roman verdeutlicht.

Rainer M. Schröder, Das Geheimnis der weißen Mönche. Würzburg: Arena
Ein 17-Jähriger lernt Inquisition und Hexenverbrennung kennen.

Arnulf Zitelmann, „Ich will donnern über sie!" Weinheim: Beltz & Gelberg
Die Lebensgeschichte des Reformators und Bauernkriegsrebellen Thomas Müntzer.

Arnulf Zitelmann, „Widerrufen kann ich nicht." Weinheim: Beltz & Gelberg
Die Lebensgeschichte des Reformators Martin Luther.

Das Zeitalter des Absolutismus

Petra Oelker, „Nichts als eine Komödiantin". Weinheim: Beltz & Gelberg
Lebensgeschichte der Friederike Caroline Neuber, die im 18. Jh. zur Wegbereiterin des modernen Theaters wird.

Jean-Michel Payet und Sylvie Chaperon, Das Zeitalter der Aufklärung.
Stuttgart: Union
Wissenschaftler stoßen mit ihren Forschungen die Grenzen des Unbekannten immer weiter zurück.

Irene Ruttmann, König für einen Tag.
Kevelaer: Anrich
Die 14-jährige Friederike schließt sich um die Mitte des 18. Jh. einer Schar reisender Komödianten an und zieht mit ihnen durch Deutschland.

Abkürzungen

In den Karten wurden folgende Abkürzungen verwendet:

BM (Bm.)	Bistum
EBM (Ebm.)	Erzbistum
ERZHZM (Erzhzm.)	Erzherzogtum
FBM (Fbm.)	Fürstbistum
GFT (Gft.)	Grafschaft
GHZM (Ghzm.)	Großherzogtum
HZM (Hzm.)	Herzogtum
KGR (Kgr.)	Königreich
KRFSM (Krfsm.)	Kurfürstentum
KSR (Ksr.)	Kaiserreich
KST (Kst.)	Kaisertum
LGF (Lgf.)	Landgrafschaft
MGF (Mgf.)	Markgrafschaft
REP (Rep.)	Republik

Bildnachweis

Akademie der Wissenschaft und Literatur, Mainz – S. 47; Architektur Kandula, Witten – S. 95; Archiv für Kunst und Geschichte, Berlin – S. 5 (2), 12, 68, 88, 96, 98, 100, 102, 110, 112, 154, 159, 187, 193; Artothek, Weilheim – S. 95; Baden-Baden Marketing, Baden-Baden – S. 35; Badische Landesbibliothek, Karlsruhe – S. 178; Baugeschichtliches Archiv, Zürich – S. 41; Bayerische Staatsbibliothek, München – S. 3, 6/7, 78, 188; Biblioteca Reale, Turin – S. 94; Biblioteca Apostolica Vaticana, Rom – S. 64, 70, 71; Bibliotheque Municipale, Orleans – S. 13; Bibliotheque Nationale, Paris – S. 10, 36, 61, 84, 171, 184; G. Bindling, Darmstadt – S. 58 (3); Bodleian Library, Oxford – S. 27, 75; British Library, London – S. 173; British Museum, London – S. 36; Brockhaus, Mannheim – S. 30; Cabinet des Medailles, Bibliotheque Nationale, Paris – S. 12, 171; Cesa, Cölbe – S. 54; Deutsche Presse-Agentur, Frankfurt – S. 109, 117, 160, 186; Deutsches Historisches Museum, Berlin – S. 33 (2), 123, 126, 140; Diözesanmuseum, Rottenburg – S. 9; Domschatzkammer des Aachener Doms, Aachen – S. 5, 15, 16, 18, 192; Dieter Ehhalt und Wolfgang Lossen, Unter uns liegt Heidelberg, Lossen-Luftbilder, Heidelberg, Wartburg Verlag 2001, S. 8 – S. 142; Europa-Archiv Klammet, Ohlstadt – S. 178; Forschungs- und Landesbibliothek, Gotha – S. 14 (2); Fürstl. Waldburg Zeilsches Gesamtarchiv, Leutkirch – S. 134; Galleria degli Uffici, Florenz – S. 92; Germanisches Nationalmuseum, Nürnberg – S. 85, 105, 123, 124/125, 129, 193; Giraudon, Paris – S. 5, 164, 183; Gutenberg-Museum, Mainz – S. 100; Herzog-Anton-Ullrich-Museum, Braunschweig – S. 115; Hessische Landes- und Hochschulbibliothek, Darmstadt – S. 67, 77, 192; Historisches Museum, Bamberg – S. 122; Interfoto, München – S. 168; IPTS Landesbildstelle Schleswig-Holstein, Kronshagen – S. 52; Jüdisches Museum, Frankfurt am Main – S. 149 (3), 150 (3); Kirche St. Nikolaus u. St. Ulrich, Nürnberg – S. 138; KNA-Archiv, Bonn – S. 37; Königliche Bibliothek, Kopenhagen – S. 38; Kulturgeschichtliches Archiv Hausmann, München – S. 32; Kunsthistorisches Museum, Wien – S. 21, 49, 139; Kunstmuseum im Ehrenhof, Düsseldorf – S. 156; Kunstmuseum, Winterthur – S. 143; Herbert Langer. Hortus Bellicus. Der Dreißigjährige Krieg – eine Kulturgeschichte. Leipzig 1998, Nr. 172 – S. 116; Francis Martin, Genf – S. 145; Mauritshus, Den Haag – S. 182; Metropolitan Museum of Art, New York – S. 20; Jörg Müller, Bern – S. 48; Musée Carnavalet, Paris – S. 171; Musée de la Picardie, Amiens – S. 8; Musée National de Versailles et des Trianons, Château de Versailles, Paris – S. 169, 170, 172; Musée National du Louvre, Paris – S. 94, 97, 162/163, 175, 177; Musée Nationaux, Paris – S. 4, 188; Musée of Art et d'Histoire, Genf – S. 143; Museo del Art, Santale de Bogota – S. 109; Museo di Fisca di Steria Nationale, Florenz – S. 103; Museo Nacional del Prado, Madrid – S. 137; Museum der Grafschaft Mark, Burg Altona – S. 33; Museum der Stadt Regensburg, Regensburg – S. 120; Museum of Art, Toledo – S. 128; National Gallery of Art, Washington – S. 87; Neue Filmproduktion NFP GmbH, Rolf von der Heydt, Halle – S. 130; Neues Kloster, Bad Schussenried – S. 180; Oratorio di San Silvestro, Rom – S. 69; Österreichische Nationalbibliothek, Wien – S. 25; Palazzo Ducale, Urbino – S. 90; Palazzo Medici, Florenz – S. 3, 82/83, 188; Palazzo Pitti, Florenz – S. 103; Palazzo Pubblico, Siena (Einband); Preußischer Kulturbesitz, Berlin – S. 22, 87, 108, 111, 146, 167; Ratschulbibliothek, Zwickau – S. 135; Rheinisches Landesmuseum, Bonn – S. 10; Rosenberg-Museum, Konstanz – S. 4, 118/119, 188; SCALA, Antella – S. 89, 91; Schiller-Nationalmuseum, Marbach am Neckar – S. 181; Science-Museum, London – S. 184; Staatliches Kunstmuseum, Kassel – S. 155; Staatsarchiv, Hamburg – S. 51; Staatsbibliothek Preußischer Kulturbesitz, Berlin – S. 74/75; Staatsbibliothek, Bamberg – S. 26, 31, 152; Staatsgalerie, Stuttgart – S. 127; Stadtarchiv, Ettlingen – S. 179; Stadtarchiv, Freiburg – S. 44; Stadtarchiv, Osnabrück – S. 161; Stadtarchiv, Volkach – S. 28; Stadtbibliothek, Nürnberg – S. 49; Stadtbibliothek, Schaffhausen – S. 65; Stadtkirche, Kloster Alpirsbach – S. 55; Stadtmuseum, Freiburg – S. 59 (2); Stadtverwaltung, Trier – S. 42; Stadtverwaltung, Tübingen – S. 48; Städtisches Museum, Ludwigsburg – S. 43; Stedelijke Musea, Brügge – S. 136; Freya Stephan-Kühn, Viel Spaß im Mittelalter! Spiel- und Lesebuch zur mittelalterlichen Geschichte, Würzburg, Arena 1986, S. 65 – S. 39; Touristinformation, Bad Wimpfen – S. 81; Touristinformation, Esslingen – S. 50; Ullstein-Bild, Berlin – S. 107; Universitätsbibliothek, Heidelberg – S. 23, 29, 32, 62; Universitätsbibliothek, Würzburg – S. 181; Verkehrsamt, Gelnhausen – S. 42; Walterichskapelle, Murrhardt – S. 55; Württembergisches Landesmuseum, Stuttgart – S. 27, 38, 132; Zentralbibliothek, Zürich – S. 147; W. Ziegler, Hohenstaufen – S. 73 (2).

Es ist uns nicht in allen Fällen gelungen, die Inhaber der Bildrechte ausfindig zu machen. Der Verlag zahlt gegen Nachweis der Rechte die gesetzlich geschuldete Vergütung.

Erkundungen planen

Museen sammeln und stellen aus, was Menschen früherer Zeiten hinterlassen haben. Sie zeigen, wie sie gelebt und gearbeitet haben, sie machen Alltag und Politik anschaulich. Ein Museumsbesuch oder die Erkundung eines altes Gebäudes oder Platzes macht Geschichte nacherlebbar.

Sinnvoll ist es, eine Erkundung in der Klasse vorzubereiten. Sucht ein Museum aus, das zu eurem Unterrichtsthema etwas Interessantes zu bieten hat und günstig zu erreichen ist. Informiert euch vorab im Internet oder in einem Kunstführer.

Grenzt das Thema ein, das ihr erkunden wollt. Notiert Fragen, die im Unterricht offengeblieben sind. Gruppen könnten jeweils einen Schwerpunktbereich vorbereiten. Prüft, ob ihr einen Experten braucht.

Manche Museen halten Arbeitsblätter bereit. Vielleicht könnt ihr selbst aktiv werden (Mitmachangebote).

Wertet die Erkundung in der Klasse aus. Hat sie sich gelohnt? Begründet euer Urteil.

Anregungen dazu findet ihr auf den Seiten 50 und 180.

Geschichte im Film

Filme sind historische Quellen. Worüber sie Auskunft geben, hängt von der Fragestellung des Betrachters ab.

Alle Filmgattungen (Spiel-, Dokumentar-, Historien- und Unterrichtsfilme, aber auch Mischformen aus Spiel- und Dokumentarfilmen) bieten zum einen Einblicke in die dargestelle Zeit und zum anderen Hinweise aus der Zeit, in der sie produziert wurden. Gleichzeitig drücken sie auch die Vorstellungen der Filmemacher aus.

Zum Umgang mit Filmen siehe z. B. das Projekt „Legenden um Luther" auf Seite 130.

Experten befragen

Um ein Thema zu erweitern oder zu vertiefen, könnt ihr einen Experten befragen, also jemanden, der sich in seinem Wissensgebiet besonders gut auskennt. Für das Fach Geschichte sind das Mitarbeiter von Museen und Universitäten oder Archivare. Auch Angehörige bestimmter Berufe oder Orden sind Fachleute in ihrem Bereich.

Bevor ihr einen von ihnen zu euch in die Klasse einladet, müsst ihr Fragen sammeln, aufschreiben und bündeln. Einer von euch übernimmt die Gesprächsleitung, ein anderer könnte wesentliche Aussagen protokollieren. So entsteht eine Zusammenfassung zu einem Thema, die es bisher vielleicht noch nicht gab.

Protokollieren

Wozu?

Protokolle fassen die Ergebnisse von Gesprächen, Treffen oder Unterrichtsstunden sachlich, knapp und geordnet zusammen, um darauf aufbauend weiterarbeiten zu können.

Protokolle verkürzen Wiederholungen, helfen bei der Vorbereitung von Prüfungen und ermöglichen es denen, die gefehlt haben, schnell den Anschluss zu finden.

Wie wird's gemacht?

Als Protokollant vermerkst du Datum, Thema und die behandelten Einzelfragen. Schreibe in Stichwörtern nur Wesentliches auf. Achte auf Zusammenhänge. Thema und Argumente sind meist wichtiger als Einzelheiten und Beispiele.

Möglichst bald solltest du deine Mitschrift ordnen und einen zusammenfassenden Text in berichtender Sprache schreiben. Achte darauf, kurz, themenbezogen, logisch und schwerpunktmäßig zu formulieren.

Referieren

Manchmal ist es nützlich, ein Thema zu vertiefen, beispielsweise durch ein kurzes Referat. Ausgangspunkt ist ein klar eingegrenzter Bereich, der vorgestellt werden soll.

Zunächst benötigst du einige Leitfragen, die du mit deinem Referat beantworten willst. Um dies leisten zu können, suchst du dir zum Thema Bücher und Informationen aus dem Internet.* Aus ihnen schreibst du dir in Stichwörtern Antworten auf deine Fragen heraus.

Anschließend formulierst du in eigenen Worten die wichtigsten Ergebnisse – falls du das Referat schriftlich vorlegst. Für einen mündlichen Kurzvortrag reichen Stichwörter, die du anhand eines kleinen Notizzettels erst zu ganzen Sätzen entwickelst, wenn du vor der Klasse stehst.

Um deine Mitschüler für dein Thema zu interessieren, solltest du dir eine neugierigmachende Überschrift und einen ungewöhnlichen Einstieg einfallen lassen (z.B. eine aufrüttelnde Frage, eine aktuelle Nachricht, ein besonderes Zitat oder ein interessantes Bild).

Nach dem Einstieg trägst du klar gegliedert in möglichst kurzen Sätzen und verständlicher Sprache deine Ergebnisse vor. Eine knappe Gliederung an der Tafel oder auf Folie erleichtert deinen Zuhörern die Aufmerksamkeit.

* Siehe die Lerntipps „Fachliteratur finden" und „Internet für Einsteiger".